EL 71

History and Social Science Series

General Editor: Greg Dawes
Series Editor: Carlos Aguirre

El 71

Anatomía de una crisis

Jorge Fornet

Raleigh, North Carolina

Copyright © 2013 Jorge Fornet
This work was originally published in Havana by Editorial Letras Cubanas.

All rights reserved for this edition copyright
© 2022 Editorial A Contracorriente

Library of Congress Cataloging-in-Publication Data available at
https://lccn.loc.gov/2021052609

ISBN: 978-1-4696-6989-2 (paperback)
ISBN: 978-1-4696-6990-8 (ebook)

This is a publication of the Department of Foreign Languages and Literatures at North Carolina State University. For more information visit http://go.ncsu.edu/editorialacc.

Distributed by the University of North Carolina Press
www.uncpress.org

Epílogo

Ezra Pound databa el final de la Era Cristiana, con asombrosa precisión, el 30 de octubre de 1921, es decir, el día en que Joyce puso punto final al *Ulises*. Lo cuenta Michael North al inicio de su libro sobre el año 1922. Este último, por tanto, debía ser considerado el primero de una nueva era. Aunque la idea es atractiva, sabemos que toda pretensión de establecer cronologías de ese tipo es vana, que la historia desborda las convenciones que pretendemos imponerle. Y lo cierto, a pesar de ello, es que no podemos sustraernos a la percepción de que en 1922 se iniciaba algo. Ahí están, para recordárnoslo, el propio *Ulises* y *La tierra baldía*, y, en la América Latina, ejemplos no menos notables como *Trilce* y la Semana de Arte Moderno de São Paulo.

En 2008 una amiga me regaló uno de los muchos libros de fotografía aparecidos en Francia durante ese año, en rememoración de los sucesos ocurridos en París cuatro décadas antes. El libro de Raymond Depardon (*1968: Une année autour du monde*) es un recorrido por varios de los más notables sucesos de aquel convulso período. Lo curioso es que el itinerario cronológico que el libro propone con sus fotografías revela lo obvio: antes de ser el año que recordamos, 1968 era tan trivial o anodino como cualquier otro; en los meses anteriores a los sucesos que le otorgaron su fisonomía definitiva (y en espacios distantes entre sí, donde París y Praga alternaban con Washington y Ciudad México), Brigitte Bardot viajó a Almería para filmar un *western*; Faye Dunaway y Warren Beatty se encontraron en París para la presentación de *Bonnie and Clyde*; la menuda modelo Twiggy era perseguida por los fotógrafos; la princesa de Dinamarca contrajo nupcias, y en abril se realizó en Francia el primer trasplante de corazón de Europa. Por lo general, las fechas *que veremos arder* llegan sin anunciarse demasiado, y en medio de años carentes, al parecer, de motivos para sobresaltarse.

Pero hay años que, en efecto, parecen abrir o cerrar etapas, y dan la sensación de desatar, o de contener en sí, el germen de hechos que nos marcan por décadas. La idea es tan seductora que más de una vez ha servido de pretexto —como en el citado ejemplo de North— para el análisis de años deslumbrantes como estallidos. Me interesa acercarme aquí a uno muy particular, que carece del atractivo de la épica o del vértigo de la caída. Si los hay que poseen un encanto peculiar, como, pongamos por caso, 1959 o 1989 (que han sido remolinos —o huracanes— de nuestra Historia con mayúsculas y, por añadidura, de nuestra vida cultural), hay también aquellos que la memoria ha preferido borrar. ¿Por qué, entonces —cabría preguntarse—, un libro sobre 1971? ¿Qué ocurrió ese año que sea digno de recordación? En principio, no demasiado; nada que ver, por ejemplo, con el deslumbrante 1922 que empujaba a Pound a hablar de una nueva era. Por el contrario, de 1971 guardamos algunos hechos de triste memoria y poco más. ¿Por qué —insisto— centrarme en un momento sin mayores atractivos, tal vez, eso sí, el más penoso (para prescindir de adjetivos altisonantes) de la historia cultural de la Revolución cubana? A fin de cuentas —se podría alegar—, tomarlo como punto de referencia resulta tan distorsionante como lo sería escribir la historia de Capablanca a partir de su derrota ante Alekhine.

1971 fue en Cuba un año mediocre. No solo por el poder que adquirió entonces la «mediocracia», sino porque tras el agotamiento de la épica, y la atenuación de la singularidad o la excepcionalidad cubanas, se empezó a pensar en función de medianía. Podría decirse, en términos espaciales, que al período de expansión de la década precedente, lo sucedía otro de contracción. Parecía entrarse en una de esas etapas que Ingenieros —en su casi olvidado *El hombre mediocre*— definía como aquellas que, en lugar de héroes, genios o santos, reclama discretos administradores, en la que «el estadista, el filósofo, el poeta, los que realizan, predican y cantan alguna parte de un ideal, están ausentes» (119). ¿Cuáles fueron las causas y efectos que condujeron a (y se desprendieron de) aquel momento? Este libro intenta comprender lo ocurrido, propósito que me condujo a hurgar con frecuencia en el pasado y, en menor medida, remitirme al futuro; hablar de 1971 implica, inevitablemente, desbordar los límites impuestos por el calendario. No me interesaba, por otra parte, ceñirme a los temas más conocidos para dictar excomuniones y repetir lo que se expresaría, con más pasión y riqueza de perspectivas, en el debate al que me referiré de inmediato: si había escrito un libro sobre aquel año no era para limitarme a ilustrar, mediante un texto absolutamente prescindible, lo que todos sabíamos.

Comencé a preparar este libro a finales de 2005, como consta en una entrevista que me realizara Marilyn Bobes para *El Tintero* en mayo de 2006. Allí me referí a un proyecto de «largo aliento [...] relacionado con un año de especial relevancia, por muchas razones, en nuestra historia cultural: 1971». Acababa de concluir entonces un libro sobre la narrativa surgida tras la sacudida de 1989 y me interesaba hurgar en un momento más difícil, por otros motivos. Dos meses después de aquella entrevista, el presidente Fidel Castro sufrió una operación de urgencia y delegó sus responsabilidades —entonces creímos que provisionalmente— en los posibles sucesores. Después de la incertidumbre inicial, parecía que habíamos retornado a la situación anterior. Pero la noche del 5 de enero de 2007 se levantó la polvareda: el programa televisivo *Impronta* rescató e intentó reivindicar la figura de Luis Pavón —quien se menciona más de una vez en las páginas que siguen— y ocurrió algo inesperado. Al malestar y sensación de atropello que produjo aquel acto percibido por muchos como una maniobra de reivindicación, siguió una ola de opiniones que creció como una imparable bola de nieve, en la que se revelaron nuevos actores y medios de interlocución. Observé lo que se desató y lo leí sobre el telón de fondo de aquel 1971 que se levantaba ahora —más de treinta y cinco años después— como un fantasma.

Lo cierto es que en los días que siguieron a la emisión de aquel programa comenzaron a circular por vía electrónica decenas de mensajes que fueron configurando lo que Arturo Arango llamaría una especie de «cíber-asamblea» («Pasar por joven» 170n), hecho que movilizó, de forma nunca antes vista entre nosotros, opiniones, análisis, amagos de debate, descargas emocionales y, en general, intervenciones que se movían en el amplio espectro que va de la ecuanimidad a la rabia. Lo más sorprendente era que la mayor parte de quienes tomaron parte en esa «asamblea», lo ignoraban casi todo sobre el personaje que había despertado la discusión. Jóvenes, niños, o aún no nacidos cuando Pavón dominaba la política cultural cubana, estos asambleístas no solo querían *saber*, sino también entender el fenómeno en lo que tenía de pertinente para hoy, y hacerse escuchar. El más serio de los acercamientos al tema —que implicó a la vez un nuevo punto de partida para la discusión— lo auspició el Centro Cultural Criterios, el cual, a partir del 30 de enero de 2007, organizó una serie de encuentros con varios de los protagonistas o analistas de aquel momento, cuyas intervenciones serían recogidas luego en un volumen. En las palabras iniciales del ciclo (y del volumen mismo), el director del Centro, Desiderio Navarro, mencionaba la inesperada constitución, a raíz de los acontecimientos, de una singular esfera pública y de «un nuevo e interesantísimo fenómeno sociológico-comunicacional y político-cultural de insospechadas posibilidades», que parecía configurarse como una «plazoleta electrónica», «un callejero flujo multidireccional y cambiante de mensajes, sin moderadores ni reglas, cuya estructura, si la tiene, no es la de una red, sino la de un rizoma». (Navarro: «¿Cuántos años?» 17-18) El fantasma del 71 —quién lo hubiera dicho— venía a despertar el deseo de conocer el pasado y de actuar en el presente, e involucraba a jóvenes que no podían estar más alejados del modelo que se había soñado para ellos casi cuatro décadas antes. Todos querían hablar, desbordando incluso el marco previsto. En su intervención, Navarro insistía en que, «ante los llamados a ceñirnos a "los temas indicados" para el debate intelectual, debemos recalcar que *todos* los problemas del país, no sólo los culturales, son problemas nuestros doblemente, porque somos *intelectuales* y *ciudadanos*; triplemente, si añadimos la condición de revolucionarios». (20)

Es imposible entender 1971, como es obvio, sin detenernos en el caso Padilla y en el Congreso Nacional de Educación y Cultura, así como en lo que esos dos hechos generaron, la ola de malestar que levantaron, las polémicas que desataron y el campo de batalla que consolidaron en todas las latitudes. La fuerza gravitacional que ejercieron hizo que pasaran a un segundo plano decenas de hechos y de elementos sin los cuales es difícil entender el momento. Por eso este libro —que dedica un amplísimo espacio a ambos acontecimientos— intenta ir más allá, hurgar en diversas formas de expresión del campo cultural y zonas que lo exceden, incluido el agitado contexto político del momento. Sin embargo, reitero, este acercamiento privilegia el costado cultural en un sentido amplio; se trata, más bien, de una historia intelectual en la que confluyen, como es natural, infinidad de elementos que escapan al ceñido marco de la literatura y las artes, en un momento en que llegaron a su máxima expresión, dentro y fuera de Cuba (puesto que pocas veces acontecimientos ocurridos en la Isla tuvieron tanta repercusión internacional), las tensiones entre intelectuales de izquierda y poder revolucionario. En todo caso, la cultura aparece aquí como síntoma de fenómenos que la exceden con mucho.

En principio pensé titular este libro, sencillamente, *1971*. Me tentaba la idea de que, despojado de cualquier sugerencia, ese título —cuya asepsia desalentaba insinuaciones que quería evitar— podía prestarse a conjeturas enriquecedoras. Pero aun en su mesura no podía eludir ciertas implicaciones. La más obvia remite, como es natural, a *1984*, semejanza que no me interesaba subrayar porque significaba forzar una interpretación antes incluso del disparo de arrancada. Me seducía, eso sí, una idea secundaria en el título de Orwell. Como es sabido, este escribió y publicó su libro en 1948, e invirtió el orden de los dos últimos dígitos para remitir, desde el presente, a su futuro. Un proceso similar, en sentido inverso, provocaba que las dos últimas cifras del presunto título de este libro remitieran a 1917, es decir, no al futuro sino al pasado, al año de una revolución de la cual la cubana se reconocería —sobre todo, precisamente, a partir de 1971— como deudora. Por una jugarreta del azar, titular el libro —de forma más sintética— *El 71*, era remitirlo de alguna manera a una conocida novela soviética de los años veinte (*El 41*, de Boris Lavreniev, llevada con éxito al cine varias décadas después). Esas coincidencias me resultaban reveladoras y, aunque no respondieran sino a la casualidad, ponían en primer plano ciertas analogías entre dos procesos sociales que, en la fecha en que se centra este volumen, alcanzaban una sintonía que marcaría la historia de Cuba durante dos décadas, y ayudaría a entender lo que sobrevendría en las siguientes.

Como ha señalado Claudia Gilman, «la piedra de toque» durante la década del sesenta, «*la* palabra, ha sido sin ninguna duda *revolución*, la realidad de la revolución, el concepto de revolución y los atributos de la revolución como garantía necesaria de legitimidad de los escritores, los críticos, las obras, las ideas y los comportamientos» (26), en una época en que la izquierda tenía todas las ideas, y debatía los temas importantes, mientras la derecha apenas mascullaba unos cuantos tópicos (42). Sin duda la experiencia cubana posterior a 1959 desató una efervescencia que estimuló tanto la voluntad de llevar a cabo procesos similares, como la necesidad de teorizar sobre ellos y sobre el papel que —en tales circunstancias— correspondía desempeñar a los intelectuales. «La eficaz política cultural que llevó a cabo la revolución», asegura María Eugenia Mudrovcic citando a Silvia Sigal, «terminó transformando a la isla en una especie de "Roma antillana"», «capaz de irradiar enorme poder de atracción, en especial, sobre aquellos sectores próximos al ala progresista de la *intelligentsia* internacional». (Mudrovcic 81-82) Esa misma *intelligentsia* (sobre todo su capítulo latinoamericano) había puesto de cabeza la paradoja atribuida a Camus según la cual «la única manera de ser un intelectual revolucionario es dejar de ser un intelectual». Por el contrario, a partir de los años sesenta los dos términos se fundieron a tal punto, que ser revolucionario era casi una condición *sine qua non* para ser considerado un intelectual.

Lo curioso es que la radicalización del proceso cubano en la década siguiente se estaba produciendo (y no en pequeña medida) como reacción a un momento en que se iniciaba una derechización a escala mundial. En *Cultura e imperialismo*, Edward Said ha destacado que durante los años setenta y ochenta del siglo pasado tuvo lugar un importante giro perceptible, por ejemplo, «en el dramático cambio de acento y, literalmente, de dirección, entre pensadores notorios por su radicalismo», como Lyotard y Foucault, antiguos «apóstoles del radicalismo y de la insurgencia intelectuales», quienes «describen una nueva y sorprendente falta de fe en lo que el mismo Lyotard llama grandes relatos legitimadores de emancipación e ilustración».

No es de extrañar que, como añade Said, después de años de apoyo a las luchas anticoloniales que representaban para muchos intelectuales occidentales su compromiso mayor con la política y la filosofía de la descolonización antimperialista, «se llegó a un momento de desencanto y agotamiento», tras el cual se empezó a oír y a leer «cuán fútil había sido apoyar revoluciones, qué bárbaros eran los nuevos regímenes que llegaban al poder, cómo —en algunos casos extremos— la descolonización había beneficiado al mundo comunista». (Said 67-68) Ese proceso de derechización a escala planetaria contribuyó indirectamente a la radicalización de la política de la Isla, la cual, a su vez, empujó a parte de la izquierda a desertar de su apoyo a la propia Revolución cubana.

Una de las persistentes paradojas a la que no pudo escapar esta revolución fue la dificultad —si no imposibilidad— de hacer coincidir de manera permanente a las vanguardias artística y política. De hecho, la aspiración a esa coincidencia había sido la columna vertebral del discurso de los intelectuales revolucionarios (y de izquierda en general) durante al menos una década. Sin embargo, según ha señalado Slavoj Žižek a propósito de la experiencia ruso-soviética, «el encuentro entre la política leninista y el arte modernista (ejemplificado en la fantasía de Lenin de reunirse con los dadaístas en un café de Zurich) es algo que estructuralmente no puede ocurrir». Para el estudioso, la política y el arte revolucionarios se mueven en temporalidades diferentes; es decir, aunque están vinculados, son dos caras del mismo fenómeno que, por lo mismo, no pueden reunirse nunca. De ahí que, de acuerdo con esa idea, la definición más sucinta de utopía revolucionaria sea la de un orden social en el que esta contradicción no sea operativa y Lenin pueda, efectivamente, reunirse y debatir con los dadaístas. Para Žižek no es un accidente histórico el hecho de que los leninistas admiraran el gran arte clásico mientras que muchos modernistas fueran políticamente conservadores, e incluso protofascistas (*Visión* 11). Aquella contradicción genera un dilema de difícil solución, y así como «es fácil enamorarse de la loca inquietud creativa de los primeros años posteriores a la Revolución de Octubre», en la que los suprematistas, los futuristas o los constructivistas «competían por la supremacía en el fervor revolucionario», es arduo «reconocerse en los horrores de la colectivización forzosa de finales de los años veinte», que fue «el intento por traducir ese fervor revolucionario en un nuevo orden social positivo». (13) Bourdieu, por su parte, insiste en que el sueño de una reconciliación entre el vanguardismo político y el artístico, así como el de la comunión de todas las revoluciones (social, sexual, estética…), es recurrente en las vanguardias literarias y artísticas. Pero esta reiterada utopía choca incesantemente con «la dificultad práctica de superar, como no sea con las imposturas ostentosas del *radical chic*, la diferencia estructural […] entre las posiciones "avanzadas" en el campo político y el campo artístico y, al mismo tiempo, el desfase, incluso la contradicción, entre el refinamiento estético y el progresismo político» (*Las reglas* 374n). En el caso cubano, 1971 sería la coronación de esa contradicción al parecer irresoluble; si hasta entonces pareció que ambas vanguardias marcharían juntas para siempre (y, de hecho, vista desde el campo intelectual esa parecía ser premisa y esencia de la revolución misma), a partir de ese momento la Isla experimentaría las tensiones de un prolongado desencuentro.

He evitado con toda intención mencionar en este libro —lo hago ahora por única vez— el sintagma *quinquenio gris*, acuñado por Ambrosio Fornet en 1987. En primer lugar, por la razón obvia de que en 1971, fecha que marcaría el inicio de ese período y en la que me detengo, era imposible saber a ciencia cierta lo que se iniciaba, y sobre todo, cuánto tiempo durarían sus efectos. Como en el chiste del joven que se despide de su madre anunciándole que parte a la guerra de los Diez Años, sería absurdo intentar acotar un período del cual solo nos interesa, por lo demás, su punto de arrancada. En segundo lugar, porque tal sintagma ha sido aceptado e impugnado con pasión, particularmente a raíz del debate suscitado en enero de 2007, en dependencia de las experiencias de cada cual. Por tanto, más que describir un período ha tenido la virtud de desatar nuevas discusiones, y de poner en primer plano el valor de los sitios de enunciación, que merece otros acercamientos. Creo, sin embargo, que este volumen pudiera contribuir a determinar, con sosiego, su posible pertinencia.

No me ha interesado tanto explotar aquí lo memorialístico o lo testimonial, por útiles que fueran, y aunque he aprovechado recuerdos escritos y orales, siempre preferí la materia prima que provenía de los textos de la época. De alguna manera, escribo lo que cualquiera hubiera podido escribir entonces; me interesaba tener sobre los protagonistas solo una ventaja (considerable, ciertamente): la de escribir desde hoy, gozando de la perspectiva y las libertades que ellos no tuvieron. No hay aquí, por tanto, revelaciones inéditas ni acceso a archivos o fuentes desconocidas; casi todo proviene de lo publicado entonces. Fue la excesiva exposición del momento lo que nos dificulta su análisis; no la falta de materiales sino su sobreabundancia. Una razón adicional me inclinaba a eludir los testimonios de y sobre la época. En *Sobre la historia natural de la destrucción*, Sebald ha recordado que aunque no duda de que en la mente de los testigos hay muchas cosas guardadas que pueden sacarse a la luz, «sigue siendo sorprendente por qué vías estereotipadas se mueve casi siempre aquello de lo que se deja constancia». Y añade que «uno de los problemas centrales de los llamados "relatos vividos" es su insuficiencia intrínseca, su notoria falta de fiabilidad y su curiosa vacuidad, su tendencia a lo tópico, a repetir siempre lo mismo». (88) Abundan en este volumen, eso sí, las palabras de los protagonistas e intérpretes de esta historia, a quienes cito profusamente. El diálogo que se produce (o que propongo suscitar) entre ellos es una síntesis insustituible de las posiciones que defendían, así como de las razones (y pasiones) que les servían de fundamentación o pretexto.

Aunque este libro se propone reunir las más disímiles voces, es obvio que, si tiene un protagonista, es Fidel Castro. Nadie como él, en aquel entonces, hizo uso de la palabra, ni generó más adeptos y contrincantes. Sus discursos e intervenciones informaron, establecieron pautas, señalaron temas, orientaron interpretaciones, suscitaron frenéticos acuerdos y discrepancias. Por eso su presencia en estas páginas es abrumadora. Lideró de tal forma el proceso revolucionario y llenó a tal punto el imaginario de una época dentro y fuera de Cuba, que es imposible —independientemente de la perspectiva que se adopte— contar esta historia intentando pasar por alto el papel que ocupa en ella. No es extraño que en su crítica de 1974 al libro de Jorge Edwards, *Persona non grata*, Mario Vargas Llosa considerara que «el personaje más ameno, el verdadero héroe de la historia no es Heberto Padilla, quien, a fin de cuentas, queda bastante despintado, jugando a interpretar un papel que llegado el momento fue incapaz de asumir, sino Fidel Castro», a quien califica de gigante incansable que se mueve, decide y opina con una libertad envidiable, dueño de un estilo directo e informal, y de un dinamismo contagioso (*Contra viento y marea* 297).

La cronología que se encuentra al final del volumen pretende ser una exhaustiva recopilación de acontecimientos que tuvieron lugar a lo largo del año, sin excluir algunas informaciones un tanto frívolas. Aunque se centra fundamentalmente en Cuba, recoge también lo más importante ocurrido en la América Latina, en otros lugares del mundo... y hasta en el espacio extraterrestre (adonde se trasladaron también, como sabemos, las disputas terrenales). Dicha cronología puede resultar útil para encontrar información que ayude a entender mejor el contexto en que estaban teniendo lugar los temas abordados aquí. Ella me ha permitido, al mismo tiempo, pasar por alto el análisis de asuntos sensibles que nos hubieran desviado aún más del tema central de estas páginas. No debe sorprenderse el lector, por ejemplo, de encontrar allí informaciones valiosas no abordadas en el volumen, como la relacionada con la serie de secuestros de aviones que se produjeron a lo largo del año. En verdad, la repercusión mayor de tales hechos tuvo lugar un poco más tarde, cuando graves incidentes desatados por el secuestro de una aeronave en noviembre de 1972, precipitaron la firma de un acuerdo sobre el tema entre Cuba y los Estados Unidos, en febrero del año siguiente. En cualquier caso, la cronología puede ser útil tanto para seguir los sucesos relacionados directamente con este libro, como para entender en qué mundo estaban teniendo lugar.

A muchos les resultará sorprendente que el lugar previsto para el prólogo esté ocupado aquí por un Epílogo. La razón salta a la vista: estas palabras solo podían ser escritas al concluir la investigación y redacción del volumen, y apuntan también al final de la historia. Es decir, no solo son el cierre de una experiencia literaria, sino, sobre todo, de una experiencia histórica, de cuyo desenlace hemos sido testigos. El 71 —el año 71— fue un punto de inflexión de buena parte de nuestra historia cultural, y continuará pesando sobre ella cuando muchos de los hechos abordados en estas páginas no sean sino anécdotas extraviadas en la memoria. *El 71* —este libro— es un intento por tratar de entenderlos y de ubicarnos, desde el epílogo que es nuestro presente, en el centro de una discusión inconclusa.

La Habana, agosto de 2012

Aquí se enciende la candela

El año se anunciaba auspicioso: el sábado 2 de enero *Granma* daba a conocer un plan de distribución de «artículos eléctricos y de uso doméstico» por los centros laborales. Los trabajadores podrían optar lo mismo por refrigeradores, televisores y bicicletas, que por batidoras, ollas de presión y hasta relojes de pulsera y bolsillo. Era, sin duda, una grata noticia si se piensa que recién finalizaba un año de esfuerzos y privaciones monumentales; extenso, además, como lo reconocía su nombre extraoficial de «año más largo de nuestra historia». El país abandonaba, exhausto y desconcertado, una época que pondría fin, por otra parte, a un modelo económico y político. Parecía el regreso a la calma en medio de un mundo agitado y convulso; de hecho, ese mismo día —como para dar fe del contexto en que vivíamos— el Rialto se estrenaba como Cine de Ensayo con el documental de Julio García Espinosa *Tercer mundo, tercera guerra mundial*. De modo que la posibilidad de aspirar a un televisor para la familia o simplemente de seguir la hora en un reloj propio podía convertirse en una satisfacción inesperada. 1971, que sería bautizado por el calendario chino como año del cerdo, se iniciaba bajo buenos augurios y presagiaba sosiego.

La noticia, sin embargo, había sido precedida el día anterior, comenzando el año nuevo, por una menos grata: «¿Qué hacemos con los cigarros y los tabacos?». En ella, la Empresa Cubana del Tabaco explicaba que el incremento del consumo, la necesidad de aumentar las exportaciones y la insuficiencia de las disponibilidades agrícolas obligaban al racionamiento de ambos productos. Proponía, por tanto, un aumento de los precios que permitiera recoger dinero circulante y desestimulara el consumo. Así, el precio de los cigarros Populares cortos y de las brevas pasaría de 20 y 10 centavos a 50 y 40, respectivamente. La realidad sería aún más difícil; ese mismo año, el 40 % de la cosecha de tabaco se perdió por causa de la sequía y el precio del cigarro en el mercado negro alcanzó cifras astronómicas. No obstante, en 1971 aumentó significativamente la oferta de bienes de consumo. Como resultado, en la segunda mitad del año la cantidad de circulante empezó a disminuir, al punto de que desde entonces y hasta finales de 1973 se sacaron de circulación más de mil millones de pesos (Mesa-Lago 80).

Tras una década de ambiciosas metas —muchas veces admirables, pero casi nunca ajenas al voluntarismo y la improvisación—, comenzaban a predominar diversas medidas de organización y control social, y 1971 fue denominado Año de la Productividad. Las más notables de esas medidas fueron la realización en septiembre de 1970 del primer censo de población y viviendas posterior a 1959, la confección del atlas geográfico de Cuba y la preparación de un bojeo a la isla con carácter científico, la promulgación de la ley contra la vagancia (que implicaba, más allá de su carácter coercitivo, una forma de ordenamiento y control de la reserva laboral) y el inicio del proceso de creación del documento conocido como carné de identidad. Probablemente en él se hizo el trabajo de base para mejorar el sistema de recolección estadística, descuidado en el período 1966-1970. A finales de año, la Junta Central de Planificación (JUCEPLAN) publicaría un boletín estadístico anual que reincorporaría los indicadores económicos globales que se habían descontinuado cinco años antes (Mesa-Lago 63-64). En 1971 se invirtieron quince millones de pesos en nuevas computadoras, como preámbulo necesario para el proyectado desarrollo de la cibernética. En todo caso, y como clara respuesta a las políticas precedentes, en su discurso del 1º de mayo el Primer Ministro Fidel Castro reconocería que la vía hacia el comunismo no era solo un problema de conciencia, sino que dependía también del desarrollo de las fuerzas productivas y que, por tanto, si se saltaban etapas, tarde o temprano habría que retroceder. Asimismo anunció que las diferencias salariales aumentarían en el futuro.

El proceso de reconversión no sería sencillo. A principios de año, un periodista y analista mexicano auguraba que «desde el punto de vista económico, 1971 es un año difícil para Cuba. Probablemente el más difícil de los 12 años de poder revolucionario» (Suárez 33). Y añadía: «Los años en que el gran entusiasmo revolucionario podía disimular a quienes en el fondo sólo tenían actitudes verbalistas revolucionarias, han pasado en Cuba. Hoy, la palabra rentabilidad figura en el diccionario político» (34). Sin proponérselo, estaba adelantando —aunque lo restringiera al ámbito económico— un conflicto que emergería poco después: la ruptura con quienes —se argüiría entonces— solo apoyaban la revolución, como suele decirse, de dientes para afuera.

Los datos preliminares del censo publicados a comienzos de 1971 arrojaron que el total de la población del país ascendía a 8 553 395 habitantes, de los cuales 4 374 624 eran hombres y 4 178 771 mujeres. El 60.47 % (5 172 106) vivía en las ciudades (1 755 360 en el área de la Habana Metropolitana), mientras que el 39.53 % restante (3 381 289) habitaba en zonas rurales. Más revelador resulta conocer que 3 443 441 habitantes tenían entre 0 y 16 años de edad, lo que equivalía a un 40.26 % del total. Es decir, el *baby boom* de los años sesenta había producido un marcado desbalance en la curva poblacional que ejercía una fuerte presión en las políticas educacionales e impulsó el programa de construcción de nuevas escuelas, convertidas muy pronto en eje esencial de la política general del país. Un ensayo fotográfico de Luc Chessex reproducido en la revista *Cuba Internacional* del mes de abril daba fe de una representación de los cerca de 250 mil niños entre 5 y 10 años que, se aseguraba, vivían en La Habana, porque «Niño es sinónimo de Revolución» [32]. Esa obsesiva idea que identificaba a la revolución con la juventud no era nueva. El documental de Joris Ivens *Diario de Cuba* (1961) sentenciaba que «en Cuba todo el mundo es joven», y el escritor argentino Leopoldo Marechal se sorprendía, en su viaje a la isla siete años después, de la efebocracia cubana que le comentaría luego Manuel Pedro González: un gobierno de jóvenes, un régimen sin ancianos (Saítta 311-332). Antes aún, en su célebre serie de artículos escritos a raíz del viaje que realizara a Cuba en 1960, recogidos bajo el título de *Huracán sobre el azúcar*, Jean-Paul Sartre dedicaba uno de ellos, precisamente, al tema «La revolución de la juventud», donde aseguraba que «el mayor escándalo de la revolución cubana no es haber expropiado fincas y tierras, sino haber llevado muchachos al poder». La consigna no escrita parecía ser: «¡Fuera los viejos del poder! No he visto uno solo entre los dirigentes: recorriendo la Isla, solo encontré en todos los puestos de mando, de uno a otro extremo de la escala, a mis hijos, si así puede decirse». Los propios dirigentes revolucionarios atribuían a la «pesada carga de los años» la obstinación del expresidente Urrutia, que aún no era sexagenario, si bien admitían que «el titular de la presidencia de la República requiere tener cierta edad, como señal externa de ponderación», por lo que se alegraban de que el nuevo presidente, Osvaldo Dorticós, tuviera «por lo menos, cuarenta años» (Sartre 320). A tal punto llegaba esa confianza en el ímpetu de la nueva generación que los jóvenes dirigentes se proponían «realizar la fase actual de la Revolución, conducirla hasta la orilla del momento siguiente y suprimirla eliminándose por sí mismos. […] Aceptarían no vivir un solo día de 1970 si se les prometiera que no perderán siquiera una hora en 1960» (277). Aunque pasada una década esa convicción habría de matizarse, el centro de interés parece desplazarse en 1971 hacia los niños, un sector demográficamente creciente y necesitado, ahora, de esos padres que fueron los jóvenes de diez años antes. El título de un artículo de Mario Benedetti centrado en una desenfadada conversación entre un grupo de intelectuales y Fidel durante una larga noche de febrero de 1967 —sobre la que volveré— no podía ser más elocuente: «El estilo joven de una revolución».

El ímpetu de esa juventud se trasladaría, con todo el apoyo institucional, hacia un campo en que los logros se hacían particularmente visibles y hasta heroicos, a la vez que servían como estandarte de la política (o al menos de la imagen) exterior cubana. Si desde mediados de la década anterior el país comenzaba a mostrar interés en sobresalir en la esfera internacional en el ámbito deportivo, si ya entonces había comenzado a perfilarse como una incipiente potencia regional más allá de los circuitos estrictamente beisboleros o boxísticos, 1971 sería el año del despegue. Por un lado, Cuba se convertiría en sede de importantes eventos internacionales (de inmediato, por ejemplo, el Segundo Torneo Norte-Centroamericano y del Caribe de Voleibol y el XIX Campeonato Mundial de Béisbol); por otro, intentaría dar el gran salto. La ocasión ideal fueron los VI Juegos Panamericanos, inaugurados en la ciudad colombiana de Cali el 30 de julio. Quince días antes, el Instituto Nacional de Deportes, Educación Física y Recreación había pronosticado que los atletas cubanos ganarían más medallas allí que en los últimos tres juegos panamericanos juntos. El vaticinio se cumplió y los Juegos arrojaron un resultado inesperado que inflamó el orgullo nacional: el 5 de agosto Pedro Pérez Dueñas se convirtió en el primer deportista cubano en implantar un récord mundial, al alcanzar 17 metros con 40 centímetros en triple salto, y por primera vez el país obtuvo el segundo lugar en la tabla de medallas. El salto a potencia regional, en Cali, presagiaría un ascendente ritmo olímpico durante dos décadas a partir de Munich 72.

Como corolario del censo, para mediados de año se solicita a toda la población «dejar en sus casas, en manos de una persona responsable, las tarjetas de Constancia de Enumeración que fueron entregadas durante el censo», pues en los días siguientes serían visitados todos los hogares «para verificar la corrección de ese documento, que es la base para el Carné de Identidad que en el futuro servirá de identificación oficial única para cada ciudadano del país». Se trata de una misión tan relevante que la convocatoria no vacila en añadir, como forma de movilizar a los posibles apáticos: «El pueblo dirá: ¡presente!» (*Bohemia*, 2 de julio 1971, p. 3). Como parte de la campaña, la revista *Moncada*, órgano del Ministerio del Interior, publica con el título de «Identifíquese, por favor», un trabajo sobre el proceso de implementación del nuevo carné (cuya versión provisional deberá estar lista en 1972 y, la definitiva, tres años después) y una entrevista al jefe de la sección nacional del Carné de Identidad y Registro de Población (véase Hernández).

El proceso iba asociado a un disciplinamiento a escala social. Al comparar, por ejemplo, el comportamiento del delito entre los carnavales del año anterior (recordados en la mitología nacional como especialmente fastuosos y violentos) y los del año 71, en este se respira lo que la revista *Moncada* denomina «un saldo a favor del orden», al punto de calificar a estas como las fiestas más tranquilas de la etapa revolucionaria. La comparación arroja que si en los festejos de 1970 se produjeron cinco homicidios, en 1971 no hubo que lamentar ninguno; a los diecisiete homicidios «imperfectos» del año anterior, se oponen dos en este; si las lesiones graves habían sido veintiséis, ahora no pasan de tres; las lesiones leves descienden de setenta y siete a dieciséis; el robo con violencia de dieciocho a siete, y el llamado hurto al carterismo de ciento trece a setenta y ocho (Román 9). Este saldo fue, sin duda, una buena noticia para quienes bailaron con los mayores éxitos del año: «Aquí se enciende la candela» (el más sonado de los cinco éxitos de Juan Formell en la lista del año) y «Sube un poquito más», popularizado por la Orquesta Aragón. También había una grata nueva para los oyentes de los temas de Osvaldo Rodríguez, Juan Almeida, Pedro Luis Ferrer, Raúl Gómez, José Valladares y otros que acapararon la atención del público en la llamada «Pizarra Consolidada Nacional». Por primera vez este año la Empresa de Grabaciones y Ediciones Musicales (EGREM) produjo discos con sonido estereofónico. Pero en un clásico dilema nacional, resuelto el problema de la tecnología faltaba la materia prima, es decir, la pasta para elaborar los discos, por lo que se recurrió al reciclaje de viejas placas de 45 y 33 rpm. Un eufórico periodista aseguraba que la producción fue posible gracias a la recuperación de millones de discos. La mala noticia fue que en la operación «debieron perderse —fundirse— cientos de placas, valioso patrimonio cultural de la nación» que incluyó las grabaciones no comerciales realizadas a cantantes y orquestas en sus presentaciones en vivo en las estaciones radiales (Orejuela 399). La donación masiva de viejos discos para fundirlos muestra cuán lejana y devaluada se encontraba aquella producción incluso entre muchos de los conocedores. Huelga añadir que en la lista de éxitos de la temporada faltaba «Oye como va», de Santana, uno de los mayores *hits* en el resto del hemisferio occidental, y también una canción que circuló con fortuna ese año, aunque pasaría un tiempo antes de que se convirtiera en leyenda: «Imagine», de John Lennon.

En un conversatorio informal promovido por la revista *Alma Mater* con alumnos del Instituto Preuniversitario del Vedado, el de mayor matrícula en el país, con casi un millar y medio de estudiantes, les preguntaron con cual música se identificaban más, si con la que se oía comúnmente por radio y televisión, o con la de «compositores como Silvio, Pablito, Nicola y demás». Casi todos los jóvenes, desechando a los preferidos por los medios, mencionaron su gusto por los Beatles y, en menor medida, por Silvio Rodríguez y Pablo Milanés. Ante otra pregunta («¿Cómo creen ustedes que será el país dentro de diez años?»), los jóvenes de 1971 tendían a ser realistas; así, los más cautos creían que continuaríamos siendo subdesarrollados, pero uno de los interrogados —dueño, sin duda, de una feraz imaginación— afirmaba convencido: «yo me imagino que dentro de diez años éste será un país desarrollado; vaya, me lo imagino así como una Francia de ahora, una Inglaterra de estos tiempos» («Para conocernos mejor» 23).

Да здравствует Великая Октябрьская Революция!

Quien se topara con el periódico *Granma* del martes 26 de octubre de 1971 se asombraría al descubrir —en enormes letras rojas— un encabezado que le resultaría incomprensible: ДОБРО ПОЖАЛОВАТЬ, ТОВАРИЩ АЛЕКСЕЙ Н. КОСЫГИН!, acompañado de otra frase no menos abarcadora y enigmática al pie de la página: ДА ЗДРАВСТВУЕТ ВЕЛИКАЯ ОКТЯБРЬСКАЯ РЕВОЛЮЦИЯ! No es difícil imaginar el desconcierto de un trabajador que esa mañana saliera adormilado de su casa al darse cuenta, mientras caminaba apresurado junto a un estanquillo de periódicos, de que los titulares de prensa le resultaban ininteligibles. Teniendo en cuenta que el día anterior había sido anunciado el aumento del precio de las bebidas alcohólicas a partir del 1º de noviembre, es decir, del siguiente lunes, el desprevenido peatón podría suponer que su repentina incapacidad para comprender al Órgano Oficial del Partido era consecuencia de una sobreingestión etílica por parte de sus realizadores, provocada por la inminencia de tal medida. Pero si, una vez disipado el asombro inicial, se detenía a mirar con calma aquella primera plana, descubriría de inmediato, en letras negras de menor puntaje, dos rótulos que lo harían recobrar el sosiego: «¡Bienvenido, compañero Alexei N. Kosiguin!», «¡Viva la Gran Revolución de Octubre!».

Resulta arduo concebir una forma más contundente de expresar la sintonía política entre Cuba y la Unión Soviética, la cual, desde entonces, no haría más que profundizarse. Para llegar a este punto hubo que transitar, en verdad, un largo y en ocasiones escabroso proceso, una relación erizada de tensiones y distanciamientos, una alineación que durante años se prefirió eludir. Pero la historia tenía prevista la opción del entendimiento y, para cuando ella llegara, los soviéticos dispondrían, por su parte, de una alfombra roja. Lo cierto es que ya desde finales de la década del sesenta el discurso político cubano había comenzado un proceso de distensión que, sin eludir matices que ya veremos, supuso un acercamiento a la doctrina de aquella potencia.

Entre 1965 y 1968 se habían vivido tensiones más o menos intensas entre ambos países. Para julio de ese primer año, por ejemplo, Cuba había abandonado la moderación pactada en la Conferencia de Partidos Comunistas latinoamericanos que tuvo lugar en La Habana en noviembre de 1964, retomaba el discurso a favor de las guerrillas y erigía la experiencia cubana en modelo para la toma revolucionaria del poder. «El lapso 1966-1967 marcaría el cenit de la política "independiente" del socialismo cubano», cuya punta de lanza fue «la promoción de la lucha armada en Latinoamérica, en franca contradicción con los intereses soviéticos en la región». Así, «la *pax* soviética, considerada por Cuba como servidora indirecta de los regímenes latinoamericanos que el Che Guevara iría a combatir en Bolivia, era impugnada a diario» a través de diversas instituciones cubanas (Guanche 68-69). Cuando el 26 de julio de 1967 Fidel inició el discurso de bienvenida a los delegados de la reunión de OLAS parafraseando el *Manifiesto comunista* («Un fantasma recorre el continente. Es el fantasma de la Organización Latinoamericana de Solidaridad, y este fantasma produce insomnio a los reaccionarios, imperialistas, esbirros, gorilas y explotadores»), recibió una virulenta respuesta, publicada en *Pravda*, del secretario del Partido Comunista Chileno, Luis Corvalán: «Cualquier esfuerzo de los comunistas por imponer sus opiniones a otras fuerzas antimperialistas conspira contra la unidad», lamentaba Corvalán, quien recordaba las previsiones de Lenin contra el riesgo de aventurerismo que suele ocasionar la pérdida de preciosas vidas revolucionarias y el retroceso del movimiento (Horowitz 12). Era una clara saeta contra la activa política cubana. Horowitz considera que el punto de máxima tensión con los partidos comunistas latinoamericanos (especialmente el venezolano) había tenido lugar en marzo de ese mismo año, cuando el líder cubano atacó veladamente a la Unión Soviética, aprovechando la incoherente postura que la llevaba a condenar a Rumanía por reanudar relaciones con Alemania Federal, mientras ella y otros países socialistas corrían «a buscar relaciones con oligarquías como las de Leoni» en Venezuela (36). Esa irritación obedecía en buena medida a las contradicciones existentes entre los partidos comunistas y Cuba, en momentos en que el Che intentaba armar, sin el apoyo del Partido Comunista Boliviano, la guerrilla en ese país. El Partido Comunista de Venezuela respondió de inmediato y con acrimonia, estimulado, sin duda, por el disgusto soviético. (Leída en este contexto, la célebre Carta a Neruda firmada en 1966 por los intelectuales cubanos, con su indirecto ataque a las posiciones del Partido Comunista chileno —aunque tenía el «agravante» de utilizar la figura del poeta en una batalla política—, no pasa de ser una tímida escaramuza).

Fue precisamente después de la muerte del Che cuando las relaciones con Moscú alcanzaron su punto más bajo, al extremo de que, según un informe de la CIA, «las publicaciones soviéticas incluían notas necrológicas del Che Guevara y también artículos… que parecían cuestionar el valor de las concepciones revolucionarias de Castro y transmitir, en relación con la muerte de Guevara, más bien un toque de "te lo dijimos" que una expresión de aflicción por su pérdida…» (Gleijeses 342). En el otoño de ese año, una primera visita de Kosiguin a La Habana, aprovechando su viaje a la ONU, no había tenido, ni de lejos, el grato impacto de la segunda. Parece probable, según la versión de Dumont, que en aquel encuentro el visitante notificara al Primer Ministro cubano los desacuerdos y límites del apoyo de su gobierno. La respuesta, para el agrónomo francés, puede verse en el discurso del 2 de enero de 1968 (cuando Fidel atribuyó el racionamiento de petróleo a la negativa de la Unión Soviética de aumentar sus entregas), en la clausura del Congreso Cultural de La Habana diez días más tarde, así como en el proceso desatado en febrero de ese mismo año contra la microfracción liderada por Aníbal Escalante y treinta y cinco de sus compañeros (cuyas relaciones con miembros de la embajada soviética fueron hechas públicas), y en la ofensiva revolucionaria desatada el 13 de marzo (110).

En la clausura del Congreso Cultural, el Primer Ministro arremetió contra la noción de coexistencia pacífica y la contradicción que percibía en el hecho de que mientras muchos escritores y sectores del clero se situaban a la vanguardia, fuerzas supuestamente revolucionarias marcharan a la retaguardia. Ya en tiempos de la Crisis de Octubre —argumentaba, trayendo a colación un momento de particular fricción entre las dirigencias cubana y soviética— «nos llamó realmente la atención [...] el hecho de que cuando verdaderamente la paz estuvo en peligro [y] el mundo estuvo al borde de una guerra nuclear, no vimos en Europa [...] grandes movilizaciones de masa». Tuvo la sensación, confiesa, de que la tan llevada y traída campaña por la paz «no había sido más que una consigna, un entretenimiento», incapaz de movilizar a nadie (*Documentos de política internacional* 36). (Vale la pena recordar que en 1963, en una de las tantas polémicas desatadas dentro del campo cultural cubano, aunque como síntoma evidente de una preocupación que excedía el terreno de la cultura, Tomás Gutiérrez Alea le hiciera observar a Sergio Benvenuto que se hablaba mucho de coexistencia pacífica entre sistemas sociales diferentes pero no entre ideologías diferentes, con lo que se corría el riesgo de acabar coexistiendo pacíficamente con el imperialismo mientras se negaba la posibilidad de coexistir en paz con los pintores abstractos [Pogolotti 97]). En el Congreso, Fidel subiría la parada al afirmar que «no puede haber nada más antimarxista que el dogma» y «la petrificación de las ideas», muchas de las cuales, añadiría, aunque se esgrimen en nombre del marxismo, «parecen verdaderos fósiles». Por si fuera poco, aseguraría que el marxismo necesitaba desarrollarse y salir de cierto anquilosamiento, «comportarse como una fuerza revolucionaria y no como una iglesia seudorrevolucionaria» (43). En un momento, incluso, evoca sin mencionarlo el fantasma del estalinismo y traza un paralelo con los procedimientos e instituciones más retardatarias dentro de la iglesia: «Esperamos [...] que por afirmar estas cosas no se nos aplique el procedimiento de la "excomunión" y, desde luego, tampoco el de la Santa Inquisición; pero ciertamente debemos meditar, debemos actuar con un sentido más dialéctico, es decir, con un sentido más revolucionario» (*Documentos de política internacional* 42-43).

Apenas dos meses después, el 13 de marzo, Fidel pronunciaría en la escalinata universitaria un discurso de notable repercusión, pues supuso una radicalización profunda de la política interna cubana sin que ello implicara una alianza con la Unión Soviética. «Parecía como si Castro intentara compensar sus reveses en política exterior aumentando el ritmo revolucionario interno», afirma Piero Gleijeses. Ese día fueron nacionalizadas las 55 636 empresas no agrícolas que todavía se encontraban en manos privadas: «Fue un error costoso que afectó la economía. El confiar totalmente en los incentivos morales para estimular a los trabajadores estuvo acompañado por mayores exigencias de trabajo voluntario a la población, en un vano intento de compensar la baja productividad y la mala administración». (Gleijeses 348). En aquel discurso, Fidel pasaría por alto los «problemas de orden internacional», y le restaría importancia incluso a la decisión cubana de no enviar una delegación a la reunión de los partidos comunistas que tuvo lugar en Budapest. Si, por una parte, ataca a la llamada microfracción por representar una «corriente reformista, reaccionaria y conservadora», y se lanza contra el «abuso de los manuales de marxismo-leninismo» en el proceso de instrucción política, con su «mucho de clisé, de frasecitas estereotipadas, y [...] algunas mentiras», por otra parte se refiere a cuestiones aun más dramáticas como «las circunstancias de protesta» entre la población, «de cierto descontento, cierta confusión y cierto malestar, relacionadas con el problema de los abastecimientos». Añade que si algo se puede reprochar a la Revolución es no haber sido suficientemente radical y que no se debe perder oportunidad de radicalizarla cada vez más. «Hay que acabar de hacer un pueblo revolucionario», proclama entonces. Como parte del proceso, embiste contra esa «verdadera nata de privilegiados, que medra del trabajo de los demás y vive considerablemente mejor que los demás», esos «holgazanes» que montan un negocito cualquiera, «mientras ven pasar los camiones de mujeres a trabajar al Cordón de La Habana o a recoger tomate en Güines». Menciona que solo en la capital existen, «ganando dinero a troche y moche», novecientos cincuenta y cinco bares privados, y formula entonces una interrogante que no deja mucho espacio a dudas: «¿vamos a hacer socialismo o vamos a hacer timbiriches?». Lamenta que por el momento la sociedad no pueda prescindir del dinero, pero augura que si queremos llegar al comunismo, algún día prescindiremos de él. El precio de decir algunas de estas cosas, resume, «es que algunos trasnochados académicos de embotada sensibilidad revolucionaria, algunos bisnietos de revolucionarios, nos llamen idealistas».

Paradójicamente, esta situación inédita, que podría encontrar adversarios en los bisnietos de revolucionarios soviéticos, trazaba una equivalencia con lo ocurrido en aquel país. En *El profeta desterrado*, tercer volumen de su biografía de Trotski, Deutscher hace una sutil observación a propósito de la colectivización forzosa de finales de los veinte, en la que se ha detenido Žižek. Al fracasar su intento de funcionar en el exterior y de expandirse; al quedar, en consecuencia, comprimida dentro de la Unión Soviética —explica el biógrafo—, la fuerza dinámica de la Revolución «se volvió sobre sí misma y una vez más comenzó a reformular violentamente la estructura de la sociedad soviética. La industrialización y colectivización violenta eran ahora sustitutos a la expansión de la revolución, y la liquidación de los *kulaks* rusos fue la *Ersatz* por derrocar al gobierno de la burguesía en el exterior». Aquí Žižek establece una curiosa simetría con la idea de Marx de que «las guerras napoleónicas eran una especie de exportación de actividad revolucionaria: dado que, con Termidor, la agitación revolucionaria quedó apagada, bloqueada, la única manera de darle una salida era desplazarla hacia el exterior, recanalizarla en guerra contra otros países». Se pregunta entonces Žižek si la colectivización de finales de los años veinte no es el mismo gesto, pero invertido. Cuando quedó aislada la revolución rusa (concebida por Lenin como el primer paso de una revolución paneuropea, un proceso que solo podría sobrevivir y completarse por medio de una explosión revolucionaria que afectara a toda Europa), cuando quedó restringida a un país, la energía debía liberarse introduciéndola hacia adentro (Žižek, *La suspensión* 205-206). No es difícil encontrar similitudes con la experiencia cubana, en un momento en que la revolución continental, que pocos años antes parecía inevitable y cercana, se convertía de repente en un sueño que debía ser pospuesto. La llamada ofensiva revolucionaria «fue en cierto modo una versión tropical de la doctrina soviética del socialismo en un solo país» (Guanche 42). La zafra del setenta representaría un último y desesperado intento por hallar una salida propia a la apremiante situación interna del país, y una tentativa de respuesta al dilema de cómo se financia una revolución. Su fracaso ayuda a entender por qué en 1971 la radicalización en el interior de la sociedad cubana se acentuaría. Una vez más, la energía debía ser liberada dirigiéndola hacia adentro.

El tórrido verano de 1968, el martes 20 de agosto para ser precisos, marcó un punto de inflexión. Algunos se fijaron en la plasticidad del hecho: esa noche el cielo de Praga se llenó de puntos blancos que se acercaban a tierra. Para la mayoría, el descenso de los paracaidistas soviéticos, preámbulo de la llegada de las tropas terrestres del Pacto de Varsovia, fue un atropello inadmisible, condenable además por haber sido cometido en nombre del socialismo. Cuba no parecía la excepción a ese sentimiento, lo que explica la publicación en *Granma* de una caricatura de Nuez que, a su manera, cuestionaba la invasión a Checoslovaquia. Pero no hubo una inmediata postura oficial cubana ante tan espinosa coyuntura. El viernes 23 terminó la incertidumbre con una comparecencia televisiva de Fidel «para analizar los acontecimientos». La insostenible tensión con la Unión Soviética, las poco amistosas relaciones con China, el frustrado intento de abrir un nuevo frente en África, la derrota de la guerrilla en la América Latina, la difícil situación económica y el seguro triunfo de Richard Nixon en las elecciones norteamericanas de noviembre de ese año, fueron —según consenso de los analistas— algunas de las causas que empujaron a Cuba a acercarse a Moscú. La invasión a Checoslovaquia brindó la oportunidad; y quienes no comprendieron la reacción del Primer Ministro cubano demostraron conocer mejor ciertos principios de la doctrina exterior cubana que el cálculo político.

«Algunas de las cosas que vamos a expresar aquí», advertía al inicio de aquella histórica intervención, «van a estar en contradicción con las emociones de muchos, en otros casos van a estar en contradicción con nuestros propios intereses y en otros van a constituir riesgos serios para nuestro país» (*Comparecencia* 5). Aflora aquí, por cierto, el tema de la posición de los intelectuales ante coyunturas semejantes. Fidel admite que estos son sensibles al tema de la libertad de expresión artística, entre otras razones porque en ese terreno «se han cometido muchos errores y se han hecho muchos disparates». Reconoce que también se preocupan por los problemas de Vietnam; sin embargo, en ocasiones los que viven en Europa, envueltos en los asuntos de las sociedades industrializadas, priorizan esas cuestiones sobre aquellas que «a una gran parte del mundo le preocupan más», como la opresión imperialista, el neocolonialismo y la explotación capitalista en las regiones subdesarrolladas. Bosqueja entonces una división en la que se percibe ya lo que está por venir, puesto que «a miles de millones de seres humanos, que viven prácticamente en situaciones de hambre y de miseria y sin esperanzas de ninguna clase», asegura, «hay otras cuestiones que les interesan más que el problema de si se pueden dejar crecer o no la peluca, que podrá ser una cuestión muy discutible, pero que no son las cosas que le están preocupando a la gente que se plantea el problema de si va a tener posibilidad o esperanza o no de comer» (11).

Al analizar la intervención militar propiamente dicha, el líder cubano parte del principio de que se trata de «una violación de principios legales y de normas internacionales», de una violación flagrante de la soberanía del estado checoslovaco, que «sólo se puede explicar desde un punto de vista político y no desde un punto de vista legal», pues «visos de legalidad no tiene, francamente, absolutamente ninguno» (14). Así, la única justificación es el hecho político de que «Checoslovaquia marchaba hacia una situación contrarrevolucionaria, y eso afectaba seriamente a toda la comunidad socialista» (16). La posición cubana era, pues, de apoyo condicionado a la intervención, y ese apoyo no fue solo un modo de alinearse con la Unión Soviética sino también de forzar el enfrentamiento de esta (y el resto de sus aliados) con los Estados Unidos y la América Latina, así como una vía para poner en solfa la tan llevada y traída política de «coexistencia pacífica», que la propia invasión hacía parecer aún más ridícula. Se asentía, mientras se afirmaba a la vez el derecho a la discrepancia: «nosotros nos preguntamos si acaso en el futuro las relaciones con los partidos comunistas se basarán en sus posiciones de principio o seguirán estando presididas por el grado de incondicionalidad, satelismo [sic] y lacayismo», o sea, si «se considerarán tan sólo amigos aquellos que incondicionalmente aceptan todo y son incapaces de discrepar absolutamente de nada» (36).

El hecho es que pese a las reticencias y condiciones de la adhesión, los soviéticos recibieron el mensaje y supieron agradecer el apoyo cubano. Paralelamente, Cuba moderó su lenguaje y posiciones. Para 1969, como ha hecho notar Gleijeses, la crítica pública a la Unión Soviética había cesado; el 2 de enero Fidel reconoció la solidaridad y ayuda decisiva de la potencia, aunque «a veces tuvimos criterios diferentes con respecto a algunas cuestiones», y en julio, un destacamento de la flota soviética visitó la isla. Por otro lado, se aplacó el apoyo a las guerrillas, y en febrero de 1970 Cuba firmó un acuerdo comercial con el gobierno democristiano de Chile; en agosto, un mes antes de las elecciones en ese país, Fidel reconoció que era posible llegar al socialismo por las urnas. La beligerancia del discurso cubano se había atemperado. Sin embargo, conviene no olvidar que Cuba se negó a participar con plenos derechos en los trabajos preparatorios de la Conferencia de Partidos comunistas y obreros de Moscú, en junio de 1969, a la cual envió una delegación de observadores. Allí discrepó, una vez más, de que la principal tarea de las fuerzas antiimperialistas fuera la lucha contra el peligro de la guerra. Para la Isla, por el contrario, el objetivo esencial debía ser «la derrota y la eliminación del imperialismo»; la muerte del Che Guevara no debería ser sino «el preámbulo de una nueva etapa dentro del proceso revolucionario de América Latina» (Dumont 201).

Entretanto, Cuba debía hallar fórmulas que le permitieran fortalecer su independencia, comenzando por la base económica. Y es así como fragua la idea de la Zafra de los Diez Millones, cuyo fracaso debió asumir Fidel en su dramático discurso del 19 de mayo de 1970: «Una derrota moral incuestionable», la califica, «algo muy duro, tal vez más duro que ninguna otra experiencia en la lucha revolucionaria», una batalla perdida no por el pueblo sino por sus dirigentes, por la burocracia administrativa de la revolución. Dos meses más tarde, en el discurso del 26 de julio, añadirá: «Creo que nosotros, los dirigentes de esta Revolución, hemos costado demasiado caros en el aprendizaje». Es —admite— el precio de la ignorancia. Por primera vez se le concede al enemigo parte de la razón: «El camino es difícil. Sí. Más difícil de lo que parecía. Sí, señores imperialistas: es difícil la construcción del socialismo». Era el fin de una época.

En su análisis del fracaso de la zafra, Alonso Tejada agrega un matiz necesario al advertir que aquel fue el signo de una crisis, pero no la causa. Lo que fracasó, más que la zafra misma, fue la idea de «consolidar un proyecto socialista autóctono en medio del bloqueo y sin sujeción a dependencia de tipo alguno». En su discurso del 26 de julio de 1972, al regresar de un periplo por diez países de África y Europa del Este, Fidel expresará que aunque «en el futuro nos integraríamos económicamente a América Latina», ello solo sería posible cuando existiera una revolución social y antimperialista en el Continente. Puesto que ello, según augura, podía tardar hasta treinta años, se pregunta qué haríamos mientras tanto. La respuesta, obvia a estas alturas, se caía por su propio peso: «¡nos integraremos económicamente con el campo socialista!» (*El futuro* 471). Esa solución —apunta Alonso Tejada— fue sin duda impuesta por las circunstancias, pero «al interior del país significaba la victoria para una posición ideológica». No es en absoluto casual, señala, que la cancelación del espacio polémico en el terreno de las ideas haya precedido al proceso de inserción en el CAME, a la adopción del dispositivo económico correspondiente (Sistema de Dirección y Planificación de la Economía) y a la institucionalización política y administrativa, en buena medida influida por los patrones de autoridad del socialismo soviético.

Una de las ironías mayores que debió padecer el proceso revolucionario cubano es que, al atarse económica y políticamente al modelo soviético, entró, sin saberlo, en la lógica occidental de la que pretendía huir. Si durante los años sesenta, de un modo u otro, Cuba procuró seguir vías propias para su desarrollo, el fracaso de esos experimentos la llevó a incorporarse al proyecto modernizador soviético, el cual puede ser entendido —lo ha señalado Susan Buck-Morss— como el colofón del proceso de expansión de la hegemonía científica y cultural iniciado con la expansión colonial europea. Vista así, la Guerra Fría no estaba fuera de la espiral hegemónica de Occidente, sino dentro de ella, y si el experimento soviético falló fue, al menos en parte, «porque remedaba fielmente el desarrollo occidental». Ese experimento, en consecuencia, estaba tan intrínsecamente vinculado al proyecto modernizador occidental, que no puede ser separado de este sin provocar que «se caiga en pedazos

—incluyendo su culto del progreso histórico» (74-75). Es ilustrativa, en ese sentido, una reseña de *La línea general*, de Einsenstein, escrita por Joseph Roth en 1930. La película —resume el escritor— trata sobre los beneficios de la civilización, contados a través de un pueblo al que llegan unas modernas máquinas; los pobladores desconfían de ellas, pero estas se van imponiendo y terminan cautivándolos: «¡Fuera los arados! ¡Vengan los tractores! ¡Producción creciente! Todos los engranajes en marcha. Rusia reconstruida» (262). La película defiende, en pocas palabras, los beneficios de la industrialización. Pero así como Roth encuentra ridículo al personaje «bucólico», no menos se lo parece el «romántico de la técnica que siempre encuentra imponente al tractor y a quien la leche en conserva le sabe mejor, que se deleita con productos químicos y que está orgulloso del motor». En esa cuerda, *La línea general* «no sólo propaga el tractor, sino también la ingenua petulancia por el tractor. No sólo nos alaba los resultados del progreso, sino también el progreso» (263). Ello explica que mientras *El acorazado Potemkin* encontró una disposición favorable en un público europeo enemigo del zarismo, *La línea general* «no encontró disposición alguna [...] porque nuestro hartazgo de máquinas es demasiado grande» (264). Diez años después de intentar un modelo de desarrollo por otras vías, Cuba se rendía al culto del tractor y del progreso. Para acabar de complicar las cosas, la inserción cubana en la órbita del llamado campo socialista llegaba en momentos en que se estaba produciendo un deshielo en las relaciones entre las superpotencias.

El 20 de mayo de 1971, el mismo día en que un nutrido grupo de intelectuales europeos y latinoamericanos enviara una segunda carta a Fidel expresándole su «vergüenza» y su «cólera» debido al rumbo tomado por la polémica en torno a Padilla, en la cual ya me detendré, la Unión Soviética y los Estados Unidos anunciaron la firma de un acuerdo para la limitación de armas nucleares. Se trataba, según hicieron notar de inmediato los analistas, del pacto más importante de la era atómica. En la amplia cobertura del affaire del poeta, el periódico argentino *La Opinión*, dirigido por Jacobo Timerman, intentaba contextualizar políticamente aquella polémica. El subtitulado *Diario Independiente de la Mañana* recordaba que desde hacía tres años se venía produciendo una atenuación de la guerra fría. Ese proceso explicaba —según *La Opinión*— por qué los Estados Unidos y Europa aceptaron tácitamente la invasión a Checoslovaquia; por qué la Unión Soviética no reaccionó cuando en 1970 las organizaciones palestinas de resistencia fueron diezmadas en Jordania, ni cuando fue liquidada en Siria el ala de izquierda del Partido Baath; por qué los Estados Unidos modificaron sus relaciones con Israel y aceleraron la retirada parcial de Indochina. Eso explicaría, finalmente, por qué la prensa europea criticaba duramente los ejemplos «extremos» de Cuba y Brasil mientras analizaba o elogiaba las experiencias de Perú, Chile y, en cierta medida, Argentina.

La propia Unión Soviética intentaba mejorar sus relaciones con Occidente, ante el aumento de sus gastos militares, las graves divergencias con China y su «crónico y creciente debilitamiento económico». La remoción de Walter Ulbricht del gobierno de la República Democrática Alemana (mayo de 1971), orquestada por el embajador soviético Pyotir Abrasiov, posibilitó que las negociaciones con los Estados Unidos y la República Federal de Alemania superasen el impasse en que se encontraban; el *Transitvertrag* (Tratado de Tránsito), firmado por las cuatro potencias ocupantes el 3 de septiembre de ese mismo año, sentaría las bases, además, del Tratado de 1972, el cual permitiría que las dos Alemanias establecieran relaciones diplomáticas (Moniz Bandeira 202). Los Estados Unidos, por su parte, atenuaron su propio encono con China, a la cual se habían negado a reconocer desde el triunfo de la revolución liderada por Mao en 1949, con el propósito de abrir nuevos mercados a sus exportaciones y profundizar la disidencia entre ese país y la Unión Soviética (Moniz Bandeira 203). El punto culminante de ese acercamiento tuvo lugar el 21 de febrero de 1972, cuando Nixon desembarcó en Pekín. Sin embargo, tal acercamiento no estuvo exento de escollos. El 25 octubre de 1971 fueron restituidos los derechos de la República Popular China en la ONU, al tiempo que fue expulsada Taiwán; los 76 votos a favor, 35 en contra y 17 abstenciones fueron considerados la mayor derrota diplomática de los Estados Unidos (quienes maniobraban para aceptar a China manteniendo a Taiwán) en la historia de la ONU. Por América Latina votaron a favor de la resolución Cuba, Chile, Perú y Ecuador.

En sintonía con esa relativa distensión entre las superpotencias y con el elogio de la moderación por parte de diplomáticos y de la opinión pública, el posible reingreso de Cuba en la OEA apareció en la agenda política continental desde finales de la década del sesenta y se hizo reiterada en el año 71. Para esa propuesta —que venía a ser, vista desde la Isla, una claudicación— Cuba tenía una respuesta que se repetía. Ya el 19 de abril de 1968 Fidel había arremetido contra aquellos que aspiraban a ver establecido en Cuba «una especie de titoísmo tropical». Si es una ridiculez de los yankis, advertía, soñar con tal cosa, «igualmente ridículos son cuando hablan de posible regreso de Cuba a la OEA. [...] ¡Qué subestimación de este pueblo tan increíble! Creer que los que salieron de ese antro de lacayos [...] regrese[n] alguna vez a esa indecencia desprestigiada que es la OEA» (*Documentos* 115-116). Si alguna vez había un regreso —reiteraba Fidel en el discurso del 14 de julio de 1969, con que se iniciaba formalmente la Zafra de los Diez Millones— sería para ingresar «a la asociación u organización o a la comunidad de Estados Revolucionarios de América Latina». Y reformulando la idea, en su intervención con motivo del centenario de Lenin —el 22 de abril de 1970, antecedente importante del enfrentamiento con un grupo de intelectuales, sobre el que volveré—, Fidel imponía una nueva y sorprendente condición: «¡Cuba ingresa en la OEA el día en que la OEA expulse a Estados Unidos de la OEA! Y lo expulse por genocida, por intervencionista, por sus decenas, reiteradas e incesantes intervenciones en los pueblos de América Latina».

Cuba erige su rechazo a la reinserción en la OEA como uno de los principios básicos de su política exterior, y alienta, por el contrario, el establecimiento de relaciones bilaterales con los países latinoamericanos al margen de ella. Un ejemplo ilustrativo de la prioridad de esa política puede verse en el tránsito de las relaciones con Ecuador. El 28 de julio de 1971 *Granma* reporta —en una nota que viene a sumarse a otras aparecidas a lo largo del año contra el gobierno de Velasco Ibarra— la fuerte represión contra la huelga general desatada en ese país. El 24 de agosto, es decir, menos de un mes después de aquel reporte, Allende viaja a Ecuador, donde él y Velasco Ibarra firman dos días más tarde un comunicado conjunto que defiende el derecho de sus respectivos países a establecer relaciones con Cuba sin pasar por la OEA. La artillería del órgano oficial del Partido se detiene. El 4 de diciembre, al regresar de su larga estancia en Chile, Fidel hace escala en Lima, donde es recibido por el presidente Velasco Alvarado, y de allí, en uno de los aviones de su comitiva, da un rápido salto a Guayaquil que apenas le alcanza para sostener un breve encuentro con Velasco Ibarra, antes de regresar a Lima y, junto con el resto de la delegación, volar desde esa ciudad, en la madrugada del día siguiente, a La Habana.

Fue ese viaje a Chile entre el 10 de noviembre y el 4 de diciembre de 1971, sin duda, de particular relevancia. Una edición especial de *Bohemia* (del 10 de diciembre), dedicada íntegramente a la visita, destacaba en el reverso de portada que «ningún hecho político, fuera de las fronteras del país, ha polarizado jamás, con más profunda y sostenida atención el apasionado interés nacional». Durante aquel agitado mes, los cubanos siguieron día a día el intenso periplo de su Primer Ministro, los muchos discursos pronunciados a lo largo de la geografía chilena, los encuentros y los diálogos con personalidades del país. En Chile la visita desató posiciones encontradas (en dependencia del lugar que se ocupara dentro de la política doméstica): de un lado, multitudes que recibían y apoyaban al líder cubano; del otro, una derecha organizada que impugnaba su presencia y aprovechaba la ocasión para arremeter contra el presidente Allende y el gobierno de la Unidad Popular. Especialmente polémica y cuestionada fue la reunión de Fidel con el Cardenal Raúl Silva Henríquez, el más alto jerarca de la iglesia chilena. Se puede seguir, en las intervenciones de aquel, el tránsito de la euforia a la preocupación, de la experiencia de vivir una revolución al otro extremo del continente, a la certeza de que la contrarrevolución estaba apta para asestar un golpe. En el discurso en que se despide de Chile, pronunciado el 2 diciembre en el Estadio Nacional ante ochenta mil personas, reconoce la organización de la oligarquía frente a Allende, lista para dar la batalla en los campos ideológico, político y de masas: «cuando veo hasta qué punto los reaccionarios tratan de desarmar moralmente al pueblo», diría allí, «cómo se valen de tantos y tantos medios, desde el fondo de mi corazón sale una conclusión; ¡y es que regresaré a Cuba más revolucionario de lo que vine! ¡Regresaré a Cuba más radical de lo que vine! ¡Regresaré a Cuba más extremista de lo que vine!». Si la experiencia chilena le había dado un vuelco a la noción de que era imposible llegar al socialismo por la vía electoral, las presiones de la derecha reforzaban ese prejuicio que parecía definitivamente derrotado. (Ello explica que en una entrevista de 1972, al referirse a dicha experiencia, Sartre afirmara no creer en «la posibilidad de llegar al socialismo por la vía legal. La violencia, cierta forma de violencia, es necesaria. [...] Mi punto de vista, muy simple, es que no puede haber revolución sin revolución, es decir, sin violencia». «Entrevista a Jean-Paul Sartre» 6).

A finales del mes de agosto del 71, al resumir el acto de solidaridad de la Federación Mundial de Juventudes Democráticas y la Unión Internacional de Estudiantes con la Revolución, en la Plaza Cadenas de la Universidad de La Habana, Fidel insiste en el rechazo de Cuba a la OEA y en la negativa a negociar o dialogar con el gobierno de los Estados Unidos. Las palabras tienen lugar cuando se ha consumado ya el golpe militar en Bolivia contra el gobierno de Juan José Torres (apenas un mes antes, el 26 de julio, había abierto cautelosamente la puerta a un posible restablecimiento de relaciones con ese país). La ocasión es propicia, por tanto, para abandonar cualquier atisbo de moderación y recalcar —retomando tácitamente una vieja polémica— que «sabemos que en Bolivia no hay un solo revolucionario hoy que piense que pueda existir otro camino que el de la lucha armada revolucionaria. No hay nadie que no comprenda que el camino es precisamente el camino que señaló el Che» (64). Por supuesto que, con esas palabras, no solo estaba incitando a la lucha sino que también estaba retomando la polémica suscitada por la presencia del Che en ese país, donde no encontró apoyo de varias organizaciones de izquierda, incluido —como ya señalé— el Partido Comunista.

Sería ingenuo suponer que las tendencias hacia la distensión representaban para Cuba una tranquilidad a la que se resistía, incluso cuando su aliado mayor prefería el camino del diálogo. No se trataba solo de que para Cuba fuera inaceptable regresar a una OEA dominada por los Estados Unidos, o sentarse a la mesa con quienes continuaban su guerra en Vietnam; era que las diversas formas de agresión no habían cesado, y que una posible escalada no había sido descartada. De hecho, el 9 de diciembre de 1971, según un documento confidencial desclasificado en julio de 2009, se reunieron en la Casa Blanca el presidente Nixon y su homólogo brasileño Emílio Garrastazú Médici para analizar una eventual intervención conjunta contra los gobiernos de Chile y Cuba. Allí, precisa el documento, Nixon expresó que «debemos tratar de evitar que haya nuevos Allende y Castros y tratar en lo posible de revertir las tendencias». («Nixon analizó con Brasil») No era simple palabrería. El gobierno militar brasileño había prestado una ayuda preciosa al general Hugo Bánzer en el golpe de estado mediante el cual derrocó al gobierno de Torres, en Bolivia, y pocos meses después amenazó con intervenir en Uruguay, ante un posible triunfo electoral del general Líber Seregni, candidato del Frente Amplio (Moniz Bandeira 209-210). En el caso de Chile, no es necesario recordarlo, el mandato de Nixon se cumplió con éxito.

En cualquier caso, como recordaba *La Opinión*, para 1971 Cuba estaba ocupando un lugar incómodo en la prensa europea. Mientras las potencias alcanzaban arreglos y arrastraban consigo a buena parte de los medios y a no pocos intelectuales, la Isla daba la sensación de permanecer anclada en un discurso confrontacional. Sus posturas y su lenguaje, aun en medio de su acelerado acercamiento a la Unión Soviética, sonaban más propios de la década anterior que del período que —muchos aseguraban— se estaba inaugurando.

Si el mismo trabajador que, en la mañana del 26 de octubre, encontró en la primera plana de *Granma* el rostro sonriente de Kosiguin enmarcado entre dos frases incomprensibles, se hubiera dado una vuelta, esa misma tarde, por las librerías de la ciudad, podría haber tenido un sobresalto no menor. Buscando en las estanterías algo que leer entre los poetas cubanos, el hipotético y desconcertado lector habría descubierto un pequeño volumen de título críptico: *Do svidanya*. Al abrirlo, intentando entender lo que pasaba, se habría dado cuenta de que su autor, Ángel Augier, se proponía escribir la crónica en versos de un viaje realizado a la Unión Soviética. Iría, claro, al último poema del libro, al que le daba título, y se detendría en sus versos finales: «"Gracias. Hasta la vista", porque aunque no volviera / siempre volvería en mi vivo recuerdo / de estos días inundados de tu presencia inolvidable; / o lo escribo mejor en ruso para que me comprendas, / "Spasiba. Do svidanya", URSS». (40) El hombre volvería a su casa con el periódico de la mañana y el poemario bajo el brazo, y los hojearía una vez más. No entendería títulos y titulares, es cierto, pero sí que el mundo estaba cambiando.

Los grandes claros

Nunca como en enero de 1968 fue tan abrumador el apoyo de los intelectuales a la causa de la Revolución cubana y del Tercer Mundo. La reciente muerte del Che —que vista en perspectiva resultó ser un golpe demoledor a la idea de la toma del poder por la vía de la violencia— fue un estímulo que contagió el deseo de combatir y desató el ímpetu revolucionario, como no tardaría en verse, incluso en varias de las grandes capitales europeas. Aquel mes, en la clausura del Congreso Cultural de La Habana —el cual se propuso reunir «por primera vez desde 1936, un congreso mundial de intelectuales, apelando a todas las formas posibles de lucha contra el imperialismo, el colonialismo y el neocolonialismo» (Gilman 118)—, ante un notable y nutrido auditorio de intelectuales de setenta países, Fidel reconocía que algunos auguraban un congreso «difícil», debido a la imagen de los trabajadores intelectuales como «excesivamente individualistas» (*Documentos* 26). «A veces», añadía, «hemos oído en los propios intelectuales, en los propios científicos y artistas, la autocrítica de que tienen una relación distante con los problemas» (34). En verdad, muchas de las causas que más afectan al mundo de hoy, determinadas agresiones, ciertos crímenes, precisaba, «han encontrado más apoyo, más eco, más protesta y más combatividad en grupos de trabajadores intelectuales que en organizaciones de tipo político» (35). Tras la muerte del Che, por ejemplo, ¿quiénes enarbolaron su bandera y la agitaron en todo el mundo, quiénes se movilizaron, pintaron letreros y organizaron actos en toda Europa? Y respondía que sin duda el sector donde más profundo impacto tuvo su desaparición «¡fue precisamente entre los trabajadores intelectuales!» (37). Quedaba claro que el principal tema a tratar en el Congreso no sería el de las discrepancias en el seno del campo revolucionario acerca de los problemas de la cultura, sino el de la forma de enfrentar al gran enemigo: el imperialismo. Pero lo cierto es que las contradicciones no tardarían en estallar por otras vías.

El Congreso venía a ser la culminación de una larga procesión de eventos organizados durante la década, de «varios intentos por organizar e institucionalizar una comunidad intelectual latinoamericana, en un sentido a la vez gremial y político» (Gilman 104), que incluyó encuentros y reuniones de escritores celebrados dentro y fuera de la América Latina, entre ellos, desde luego, los ocurridos en La Habana auspiciados, fundamentalmente, por la Casa de las Américas. Su Premio Literario convocaba con frecuencia anual, desde 1960, a un considerable número de los más relevantes escritores de la época, buena parte de los cuales se conocieron entre sí y adquirieron conciencia de su identidad latinoamericana a su paso por Cuba. Tal cantidad de «coloquios, congresos, jornadas y conferencias permite comprender la importancia que se dio a la discusión, a la difusión y a la posibilidad de alcanzar consensos sobre aquellas cuestiones planteadas en torno a las obligaciones de los escritores para con la sociedad» (Gilman 110-111). El hecho es que el Congreso Cultural de La Habana, como supo ver Rama en su momento, fue «el último acto de un acuerdo generalizado del sector intelectual del frente único» («Una nueva política cultural (II)», 31).

Sin embargo, los acontecimientos que tuvieron lugar tanto en el ámbito externo como en el doméstico a partir de la Ofensiva revolucionaria de marzo de 1968 y, sobre todo, del aborto de la llamada Primavera de Praga y de la controvertida postura asumida por el gobierno cubano, resquebrajaron la relación que se había alcanzado. «Eficaz hasta 1968», ha apuntado Mudrovcic, «la cohesión del grupo empezó a resentirse después de los acontecimientos de Checoslovaquia», al punto de que, «en menos de tres años, agotó los espacios de negociación que antes le habían permitido alcanzar un acuerdo consensuado sobre Cuba» (82). No hay más que leer «El socialismo y los tanques», artículo de agosto de 1968 en que Vargas Llosa discrepaba no ya de la invasión misma, sino de la posición del gobierno cubano y de su Primer Ministro, para darse cuenta de cuánto se habían deteriorado aquellas relaciones. Sin embargo, ni siquiera la sacudida que la mentada posición provocó, supuso una ruptura. Fueron «la cobertura sensacionalista que tuvo en la prensa liberal el caso Padilla» y «el endurecimiento de la política cultural cubana» en el Congreso de Educación y Cultura, los que «precipitaron el final de la prolongada "luna de miel"» que los intelectuales sostuvieron hasta entonces con Cuba (Mudrovcic 82).

El hecho de que para finales de 1968 se hubiera modificado la correlación de fuerzas en el interior del país significaba que, en un abrir y cerrar de ojos, se había inclinado la balanza hacia las posiciones más ortodoxas y cercanas a la línea soviética. Como consecuencia de esa transformación, la línea cultural es trazada ahora desde las páginas de *Verde Olivo*, la revista de las Fuerzas Armadas, y su vocero sería una figura insólita en un contexto en que polémicas y desencuentros solían dirimirse frente a frente (en honor a la verdad, ya en su polémica con Alfredo Guevara en 1963, Blas Roca se había ocultado tras el anonimato en las páginas de *Hoy*). La aparición de «Leopoldo Ávila» —seudónimo que por lo general se ha atribuido a Luis Pavón y, en menor medida, a José Antonio Portuondo y Félix Pita Rodríguez, aunque probablemente fue una creación colectiva que pudo incluirlos a ellos o a otros no mencionados— era un pésimo síntoma. Asimismo, la intrusión de *Verde Olivo* en la naciente disputa era un mensaje diáfano y venía a dejar clara la existencia de una barrera, de cierta incomunicación entre las revistas culturales existentes y las opiniones que comenzaban a ejercer su hegemonía. Tener que expresarlas a través de esa publicación y ocultas tras un seudónimo mostraba una fisura o al menos una desconfianza entre la dirigencia revolucionaria y la intelectualidad más reconocida. En una reunión celebrada en el ICAIC el 4 de enero de 1969 para analizar la polémica provocada en torno a los Premios UNEAC concedidos el año anterior a *Fuera del juego*, de Heberto Padilla, y *Los siete contra Tebas*, de Antón Arrufat, tanto como las inquietudes suscitadas por los artículos de Leopoldo Ávila, Alfredo Guevara asumía una postura de respaldo al semanario: «Creo que no había dudas que la revolución estaba situada en ese momento [...] en las posiciones de *Verde Olivo*, es decir, que *Verde Olivo* se convertía en un vocero de la revolución, y que para situarse en el campo de la revolución había que situarse en ese campo» (*Tiempo de fundación* 160). Según explicaba, el hecho de que fuera esa revista la que diera la batalla no pasaba de ser un dato anecdótico, pues «podía haber sido cualquier otra publicación [la] seleccionada por la revolución en este momento para dejar escuchar su voz» (161). Ello no alcanza a explicar, sin embargo, por qué fue precisamente esa y no otra la seleccionada, ni la connotación que su presencia le daba a la contienda. La explicación (ya menos anecdótica) es que la revolución no encontró sus defensores (al menos a los que en ese momento consideraba como tales), «en la masa de los intelectuales cubanos», especialmente los que se agrupaban en la UNEAC y en el Consejo Nacional de Cultura, cuyo deber era «enfrentarse a las posiciones de los grupos que hemos dado en llamar liberales» (162). *Verde Olivo*, por tanto, debió «suplir la deficiencia que el movimiento intelectual cubano ha mostrado», «el vacío que ha dejado el no cumplimiento de [sus] deberes» (163). Advertía Guevara que «no es posible sentir solamente el peligro cuando se supone una posible brecha hacia el dogmatismo, y no sentirla nunca cuando el liberalismo campea por su respeto y va desarrollándose y reconstituyéndose» (164).

Evidentemente, el golpe de timón dado en la política nacional y, en consecuencia, en la cultural, había dejado a la mayor parte de los intelectuales que ostentaban cargos institucionales, colaboraban de manera habitual en las publicaciones periódicas, ganaban premios y gozaban de prestigio entre sus pares, en una posición ideológica que ahora no coincidía con la que ganaba terreno a pasos agigantados. Se les pedía suscribir una política con la que nunca habían comulgado; atacar, por ejemplo, al autor de un volumen como *Fuera del juego*, cuando algunos de sus poemas más desafiantes habían aparecido sin tropiezos y sin provocar sobresaltos en las propias revistas cubanas poco tiempo antes (de hecho, en su número de homenaje a Rubén Darío —el 42, de mayo-junio de 1967— *Casa de las Américas* publicó «En tiempos difíciles»). De modo que cuando la nueva orientación se propusiera renovar la vieja guardia intelectual (entonces integrada por creadores que podían no sobrepasar los treinta años), estaría respondiendo al hecho de que en su momento esa «vieja guardia» no asumiera la postura que de ella se esperaba, ni tomara parte en la pelea que se había planteado. Apelar al órgano de las Fuerzas Armadas, en resumidas cuentas, era como sacar los tanques a las calles de la ciudad... letrada.

En uno de sus últimos textos («El pueblo es el forjador, defensor y sostén de la cultura»), Leopoldo Ávila aseguraba que sus artículos anteriores, en los que arremetiera contra algunas figuras —especialmente Cabrera Infante, Padilla y Arrufat— habían despertado la adhesión completa del pueblo; en realidad, expresaba convencido, «lo que escribimos, desde hace rato lo dice el pueblo cada vez que abre una obra del tipo de las que hemos combatido». Le parecía lógico que a una gran distancia geográfica y «bajo la presión de las falsas informaciones del enemigo», algunos se confundieran, o que, aun conociendo exactamente la verdad, tuvieran posiciones discrepantes. Pero eso no quería decir, sentenciaba, «que estemos de acuerdo con el papel de fiscales que asumen ciertos intelectuales extranjeros [...], ni que reconozcamos como válida la altanería con que miran la obra de nuestro pueblo, ni que estimemos la amistad de quienes aprecian más a un escritor contrarrevolucionario que a la solidaridad con un pueblo amenazado por el imperialismo» (Casal 44). La posición de Leopoldo Ávila levantó resquemores de inmediato, como era de esperar, entre intelectuales extranjeros hasta entonces tenidos por simpatizantes de la Revolución. Dos de los más conspicuos —mencionados por Padilla en su intervención en la UNEAC, en abril de 1971— fueron K. S. Karol y René Dumont. El primero, con un lenguaje que recordaba los viejos tiempos, confesaba en su libro *Les guérrilleros au pouvoir* la alarma ante el hecho de que en *Verde Olivo* se desatara «une croisade contre les intellectuels réfractaires à l'enrégimentement» (447). El segundo se regodeaba en el sarcasmo, en un parágrafo de su libro *Cuba ¿es socialista?* titulado «Un stalinismo con rostro humano: el ejército aprecia a los poetas».

El número 60 de *Casa de las Américas* (correspondiente a los meses de mayo-junio de 1970) reprodujo un texto de Jesús Díaz titulado «Muerte de Asma», que se anuncia como fragmento de un capítulo de la novela *Biografía política* (la cual se convertiría, a la postre, en *Las iniciales de la tierra*). Dicho texto utiliza como epígrafe una frase de Máximo Gómez a sus hombres, que resultaría premonitoria: «en estas filas que hoy veo tan nutridas la muerte abrirá grandes claros». Aunque Gómez se refería, naturalmente, a las bajas provocadas por la guerra, Díaz hablaba de otra cosa. Y muy pronto, los «grandes claros» se harían notar. Varios libros sobre Cuba escritos por personas que en algún momento fueron cercanas a la política de la Revolución y a sus principales líderes, aparecieron a finales de la década del sesenta y principios del setenta, acapararon la atención de editores y lectores, fueron rápidamente traducidos al español y circularon con celeridad por ciertos círculos habaneros (Jorge Edwards recuerda encerrarse en su habitación del Hotel Riviera, durante su misión en La Habana, para leer alguno «de los libros de moda en la clandestinidad intelectual», en referencia a los ya mentados volúmenes de Karol y Dumont, 77). Está claro que la proliferación de tales libros se debió tanto a la radicalización del proceso cubano, la acumulación de discrepancias y dificultades, y la necesidad de hacer un balance de ellas, como a la aparición —en un contexto muy distinto al de apenas un par de años antes— de un espacio ideológico, entre la izquierda fundamentalmente europea, capaz de asimilarlos. En su libro *Sobre la fotografía*, Susan Sontag asegura que una foto no puede hacer mella en la opinión pública a menos que haya un contexto apropiado de disposición y actitud. «Nos gustaría imaginar que el público estadounidense», afirma en su ensayo, «no habría sido tan unánime en su aprobación de la guerra de Corea si se le hubiesen presentado pruebas fotográficas de su devastación, en algunos sentidos un ecocidio y genocidio aún más rotundos que los infligidos en Vietnam un decenio más tarde». Sin embargo, aclara que esa suposición es trivial; el público no vio esas fotografías simplemente porque no había «espacio ideológico para ellas». Es eso, en verdad, lo que explica que no existieran fotos de la vida cotidiana en Pyongyang que mostraran el rostro humano del enemigo, equivalentes a las que Felix Greene y Marc Riboud tomaron de Hanoi. No era posible en aquel contexto, por tanto, «ser afectado moralmente» por las supuestas fotografías. De modo análogo cabe decir que, hasta mediados de 1968, no había espacio ideológico para leer, desde la izquierda, críticas afiladas contra el proceso cubano. A la conformación de ese espacio deben haber contribuido las revueltas vividas en varias capitales europeas (y con particular fuerza en París). Esas minúsculas revoluciones diluidas poco después en su propia mitología contrastaban con los derroteros que tomaba la cubana (y también, por cierto, con las revueltas estudiantiles en México —incluido su sangriento desenlace— y las protestas por los derechos civiles y contra la guerra de Vietnam en los Estados Unidos). En cierto sentido, la Revolución cubana mostraba los límites hasta donde los europeos eran capaces de llegar.

Uno de los participantes en el Congreso Cultural de La Habana fue el poeta y ensayista alemán Hans Magnus Enzensberger, cuya trayectoria es una muestra ejemplar del deterioro que sufrieron, en un breve lapso, las relaciones de buena parte de la intelectualidad europea de izquierda con Cuba. En una entrevista aparecida en *Juventud Rebelde* en los días posteriores al encuentro, Enzensberger afirmaba que «las repercusiones de un Congreso como éste, pueden ser muy grandes, aun si la declaración final no fuera quizás lo bastante concreta para ofrecernos elementos detallados de la estrategia y de la táctica». Para él, «no son los intelectuales consumados los que están a la vanguardia del movimiento revolucionario en Europa», sino los jóvenes dispuestos a correr riesgos personales muy graves y que luchan y estudian al mismo tiempo. Solo ellos, y no los funcionarios de los partidos de la izquierda tradicional ni los escritores y artistas célebres, insiste, «verifican la unidad de la teoría y la práctica». Ante la pregunta de cuáles deberían ser los temas a tratar preferentemente por los jóvenes poetas de los países subdesarrollados «recién liberados», Enzensberger se opone a dar fórmulas que supondrían el ejercicio de una especie de colonialismo y concluye: «Seguramente los poetas vietnamitas no escriben sus versos por el placer y el juicio estético del cenáculo de París, Roma o Berlín» («Desde el punto de vista»). No deja de resultar irónico que el poeta alemán utilizara algunos de los argumentos que en 1971 serían usados por sus propios detractores. Todavía en junio de 1970, una versión teatral de su ensayo «El interrogatorio de La Habana: autorretrato de la contrarrevolución» (basado en los interrogatorios públicos a los invasores de Girón, recogidos en *Playa Girón: derrota del imperialismo*) sería estrenada en teatros de las dos Alemanias; en el Este, por cierto, la puesta en escena contó con la asesoría de un miembro del Partido cubano. Ese mismo año apareció en España, traducido por Padilla y bajo el título de *Poesías para los que no leen poesías*, una selección de sus tres primeros poemarios, así como el ensayo «Imagen de un partido: Antecedentes, estructura e ideología del Partido Comunista de Cuba», el cual sería mencionado por Padilla en la autocrítica del año siguiente.

Aquellos criterios sobre la revolución pusieron a prueba, también, los límites de interlocución de la dirigencia cubana y su capacidad para tolerar la crítica, para no asumirla necesariamente como un ataque. Eso explica que lo que pudo ser ubicado en el terreno de las discrepancias ideológicas, y debatido como tal, fuera elevado a la categoría de contradicciones políticas. (No deja de resultar llamativo, como muestra de la coexistencia de diversas posiciones no irreconciliables, que en *Las venas abiertas de América Latina* —ensayo de Eduardo Galeano galardonado con una mención en el Premio Casa de las Américas en enero de 1971, y uno de los libros emblemáticos de la izquierda latinoamericana— se cite como autoridades tanto a Dumont como a Karol, a pesar de que el primero —según ha hecho notar Mudrovcic— había sido una especie de trofeo que la intelectualidad liberal reunida en torno a *Mundo Nuevo* le arrebatara a Cuba). Pronto los autores de aquellos libros serían acusados, en una escalada creciente, como agentes de la CIA. Ellos habían visitado la Isla (algunos, incluso, invitados por Fidel) para conocer y escribir sobre la experiencia cubana. Varios habían viajado en diversas ocasiones y establecido relaciones con sus dirigentes. Uno de los que más daría que hablar, Karol, recordaría sus largas entrevistas con Fidel en 1967 y los encuentros que sostuvo con él, en los que coincidía con amigos como Paul Huberman y Leo Sweezy, Oscar Lewis y Francesco Rossi. «Si en un principio los visitantes esperaban encontrar en Cuba el tipo de socialismo con el cual soñaban», notaría Mesa-Lago, «sus libros y artículos publicados en 1969 y 1970, si bien favorables a la Revolución cubana en general, revelaban su desilusión a aquel respecto». (105) Uno tras otro, Sweezy y Huberman, Maurice Zeitlin, Dumont, Karol y Enzensberger expresaban sus críticas a lo que consideraban los errores o problemas de la Revolución, que abarcaban una extensa gama que iba desde la autocracia y la limitada participación del pueblo en la toma de decisiones, hasta el endeble poder del PCC, la militarización de la sociedad, la irrelevancia de los sindicatos, etcétera.

El libro de Dumont fue uno de los más controvertidos del momento. Publicado en Caracas por la Editorial Tiempo Nuevo, la cubierta del volumen se interroga y proclama: «¿Se militariza la Revolución? // Crítica constructiva al régimen de Fidel Castro». Vale la pena señalar que, lejos de ocultarla, la mayoría de estos analistas exhibe, a manera de aval y de autenticidad, su relación con el líder cubano y su privilegiada llegada a la Isla. En el prólogo, titulado «Escrito también para Fidel Castro», el agrónomo francés hace constar que este es su segundo ensayo «sobre la tentativa de construcción del socialismo en Cuba». En mayo de 1960 había tenido, según cuenta, una larga entrevista con Fidel en que este le preguntó por qué era tan severo con los cubanos si Sartre acababa de elogiarlos. Sin embargo, después de leer su primer informe en junio de aquel año, el propio dirigente volvió a llamarlo como experto en el mes de agosto, y de nuevo en 1963. El último encuentro entre ambos, recuerda Dumont, tuvo lugar el 29 de junio de 1969, durante su cuarto viaje a Cuba. Esa particular relación le da un carácter especial a tales análisis, obra de estudiosos convocados por el mismo gobierno que luego se sentiría traicionado con las conclusiones. Es precisamente esa relación lo que parece irritar a Alfredo Guevara, quien lamenta que Karol haya llegado a Cuba y penetrara los círculos dirigentes presentándose como radical, ultraizquierdista y partidario de la lucha armada, lo que le permitió dialogar con Fidel, Celia Sánchez y el presidente Dorticós, y celebrar entrevistas con funcionarios de la Junta Central de Planificación. La revista argentina *Panorama* diría que Karol y Dumont viajaron «repetidas veces a Cuba donde fueron colmados de honores y gozaron de la confianza de Fidel que los paseó por toda la Isla» («Panorama para ver» 189). El hecho adicional de que la compañera de Karol fuera Rossana Rossanda, dirigente de la Comisión Cultural del Comité Central del Partido Comunista Italiano (del cual, por cierto, fue separada), contribuyó a que se le dieran a él más facilidades e información: «se desdobló», lamentaría Guevara, la confianza hacia Karol (*Tiempo de fundación* 253). La propia Rossanda ha contado en sus memorias que fue Fidel quien pidió a Karol escribir un libro sobre Cuba, para lo que pondría a su disposición todo lo necesario. Según esa versión, este le respondió que por regla general lo que escribía no agradaba a los gobiernos, como lo demostraba su libro sobre China, a lo cual el Primer Ministro replicó que tal cosa era, precisamente, lo que quería: "escriba lo que ve, critique, eso nos ayuda" (393).

No hay más que hojear las publicaciones culturales de la época para darse cuenta de que existía con Karol una relación fluida y más o menos profunda. El segundo número de *RC*, por ejemplo, publicó un largo fragmento de su ya aludido volumen *China: el otro comunismo*, en 1967, y la sección que *Casa de las Américas* dedicara «Para la Revolución cubana, en sus diez años» (núm. 51-52, noviembre de 1968-febrero de 1969), incluyó textos tanto de Karol como de Rossanda. Ella, y el movimiento que representaba, cobrarían mayor notoriedad en el mismo 1971 porque parecían ofrecer una alternativa de izquierda que en modo alguno podía identificarse con la corriente encabezada por la Unión Soviética, a la que Cuba ahora se adscribía. El número 513 de *La Cultura en México*, dirigida entonces por Carlos Fuentes (desde el número 501 se rotaban semestralmente en esa función Fernando Benítez, el propio Fuentes, Gastón García Cantú, Henrique González Casanova, Carlos Monsiváis y José Emilio Pacheco), dedicó un dosier a «Il Manifesto: una disidencia comunista». Rossanda es explícita en sus posiciones al afirmar que *Il Manifesto* es una disidencia de izquierda, y que «la revolución ha reaparecido en la agenda de occidente; nuevamente "un fantasma recorre Europa"». La invasión a Checoslovaquia, para ella, revelaría la crisis del bloque socialista europeo y la necesidad de un cambio de estrategia, de un nuevo movimiento revolucionario de masas.

El libro de Karol provocó una confrontación violenta incluso antes de aparecer. En una reunión celebrada en el ICAIC el 5 de mayo de 1970 para analizar el discurso de Fidel en el centenario de Lenin, al que tendré ocasión de referirme, Alfredo Guevara comentó que leyendo —en el avión que lo traía de regreso a La Habana— las pruebas de galera que el propio Karol le entregara en París, descubrió que *Los guerrilleros en el poder* era el libro «más hábilmente elaborado contra la Revolución Cubana» (*Tiempo* 221), cuya tesis central era prácticamente que Cuba se convirtiera en antisoviética porque toda relación con la URSS condenaba a la Revolución. En cambio, ofrecía dos alternativas: la de China y la Primavera de Praga, es decir (traducía Guevara), el «anibalismo» y el grupo de

Lunes de Revolución. Es fácil suponer que, a su llegada a La Habana, el cineasta advirtiera al Primer Ministro cuál era la propuesta del libro, contra el que pronto se tomarían las previsiones necesarias: «Al libro de Karol nos vamos a enfrentar», señalaba, y añadía, más que una sospecha, una certidumbre: «creo que alguien en Cuba, y seguramente alguna gente fuera de Cuba se van a enfrentar a ese libro, no queda otro remedio» (*Tiempo* 231). Tal enfrentamiento no se hizo esperar: los números 62 y 63 de *Casa de las Américas* (septiembre-octubre y noviembre-diciembre de 1970), reproducirían las respuestas de René Depestre y Nadia Kasji a los libros de Dumont y Karol, aparecidos en la revista francesa *Africasia*.

En el caldeado ambiente del momento, agravado por la detención de Padilla y su mención a Karol en la intervención de la UNEAC, la Editorial Siglo XXI decidió no publicar el libro, pese a haberlo contratado en enero de 1968. Su director, Arnaldo Orfila envió una carta a *Siempre!*, publicada el 9 de junio de 1971, explicando la medida. El compromiso del autor era entregarlo a finales del propio 1968, sin embargo, las pruebas de la edición francesa se recibieron en abril de 1970. El 6 de junio el Consejo de Administración de la Editorial resolvió por unanimidad renunciar a la edición, pese a «la certeza de que se trataría de una operación comercial productiva». Orfila explica que las razones que llevaron a la cancelación del contrato eran muy claras: «el plan al que la obra se ajustaba no era el proyectado en un comienzo; su elaboración no se ajustaba al criterio y a los principios con que *Siglo XXI* quiere cumplir, y sigue cumpliendo, su tarea editorial» (Orfila Reynal 8), por lo que, teniendo en cuenta que los términos acordados inicialmente no se habían cumplido, y basándose en las cláusulas contractuales, decidieron cancelar la publicación. «La vida actual de Cuba no puede entenderse, no puede juzgarse honradamente, exactamente», se leía en la declaración del editor, «si no se valora el concepto intrínseco de la Revolución», la defensa que ella cumple de los valores morales, el respeto absoluto por la dignidad de los seres humanos y el afán de justicia que norma todo su desenvolvimiento social, económico y político (Orfila Reynal 69-70).

Hoy resulta sorprendente observar cómo las editoriales marcaban distancia —aun cuando los publicaran— con algunos de aquellos textos. Así, al editar en 1970 el libro de Huberman y Sweezy *El socialismo en Cuba* (aparecido en inglés el año anterior), la editorial mexicana Nuestro Tiempo incluyó una presentación en la que aseguraba discrepar de no pocas apreciaciones de los autores, pero que confiaba en que la publicación del libro sería útil, y en que ayudaría «a comprender mejor y más objetivamente el proceso revolucionario cubano, e incluso a ganar nuevos amigos para la Revolución. Acaso no falten quienes, por no compartir algunas opiniones de los autores, nos critiquen por haberlos editado» (9). Y así como las editoriales intentaban adelantarse a posibles reproches o tomaban ciertas precauciones que les permitieran reproducir lo que seguía, los autores procedían con frecuencia de modo similar. Los mismos Huberman y Sweezy utilizaron como epígrafe de su libro una frase de Stuart Mill: «Si... la elección debiera ser entre el comunismo, con todos sus riesgos, y el estado actual de la sociedad con todos sus sufrimientos e injusticias; [...] si la alternativa fuera entre esto y el comunismo, todas las dificultades de éste, grandes o pequeñas, serían apenas como polvo en la balanza» (11). Por si fuera poco, el prefacio firmado por Sweezy fue fechado en Nueva York el 1º de enero de 1969, «Décimo aniversario de la Revolución Cubana», y el libro mismo está dedicado «A la memoria del CHE». Esas profesiones de fe no impiden a los autores percibir, al hacer balance de la situación en Cuba, que «la gente no sólo se está cansando: está tendiendo a perder la fe, la confianza en la capacidad de la dirección para cumplir sus palabras» (195). En esa coyuntura ven dos salidas: una hacia la derecha, cuyo equivalente internacional implicaría el alineamiento con la URSS y la adopción de la «coexistencia pacífica» que facilitaría un posible acercamiento a los Estados Unidos (tal opción, para ellos, empujaría a la restauración del capitalismo en Cuba, y Fidel no la consentiría). La otra sería un viraje a la izquierda, «un intento de cambiar el carácter de las relaciones entre la dirección y el pueblo, compartiendo el poder y la responsabilidad» (196), lo que supondría enfrentarse a los métodos burocráticos de gobierno. La conclusión de Huberman y Sweezy es que en Cuba «se está gestando un nuevo drama histórico» cuyo curso y desenlace entrañan «una ansiosa preocupación de los socialistas revolucionarios de todo el mundo» (198).

Incluso desde antes de aparecer los libros que provocaron la fractura del consenso en torno a la Revolución cubana, se hacían visibles diferencias en la perspectiva con la que se analizaba el propio fenómeno de la revolución. En uno de los anexos de su libro, por ejemplo, Dumont reproduce extractos de una carta suya a Fidel de julio de 1969 en la que reconoce que «cuando usted descubrió en mí cierto sentimiento de superioridad "europea" es muy probable que usted tuviera razón» (257). Una actitud similar descubriría Alfredo Guevara en un «revolucionario probado» como Régis Debray, quien se mostraba paternalista con Allende —como fruto de una actitud aristocrática inconsciente— en el documental *Compañero Presidente*.

El enfrentamiento creó un círculo vicioso según el cual la nueva situación interna de Cuba y su posición en el escenario internacional provocaron el distanciamiento paulatino de muchos intelectuales que encontraban en los libros mencionados una justificación para sus propias posturas, lo que a su vez empujó al gobierno a dar una respuesta tajante que desataría una nueva radicalización por parte de aquellos. Lo cierto, fueran cuales fuesen los motivos (algunos de ellos absolutamente válidos y convincentes) por los cuales los antiguos aliados asumieron posiciones que los distanciaban de las cubanas, es que sus conclusiones debieron sonar —aun involuntariamente— como música de ángeles en los oídos de los adversarios y, en consecuencia, propiciaron que, desde Cuba, fueran acusados de enemigos ellos mismos. Frances Stonor Saunders ha revelado, en su libro *La CIA y la guerra fría cultural*, que a la Agencia le tomó tiempo madurar la idea de que nadie estaba mejor preparado que los excomunistas para luchar contra los comunistas. Al mismo tiempo, esta veía la conveniencia de promover a la izquierda no comunista como fundamento teórico de sus operaciones políticas contra el comunismo durante las décadas del sesenta y el setenta. En ese período la CIA —que en la práctica actuaba como Ministerio de Cultura de los Estados Unidos— invertiría decenas de millones de dólares en el Congreso por la Libertad de la Cultura y en proyectos afines, a través de más de ciento setenta fundaciones que facilitaron sus operaciones financieras. Definitivamente, resumiría Saunders, «la libertad cultural no salió barata». Esa conocida estrategia de la

CIA empujaba a ver agentes, enemigos y hasta fantasmas en quienes hasta poco antes habían sido cercanos, pues ser de izquierda, en tales circunstancias, lejos de resultar un impedimento era casi el requisito que la inteligencia norteamericana exigía en la nueva batalla ideológica, lo que contribuyó a distorsionar una discusión necesaria. Por otra parte, recalca Saunders, desde un tiempo antes los intelectuales norteamericanos comenzaban a sentirse en paz con su país y este, a su vez, empezaba a verlos bajo una nueva luz. Citando a la historiadora Carol Brightman, señala que aquel momento «fue quizá la primera vez desde la Revolución Francesa que elementos importantes de la comunidad intelectual deciden que la confrontación ya no era algo obligado; que se podía apoyar al propio país sin menoscabo de su integridad cultural y artística». La revista *Time* publicaría un artículo de portada que concluía afirmando: «El hombre de la protesta ha... dado paso al hombre de la afirmación y ese es precisamente el papel que los intelectuales interpretaron cuando el país acababa de nacer» (Saunders 230). No deja de resultar irónico que mientras Vargas Llosa defendía, en su discurso de aceptación del Premio Rómulo Gallegos, que la literatura era fuego y el deber del escritor era siempre, de alguna manera, el de un disidente, el de un ave rapaz en busca de carroña, los escritores del occidente industrializado tendieran a la complacencia con sus propias sociedades. Ese doble estándar fue un elemento más en la inevitable fractura.

En abril de 1970, cuando ya era obvio que las metas propuestas para la zafra en la que se había cifrado el desarrollo del país y en la que estaba empeñado el honor de sus líderes, no se cumpliría, se imponía repensar el proyecto político y económico y dejar bien claro quiénes serían los aliados en las nuevas circunstancias. La ocasión propicia fue el centenario de Lenin, el 22 de ese mes, a quien se dedicó una velada solemne en la que Fidel arremetió, aunque sin mencionarlos por sus nombres, contra una corriente intelectual y un grupo de escritores que a estas alturas estaban lejos de ser aquellos compañeros de ruta y aliados de enero de 1968. Faltaba un año aún para el irritado discurso de clausura del Primer Congreso de Educación y Cultura, y ya se perfilaban sus líneas esenciales y el tono que adquiriría. La elección de la fecha no podía ser más reveladora y significaba una adhesión aún mayor a la línea soviética. Esa noche

Fidel advertiría que en el mundo, y más específicamente en algunos círculos intelectuales, abundaban miserables en quienes el imperialismo había logrado crear un profundo sentimiento antisoviético. Lamentaba la existencia de lo que denominaba «superrevolucionarios teóricos, superizquierdistas, verdaderos "supermanes" [...] capaces de destripar al imperialismo en dos segundos con la lengua», pero sin noción de la realidad ni de los problemas y dificultades de una revolución. Algunos de esos «escritorzuelos de izquierda», recordaba, no querían perdonarle a Cuba la posición adoptada cuando la intervención de las tropas del Pacto de Varsovia en Checoslovaquia. Aunque algunos de ellos no merecían ni siquiera una réplica «porque son evidentes agentes del imperialismo yanki», en algún momento, adelantaba, habría que esclarecer quiénes eran «revolucionarios de verdad» y quiénes «revolucionarios de mentira». Condenaba la cantidad de «intérpretes, profetas, magos, filósofos, de cada una de las posiciones de Cuba», que hablaban con enorme desparpajo, y cuyas versiones «siempre tienen eco en París, en la prensa liberal burguesa de París, para desacreditar a la Revolución». Le irritaba especialmente que muchos hubieran tenido la impudicia de dudar de la integridad de la Revolución, y de pensar que por razones económicas Cuba haría dejación de principios, cuando era bien conocida su posición «intransigente y vertical» frente al imperialismo. No dudaba en afirmar que si muchos de esos «filósofos y teóricos de pacotilla» se hubieran visto en la posición que Cuba ha tenido a lo largo de diez años frente al poderío político, militar y económico de su enemigo, «habrían escrito cincuenta libros para justificar la connivencia con ese imperialismo». Y más adelante recalcaría: «Hay por ahí escritorzuelos al servicio de la CIA desde supuestas posiciones de izquierda —óigase bien—, desde supuestas posiciones de izquierda, que no quieren perdonarle a este país la dignidad y la entereza que ha sabido mantener a 90 millas de Estados Unidos». Por el momento se limitaba a anunciar esa confrontación a la que le llegaría su instante. De ninguna manera fue la detención de Padilla la que provocó el choque, que venía madurando desde mucho antes. Al analizar aquel discurso entre los creadores del ICAIC, Guevara recordaría que detrás de esas palabras estaban la «campaña de descrédito internacional contra la revolución» a través de los libros de

Dumont, Karol, Huberman y Sweezy, una declaración de Douglas Bravo, viejas posiciones de Jean Daniel y una enorme campaña de difamación, rumores, tergiversaciones y medias verdades (*Tiempo* 209-210). A ello se sumaban, según Guevara, las campañas de las agencias internacionales anunciando contactos entre los gobiernos de los Estados Unidos y de Cuba para un posible restablecimiento de relaciones (217), lo que la isla rechazaba, una y otra vez, con igual contundencia. La deserción de intelectuales revelaba, al mismo tiempo, una limitación de la dirigencia cubana. Incapaz de generar desde adentro y desde las bases los análisis, los elogios convincentes y las críticas que necesitaba, los buscó en analistas extranjeros cuyo prestigio ayudó a cimentar. No es extraño, por tanto, que esa relación interesada acabara del modo en que acabó. Invirtiendo la lógica habitual, los grandes claros de que hablara Máximo Gómez no fueron consecuencia de las batallas pasadas sino el anuncio de las por venir.

Un modelo intelectual

Si a comienzos de la década del sesenta el antimodelo ideológico en el campo literario encarnaba en notables figuras de la derecha cuyo ejemplo supremo sería Borges, a mediados de la década se inició la confrontación con escritores de izquierda que por una razón u otra entraban en contradicción con el nuevo modelo que la revolución estaba proponiendo. Es obvio que así como el proyecto político apoyado por Cuba discrepaba de quienes abogaban por la coexistencia pacífica, esa pugna se trasladaría al ámbito de la literatura, donde se produjo (o más bien, se provocó) un encontronazo con la más sobresaliente de las figuras posibles. La carta abierta que los escritores cubanos dirigieron a Pablo Neruda el 25 de julio de 1966 (publicada en *Granma* seis días más tarde y distribuida profusamente por teletipo, correo y otros medios de divulgación) marcó un hito. Apenas regresado a Chile de su viaje a los Estados Unidos —contaría el poeta en *Confieso que he vivido*— recibió «la célebre y maligna carta de los escritores cubanos encaminada a acusarme poco menos que de sumisión y traición» (436) y que él atribuyó, primordialmente, por ingenuidad o por astucia, a «la falsedad política, las debilidades ideológicas, los resentimientos y envidias literarias» (437). No ignoraba, sin embargo, que se trataba de un «ataque contra nuestro partido chileno». En efecto, la célebre carta —incitada por el gobierno cubano— estaba lejos de responder a una rencilla entre literatos; impugnar, desde la Isla, al más conocido de los militantes de aquel Partido era cuestionar, con él, a quienes eran afines a sus posiciones. No había nada nuevo en esas discrepancias; lo inusual era dar la batalla desde el campo intelectual, arrastrar a los escritores a una contienda extraliteraria con la que, al mismo tiempo, se establecía un límite a la postura que debía asumir un intelectual revolucionario. No es extraño que los escritores cubanos firmaran veloces y entusiastas aquella carta: mirado desde el campo político, eso los ubicaba en una posición radical que los complacía; desde el literario, los involucraba en un género (el de la polémica y la carta abierta) que gozaba de prestigio, y contra una figura mayor que, como reflejo, les otorgaba un alto estatus a ellos mismos.

Neruda, de más está decirlo, era una *bête noire* para los medios de derecha. En su exhaustiva investigación sobre el papel de la CIA en la guerra fría cultural, Saunders detectó que el Congreso por la Libertad de la Cultura había emprendido una campaña para desprestigiarlo. En 1963, al recibir el soplo de que Neruda era candidato al Nobel del año siguiente, lanzó de inmediato una andanada de rumores en su contra. Dicha campaña incluyó un informe que pintaba al chileno como propagandista político y como estalinista militante y disciplinado. Neruda no ganó el Premio Nobel en esa ocasión. Aun así, «no hubo motivos de celebración en las oficinas del Congreso, cuando se anunció al ganador: Jean-Paul Sartre», cuya «negativa a aceptar el premio dio la vuelta al mundo» (Saunders 488). Lo cierto es que durante esos años Neruda representaría la imagen de escritor contemporizador que tanto irritaba a una parte considerable de la intelectualidad de izquierda. Todavía en 1970, Gelman dedicaría una ácida reseña en verso al libro de Neruda *Fin de mundo* (véase «Los Libros y los ruegos»), y Carlos María Gutiérrez incluiría un poema hiriente sobre él («Chez d'Arenberg») en *Diario del cuartel*, volumen premiado en la Casa de las Américas, ese mismo año, por un jurado compuesto por Ernesto Cardenal, Roque Dalton, Washington Delgado, Margaret Randall y Cintio Vitier. Por su parte, en *Las venas abiertas de América Latina*, Galeano, al desafiar la leyenda negra que tejieron sobre el doctor Francia tanto la historia oficial del liberalismo como aquellos intelectuales de izquierda «que suelen asomarse con lentes ajenos a la historia de nuestros países [y] también comparten ciertos mitos de la derecha, sus canonizaciones y sus excomuniones» (332), citaba el ejemplo del *Canto general*. De manera que no hubo nada extraño en el hecho de que cuando finalmente, el 21 de octubre de 1971, la Academia Sueca le hizo los honores al poeta chileno, *Granma* confinara la noticia a su escueta sección Hilo Directo: «ESTOCOLMO.- El poeta chileno Pablo Neruda recibió el Premio Nobel de Literatura de 1971». Eso fue todo. Sin embargo, en su número 71, correspondiente a los meses de marzo-abril del año siguiente, *Casa de las Américas* reprodujo con admiración el discurso del autor de *Residencia en la tierra* al recibir el Premio, no «por la (inexistente) trascendencia del Nobel sino por la real grandeza de la poesía de Neruda» (125). Se trataba, evidentemente, de un intento de reconciliación (que Neruda no aceptaría). Para entonces el caso Padilla había arrastrado a decenas de intelectuales que hasta poco antes habían expresado su apoyo o simpatías hacia Cuba, mientras Neruda evitó involucrarse en la polémica. De hecho, en una entrevista que *Marcha* le realizara, no solo eludió la discusión sino que aprovechó para expresar sus simpatías hacia la Revolución y hacia su líder; apenas se limitó a marcar distancia de los escritores cubanos, quienes «se han especializado en ver enemigos en los demás escritores» («Pablo Neruda, el poeta y el embajador» 5).

Un caso menos sonado, pero no menos ilustrativo, fue el enfrentamiento sostenido con Nicanor Parra. Este había sido invitado a integrar el jurado del Premio Casa de las Américas en 1970, pero tras aceptar viajó a los Estados Unidos para participar en actividades culturales que incluyeron «tomar amigablemente el té» con la esposa del Presidente, en vista de lo cual la Casa le envió el siguiente cable: «Consideramos incompatible su participación como jurado Casa de las Américas con su presencia en la Casa Blanca», y agregaba: «Entendiendo única posición admisible estar junto a pueblos Vietnam, Camboya y Laos, y con intelectuales, estudiantes y obreros norteamericanos, comunicámosle queda sin efecto invitación para integrar jurado en Premio Casa de las Américas». La inmediata respuesta de Parra, no carente de ironía, intentaba desesperadamente explicar su situación y lograr la aceptación de los cubanos: «Entrevista casual *happening* Patricia Nixon ocurrió [...] antes invasión inaceptable Camboya antes masacre monstruosa estudiantes Kent. Rechazo interpretaciones maliciosas. Profundamente afectado apelo justicia revolucionaria. Solicito rehabilitación urgente». Y para despejar cualquier sospecha sobre su posición agregaba de inmediato:

«Viva lucha antimperialista pueblos oprimidos. Viva Revolución cubana. Viva unidad popular». Fue en vano. El último cable de la Casa no dejaba margen a dudas: «Ya que usted apela justicia revolucionaria, como revolucionarios condenamos su confianza en el imperialismo. [...] No tenemos honor ser tribunal revolucionario pero confirmamos retiro invitación». («Cruce de cables»)

Si hubo una figura que personificó desde la segunda mitad de la década del sesenta el antimodelo de intelectual propugnado por la Revolución cubana, fue Miguel Ángel Asturias. Él —que había integrado en 1960 el jurado de la primera convocatoria del entonces llamado Concurso Literario Hispanoamericano, de la Casa de las Américas— concibió junto con Amos Segala, en 1965, el Congreso para la Fundación de la revista *América Latina* del Colombianum o, simplemente, el Congreso de Génova, en el que tomó parte un significativo número de intelectuales de la América Latina, incluidos varios cubanos. Se trató de uno de los encuentros más divulgados y provechosos de los realizados hasta entonces para aglutinar a la intelectualidad latinoamericana de izquierda. Allí se habló, entre otras cuestiones, de la necesidad de fundar en Europa una revista latinoamericana; ese proyecto nonato encontró —según apuntaría Segala— un rápido sustituto: *Mundo Nuevo*, que «llenó esta laguna con una prestigiosa publicación de signo contrario» (*Vida, obra y herencia* 438). Estando en Génova, Asturias recibió de manera extraoficial la noticia de que había obtenido el Premio Lenin otorgado por el gobierno soviético. «Envié un telegrama de agradecimiento al presidente de la Academia Lenin», contaría más tarde, «y no tuve más noticia hasta julio de 1966 en que recibí en París una comunicación en la que se me decía que nos trasladásemos a Moscú, pues se me iba a entregar el Premio» (*Vida, obra y herencia* 406). Allí, al parecer, los soviéticos le anunciaron que el gobierno del presidente Julio César Méndez Montenegro (cuya candidatura había sido apoyada por importantes sectores de la izquierda de su país) lo había designado embajador de Guatemala en Francia, de modo que al regresar a París se encontró con que los funcionarios de la Embajada guatemalteca acudían a recibirlo al aeropuerto. Como dudó en aceptar el cargo, recordaría, el propio Jacobo Árbenz y los amigos del Partido Guatemalteco del Trabajo lo convencieron de que lo hiciera. Buena parte de la izquierda nacional veía en el nuevo gobierno una salida política a la lucha armada porque ignoraba lo que Arturo Taracena ha llamado el pacto secreto que el «Tercer Gobierno de la Revolución» había firmado con los militares, el cual dejaba en manos de estos, entre otras funciones, la de la contrainsurgencia. Lo cierto es que de la noche a la mañana el viejo novelista pasó a ocupar la incómoda posición de representante del modelo de intelectual acomodaticio tan devaluado entonces. Esa posición le ganaría incluso el rechazo de su hijo Rodrigo (notoria figura de la guerrilla guatemalteca), quien desaprobó desde el primer momento la aceptación del cargo por su padre, y más adelante se negaría a asistir a la entrega del Premio Nobel, pues consideraba que las falsas expectativas despertadas por el nuevo régimen llevaron al movimiento revolucionario a tomar decisiones desmovilizadoras que lo hicieron más vulnerable a la feroz ofensiva contrainsurgente (*Vida, obra y herencia* 422). Irónicamente, al igual que a Neruda, los estadounidenses tenían a Asturias en su lista negra. Aunque era el candidato de los franceses para presidente del PEN Club en 1965, aquellos presionaron por un candidato propio (que a la postre sería Arthur Miller), pues consideraban que la elección del guatemalteco, enemigo declarado del Congreso por la Libertad de la Cultura, sería una catástrofe (Saunders 507).

Asturias fue, sobre todo, rechazado por sus colegas, quienes veían en la transacción con su gobierno y en la aceptación de un cargo oficial, una traición tanto a la guerrilla como al modelo de intelectual que ellos defendían. Los ataques no se detuvieron tras la concesión a Asturias del Premio de la Academia sueca (es probable que la misma postura asumida por el autor de *El señor presidente* agradara e hiciera el trabajo más fácil a los señores académicos). Una carta abierta firmada por varios intelectuales franceses, incluyendo a Sartre, lo cuestionaba por su posición («Romance del emplazado» 150-151). Entre quienes con más insistencia lo desafiaron estuvo Gabriel García Márquez, lejano aún el día en que él mismo obtuviera tal galardón. En la entrevista que Leopoldo Azancot le realizara al joven autor para un dosier que le dedicó la revista madrileña *Índice*, este sentenciaba: «Antes que Asturias el premio se lo merecían Neruda y Borges, por este orden. La postura política de

Borges es más honrada que la de Asturias, quien se ha vendido para conseguirlo. Pobre viejito» (Irineu García). El mismo García Márquez rechazó la invitación a ocupar el cargo de cónsul en Barcelona con un argumento demoledor: «la América Latina con un Miguel Ángel Asturias tiene bastante, [...] no necesita dos», le respondía a González Bermejo en julio de 1970 (13), y al año siguiente le repetiría a Jacobo Zabludovsky: «Con un Miguel Ángel Asturias le basta a la América Latina». Asturias, quien intentaba defenderse como podía en un medio intelectual que le era hostil, recurría a razones poco convincentes; en una conferencia en Salamanca en 1971 acusó de plagio a alguno de los novelistas del boom y dictaminó que estos eran «meros productos de la publicidad» (Donoso 15). La situación en la que se hallaba el guatemalteco daba pábulo incluso a juegos más o menos ácidos. A la pregunta que, alterando el sentido habitual, Benedetti le formulara a Roque Dalton en 1969, sobre qué consejo daría a los viejos escritores, el salvadoreño recomendaba dos cosas: rejuvenecer lo antes posible, y que quienes fueran honestos lo siguieran siendo, lo que lo llevó de inmediato a mencionar a Asturias: «Ya que a esta altura no podría conseguir ni la juventud ni la absoluta honestidad, quisiera aconsejarle que renuncie a la embajada de Guatemala en París. Quizás así podría conservar por lo menos un poquito del decoro que Sartre otorgó al premio más municipal de la Tierra» (Benedetti, «Una hora» 269). La discreta contraofensiva de Asturias incluyó la decisión de donar sus manuscritos a la Biblioteca Nacional de Francia y la fundación, en agosto de 1971, de una Asociación de Amigos que apoyaría su salvaguarda y organización. Él mismo decidió que de ahí se realizaran ediciones lo más rigurosas posibles. «Asturias quiso así», en opinión de Segala, «contestar a la nueva historiografía literaria vinculada al *boom* y a sectores (y sectarios) ideológicos, ofreciendo públicamente los instrumentos de la respuesta» (*Vida, obra y herencia* 446). Lo más provechoso de esta historia y de ese intento de reivindicación, es que así nació la colección Archivos, lo que explica que el autor del primer volumen y el más incluido en ella sea el mismo Asturias.

En la configuración del modelo hegemónico de intelectual se enfrentaron posiciones, muchas de ellas a través de desafiantes polémicas. Una de las más sonadas de finales de la década del sesenta

—reveladora, al mismo tiempo, de los puntos de vista de algunos notables escritores de entonces— fue la que sostuvieron Cortázar y Arguedas, de la cual se hicieron eco diversas publicaciones del continente. En su número 6 (correspondiente a los meses de abril-junio de 1968) la revista peruana *Amaru* publicó lo que sería —con el título de «Primer diario»— el capítulo inicial de la novela de Arguedas *El zorro de arriba y el zorro de abajo*. Allí, además de detenerse en su propio estado depresivo y en sus intentos de suicidio, Arguedas atacaba a varios de los más celebrados escritores del momento. El detonante fue la carta que el argentino enviara a Roberto Fernández Retamar con fecha de 10 de mayo de 1967, como colaboración para el número que *Casa de las Américas* dedicaría a la situación del intelectual latinoamericano. En su texto, Arguedas traza, sin mencionarlas de forma explícita, dos corrientes literarias (encarnadas a su vez en dos tipos de escritores): una representada por autores como Rulfo y Guimarães Rosa, en la que él mismo encuentra su lugar, y la otra representada por esa suerte de escritor «cosmopolita» contra el que dirige su respuesta. De ese modo, reparte generosos reproches; «a don Alejo Carpentier lo veía como a muy "superior", algo así como esos poblanos a mí, que me doctoreaban» (Arguedas 11); lo sentía como a uno de esos europeos ilustres que hablan castellano y aprecian, medidamente, lo indígena americano. Y añade, con no menos acritud: «Dispénseme, don Alejo; no es que me caiga usted muy pesado. Olí en usted a quien considera nuestras cosas indígenas como excelente elemento o material de trabajo». Su mención a Lezama —de quien percibe que «se regodea con la esencia de las palabras»— es más graciosa que reprobatoria: «Lo vi comer en La Habana como a un injerto de picaflor con hipopótamo» (12). Por su parte, considera que Carlos Fuentes es mucho artificio, como sus ademanes, y recuerda que la última vez que lo vio estaba escribiendo como «un albañil que trabaja a destajo. Tenía que entregar la novela a plazo fijo».

De Cortázar —cuyas instrucciones para leer *Rayuela*, dice, lo asustaron al punto de quedar eliminado de acceder a ese palacio— escribe en la entrada del 13 de mayo: «aguijonea con su "genialidad", con sus solemnes convicciones de que mejor se entiende la esencia de lo nacional desde las altas esferas de lo supranacional».

(13-14) Y más adelante, al lamentar la muerte de su amigo Guimarães Rosa, precisa que el modo de escribir del brasileño «sí que no da lugar a genialidades como las de don Julio» (15). Dos días después vuelve a la carga, a propósito del juicio de Cortázar sobre el escritor profesional: «Yo no soy escritor profesional, Juan no es escritor profesional, ese García Márquez no es escritor profesional. ¡No es profesión escribir novelas y poesías! [...] Soy en ese sentido un escritor provincial; sí, mi admirado Cortázar; y, errado o no, así entendí que era don João, y que es don Juan Rulfo» (18). De modo que, con perdón de Cortázar, Fuentes y Vargas Llosa (a quien llama, amistosamente, Mario), distingue entre los «escritores que empiezan a trabajar cuando la vida los apera» y aquellos como «ustedes, que son, podría decirse, más de oficio. Quizás mayor mérito tengan ustedes, pero ¿no es natural que nos irritemos cuando alguien proclama que la profesionalización del novelista es un signo de progreso, de mayor perfección?» (18-19). El 17 de mayo —tras reconocer que los escritores de provincias, comidos por los piojos, llegan a entender a Shakespeare, Rimbaud, Poe y Quevedo, aunque no el *Ulises*— agregaría: «Todos somos provincianos, don Julio (Cortázar). Provincianos de las naciones y provincianos de lo supranacional» (21-22). (Un antecedente no mencionado por los polemistas, pero al que tal vez no fueran ajenos, había tenido lugar en 1958, cuando se produjo una escaramuza entre Fuentes y Rulfo tras la aparición de *La región más transparente*, donde aquel ironizaba a costa de un «novelista de la tierra». El autor de *Pedro Páramo* aprovechó el contexto de una entrevista que concediera poco después en *Diorama de la Cultura* para responderle.)

Por su parte, Cortázar, desde París y en las páginas de *Life en Español* (7 de abril de 1969), replicaba sobre el polémico tema de «exiliados» y «provincianos»: «Hablando de etiquetas, [...] José María Arguedas nos ha dejado como frascos de farmacia en un reciente artículo» en el que prefiere «el resentimiento a la inteligencia». Y añadía Cortázar: «A Arguedas le fastidia que yo haya dicho (en la carta abierta a Fernández Retamar) que a veces hay que estar muy lejos para abarcar de veras un paisaje, y que una visión supranacional agudiza con frecuencia la captación de la esencia nacional» («Polémica» 136-137). Respondiéndole desde las páginas de

El Comercio de Lima, el 1 de junio de 1969, Arguedas adelantaba que no comentaría «las otras expresiones de desprecio que desde esa fortaleza de *Life* tan juiciosamente tomada, me dedica Cortázar» («Polémica» 137), y marcaba un punto de discrepancia con su admirado Vargas Llosa, quien ha fundamentado la razón de su preferencia y necesidad de vivir en Europa, con energía, aunque exagerando un poco («teniendo en cuenta mi ya largo trabajo con residencia en el Perú») «los terribles obstáculos que un escritor tiene que vencer en casi todos los países latinoamericanos para crear». (138) El Tercer Diario, incluido también en *El zorro...*, está fechado en mayo de 1969. El día 18 de ese mes Arguedas escribe que «desde la grandísima revista norteamericana *Life*, Julio Cortázar, que de veras cabalga en flamígera fama, como sobre un gran centauro rosado, me ha lanzado unos dardos brillosos. Don Julio ha querido atropellarme y ningunearme, irritadísimo» (173-174). Dos días más tarde recalcaría que para seguir con el hilo de los «Zorros», mucho debió aprender de «los cortázares». La posición de Arguedas, como se sabe, quedaría enmarcada en un contexto trágico. El epílogo de la novela incluiría una carta y nota dirigidas al Rector y a los alumnos de la Universidad Agraria donde trabajaba, disponiendo los detalles en vísperas de su suicidio. Arguedas tuvo el cuidado, si puede decirse así, de añadir una pequeña nota el 28 de noviembre de 1969, el mismo día en que, de dos disparos, se quitó la vida.

Prácticamente sin haber tenido tiempo de sacudirse el polvo que le dejó la refriega con el peruano, Cortázar se vio enzarzado en una nueva polémica, esta vez con Óscar Collazos, a la sazón director del Centro de Investigaciones Literarias de la Casa de las Américas. Iniciada en *Marcha*, en las entregas del 30 de agosto y el 5 de septiembre de 1969, la discusión terminó involucrando a Vargas Llosa y, después de conocer varias ediciones, fue recogida por la editorial mexicana Siglo XXI con el título —deudor del mismo Cortázar— de *Literatura en la revolución y revolución en la literatura*. En su texto inicial, «La encrucijada del lenguaje», Collazos arremetía contra la mistificación del hecho creador, entendido como autonomía verbal, como mundo en disputa con la realidad y en «competencia con Dios», que ejemplificaba con el Fuentes que va de *Zona sagrada* a *Cambio de piel*, y el Cortázar de *62, modelo para armar*. Al colombiano le preocupaba además, a propósito de Vargas Llosa, que si «por un lado está el novelista, respondiendo de una manera auténtica a un talento vertiginoso y real», por otro esté «el intelectual, el teorizante seducido por las corrientes del pensamiento europeo, que no sabe qué hacer con ellas en las manos» (Collazos 21). Todavía se percibe en muchos de nuestros escritores, según Collazos, la incapacidad de responder, en actos culturales, a la misma altura en que el continente y algunos de sus hombres han respondido en actos políticos. La superestructura cultural, asegura, se resiente aún de un complejo de inferioridad. Esa supuesta incapacidad de muchos escritores para situarse a la altura del hombre de acción es columna vertebral de una ideología que, deliberadamente, o no, fomentó el antintelectualismo y subordinó el discurso literario a un gesto político al que le debía sujeción. Subiendo el tono de la confrontación, Collazos advierte a dónde pueden arrastrarnos los gastados esquemas intelectuales de la conciencia política en abstracto, pues «la revolución cubana [ha] visto en su tránsito el paso de tránsfugas, desertores, apátridas o de viejos incondicionales regresando a la comodidad de su liberalismo» (23).

La respuesta a Collazos («a quien no conozco personalmente pero sé que está trabajando con ustedes», escribe Cortázar) llegó a La Habana adjunta a una carta dirigida a Retamar, el 10 de diciembre de aquel año. Cortázar entiende «ese traumatismo que se nota en algunos intelectuales y políticos cubanos frente a los "compañeros de ruta" situados en el extranjero [...] (esos argentinos que conocí en La Habana y que se pasaban el día explicándoles *a ustedes* cómo había que hacer o defender la Revolución...)», pero le irrita la tendencia de los cubanos «a meternos a todos en la misma bolsa, a insistir demasiado en eso de que vivimos en nuestras Arcadias y que desde allí vociferamos», lo que me lleva, concluye, «a ser injusto yo mismo y a preguntarme si entre ustedes ese punto de vista no es, de alguna manera, una forma demasiado cómoda de hacerse una buena conciencia» (Carta 10 de diciembre, 102). El tema resultaba urticante y desde hacía años ocupaba cintillos, espacios en las entrevistas y despertaba recelos y resquemores. En las palabras de constitución del jurado del Premio Literario del mismo 1969 (que tuvo lugar el 16 de enero), Haydée Santamaría adelantó que para el próximo año la Casa trataría de que «cada jurado venga del país donde nació, es decir, de Latinoamérica», con lo que se evitaría, en esencia, invitar escritores latinoamericanos avecindados en Europa. Los premios UNEAC del año anterior —últimos de esa institución con un jurado internacional— habían agravado una tensión de vieja data que con frecuencia se actualizaba: la desconfianza hacia los escritores que, se pensaba, daban la espalda a sus países para irse a residir en aquellas «arcadias». En «Literatura y exilio», texto fechado en 1968, Vargas Llosa lamentaba que «cada vez que un escritor latinoamericano residente en Europa es entrevistado, una pregunta asoma, infalible, en el cuestionario: "¿Por qué vive fuera de su país?" No se trata», explica, «de una simple curiosidad; en la mayoría de los casos, la pregunta enmascara un temor o un reproche» (*Contra viento* 200). Esa recriminación aparecerá una y otra vez y llegaría al paroxismo tras el estallido del caso Padilla, momento de división de las aguas en que el dato geográfico del lugar de residencia no sería un detalle menor. Incluso, metonímicamente, se produce un desplazamiento en que no es ya la visión del mundo o el modo de vida lo que salta a la vista, es el paisaje mismo el que pervierte. Entre los firmantes de la segunda carta a Fidel —lamentaría, por ejemplo, el narrador chileno Carlos Droguett— «hay algunos que sigo admirando como escritores pero que ya no puedo admirar como hombres, por su actitud de atacar a la Revolución desde el cómodo mirador del Sena, la Torre de Eiffel [sic], la Catedral de Notre Dame» (190).

En la respuesta a Collazos que llegaría con aquella carta («Literatura en la revolución y revolución en la literatura: algunos malentendidos a liquidar»), Cortázar consideraría peligroso y falso situar los «actos culturales» por debajo de los «actos políticos». Y así como «pocos dudarán de mi convicción de que Fidel Castro o Che Guevara han dado las pautas de nuestro auténtico destino latinoamericano», expresa el autor de *Rayuela*, «de ninguna manera estoy dispuesto a admitir que los *Poemas humanos* o *Cien años de soledad* sean respuestas inferiores, en el plano cultural, a esas respuestas políticas» (Collazos 44). Cortázar insiste en que «la novela revolucionaria no es solamente la que tiene un "contenido" revolucionario sino la que procura revolucionar la novela misma, la forma novela» (73), y añade —haciendo uso de un quiasmo, figura tan cara (como ha notado José Luis de Diego) a la retórica del momento y tan bien aprovechada por el argentino— una conclusión que hizo fortuna: «uno de los más agudos problemas latinoamericanos es que estamos necesitando más que nunca los Che Guevara del lenguaje, *los revolucionarios de la literatura más que los literatos de la revolución*» (76, cursivas del autor). Al mes siguiente, Collazos volvería a la carga. En «Contrarrespuesta para armar», y como de pasada, involucra en la contienda a otro de los notables del momento. Era una forma de responder a una vieja deuda contraída por este en agosto de 1968; «cuando cito el riesgo de endiosamiento o soberbia producido por un pensamiento, por un *intelectual* que se mueve en esquemas ideológicos que quieren dar el *mot d'ordre* de la honestidad o la definición de una permanente conducta crítica», señala Collazos, «no puedo dejar de pensar en el gran novelista Mario Vargas Llosa dándole lecciones de política internacional y sensatez —desde una tribuna reaccionaria— a Fidel Castro, cuando la ocupación o "invasión" a Checoslovaquia», así como tampoco «puedo dejar de pensar en tantos escritores (más que buenos, excelentes) complacidos por sus invitaciones a Washington, con la libertad que me dan, los compromisos que no me exigen, etc» (Collazos 102). El peruano, naturalmente, no tardaría en responderle. Collazos me reprocha, dice, haber discrepado de Fidel cuando la invasión a Checoslovaquia: «¿puede un novelista dar lecciones políticas al líder de una revolución, puede un pigmeo enfrentarse a un gigante?» (Collazos 88). Se pregunta entonces: «¿Así entiende Collazos la función revolucionaria del escritor? Insultar al infiel, excomulgar al hereje, fijar una ortodoxia sobre "el trabajo que se debe aceptar", "el país que se puede visitar", "la tribuna en que se puede colaborar", son actividades que cumplen celosamente los funcionarios políticos y los policías» (90). La función política del escritor, continúa Vargas Llosa, no es complementar la misión de aquellos, sino moderarla, y, de ser necesario, contrarrestarla. E ilustra como «moralmente admirable» y «políticamente ejemplar dentro de una sociedad socialista», la escritura de un autor como Solzhenitsin (90). Finalmente, y así como Cortázar no tuvo reparos en suscribir su respuesta en París (a diferencia de Collazos, fechando las suyas en La Habana), Vargas Llosa firmará en Londres.

Todas esas discusiones y desencuentros forman parte de un tema mayor que ocupó el centro del debate entre los propios intelectuales de izquierda durante la década: el de la responsabilidad del escritor. Títulos como *El intelectual y la sociedad* (con el que se conoció el diálogo que sostuvieron, con motivo del décimo aniversario de la Revolución cubana, Roque Dalton, René Depestre, Edmundo Desnoes, Roberto Fernández Retamar, Ambrosio Fornet y Carlos María Gutiérrez, el cual sería publicado en el número 56 de *Casa de las Américas* y, más adelante, en la Editorial Siglo XXI, de México) no serían inusuales. El ya mencionado Congreso Cultural de La Habana, en enero de 1968, fue el punto culminante de aquel debate. Una de las intervenciones del Congreso, la de Mario Benedetti, sería particularmente diáfana al proponer la relación que debería establecerse entre los representantes de las vanguardias políticas y estéticas (el viejo sueño de sentar juntos a Lenin y los dadaístas). «El intelectual verdaderamente revolucionario nunca podrá convertirse en un simple amanuense del hombre de acción», afirmaba el uruguayo, pues de ser así traicionaría la revolución misma, ya que su misión natural «es ser algo así como su conciencia vigilante, su imaginativo intérprete, su crítico proveedor». De modo que —propone echando mano a otro quiasmo—, «en el aspecto dinámico de la revolución, el hombre de acción sea una vanguardia para el intelectual, y en el plano del arte, del pensamiento, de la investigación científica, el intelectual sea una vanguardia para el hombre de acción» (*Cuaderno cubano* 49). Tres años más tarde esa equivalencia (que en cierto punto ubica al intelectual por encima del hombre de acción al considerarlo su conciencia, su intérprete, su crítico) se fracturaría. La polémica generada en torno a Padilla cambió el orden de prioridades. Precisamente «Las prioridades del escritor» es el título con que Benedetti se deslinda de su intervención en el Congreso Cultural de La Habana, para acercarse a ese punto en que el intelectual abjura «de sí mismo enfrentando a sus miembros con otros paradigmas de valor, encarnados por el hombre de acción y el hombre de pueblo», «los dos polos de referencia sobre los cuales se recortó, en negativo, [su] problemática figura» (Gilman 166, 187).

Lo cierto es que en el Congreso del 68 —convocado como «Reunión de intelectuales de todo el mundo sobre problemas de

Asia, África y América Latina», cuyo punto central fue «Colonialismo y neocolonialismo en el desarrollo cultural de los pueblos»— el gobierno cubano no eligió debatir acerca de la libertad del intelectual sino, como notara Jean Franco, sobre su «responsabilidad», la cual se vinculaba «únicamente con la lucha armada y no con la cuestión más apremiante (en cuanto a Cuba) de la condición de ciudadano» (Franco 135). La lectura de Franco aparece, en no poca medida, desvirtuada por la distancia pues, vista en contexto, «la cuestión más apremiante» para los intelectuales cubanos y latinoamericanos en general era, de hecho, la revolución continental. No otra cosa promulgaba Sartre (incluso varios años después, cuando ya había firmado las cartas con que se distanciaba de la posición cubana por el caso Padilla), al discrepar del modelo de intelectual defendido por los liberales y mostrar su sorpresa —tras hablar con los intelectuales soviéticos críticos del «régimen» de su país— de que confundieran liberalismo burgués con democracia, y estuvieran «más interesados en obtener libertad para escribir lo que quieren, que [en] promover el desarrollo de un proceso revolucionario» («Entrevista a Jean-Paul Sartre» 5).

El proyecto cubano tuvo la doble capacidad de generar como opción principal la preocupación por la utopía revolucionaria, a la vez que desplazaba el interés hacia ese punto, lejos del que podrían despertar sus propias carencias y contradicciones. En una entrevista poco conocida que Galeano le realizara al Che Guevara en 1964, este reconocía abiertamente que a Cuba no le preocupaban mayormente las cuestiones económicas ni la seducía el interés de convertirse en una «vitrina del socialismo» («que la divorciaría de la revolución latinoamericana»), sino el hecho de actuar como motor de una sacudida continental (Galeano: «Una entrevista» 130). El recelo antintelectual, hay que reconocerlo, no se diluía con las declaraciones y actos inequívocos de los propios intelectuales, no solo partía de los llamados «hombres de acción» sino también del otro polo mencionado por Gilman: el «hombre de pueblo». En «De *Testimonio 70*», fragmento de un libro de Manuel Granados aparecido en *Casa de las Américas* (septiembre-octubre de 1970), un narrador identificable con el autor real le anuncia al padre que se va a la zafra. Este predice que su hijo se «rajará», con el argumento de que es un «escritor intelectual». «Supongo que de ahí a flojo, afeminado, débil políticamente, posible apátrida, gusanón, agente de la CIA», resume su hijo, «había poco trecho» (60). Ya en el corte se verá obligado a afirmar su identidad ante los demás macheteros («¡Yo no me llamo Librito, asere; mi nombre es Manuel, Manuel Granados, entiéndelo bien, eh!») y desafiará prejuicios antintelectuales y raciales —que el uso de la conjunción adversativa hace pasar a primer plano: «La verdad que el tipo pincha [...] será escritor, pero hay que reconocer que pincha. [...] Él será negro, pero es buena gente; él será escritor, pero pincha; él usará pantalones estrechos; él se pela al coco; él se deja el pelo. Él, él, él, se, se, se... pero pincha ¿y todo este recelo?» (64).

Si bien ese clima parecía desfavorable al intelectual y lo empujaba a preocuparse de cuestiones que escapaban del campo estrictamente literario, eso no provocaba desvelos en buena parte de ellos, quienes encontraban en ese orden de «prioridades» parte de su razón de ser. Al mismo tiempo, el dilema sobre el papel del escritor en la sociedad socialista —o lo que es lo mismo, el de cuál sería el modelo adecuado a las nuevas circunstancias— continuaba en discusión. En una entrevista realizada en Barcelona en julio de 1970, García Márquez se reconocía preocupado por cómo resolvería dicha sociedad el problema de la independencia del escritor, dado que la solución soviética (el escritor que vive a sueldo del Estado, dedicado únicamente a escribir) le parecía peligrosa. El caso de Cuba, en cambio, le resultaba «interesantísimo, porque tengo la impresión [...] de que todavía no hay una política muy definida en ese sentido, que probablemente habrá que empezar pronto, y que puede contar con el análisis de esas experiencias de otros países socialistas. Y porque pienso», concluía García Márquez con un vaticinio que se cumpliría en sentido inverso al previsto, «que en Cuba es donde se da una magnífica oportunidad de dar una buena solución al problema» (González Bermejo 13). La magnífica oportunidad, pronto lo sabríamos, derivó hacia una confrontación en la que muchos escritores fuera de Cuba romperían definitivamente con aquel modelo que la revolución venía proponiendo desde hacía casi una década. Ello implicó que para el grupo disidente los paradigmas se modificaran. Así, el paulatino giro a la derecha que se produciría en algunos autores implicaba la reivindicación de nombres que durante años habían permanecido en un discreto segundo plano. Vargas Llosa, por ejemplo, recuperaría en 1975 a Albert Camus, después de veinte años de haberlo leído sin entusiasmo, confesaba, obnubilado por Sartre. Le parecía que la voz de Camus no era solo moderada, tolerante y prudente sino que también era la voz «del coraje y de la libertad, de la belleza y el placer», y lamentaría, por tanto, que resultara para los jóvenes «menos exaltante y contagiosa que la de aquellos profetas de la aventura violenta y de la negación apocalíptica, como el Che Guevara o Frantz Fanon, que tanto los conmueven e inspiran. Creo que es injusto» (*Contra viento y marea* 341).

Para entender la complejidad de las afinidades y los matices previos al Congreso de Educación y Cultura —pese a que para entonces se habían producido no pocas polémicas y desencuentros— es útil hurgar en las pequeñas noticias. No todas las alianzas o discrepancias se establecían con la simplicidad con que se harían luego. Las excomuniones que se ejercían desde la zona más ortodoxa de la cultura cubana, por ejemplo, no necesariamente eran compartidas por otras zonas de la cultura institucional. Que la UNEAC y *Verde Olivo* «sentenciaran» a dos escritores premiados allí, no implicaba la condena por parte de otras instituciones. El número 53 de *Casa de las Américas* (marzo-abril de 1969) reseñaba en su sección «Al pie de la letra» los libros publicados por Ediciones Unión. Allí hacía referencia a varios títulos, entre los que se encontraban *Fuera del juego* y *Los siete contra Tebas,* ninguno de los cuales merecía un comentario reprobatorio y mucho menos una condena. Sin embargo, el cuaderno *Poesía inmediata*, de Roberto Branly, publicado en la «atractiva colección Manjuarí», recibió una contundente respuesta de parte de los editores por incluir el «infortunado poema» «Reseña deportiva», un ataque a los jurados del Premio Casa de las Américas. Entre otras cosas discutibles, expresaba la publicación, Branly «asegura que dichos jurados *se llenan —si no son de izquierda totalmente— de frases marxistas, / y, sobre todo, en los conversatorios aluden a los planes Camelot, / a "Mundo Nuevo", la enajenación, la CIA*». En su comentario, *Casa...* recordaba que las actitudes de muchos de esos hombres dieron al traste con la nada imaginaria aventura de *Mundo Nuevo*; que la CIA se encontraba infiltrada de veras en los medios intelectuales; y, sobre todo, que muchos de esos jurados, por el hecho de venir a Cuba, habían perdido sus cargos y habían sido perseguidos («Unión de libros»). Irónicamente, Branly estaba utilizando una imagen que lo emparentaría, seguramente a su pesar, con aquella de los «turistas revolucionarios» que difundiría luego Enzensberger. Era, en verdad, un golpe bajo, y no solo porque escritores como Bianco y Revueltas tuvieran que pagar el precio de haber integrado el jurado del Premio. Basta leer la carta que Haroldo Conti envió en diciembre de 1971 a la John Simon Guggenheim Memorial Foundation —al recibir los formularios para optar por una de las becas que esa Fundación entregaba cada año— para darse cuenta del compromiso que para muchos de los intelectuales implicaba su relación con la Casa. Al agradecerles la gentileza, el narrador argentino explicaba que sus convicciones ideológicas le impedían postularse «para un beneficio que, con o sin intención expresa resulta, cuanto más no sea por fatalidad del sistema, una de las formas más o menos sutiles de penetración cultural del imperialismo norteamericano en la América Latina». Aunque aclaraba no ser un hombre de fortuna, le parecía inaceptable optar por un apoyo «que proviene del sistema al que critico y combato». «Por lo demás», añadía Conti, «yo he sido Jurado de la Casa de las Américas […] y considero que esa distinción que he recibido del pueblo cubano es absolutamente incompatible con una beca ofrecida por una Fundación creada por un senador de los Estados Unidos, o sea, no un hombre del pueblo norteamericano, sino del sistema que lo oprime y nos oprime» («Una carta ejemplar»).

La misma Casa de las Américas, por su parte, mantenía sus lealtades y daba muestras de sostener un amplio abanico de relaciones. Tres o cuatro días después de su llegada a Cuba, en diciembre de 1970, Jorge Edwards visitó la institución cargado de libros, cartas y ejemplares de *Amaru*; venía de Perú a abrir la embajada chilena en La Habana en calidad de encargado de negocios, en espera de la llegada del embajador, y de seguir él mismo rumbo a París. En la Casa, contaría en *Persona non grata*, estaban celebrando una reunión preparatoria del Premio de 1971, lo que no fue obstáculo, según diría, para que lo recibieran con entusiasmo y lo devolvieran repleto de publicaciones. En una entrevista que concedió a *Granma* aquel día,

Edwards mencionaba, además de la previsible gratitud por la cálida acogida y la excepcional posibilidad para un recién llegado de hablar cordial y amistosamente con Fidel y el canciller Raúl Roa, la tolerancia en la diplomacia chilena de «admitir a estos seres inconformistas y difíciles que son siempre los escritores» (Perdomo). Expresaba, al mismo tiempo, la satisfacción por regresar a Cuba y reencontrarse con los buenos amigos, los colegas escritores del país y de la Casa misma, «con quienes ya tuve ocasión de volver a reunirme esta mañana». No había nada extraño en las reacciones de unos y otros. La propia revista *Casa de las Américas* incluiría en su número correspondiente a los meses de enero-febrero de 1971, dedicado a la «Literatura peruana, hoy», un capítulo de *Conversación en La Catedral*, y en la sección «Al pie de la letra» reprodujo una nota elogiosa a *Temas y variaciones*, cuentos de Edwards seleccionados y prologados por Enrique Lihn, con comentarios favorables del mismo Vargas Llosa (192). Sin embargo, ese ser inconformista y difícil que era Edwards, contaría en el más célebre de sus libros que pocos días después de su visita a la Casa, en un coctel en la UNEAC, cierta amiga le deslizó al oído una pregunta inquietante: «¿Ya tú sabes que no eres persona grata en la Casa de las Américas?» (Edwards 65). De nada valían aquel entusiasmo y estos elogios. Un chisme de salón adquiriría un peso que no alcanzaban aquellas muestras de aprecio. La causa de tal rechazo era, según esa conjetura, su participación en el jurado que premió a José Norberto Fuentes [sic] en 1968. Esa anécdota anuncia el peso que la paranoia y el rumor adquirirán en el volumen, y cómo se suman a una lectura peculiar de la realidad cubana. El mismo día de aquella visita a la Casa, sus anfitriones devolvieron a Edwards al hotel en un desvencijado carro, lo que era, para él, un signo inequívoco de que la Casa y Haydée Santamaría estaban en tela de juicio. Esa semiótica automotriz (Charles Bettelheim hablará de los Alfa Romeos que distinguían a la «nueva clase» cubana) permitía al chileno *leer* el poder e influencia con que contaba cada quién. Y la Casa y su directora, por lo visto, no estaban en su mejor momento. No es que la interpretación del suceso estuviera descarriada (tal vez en ese punto, de hecho, Edwards tuviera algo de razón) sino que el diplomático no podía dejar de entender la realidad como una gran conspiración.

En la lucha por establecer un nuevo modelo de escritor, era lógico que las diferentes facciones intentaran ganar para su causa a los más renombrados autores. Durante años, por citar un caso ejemplar, Lezama fue un objeto en disputa. En el segundo número de *Mundo Nuevo*, Severo Sarduy hizo el elogio suyo mientras devaluaba a Carpentier. Y esa misma publicación atacó las lecturas que Cortázar y Vargas Llosa realizaron de *Paradiso*. Dentro de Cuba, por otro lado, la situación era un tanto ambigua. Pese a su prestigio, Lezama no parecía encajar en ninguno de los moldes previstos por la ortodoxia revolucionaria, y la aparición de *Paradiso* no facilitaba su asimilación. No hay que olvidar que uno de los textos más reproducidos de Leopoldo Ávila («Sobre algunas corrientes de la crítica y la literatura en Cuba», publicado el 24 de noviembre de 1968) afirmaba que uno de los rasgos más interesantes y sorprendentes de la crítica literaria y la literatura en Cuba, era su aparente despolitización, y que «los más constantes colaboradores de nuestras publicaciones culturales pocas veces valoran o escriben obras a través del prisma revolucionario» (Casal 34). Una tarea clave, por consiguiente, era «preservar a las nuevas generaciones de influencias negativas [y] limpiar nuestra cultura de contrarrevolucionarios, extravagantes y reblandecidos». Debíamos apelar a una crítica que fuera a lo más profundo de las obras y orientara a los nuevos creadores, esos «que hasta ahora sólo han recibido por parte de algunos falsamente consagrados o el cierre absoluto, o la aceptación recelosa, o, en peores casos, el abrazo contaminador» (Casal 41).

Ese tipo de exabruptos no podía impedir, sin embargo, que el primer número de *Bohemia* del año 1971, correspondiente al viernes 1º de enero, incluyera un Homenaje a Lezama (quien el mes anterior había cumplido sesenta años), que se sumó al que le ofreciera *La Gaceta de Cuba*, y a la elegante edición de su *Poesía completa* publicada por la editorial Letras Cubanas. *Bohemia* dio cabida a una entrevista realizada por Joaquín G. Santana (reproducida también en *Cuba Internacional*), a una selección de textos y una bibliografía del propio Lezama, así como a un artículo sobre él («Lezama: invitación al viaje»), en el que vale la pena que nos detengamos. Pocos meses antes de que el nombre y la figura de Lezama entraran en el Index de las nuevas autoridades culturales, era posible leer, en el hebdomadario más importante del país, comparaciones que aún hoy resultan sobrecogedoras. En Cuba, se expresa allí, «siempre hubo quien osara reclamar el más alto destino: Martí la plenitud ética; Fidel la plenitud política; Lezama la plenitud poética. En afanes semejantes, se vence o se pierde con igual gloria» (Novás 11). Para el autor del artículo, la obra de Lezama desconoce las tareas y objetivos que la nueva realidad impone a la política, a la economía y a la cultura, «aunque su autor, como ciudadano, participe en lo que pudiera llamarse la línea de defensa cultural del país —instituciones literarias, manifiestos de los intelectuales, algún poema ocasional»; no obstante, añade, «la obra en sí transcurre paralelamente a la marcha de la Revolución, vuelta de espaldas a la circunstancia social. Actitud que no debe estigmatizarse en nombre de una causa adscrita al tiempo, porque el mundo de Lezama es intemporal». Y así como ayer «coexistió con la vieja Cuba sin confundirse con ella, ni rendirle tributo, coexiste ahora con la nueva, acatándola y aun saludando sus méritos, pero sin someterle su arte, su específico estilo creador, su vocación trasmutadora de la realidad común». Puede parecer sorprendente —teniendo en cuenta lo que sobrevendría— la equivalencia que establece entre pasado y presente, y el elogio de un modelo de escritor que en el fondo no discierne entre uno y otro. Para redondear ese modelo y establecer un nuevo paradigma, el artículo va más lejos: «Podría decirse que Lezama es el más revolucionario de los escritores cubanos, por imponerle al verbo la máxima transfiguración posible; pero lo es en un sentido radicalmente diverso del político y ajeno a éste» (Novás 11). Cuesta creer que la publicación de un elogio de tal tipo fuera posible en pleno 1971. Meses después sería ya inimaginable.

Como en los cuentos árabes, como en los espejismos

«Aunque suene a metáfora», afirma Benedetti en el prólogo a su *Cuaderno cubano*, «puede decirse que hoy Cuba encara una recuperación del paisaje». Si *paisaje* en América Latina es, para él, latifundio, minas, pozos petrolíferos, factorías y, por ende, tributo, expoliación y saqueo, ahora, «a través de Cuba, que es su vanguardia, América Latina parece ir llegando rápidamente a la conclusión de que debe convertir su paisaje en geografía humana». Por eso, recorrer la isla hoy de una punta a la otra, «con sus flamantes carreteras, sus fábricas recién terminadas, sus nuevos pueblos que surgen de la nada, sus formidables o pequeñas represas, sus reconquistadas tierras donde el marabú y otras matas rastreras han sido derrotadas para siempre, sus campos y campos donde todos siembran y todos recogen», resume Benedetti invirtiendo el título de Ciro Alegría, «es asistir a la recuperación social de un paisaje que el cubano ya empieza a sentir como ancho y propio» (10-11). Esa idea de nacimiento, de construcción, de brote, sugiere apariciones maravillosas que más adelante Cortázar hará explícitas, y da la sensación de resolver un dilema que, para Carlos Fuentes, estaba enraizado en nuestra historia literaria. En *La nueva novela hispanoamericana*, libro que pretende erigirse en teorización de lo que en la práctica estaba siendo encarnado por el boom, Fuentes comienza expresando que hasta hacía muy pocas décadas, «más cercana a la geografía que a la historia, la novela de Hispanoamérica había sido *descrita* por hombres que parecían asumir la tradición de los grandes exploradores del siglo XVI» (9). En la descripción de Benedetti, en cambio, la historia y quienes la hacen entran de lleno en la geografía, la transforman y, con ella, transforman lo que aparentaba ser un destino latinoamericano.

Una visible modificación del paisaje cubano se estaba produciendo también a nivel de la calle y de la vida cotidiana, asociada con el papel del arte y sus formas de exhibición y relación con el público. Si en el propio año 1971 el artista Ben Vautier pintaba un aséptico cuadro de fondo rojo con enormes letras blancas en las que se leía, simplemente, L'ART EST INUTILE / RENTREZ CHEZ VOUS, en Cuba, en cambio, se proclamaba la utilidad del arte y se incitaba a los espectadores a salir a las calles, a los espacios tomados por él. Exagero, pero es obvio que se retomaba una vieja reivindicación de las vanguardias que la Isla haría suya con especial devoción en ese momento. En su artículo «Sociología de la vanguardia» (aparecido en *Literatura y sociedad: problemas de metodología en sociología de la literatura*, volumen que recogía las presentaciones del Coloquio Internacional de Literatura patrocinado por la Universidad Libre de Bruselas en 1964, y que fue publicado en La Habana en 1971), Edoardo Sanguineti expresaba en una línea esa recurrente necesidad: «La lucha contra el museo es el lema natural de cada vanguardia, su consigna necesaria y profunda» (Barthes 22). No se trataba únicamente, claro está, de sacar el arte a las calles, sino también de ofrecer otras opciones y transformar los gustos y los estándares de reconocimiento. En un diálogo sostenido entre Félix Beltrán, Edmundo Desnoes, Guerrero y Raúl Martínez («El diseño sobre la mesa»), reproducido por primera vez en la revista *Cuba Internacional* en 1969, Desnoes reconoce como algo extraordinario el proceso de irrupción e instalación de nuevos contenidos en la vida cotidiana. Le sorprende ver, por ejemplo, cómo en las casas, muros y vidrieras los nuevos carteles y vallas desplazaron el cuadro de los flamencos, el calendario norteamericano, y las revistas y anuncios estimuladores del consumo, para introducir una nueva visión y otras preocupaciones; para él, descubrir «cómo se logra sustituir toda esa banalidad convencional y barata, con los diseños modernos de los patriotas, de la producción, de obras culturales», es uno de los grandes éxitos de la Revolución (*Félix Beltrán* 70).

A ese proceso contribuía el hecho de que desde los años sesenta Cuba había aparecido en el campo visual de Occidente. No solo se estaba transformando el paisaje urbano, no solo se estaba accediendo a nuevas formas de arte y de expresividad en términos visuales, sino que además el país estaba aportando su propia cuota a la transformación del imaginario contemporáneo, al menos desde que la imagen del héroe encarnara en un nuevo tipo de figura interpretada por hombres barbudos vestidos con uniformes verde olivo. El mismo Desnoes, al reflexionar sobre la presencia del Che en el imaginario mundial, lo expresaba de este modo: «Si Francia lanzó a Napoleón, la Unión Soviética a Lenin, Estados Unidos a Superman, India a Gandhi, Gran Bretaña al gentleman, China a Mao, España a Don Quijote y Vietnam al tío Ho —nuestra América ha producido al Che. Así entramos en el saturado mundo iconográfico de la historia contemporánea» (Desnoes 16). Esa misma transformación en la visualidad es, para Susan Sontag, prueba del carácter abierto, antidogmático, de la Revolución. Pasada la polémica en torno a los premios UNEAC de 1968, la ensayista norteamericana consideraba que si la poesía, la más privada de las artes, es quizá la más vulnerable en una sociedad revolucionaria, el cartel es el más adaptable; de hecho, el cartel cubano demuestra que el país tiene una cultura viva y relativamente libre de interferencias burocráticas («Posters» XVII).

La realización y recepción de dos exposiciones (la primera de ellas inaugurada en los días finales de 1970, y la segunda algunos meses después) expresan ese espíritu de arte participativo, y un contexto propicio para los nuevos contenidos. Aquella, del artista argentino Julio Le Parc, permaneció abierta durante un mes en la Casa de las Américas, a partir del 22 de diciembre. Se trataba de una muestra esencialmente lúdica que exigía la vinculación activa de los espectadores, cuya interacción física con las piezas otorgaba verdadero sentido a las obras y al conjunto. Gozó de un éxito extraordinario y de elogiosas reseñas. Sin embargo, en una nota titulada «Arte de participación», uno de los críticos lamentaba que a pesar de que en un mes la muestra había recibido la cifra récord de 4 651 espectadores sin contar los que asistieron a la inauguración ni los que tomaron parte en visitas guiadas, esa cantidad era mínima en proporción con los habitantes de la ciudad. «Realmente», añade en tono casi admonitorio, «para un creador que se plantea transformar el papel del arte en la sociedad, resulta éste un marco estrecho, casi asfixiante», que implica «la instalación de las obras en uno de los lugares ritualizados como punto de exposición de obras de arte», distante, además, por razones de su ubicación. Alega que la muestra de Le Parc debió exponerse en un sitio más céntrico y abierto como el Pabellón Cuba, donde habría tenido más afluencia de público, pero aun así habría quedado lastrada por su concepción: una exposición para que la gente vaya a verla, y no un arte en busca del pueblo (Alejandro G. Alonso 26). La segunda exposición se exhibió en las vidrieras de San Rafael entre Prado y Galiano. Se trataba de una muestra de arte popular latinoamericano integrada por 570 obras de dieciséis países, con piezas provenientes de las colecciones del Museo de Artes Decorativas, el Instituto de Etnología y Folklore, la Casa de las Américas y de varios coleccionistas privados. Esos «mil metros de vitrinas, en el tramo de las más lujosas tiendas de la burguesía habanera, muestran la recuperación revolucionaria de un medio masivo de comunicación que empieza a librarse de su origen: el reclamo comercial» (Villares 34). Entre los objetivos de la exposición, según lo que de ella publicó *El Caimán Barbudo*, estaba «la búsqueda de una participación masiva en las actividades artísticas, la revaluación de los criterios de uso de las vidrieras» y «la divulgación de las manifestaciones artístico-populares de los países de América Latina, apoyándose en el criterio de exaltación de las expresiones autóctonas enraizadas en la sensibilidad popular» («Arte popular» 18). Más interesantes son las opiniones que la publicación recoge, en las que elude deliberadamente el dictamen de los especialistas. En su lugar acude al «criterio vivo del pueblo que de una forma u otra participa de esta nueva experiencia» (18), para lo que realiza una mínima encuesta entre un trabajador de la Flota Cubana de Pesca, un barbero, un «responsable de Áreas Verdes», una estudiante de Secundaria Básica y —más cercana al espectador crítico— una diseñadora. Es obvio que tal selección cumple con el doble propósito de dar voz a quienes se supone sean los destinatarios de la muestra, a la vez que desplaza con ellas el criterio de los especialistas, reclamo coherente con lo que, para entonces, ya había sido sancionado en el Congreso de Educación y Cultura.

Más allá de esos síntomas y de las escaramuzas producidas por los cambios en el paisaje, dos fenómenos de notoria repercusión en el ámbito constructivo —y, a fin de cuentas, en el paisaje urbano y rural cubano, con sus respectivas implicaciones ideológicas— experimentarían un auge en 1971. Es la arquitectura, por su naturaleza, su dependencia de la esfera económica y las relaciones que establece con los modos de producción —Fredric Jameson lo ha recordado al detectar por qué el posmodernismo surgió precisamente en esa disciplina— el ámbito que suele revelar tendencias sociales, sea de forma explícita o tácita. Es en la arquitectura, por lo pronto, donde primero colisionan los deseos y la realidad, donde chocan la estética y los procesos productivos; una de las (en apariencia) menos ideológicas de las artes, rápidamente se *ideologiza*, como lo mostró en Cuba, de manera ejemplar, la polémica en torno a las Escuelas de Arte. (La propia Susan Sontag recordaba que el conflicto entre lo estético y lo práctico creó problemas en la arquitectura cubana, y oponía las Escuelas de Arte —«one of the most beautiful modern structures in the world»— a construcciones prefabricadas de bajo costo y estéticamente banales [«Posters», XVII]). En su balance sobre *Diez años de arquitectura en Cuba revolucionaria*, Roberto Segre reconoce que las Escuelas Nacionales de Arte son el conjunto arquitectónico «más polémico, debatido y difundido, realizado por la Revolución». Si bien algunos las asumen como símbolo de la nueva cultura y de la libertad expresiva, para otros representan la negación de los valores racionales —añade— inherentes a toda obra de arquitectura. Para Segre, el conjunto trasciende al plano conceptual de los contenidos y propicia la polémica en torno a «la compleja relación entre arte-arquitectura-ideología, dentro de un proceso revolucionario en un país subdesarrollado» (83). Le reprocha, sin embargo, que aunque constituye «la experiencia estética y espacial más intensa alcanzada por la actual arquitectura cubana», sus formas no coinciden con los nuevos contenidos, ni la exuberancia formal está acompañada por el rigor científico necesario para responder a las exigencias funcionales (90).

Pero los dos fenómenos constructivos a los que me refería antes y que se gestan o cobran impulso en 1971 vendrían a situarse en las antípodas de aquel experimento irrepetible: las escuelas en el campo (las célebres ESBEC, por las que pasarían en las décadas siguientes millones de estudiantes) y el reparto Alamar. Para comenzar, en ambos parece repetirse el movimiento centrífugo que caracterizó las tres obras mayores de la primera década de la revolución: las mencionadas Escuelas de Arte, el complejo habitacional Habana del Este (considerado «el mejor conjunto de vivienda social hecho en Cuba» [Coyula 64]) y la CUJAE («la obra más significativa comenzada en esta primera etapa» [Segre 90]). Todas ellas fueron levantadas lejos del centro de la ciudad, tendencia que se acentúa con la ubicación de Alamar (más allá, incluso, de la Habana del Este) y, aún más en el caso de las ESBEC, ubicadas en zonas rurales. La localización periférica de esos proyectos, justificada en parte por la necesidad de grandes terrenos (Coyula 55), puede entenderse también como una fuga de la ciudad clásica. Llevar la Revolución al último confín implicaba también alejar a la nueva ciudad de la ciudad burguesa. Dentro de esta, por cierto, hubo desde muy pronto espacios en disputa; las sucesivas ocupaciones de dichos espacios por jóvenes que no encajaban en la definición de «hombre nuevo», y los consecuentes desalojos y redadas policiales, pueden ser entendidos como parte de esa lógica.

Si la función obvia de la nueva urbanización de Alamar (asentada en una zona entonces poco explotada) era la de ofrecer millares de nuevas viviendas, las ESBEC cumplían objetivos diversos. El primero y más inmediato fue abrir escuelas para miles de jóvenes, hijos del *baby boom* de la década del sesenta que entonces invadían los centros primarios y comenzaban a acceder a la segunda enseñanza; el segundo, convertir esa enorme masa en fuerza productiva y, al mismo tiempo, vincular el trabajo manual con el intelectual; un tercer objetivo se planteaba lograr una mayor simbiosis entre estudiantes de diferentes zonas geográficas y sociales, pues los nuevos centros debían mezclar con mayor eficacia a jóvenes de diversas procedencias; y un cuarto se proponía ofrecer un nuevo modelo educativo alejado de la tradicional educación dentro del marco familiar y del contacto con una vida urbana que con frecuencia se entendía como portadora de «enfermedades» contagiosas («enfermitos» fue el nombre que años antes se les había dado a jóvenes cuyas maneras y comportamientos escapaban a la norma).

La vivienda —tema de preocupación desde los primeros años del triunfo revolucionario— fue un problema que no cesó de plantear dilemas y desafíos. Ya en la clausura del VII Congreso de la Unión Internacional de Arquitectos celebrado en octubre de 1963, Fidel expresó que el programa de construcción de viviendas en la ciudad y en el campo había sido una prioridad desde los primeros tiempos, pero que algunas de ellas fueron «fastuosas», «un exponente de los sueños de los primeros meses de la Revolución». Plantea entonces la disyuntiva entre los deseos y la realidad, que se expresa de manera inmediata en la arquitectura, y cita como uno de esos sueños La Habana del Este, un tipo de construcción por encima de nuestras posibilidades económicas: «nos habíamos olvidado de que éramos un país subdesarrollado, nos habíamos olvidado de esa tremenda limitación». Apenas un año después, en la clausura del Primer Congreso de los Constructores, en octubre de 1964, Fidel aseguraba que existía en el país un déficit urgente de 655 mil viviendas. Eso implicaba construir antes de 1990 no menos de dos millones de viviendas para satisfacer las necesidades de la población. Por ese motivo parecía inevitable tipificar las construcciones, tratando de conciliar economía, calidad y forma. Aprovecha entonces para deslizar una llamada de atención a quienes ponen el acento en lo estético, al punto de que «hemos visto por ahí algunos tipos de naves, de unas cafeterías que a veces empinan hacia arriba un techo, luce de forma muy bella, y cuando llueve no hay quien pueda estar parado por todos aquellos alrededores y todo se moja». Intenta, sin embargo, trazar un límite a la fealdad: «no podemos aspirar ahora a hacer las cosas tan bonitas como podemos aspirar a hacerlo dentro de 20 años, pero debemos tratar de evitar hacerlas ahora tan feas que dentro de 20 años nos abochornemos de lo que estamos haciendo ahora».

En su ya mentado volumen, Segre daba cuenta de que el concepto de terminación, refinamiento constructivo e intensidad expresiva, propios de la arquitectura burguesa, carece de sentido dentro de un medio físico y social totalmente distinto, con medios precarios, donde el problema básico es humanizar un ambiente de vida infrahumano (60). La urgencia de eliminar decenas de miles de viviendas precarias sobre todo en la periferia de La Habana obligó a integrar al propio pueblo en la actividad constructiva, con las limitaciones que ello implicaba. Segre cita a Portuondo, quien en un artículo de 1967 titulado «Por una arquitectura cubana y socialista», lamentaba que siguieran «acumulándose los bloques antiestéticos de viviendas, los barrios cuadriculados, fríos, inexpresivos, cuartelarios» (Segre 62). Constata que en casi todos los conjuntos rurales priman el esquematismo compositivo, la carencia de significación y de jerarquización urbana (123), y hace notar que en los pobres resultados obtenidos influyen la calidad de los materiales utilizados y la terminación de las piezas prefabricadas de hormigón, lo que unido a las imposiciones técnicas al diseño acaba configurando una suerte de expresividad «brutalista» (158). (Coyula lamentaría años después la persistencia, en la década del setenta, de esa «prefabricación pesada de grandes paneles hechos en grandes plantas y montados con grandes grúas», 60).

Para el 28 de septiembre de 1968, al hacer un balance de lo construido en la provincia de La Habana en materia de viviendas en pueblos y «microplanes» de la periferia y el «interior» de la provincia, Fidel anunciaba que para el año siguiente se le daría prioridad a la construcción de escuelas: treinta internados de secundaria básica con capacidad para quinientos alumnos cada uno, en áreas rurales. Es la primera mención pública de tal envergadura al plan de construcción de escuelas en el campo que alcanzaría su apogeo en 1971. La avalancha de estudiantes (aproximadamente un millón y medio en la enseñanza primaria, unos 360 mil en primer grado, 110 mil en sexto grado y —si es que vamos a ser precisos— 2 262 587 en todos los niveles y tipos de educación), lleva a establecer nuevas prioridades, pues «quinientas escuelas sirven hoy más al presente y más aún al futuro del país que diez mil casas». Fidel aclara que aunque no se dejarán de construir casas, se le daría prioridad a la construcción de escuelas e institutos tecnológicos.

Para este año, el tema de las Escuelas Secundarias Básicas en el Campo se había convertido en uno de los más importantes en el discurso político. La construcción de ese tipo de escuelas y el apoyo al nuevo modelo educacional se convertiría en una prioridad tal, que el propio Fidel se ocupó personalmente de dar la señal de arrancada de cada uno de los nacientes centros (aunque en rigor, la primera ESBEC del país fue «Mártires de Kent», inaugurada en la zona de Artemisa en 1970): el 7 de enero participó en la inauguración de Ceiba 1 («Ernesto Che Guevara»), en la cual tomaron parte los delegados del congreso de la Organización Internacional de Periodistas que entonces se celebraba en la capital cubana; el 25 de abril inauguró en Matanzas la escuela «Primer Congreso Nacional de Educación y Cultura», con la presencia de los delegados al congreso de igual nombre; el 28 de junio abrió las sesiones de la ESBEC Ceiba 2 («Luis Augusto Turcios Lima»); al día siguiente inauguró la escuela «14 de junio» en Isla de Pinos; el 20 de septiembre pronunció el discurso de apertura de «Comandante Pinares», en Pinar del Río, y el 28 de septiembre insistió en la necesidad de construir mil escuelas de ese tipo en diez años. En su intervención del 26 de julio de 1971 anunciaba que si este año el ritmo de construcción había sido de una por mes, se esperaba alcanzar en 1972 el ritmo de dos por mes. No se detiene ahí: «ahora creemos en la posibilidad de que en el año 1972 alcancemos un ritmo de tres por mes». Pero aún serían insuficientes, de modo que, arriesga, «aspirábamos en el año 1975 a alcanzar 100 por año. Sin embargo, las circunstancias tal vez nos obliguen a hacer un esfuerzo para alcanzar ritmos mayores si es que queremos encauzar de alguna forma esta explosión de estudiantes». Poco menos de dos meses después, al inaugurar la escuela «Comandante Pinares», insiste en la necesidad de que para el mes de septiembre de 1975 «tengamos capacidades aproximadas para 150 000 estudiantes secundarios en escuelas como esta». Y si en el plan perspectivo de construcción había cien escuelas para 1975, «desde ahora debemos proponernos superar esa cifra y construir no menos de 120 escuelas» ese año, con la esperanza de contar, para 1980, con mil escuelas de este tipo.

Lo cierto —aparte de cifras y previsiones que no cesan de crecer— es que las escuelas en el campo se convierten en un nuevo modelo educacional y arquitectónico, a la vez que inauguran fórmulas productivas, tanto en la construcción de los centros propiamente dichos (dieciséis brigadas con capacidad para levantar veinticinco escuelas al año) como en lo que se esperaba de los estudiantes que ingresarían a ellas («esa enorme fuerza juvenil, que en 1980 puede ascender a 700 000 estudiantes», diría Fidel el 26 de julio, «se puede convertir en una formidable fuerza productiva combinando la educación con el trabajo»). Sin mencionarse, las ESBEC venían a ser la contracara de las Escuelas Nacionales de Arte; frente a la singularidad de estas oponían la serie; frente a la selectividad de sus alumnos, la masividad; frente al (re)nombre de sus arquitectos, el anonimato. No se trataba entonces, solamente, de una solución a un desafío educacional; se estaba planteando también, desde allí, una batalla ideológica. El punto culminante de esa batalla se produjo el 25 de abril durante las sesiones del Congreso Nacional de Educación. Ese día el Congreso recesó sus funciones en los salones del hotel Habana Libre para trasladarse a una escuela que se inauguraría en la provincia de Matanzas. Los ánimos no podían estar más crispados (ya volveré sobre el asunto) y fue allí, desde ese símbolo de los nuevos tiempos, donde el evento y la propia lucha ideológica se radicalizarían. *Granma* lo sintetizó en su primera plana del 27 de abril: «Acuerdan dar el nombre de Primer Congreso Nacional de Educación y Cultura los educadores a su evento»; «Adoptaron esa determinación en base de los planteamientos de Fidel en la inauguración de un centro escolar en Jagüey Grande».

Un número de la revista *Arquitectura / Cuba* de ese año (el 339), está dedicado a las flamantes ESBEC. El texto inicial, firmado por su director, Fernando Salinas, es elocuente desde el título: «La escuela revolucionaria como embrión de la comunidad futura». Además del acercamiento a los antecedentes de la arquitectura escolar en el país y a argumentos constructivos y tecnológicos de las nacientes ESBEC (para entonces solo habían sido inauguradas cinco), esta entrega de la revista funciona como vía de legitimación del nuevo proyecto. Al propósito educacional, por cierto, añade una idea planteada ya por Fidel al inaugurar una de ellas: «hacer de la escuela en el campo, durante los meses de verano, un centro vacacional de la comunidad» («La revolución en la educación» 30). Aparte de las nutridas referencias en el discurso político y el periodístico, en medios especializados y en la conversación cotidiana, las nuevas escuelas encontrarían sitio también en el cine y en la canción (ahí están, para demostrarlo, los documentales de Rogelio París, *No tenemos derecho a esperar*, y de Jorge Fraga, *Escuela en el campo* y *La nueva escuela*; así como en el tema de Silvio Rodríguez «Canción de la nueva escuela», compuesto para la banda sonora del filme de París).

Incluso los nuevos centros entrarían en la relectura de la historia. En su introducción al estudio de Ramiro Guerra, *Mudos testigos. Crónica del ex cafetal Jesús Nazareno*, publicado por primera vez en 1948 y reeditado en 1974 por la editorial Ciencias Sociales, Moreno Fraginals poetizaba: «De los antiguos árboles, de los mudos testigos, sólo queda uno en pie. Y desde su sombra puede verse en el paisaje verde una de las más modernas y bellas escuelas cubanas, terminada hace un año. Es el nuevo fruto de la tierra». (12)

Alamar se convierte, paralelamente, en el gran proyecto nacional en materia de construcción de viviendas y orgullo del sistema de producción revolucionario, al punto de que, paulatinamente, se transforma en sitio de peregrinación para los invitados del gobierno. Además —en el recurso a la reiteración como modo de abaratar e igualar construcciones—, Alamar parece dar respuesta a las preocupaciones expresadas por Fidel en los congresos de arquitectos y de constructores. El (re)naciente reparto se apropió del peso mayor de la construcción de viviendas en el país, y se convirtió, para sus habitantes, en ejemplo supremo de movilidad física y social; sin embargo, no pudo apropiarse de valores simbólicos y lugares que en el plano cultural, administrativo y político seguían girando en torno a zonas tradicionales de la ciudad.

Si por un tiempo pareció que la construcción de centros educacionales reemplazaría las edificaciones de uso habitacional, para los primeros meses de 1971 era obvio que los dos proyectos se complementarían. No era posible impulsar el programa de las escuelas en el campo abandonando a su suerte el ya de por sí deficitario fondo de viviendas, con su creciente deterioro. Resulta sensato preguntarse cómo fue posible que un país que apenas comenzaba a salir de una angustiosa situación económica pudiera asumir tan colosales gastos sociales, si bien, para entonces, se estaba produciendo un favorable ascenso del precio del azúcar en el mercado mundial. Aun sin tener a mano las estadísticas es fácil imaginar que el acelerado alineamiento con la Unión Soviética estaba rindiendo frutos. A ambos proyectos se sumarían otros planes constructivos de envergadura acometidos a partir de ese año por los «cederistas» con el llamado *plustrabajo*: el Estadio Latinoamericano (emblema de edificación deportiva que acogería en el mes de noviembre el Campeonato Mundial de Béisbol, y que movilizó a la fuerza laboral con la consigna «del trabajo para el estadio»); una termoeléctrica; el Hospital de Centro Habana; el arreglo de calles y el nuevo zoológico. Un curioso testimonio de la época lo ofrece Jorge Edwards en ese tono un tanto paranoico que caracteriza su libro *Persona non grata*, al contar que todos los días veía pasar desde su habitación en el Hotel Riviera una barcaza llena de arena, síntoma de que «en alguna parte, lejos de El Vedado y de los antiguos barrios burgueses y turísticos, se estaba, pese a todos los rumores y vaticinios, en plena construcción» (95).

El hecho es que el 16 de abril, al hablar ante representantes obreros de 487 centros laborales de La Habana, Fidel lanzó el nuevo plan de construcción de viviendas a escala masiva según el modelo de las «microbrigadas», y auguró que a fines de año 424 de ellas estarían en acción, para construir un total de 10 239 viviendas. Pocos días más tarde inauguraría el primer edificio construido bajo el nuevo plan en el reparto La Coronela, y ya en mayo se levantaban en Alamar dieciocho edificios, el primero de los cuales estaría listo para el 26 de julio. Con Alamar, Cuba parecía estar dando respuesta también a una preocupación que desbordaba sus fronteras. El número 4 de 1971 de la revista *Facetas*, publicada por la Agencia de Información de los Estados Unidos (USAID), dedicó una sección especial a «Los nuevos pueblos», que incluyó seis trabajos sobre el tema. La «Nota al lector» que abre el número asegura que «las ciudades de todo el mundo parecen hallarse en un mal momento: atestadas, contaminadas, inadecuadas, indiferentes. [...] Hoy no hablamos de la gloria de las ciudades sino de sus males. Hablamos de ciudades "enfermas", de focos de "descomposición", de crecimiento "canceroso"». A diferencia de aquellas urbes que crecían espontáneamente, hoy —precisa— las ciudades se planean en la mesa de dibujo y en el salón de conferencias, lo que nos arrastra a una interrogante: «¿podrán las nuevas ciudades planeadas recobrar la variedad, vida y excentricidad que hizo y sigue haciendo atractivas y cambiantes a las antiguas ciudades?» («Nota»). No es difícil imaginar a los políticos, planificadores y arquitectos que concibieron la urbanización habanera, soñando combatir aquella descomposición y ese cáncer con edificios estructuralmente sólidos, bien iluminados, rodeados de zonas arboladas y con generosa circulación de aire. Alamar vendría a ser, vista así, la alternativa tanto a la pobreza y los barrios marginales, como a las ciudades «decadentes» que mencionaba *Facetas*. Sin duda el proceso de higienización física y social que implicaban las nuevas escuelas y viviendas tenía un sentido metafórico (evitar el contagio con ciertos espacios identificados con la ciudad del pasado), pero sobre todo tenía un sentido literal, al dignificar las condiciones de vida de miles de personas hasta entonces hacinadas, o viviendo y educándose en barrios marginales. Tampoco es difícil imaginar lo que estos nuevos lugares significaron para ellas.

Pronto, el renovado y creciente reparto sería convertido en punto de referencia obligado en materia de progreso. Para el 31 de agosto, los tres mil delegados asistentes a la Plenaria Nacional Azucarera visitaron las obras del lugar, donde el Primer Ministro —según señalaron los medios de difusión— explicó pormenores del proyecto social, del sistema de construcción, la productividad y el modo de asignación de las casas. El recorrido por Alamar formará parte, en octubre, del programa del más notable visitante del año, Alexei Kosiguin. A comienzos de noviembre el canciller argelino Abdelaziz Bouteflika recorrerá el sitio, que pocos días antes de fin de año recibirá a Andrei P. Kirilenko, miembro del Buró Político y Secretario del PCUS, de paso por Cuba en tránsito hacia Chile.

A la altura del 28 de septiembre, Fidel explicaría que se habían encontrado nuevas formas de movilización de las masas con una solución revolucionaria. Ante la pregunta: ¿de dónde sacar los obreros necesarios para construir las decenas de miles de casas que el país necesita?, ante un problema que parecía no tener salida, «surgió una solución de masa: las microbrigadas de obreros industriales», que contaban para entonces, en La Habana, con cinco mil obreros organizados en doscientos dieciocho unidades. Esa solución debía entrañar, a la vez, un modo descentralizado y colectivista (ajeno, en principio, a las decisiones burocrático-administrativas) de producir y disponer del fruto del trabajo, siguiendo la lógica según la cual son los colectivos de trabajadores de las fábricas los que organizan las microbrigadas; era a ellos a quienes pertenecerían las viviendas recién construidas y a quienes corresponderían distribuirlas. Los medios colaborarían de inmediato en la tarea de promover el proyecto, incluso desde los espacios de ficción. La serie televisiva que ocupaba el programa «Horizontes», escrita por Maité Vera, abordaba sin demasiadas sutilezas el tema. Una nota en la revista *Bohemia* del 29 de octubre la resume así: dos personajes jóvenes se casan y la ingeniera les cede el cuartico de atrás para vivir, «pero la solución es la microbrigada».

Julio Cortázar dejó plasmada una visión particularmente idílica de Alamar. En un texto de 1976, inédito hasta fecha reciente («Nuevo itinerario cubano»), dedica un acápite al reparto con el título de «Alamar, o las mil y una noches del trópico»: «Hace seis años y medio pasé por Alamar y desde la carretera vi la planicie bajando hacia la costa; un mínimo poblado tendía su biombo entre los ojos y el azul violento y salado». De repente ese paisaje semirrural desaparece con la irrupción de construcciones y de vida: «Hoy ya no se ve la costa en Alamar; como en los cuentos árabes, como en los espejismos, una ciudad nació de la nada hasta cubrir hectáreas y hectáreas con sus bloques multicolores, sus calles y sus jardines, y allá arriba algún barrilete que un chico remonta para jugar un rato con el viento y los pájaros» («Nuevo» 287). El contraste entre el pasado reciente y la visión que ahora tiene ante sus ojos es alucinante. Cortázar percibe una policromía (está claro que para entonces todavía estaba fresca la pintura sobre las paredes) que contrasta con esa grisura recurrente en todas las descripciones con que suele identificarse el reparto. La vista del mar es sustituida por una nueva silueta y por un papalote que flota en el aire. Alamar impide ver a lo lejos, pero invita a mirar a lo alto. Y en esa visión desaparece incluso un ingrediente importante del carácter novedoso y socialista del empeño; se esfuman —al menos por un momento— las microbrigadas y el plustrabajo, los obreros y las decisiones colectivas, desplazadas por maravillas propias de *Las mil y una noches*.

El número 338 de *Arquitectura / Cuba*, dedicado al tema «Ambiente en transformación», aborda precisamente los cambios en el paisaje natural y urbano del país, pero lo hace desde una óptica menos poética; en verdad, absolutamente tecnológica y utilitaria. El texto «Arquitectura: proyección física de la ciudad» —aparecido sin firma y presumiblemente escrito por el director de la revista— hace el elogio del sistema Girón, basado en el empleo de columnas y losas «doble T» prefabricadas de hormigón armado, y destaca una característica propia de la concepción entonces dominante: «El rasgo más significativo del cambio ocurrido en la arquitectura en los últimos años, constituye un paso de la esfera de las necesidades individuales a las necesidades de toda la sociedad. La obra aislada desaparece reemplazada por la repetición de unidades funcionales a escala nacional» (22). En pocas palabras, tanto en Alamar como en otras experiencias afines que se irían extendiendo por el resto del país, primaría la noción de que la cantidad era una alternativa legítima de la calidad; el éxito, por tanto, no radicaba en la diversidad y en el detalle sino en la multiplicación. Y como parte de la búsqueda de referentes propicios, el 2 de abril fue inaugurada en el Palacio de Bellas Artes la exposición «Arquitectura Soviética Moderna».

Ya existían intentos de ofrecer soluciones alternativas para la construcción de viviendas de interés social. En 1970, de hecho, un estudiante de arquitectura de la CUJAE, José Flores Mola, ganó el Primer Premio del Encuentro Internacional de Estudiantes organizado por la Unión Internacional de Estudiantes, en Argentina. Al reportar el hecho, *Alma Mater* aseguraba que el versátil proyecto («Ciudad de la imaginación») se caracterizaba por su flexibilidad en lo constructivo, lo funcional y lo estructural en materia de viviendas de ese tipo. Sin pasar por alto los valores estéticos —celebraba la publicación—, Mola estudió los sistemas que se estaban utilizando y ninguno le ofreció las posibilidades necesarias, de modo que optó por uno que le daba al inquilino la posibilidad, a través del movimiento de paneles, de diseñar y reestructurar su propia casa (Boudet). Huelga añadir que el exitoso proyecto no excedió la versión en papel. Desde mediados de los años sesenta había crecido «la tipificación de los proyectos, y proliferaron normativas que buscaban la estandarización a escala nacional, como única forma de industrializar la construcción, y con ello abaratarla y conseguir producciones masivas» (Coyula 52). Un documental de 2008, *Ciudad del futuro*, dirigido por Damián Bandín Carnero y Karin Losert, logra un frágil equilibrio entre la postura de Cortázar y esta última; el filme reconstruye, con los testimonios actuales de quienes fueron niños en el Alamar de mediados de la década del setenta, desde la nostalgia o el desencanto, lo que tuvo de hermoso el proyecto. El texto con que se cierra, obviamente irónico, tiene, al mismo tiempo, algo de sentida añoranza: «Alamar: moderna y bella ciudad socialista hecha por el pueblo para el propio pueblo; agradecida y hospitalaria, le da a Ud. la bienvenida».

Los edificios de Alamar son feos y monótonos, qué duda cabe, urbanísticamente caóticos, y se erigen devaluados en el mercado inmobiliario nacional. Poseen algo, sin embargo, que debería salvarlos del fácil encono que han generado. En el viaje geográfico y cultural que realizara por el delta del río más extenso de Europa —tal como lo describe en su espléndido volumen *El Danubio*—, Claudio Magris narraba una impresión similar producida por el Karl Marx-Hof, el famoso e inmenso conjunto de viviendas obreras construidas por la «Viena roja», el municipio socialista, después de la Primera Guerra Mundial. El conjunto, recordaba Magris, «nació de la voluntad de reformar, de una confianza en el progreso, del intento de construir una sociedad diferente, abierta a nuevas clases y destinada a ser guiada por éstas» (182-183). Y añadía algo que no debemos olvidar:

> Hoy resulta fácil sonreír ante esta uniforme grisura cuartelera. Pero los patios y los parterres poseen cierta melancólica alegría, hablan de los juegos de los niños que, antes de estas casas, habitaban en tugurios o en ratoneras sin nombre y del orgullo de las familias que en estas casas, por primera vez, tuvieron la posibilidad de vivir con dignidad, como personas. // Este monumento de la Modernidad encarna muchas ilusiones progresistas del período entre las dos guerras, que se derrumbaron, pero pone en evidencia también la realidad de un gran progreso, que sólo una atrevida ignorancia puede subvalorar (183).

Dos novelas

Fue justamente en 1971, en el mes de junio para ser precisos, cuando surgió esa tendencia de la narrativa norteamericana conocida como *dirty realism*; al menos es lo que opinan aquellos para quienes la publicación del cuento «Neighbors», de Raymond Carver, vendría a señalar el punto de arrancada (Günter 18). Ese mismo año la narrativa cubana —aunque apostando por fórmulas más tradicionales y cristalizadas— daría a la luz dos novelas no menos influyentes en el ámbito doméstico: *Enigma para un domingo*, de Ignacio Cárdenas Acuña, y *La última mujer y el próximo combate*, de Manuel Cofiño López. Considerada la primera novela policial cubana, *Enigma*... abrió un camino que alcanzaría una importancia decisiva y desataría entre autores y lectores un interés por el género *à la* cubana, que ya no se detendría; la novela de Cofiño, por su parte, trascendería como la muestra más relevante del realismo socialista criollo, y como tal se beneficiaría de una generosa promoción solo alcanzada por un puñado de obras. Paradójicamente, el impulso que ambos títulos dieron a la literatura de la época no impidió que 1972 fuera el único año de la Revolución en que —como efecto inmediato de las presiones desatadas el año anterior— no se publicaran novelas en Cuba.

Enigma para un domingo obtuvo mención en el Premio UNEAC 1969 (con el menos afortunado título de *Enigma para un día de asueto*); no aparecería impresa, sin embargo, hasta el mes de marzo de 1971 en la colección El Dragón, dedicada a obras policiales, fantásticas y de ciencia ficción, en la que antes fueran publicados —aparte de varios escritores cubanos— clásicos como Bradbury, James

M. Cain, Karel Čapek, Chandler, Agatha Christie, Conan Doyle, William Golding y Poe. La tirada, según consta en el colofón, fue de 25 mil ejemplares y el éxito del libro fue relampagueante. «La obra de Cárdenas Acuña», nos recuerda de manera hiperbólica Luis Rogelio Nogueras, «tuvo un sorprendente éxito de librería: en pocas semanas se agotaron los 60 000 ejemplares de la edición». Mientras en el resto del Continente *Papillón* se convertía en el best seller del año, en Cuba una modesta novela abría cauces inesperados. Para Nogueras, si bien *Enigma...* estaba inscrita en el marco de Chandler, aportaba «una significativa novedad temática: la Revolución». El dato no era desdeñable, pues el «reto que ofrecía un género cuyos parámetros formales e ideológicos fueron fijados en el capitalismo, había sido aceptado por un escritor revolucionario, y el resultado [...] fue el nacimiento de lo que llegará a ser, sin lugar a dudas, la escuela cubana de literatura policial» (Nogueras: «Literatura policial cubana en el extranjero» 41). El éxito de *Enigma...* desbordó las fronteras nacionales: en 1974 editoriales de Rumanía, la República Democrática Alemana y Ucrania la publicaron con tiradas que, en algunos casos, superaron los doscientos mil ejemplares.

El mismo mes en que apareció la primera edición cubana, la revista *Moncada*, órgano del Ministerio del Interior, sometió un cuestionario a José Antonio Portuondo «sobre la novela policíaca». Las respuestas aparecerían en el número de junio, y luego el crítico las incluiría en su colección *Astrolabio*. Menciona allí, por supuesto, el reciente caso de Cárdenas Acuña, así como el de ese «buen cultivador» del cuento policial que fue Lino Novás Calvo. En el siguiente número de *Moncada* (del mes de julio) se promueven las bases del Concurso XIII Aniversario del Triunfo de la Revolución, convocado por la Comisión de Arte y Cultura de la Dirección Política del MININT. Se trataba de un apoyo decisivo que impulsaría de manera espectacular la escritura y el interés de los lectores por ese género al que ciertos críticos, según Borges y Bioy Casares, niegan la jerarquía que le corresponde, solamente porque le falta el prestigio del tedio. El concurso, sin embargo, había nacido lastrado por una convocatoria que le fijaba límites tanto a los participantes como a los enfoques. Sin ir más lejos, el punto primero de las bases estipulaba que «podrán participar todos los miembros y auxiliares oficialmente reconocidos del MININT y combatientes de las FAR»; el segundo, por su parte, especificaba que las obras debían tener «un carácter didáctico y serán un estímulo a la prevención y vigilancia de todas las actividades antisociales o contra el poder del pueblo» (58).

Lo importante es que de inmediato se desató la reivindicación del género y su adecuación a las peculiares condiciones de la Isla. El 20 de septiembre, la Comisión de Extensión Universitaria organizó en la Sala Talía un panel sobre la novela policial donde Portuondo aseguraba que una novela policial, sin romper los cánones del género, podía ser «utilizable dentro de un concepto comunista de la vida. El problema está sencillamente en aplicar a la novela una nueva concepción de la realidad» (Galardy «La novela Cenicienta»). Tres días después, en la segunda parte del panel, «el autor de la primera novela policial cubana» reconocería que no se propuso innovar el género, sino tomar lo que le conviniera de sus maestros Hammett y Chandler; ya surgirán obras nuevas, sentenciaba, y, con ellas, la diversidad (Galardy «Introducción al enigma»). El asunto planteaba, por cierto, un problema teórico no menor. En uno de los diálogos del Coloquio Internacional de Literatura patrocinado por la Universidad Libre de Bruselas, en 1964 (cuyas actas, como ya adelanté, se publicaron en Cuba en 1971), Robert Escarpit discrepaba del colega que había dicho que «los géneros literarios coinciden con las clases; esto no es del todo exacto porque las clases se arrebatan unas a otras los géneros literarios» (Barthes 92). Coincidiendo con la opinión de Escarpit, el policial cubano venía a apropiarse de un género, a *arrebatárselo* a sus «dueños» originales.

No hubo que esperar mucho tiempo para echar las campanas al vuelo. En el prólogo a la novela del teniente José Lamadrid, *La justicia por su mano* —ganadora del concurso XIV Aniversario del Triunfo de la Revolución (1973), y hoy olvidada—, Portuondo no ocultaba su regocijo: «Los resultados del reciente concurso de novelas y cuentos policiales, organizado por la revista *Moncada* [...] autorizan a hablar ya de la aparición de una novela policial revolucionaria» («La novela policial revolucionaria» 127). Para el crítico adquiría especial relevancia el hecho de que la novela prescindiera del *teque*, esa «exposición apologética de la ideología revolucionaria, la propaganda elemental y primaria, el elogio desembozado de los procedimientos revolucionarios», pues veía en ello «la forma en que puede degenerar la novela policial entre nosotros». Lo había advertido ya, y ahora le complacía ver que, en esta ocasión, el escollo había sido salvado (131). No cabe duda de que —pese al escuálido nivel de las obras de esos primeros años— el respaldo institucional y el interés por fomentar el policial cubano rindió frutos. Nogueras y Guillermo Rodríguez Rivera opinan que la creación del concurso Aniversario del Triunfo de la Revolución marca el punto de partida del «nuevo modelo» del policial cubano, dado que «la novela de Cárdenas Acuña, a pesar de su argumento bien construido y de sus personajes convincentes, estaba todavía demasiado prendida a la órbita de la novela "dura", lingüística y sociológicamente hablando». Les parece encontrar en ella, no obstante, una significativa premonición, porque el «caso», iniciado por un detective privado, era cerrado por los investigadores del MININT. Pasarían décadas para que, siguiendo un viaje inverso, el detective saliera de la institución policial y se reasumiera como investigador privado, para que el género retomara una de las características más singulares del más representativo de sus personajes, en un acto de individualismo inimaginable en los albores del policial cubano.

Años después, al realizar un balance del género en nuestro país, Leonardo Padura hará énfasis en el hecho de que el patrocinio de la novela policial en Cuba se produjera «en los momentos en que más férrea se tornó la política cultural del país» (150). El contraste con lo que ocurre en el territorio policial de la lengua se le hace evidente; si la nueva novela se imponía a sí misma una actitud desacralizadora ante el género, apunta, los recién estrenados autores cubanos «se lanzaron a la creación de una literatura apologética, esquemática, permeada por concepciones de un realismo socialista que tenía mucho de socialista pero poco de realismo» (153). En consecuencia, el tratamiento de los personajes negativos (como el delincuente o el agente extranjero) apenas tuvo espacio y profundidad en esta novelística, «que los definió por simple negatividad política, obviando su valiosa complejidad dramática» (154). Está claro que no hay nada azaroso en el hecho de que el policial cubano viviera su propio boom coincidiendo con el momento de mayor cerrazón ideológica, de más nítida censura y de más acentuada exclusión de escritores. Además del ya mentado apoyo institucional, influían en ese apogeo el hecho de que, al tratarse de un género sustentado en fórmulas y estructuras más o menos establecidas, resultaba relativamente fácil incursionar en él a autores con escasa o ninguna experiencia narrativa; permitía «trasmitir», al mismo tiempo, un mensaje que debía ser claro y dejar poco margen a la ambigüedad; se alejaba de modelos considerados como elitistas y convocaba a amplias masas de lectores, atraídos por una literatura comprensible para todos. Dejar las cosas en este punto, sin embargo, sería simplificarlas demasiado.

En su abarcador volumen *Detective Fiction from Latin America*, de 1990, Amelia S. Simpson expresa que la ficción policial que emerge en Cuba en los quince años anteriores (a la que no tiene reparos en agregar el adjetivo de socialista) representa el momento de mayor desarrollo en la historia del género (97). Para ella, la colectivización del esfuerzo investigativo hace transparente la dimensión ideológica y el objetivo didáctico del texto, pero eso supone también un impacto en las estrategias narrativas. Desde el principio los autores cubanos experimentaron formas de integrar la tradición de la novela de misterio con un discurso didáctico, ideologizante. Con frecuencia el esfuerzo propagandístico dio como resultado una narrativa menos eficaz en términos de desarrollo de los recursos expresivos, pero hay evidencia de una considerable flexibilidad en el tratamiento dado a las propuestas ideológicas. Con la excepción de uno de sus cuentos —considera Simpson—, *El terror*, de Arnaldo Correa, no es más explícito ideológicamente que *El halcón maltés*, y obras como *El American Way of Death*, de Juan Ángel Cardi, *La ronda de los rubíes*, de Armando Cristóbal Pérez, y *Enigma para un domingo*, marcan distancia con respecto a la retórica revolucionaria (121-122). El carácter predecible y la naturaleza frecuentemente propagandística del policial cubano se dan con especial énfasis en las vertientes testimonial y de contraespionaje. Para Simpson, sin embargo, la vitalidad de la literatura policial en la Isla rivaliza con cualquier otra en Latinoamérica y resulta de particular interés porque representa un serio, inusual y vigoroso intento de inscribir en otra configuración ideológica un género nacido en (e identificado con) la sociedad capitalista. A la larga, el experimento fue exitoso: la novela policial cubana —que, como es obvio se ha enriquecido, haciéndose más sofisticada y crítica— forma parte de una tradición que continúa generando autores, lectores y críticos que se acercan a ella como un modo de entender mejor la sociedad que la produce (véase entre los estudios más recientes, por ejemplo, el volumen de Stephen Wilkinson *Detective Fiction in Cuban Society and Culture*). Más aún: leyendo el género y su desarrollo en la Isla se puede hacer una clara disección de la sociedad cubana y su evolución durante las últimas cuatro décadas.

Enigma... comienza en los primeros años de la década del sesenta. El narrador-protagonista ha colaborado para entonces con el Departamento de Seguridad del Estado con el fin de desarticular una célula contrarrevolucionaria a cuyo líder él mismo mata en un enfrentamiento. De inmediato nos enteramos de que ese protagonista había sido detenido en 1951 y condenado a veinte años de prisión por un asesinato que no cometió, y había sido excarcelado (por buena conducta y presunción de inocencia) seis meses antes del inicio de la narración. Invitado en el presente a explicar la razón por la que se infiltró en aquella célula y decidió colaborar con la Seguridad, responde que fue por venganza, y a partir de ahí comienza a hilar toda la historia. Ares, que así se llama el personaje, era entonces un detective privado, contratado para investigar a una prostituta de lujo que chantajeaba a sus clientes y que terminó siendo asesinada. La policía lo acusó del crimen y —como hemos visto— terminó condenándolo. En el último capítulo la historia retorna al presente, cuando los oficiales que lo entrevistan le hacen saber que su causa ha expirado y puede reiniciar su vida. Entonces nos enteramos, por boca de ellos, del destino de los personajes de la historia pasada: Gastón, el teniente que lo acosó hasta lograr encarcelarlo, fue fusilado por actividades contrarrevolucionarias, y antes de morir confesó haber recibido un jugoso soborno por acumular pruebas contra él. Otros personajes se exiliaron en los Estados Unidos, y solo una —aquella que lo contrató inicialmente, la hija de un Senador chantajeado— «vive entre nosotros [...]. Está casada y trabaja como profesora» (215). Los oficiales, por su parte, cuentan que comenzaron a sospechar que el verdadero asesino era Martín Maqueira, el chofer de la prostituta —y a la postre líder de la célula contrarrevolucionaria— cuando interceptaron algunas de sus cartas.

El Ministerio de Bienes Malversados había comprobado el origen de su fortuna, y la intervención del National City Bank permitió revisar sus cuentas.

Hay varios detalles llamativos en la historia. Los más obvios tienen que ver con el giro que el género toma en esta novela, y que ya había sido señalado por Nogueras: el detective privado (pilar del género durante décadas) cede el lugar a la institución (policía, contrainteligencia) y se pone al servicio de ella. Si hasta entonces la eficacia del personaje estaba asociada precisamente a su independencia de una institución que —como contrapartida— era torpe, burocratizada o corrupta, ahora se trastoca ese elemento básico; hay, de hecho, un contraste claro entre la policía de *antes* (representada por Gastón) y la actual. Por otro lado, si bien la novela se reconoce deudora de la línea trazada por Hammett y Chandler, lo cierto es que al mismo tiempo parece clausurar ese camino y abrir dos vías que harían fortuna entre nosotros: la de un policial con detective colectivo y la novela de contraespionaje, pues el delito común se metamorfosea aquí en político y contrarrevolucionario. Más interesante aún es el hecho de que Ares hubiera sido encarcelado en 1951, lo que implica que no vivió (más que desde las particulares circunstancias de una prisión) el proceso que llevó al triunfo revolucionario; ni siquiera un antecedente clave como el golpe de Estado del 10 de marzo del 52, para no hablar de hechos posteriores tan decisivos como la nacionalización de los bancos y compañías norteamericanas. Ares, por decirlo así, quedó suspendido en el aire, fuera de la historia, durante ese hiato de casi quince años en que permaneció recluido. Pero este hombre cuyo único móvil, como no duda en reconocer, es la venganza, es devuelto al centro de la Historia por una revolución que —irónicamente, y siguiendo una de las reglas básicas del género— venía a restaurar el orden que había sido puesto de cabeza. De hecho, la solución y la justicia solo son posibles gracias a la llegada de la revolución, pues el trabajo del Ministerio de Bienes Malversados, y la posibilidad de revisar las cuentas del National City Bank, ahora en manos del Estado, resultan ser condición indispensable para desentrañar el enigma del asesinato de 1951. Ares, por otra parte, venía a dar respuesta a un dilema que se planteara desde muy pronto (tan pronto como el mismo 1º de enero de 1959, si atendemos a la fecha de «El otro», de Roberto Fernández Retamar, y el 25 de ese mes, cuando *Carteles* publicó el «Poema del padre que no supo pelear», de Enrique Núñez Rodríguez, que en otro nivel planteaba algo semejante: «mi Comandante en Jefe. / Yo no tengo derecho para hacerte este ruego, / pero tengo el coraje de ser un hombre honesto / que no tuvo el coraje para ocupar su puesto» [Díaz Castañón 305]); me refiero a la culpa por no haber tomado parte en la lucha insurreccional. A diferencia del hipotético personaje evocado en el poema de Retamar, Ares no murió por nadie en la ergástula; él sería, por el contrario, el ejemplo extremo de quien —precisamente por estar preso— no participó de ningún modo en el cambio histórico. Sin embargo, en las nuevas circunstancias no duda en tomar un arma y enfrentarse al enemigo. Es su condición de novela tardía la que explica ese salto del pasado al presente que caracteriza la estructura de *Enigma para un domingo*; ella debió saldar la evolución que hubiera correspondido a un proceso de al menos una década. Cumplió con tal dignidad su encomienda que la mayor parte de las sucesoras inmediatas no alcanzó su nivel de calidad.

La última mujer y el próximo combate, por su parte, si bien mereció más elogios y generó en su momento mayor optimismo entre lectores y críticos (es «la obra que señala plenamente el cambio de signo estético […]; esta novela es el punto de partida para la superación posterior» [Rodríguez Coronel 298]), no tuvo, a la larga, la importancia del camino abierto por *Enigma…* Respondía mejor, eso sí, a las aspiraciones de una época, pero por ello mismo estuvo más atada a ese momento y su estrella declinó de manera sostenida e irreversible a partir de la década siguiente. Ganadora del Premio Casa de las Américas en enero de 1971, su lectura se vio involuntariamente influida por el eco de los acontecimientos que sobrevendrían, pues entre la concesión del Premio y la publicación del libro tuvo lugar nada más y nada menos que el caso Padilla. La polémica desatada explica que en la nota de solapa, el novelista chileno Manuel Rojas, quien integró el jurado que le otorgó el galardón, después de señalar que uno de «los elementos que componen esta novela es su tono cubano, sabroso y sin recargos» y «lo natural de su ritmo», apelara, como prueba de calidad, a argumentos como los siguientes: «No aturde con una multiplicidad en el tiempo, en el espacio y en los personajes, a lo Vargas Llosa, ni con palabras inglesas o francesas, alusiones a Nueva York o a cualquier muelle del Sena, a lo Cortázar, no. Por último, tampoco es decadente». (172)

Las lecturas que provocó la novela, y que en su momento ayudaron a elevarla a un inesperado panteón, a la larga la perjudicaron. Un libro con aciertos y no exento de interés se ha visto sepultado por los elogios y calificativos que soportó. El propio Cofiño contribuyó a enturbiar el valor literario de la obra. En una entrevista que concediera a *Granma* a mediados de marzo, cuando la novela aún estaba inédita, declaraba: «Lisandro Otero me hizo una observación que me enaltece mucho. Me dijo que mi novela tenía que escribirse en la Revolución y dentro de la Revolución. Porque un individuo que no estuviera políticamente firme era incapaz de escribir esa novela». Y por si fuera poco, añadía que ella «ha tenido que ser escrita con un gran rigor ideológico. Eso me ha servido para darme cuenta de que contenido y forma son una sola cosa. Porque cuando tú extremas el rigor ideológico, mecánicamente tienes que exigir más rigor formal» (Galardy, «La última mujer»). Asociada desde su aparición con el realismo socialista (lo que poco antes hubiera provocado urticaria), la novela se beneficiaba de lo que, en ese momento, ello implicaba. Finalmente parecía haber surgido en la literatura cubana un libro a la altura de lo que, en el terreno social, se venía produciendo desde hacía más de una década. Irónicamente, en el ya mentado volumen *Literatura y sociedad: problemas de metodología en sociología de la literatura* (que difícilmente hubiera sido publicado pocos meses más tarde), Henri Lefebvre, quien disertó sobre «De la literatura y el arte modernos considerados como procesos de destrucción y autodestrucción del arte», apuntaba: «Ocurre como si la misión histórica (y caricaturizo intencionadamente) del socialismo fuera llevar el arte a su mismo fin, porque las obras llamadas realistasocialistas tienen quizá un gran valor de propaganda, pero ningún valor artístico». Y añadía, jugando de paso con una idea de Garaudy: «De tal forma que en el gran escenario de la destrucción del arte, el realismo socialista (con riberas o sin ellas) me parece que ocupa uno de los primeros puestos» (Barthes 167).

La historia de *La última mujer y el próximo combate* se ubica en la zona de Pinar del Río a mediados de la década del sesenta. Bruno, el protagonista, llega a Las Deseadas para dirigir un Plan Forestal del que sus predecesores salieron acusados de corrupción. Una de sus principales misiones —y en esto era intérprete riguroso de las prioridades de la política agraria— es invitar a los campesinos a incorporarse a los llamados «microplanes», o sea, entregar su parcela de tierra a cambio de una casa nueva; intercambio que debía conducir a la proletarización del campesinado y, en consecuencia, a su paulatina desaparición como clase. Al inicio de la novela, Bruno se ve a sí mismo quince años atrás, rodando en un Ford junto a Laura y soñando con la casa en Altahabana y con los niños, el carro nuevo cada año, el bufete a las mil maravillas, y la luna de miel en Miami; de repente vuelve a verse, siete años después, sin ella y sin el Ford, y sí, en cambio, con una cicatriz: ya otro, pero sin llegar a ser el de hoy. En el Plan, Bruno percibe de inmediato que la zona carece de un buen trabajo político, pero confía en el técnico forestal graduado en la Unión Soviética, quien propone hacer la delimitación cartográfica del lugar. Es decir, frente a la ignorancia de los pobladores aparece, por fortuna, la técnica que nos llega del aliado mayor. Uno de los problemas del sitio (además de ser propicio para la salida clandestina hacia los Estados Unidos) es la presencia de Testigos de Jehová y de «acuáticos» (los seguidores de Antoñica Izquierdo, quien ese mismo año sería el eje de la película *Los días del agua*). Todos cuestionaban permanentemente las indicaciones o las aceptaban a regañadientes. «Son desesperantes», piensa Bruno: «Esto de tener que aguantarse, pero ya verán, ya verán. Lo que no tienen claro es que el poder lo tenemos nosotros. Van a ver lo que es la Revolución». (65) El antagonista de Bruno, Siaco, es la encarnación misma del pasado: «juega» a los gallos, hace campaña contra Bruno y la revolución, y echa a correr «mil bolas». Por el momento, el flamante jefe del Plan opta por la cautela: «A veces es mejor dejar que el enemigo saque la cabeza para tumbársela». (88) Con frecuencia la novela pone en primer plano contradicciones que, aunque de una ingenuidad rampante, trataban de agregar matices a conflictos que podían resbalar con facilidad al esquematismo o hacia aquel *teque* que tanto preocupaba a Portuondo. Así, quienes cerraron las puertas a Bruno cuando huía de la policía de Batista, hoy cuelgan banderas del 26; el ingeniero que en aquel momento lo ayudó luego se fue para los Estados Unidos porque —según confiesa— él quería Revolución, pero no tanta, no comunismo. A la vez, un trabajador ejemplar se queja ante Bruno de que hay escasez de ropa de trabajo, y que si los demás tienen es «porque las cambian por vianda. Yo no entro en eso porque creo que no es revolucionario, que lo revolucionario es plantear las cosas así» (99). Hay además un personaje —Nati, la amante de Siaco y seguidora de Antoñica— que le otorga a la historia una dosis de erotismo y de magia que, por cierto, complació a varios críticos empeñados en ver en tales elementos un distanciamiento con el realismo socialista tradicional. Otro, en cambio, reconoce en ella una heredera directa de Doña Bárbara (la mujer «como encarnación de poderes ocultos de la naturaleza») y le «sorprende encontrar todavía un tópico de tan añeja estirpe burguesa en una obra de intención revolucionaria» (González Echevarría 670). El conflicto mayor de la novela se produce cuando tres contrarrevolucionarios desembarcan en la costa y se ocultan en una cueva con la complicidad de Siaco y de otro campesino de la zona, con el objetivo de matar al jefe del Plan, quemar los campos y salir después con sus cómplices. En la emboscada que le tienden a Bruno logran herirlo; antes de morir, Bruno recuerda una escena sobre la que volveré más adelante.

Salvando las debidas distancias en lo que respecta a tradición y puntos de partida, lo cierto es que Cofiño realizó, con respecto al realismo socialista, la misma función que Cárdenas Acuña con respecto a la novela negra. Los dos se apropiaron de tradiciones ya sedimentadas e intentaron adaptarlas a *su* realidad. Que ellas provinieran de las antípodas ideológicas es, en principio, apenas relevante. Lo notable es que se estaba intentando encontrar cauces para una literatura que hallaba, en su propio medio y en la revolución, su sentido máximo. Que ambas —cada una a su manera— fueran instrumentalizadas en un momento en que la literatura parecía destinada a cumplir sobre todo una función ancilar, habla tanto de sus respectivas peculiaridades como de la visión entonces dominante. En una rareza bibliográfica del propio 1971 —*García Márquez: historia de un deicidio*—, Vargas Llosa afirmaba que «escribir novelas es un acto de rebelión contra la realidad, contra Dios, contra la creación de Dios que es la realidad». Añadía entonces que el novelista es un disidente que crea vida ilusoria y mundos verbales porque no acepta la vida y el mundo tal como son: «La raíz de su vocación es un sentimiento de insatisfacción contra la vida; cada novela es un deicidio secreto, un asesinato simbólico de la realidad» (85). Discutible y discutida, esta tesis, ciertamente atractiva, es la contracara de lo que se proponía la novela cubana del período. Lo que puede resultar pertinente en un Carpentier o un Lezama, por ejemplo, parece estrellarse contra novelas cuya disidencia e insatisfacción, cuyo «asesinato simbólico de la realidad», no logra verse con nitidez.

Digamos que las variantes cubanas del policial y del realismo socialista encarnaban las formas literarias *necesarias* a la época. No solo porque podían ser escritas por autores sin demasiado oficio, recién llegados al mundo literario, y alcanzar a amplias masas de lectores, sino también porque re-presentaban un modelo ideal en que la sociedad se reconocía a sí misma: llevaban a la práctica literaria una fantasía de control policiaco (en la que, por cierto, todos los revolucionarios funcionaban como potenciales informantes) y una exoneración de las propias culpas mediante la atribución de todos los males a enemigos externos e internos. Al mismo tiempo, ambas novelas atribuían dichos males a lo que se conocería durante décadas como «rezagos del pasado», lo que implicaba rechazar la idea de que la revolución misma podía generar contradicciones «antagónicas». Entendido así, el pasado era el único enemigo del presente. En ese sentido la literatura se adelantó a otras expresiones artísticas, que se ajustarían a las exigencias del momento solo una vez que padecieron la presión que se ejerció sobre ellas y sus creadores. No es que la literatura «adivinara» lo que estaba por venir o que los escritores respondieran a un particular oportunismo político, sino que, como ocurre con frecuencia, ella reconocía dilemas que la sociedad solo vislumbraría más tarde. Vistas así, las novelas de Cofiño y de Cárdenas Acuña —para ceñirnos a ellas— comprendieron mejor que las de muchos reconocidos narradores el espíritu de su tiempo. Y en sentido inverso, en ellas, en la imagen de sociedad que contribuyeron a edificar, se reconocieron muchos lectores, tanto los que conforman el gran público como aquellos otros que leen con una lupa y un lápiz rojo en las manos.

Un viejo cuento de Jack London

Así como cada época reivindica a sus héroes (y erige sus antihéroes), sus leyendas y mitos, y hasta su pasado, crea también narraciones y núcleos de sentido que favorecen lecturas precisas desde el punto de vista ideológico. Uno de esos núcleos, que gozaría de particular fortuna desde finales de la década del sesenta, arranca de una anécdota menuda que se reitera, y que en 1971 encontraría acomodo en varios textos y en el imaginario del momento. En las páginas finales de *La última mujer y el próximo combate* —a las que acabo de referirme—, Bruno, el héroe de la novela, es herido en una emboscada. Aún no ha muerto cuando alguien lo recuerda apoyado en el tronco de un árbol «repitiendo antes del combate que era tremendo que un hombre se acordara», en una situación como aquella, del «viejo cuento de Jack London» donde el personaje, «apoyándose en un árbol, se disponía a acabar con dignidad su vida. "¡Qué tres tipos: London, el personaje y el que se acordó!"» (329). Aunque la referencia es obvia, me permito rememorarla. En el capítulo «Alegría de Pío», el primero propiamente dicho de *Pasajes de la guerra revolucionaria*, Ernesto Guevara recordaba el bautismo de fuego de los expedicionarios del *Granma* tras un accidentado viaje y un desembarco difícil. Los extenuados aspirantes a combatientes son sorprendidos y atacados por la aviación enemiga, que los dispersa y los diezma. El joven Guevara se refiere entonces al momento en que él mismo es alcanzado por una ráfaga: «Sentí un fuerte golpe en el pecho y una herida en el cuello; me di a mí mismo por muerto». Es entonces cuando transcribe un recuerdo que se ha convertido en leyenda: «Inmediatamente, me puse a pensar en la mejor manera de morir en ese minuto en que parecía todo perdido. Recordé un viejo cuento de Jack London, donde el protagonista, apoyado en un tronco de árbol, se dispone a acabar con dignidad su vida, al saberse condenado a muerte por congelación, en las zonas heladas de Alaska. Es la única imagen nítida» (12-13).

La escena está precedida por otra no menos conocida, una decisión fundamental que marcaría para siempre el destino del joven médico que apenas empezaba a convertirse en el comandante Che Guevara. En un momento del ataque, alguien deja junto a él una caja de balas: «Quizás ésa fue la primera vez que tuve planteado prácticamente ante mí el dilema de mi dedicación a la medicina o a mi deber de soldado revolucionario». La decisión era inevitable: «Tenía delante una mochila llena de medicamentos y una caja de balas, las dos eran mucho peso para transportarlas juntas; tomé la caja de balas, dejando la mochila para cruzar el claro que me separaba de las cañas» (Guevara 12). En el capítulo que le dedicara en *El último lector* («Ernesto Guevara, rastros de lectura»), Ricardo Piglia considera que «Guevara cuenta esa historia microscópica, un detalle mínimo, con gran maestría, usando su extraordinaria capacidad narrativa para fijar el sentido de esa pequeña situación y convertirla en un mito de origen» (129). El propio Piglia considera que al encontrar en el personaje de London el modelo de actitud ante la muerte, «no estamos lejos de don Quijote, que busca en las ficciones que ha leído el modelo de la vida que quiere vivir. [...] No se trataría aquí sólo del quijotismo en el sentido clásico, el idealista que enfrenta lo real, sino del quijotismo como un modo de ligar la lectura y la vida. La vida se completa con un sentido que se toma de lo que se ha leído en una ficción» (104). (El propio Che haría bastante explícita esa genealogía en la carta de despedida a sus padres: «Otra vez siento bajo mis talones el costillar de Rocinante».) El hecho es que ese doble movimiento, el del intelectual (el médico) que sacrifica su vocación por cumplir el deber de soldado revolucionario, y el del soldado que en el momento más dramático de su existencia se remite a la literatura para tomarla como modelo de la vida, traza un camino. No es casual la recurrencia a esa escena, a esa imagen que vuelve una y otra vez porque condensa, en la autorizada voz de una figura paradigmática de revolucionario, la relación entre literatura y vida, entre ética y estética. En ella parece resumirse el *deber ser* del intelectual revolucionario.

En «Reunión», cuento incluido en *Todos los fuegos el fuego* (1966), Cortázar utilizó la referencia del Che al cuento de London como epígrafe de una historia que se refiere de manera bastante directa a la experiencia del desembarco, al bautismo de fuego y al reencuentro de los expedicionarios dispersados tras el primer ataque enemigo. Es decir, Cortázar ficcionaliza un momento y una experiencia que, desde los *Pasajes...* del Che forma parte tanto de la historia como de la literatura misma de la experiencia cubana. Ese instante, el que sucedió a la derrota inicial, es también un hito en el crecimiento del héroe. El combate de Alegría de Pío tiene una presencia singular en el imaginario de la Revolución cubana (mayor, por cierto, que el de muchas batallas victoriosas) porque vendría a demostrar la fuerza de la voluntad, de la fe en la victoria cuando todo parece perdido. El voluntarismo que caracteriza al proceso revolucionario encuentra su pilar y su justificación en aquel instante en que no quedaban más que unos pocos hombres y escasos fusiles, y aun así prevaleció en ellos —hambrientos, exhaustos y derrotados como estaban— la decisión de vencer. El propio narrador del cuento de Cortázar recuerda al Che y, algunos instantes hacen pensar en escenas tomadas de los *Pasajes de la guerra revolucionaria*; como en el original, ellos son reescritos varios años después de los acontecimientos: «Aunque esto que cuento pasó hace rato, quedan pedazos y momentos tan recortados en la memoria que sólo se pueden decir en presente» («Reunión» 67).

La anécdota no cesa de circular. Pocas veces debe haberse producido tan desproporcionada relación entre la fugacidad de una referencia y el efecto que crea. Lo que se presenta apenas como un desprendimiento de la memoria se convierte en escenario de una batalla que cada cierto tiempo recomienza. En la ya mencionada polémica que sostuvo con Collazos en 1969, Cortázar regresaba a la figura del Che como eje de una discusión (no solo) literaria. Recordemos que allí expresaba su convicción de que si bien Fidel y el Che habían dado las pautas de nuestro auténtico destino latinoamericano, de ninguna manera estaba dispuesto a admitir que los *Poemas humanos* y *Cien años de soledad* fueran respuestas inferiores, en el plano cultural, a aquellas respuestas políticas (Collazos 44). Luego añadía una afirmación que hizo fortuna: «uno de los más agudos problemas latinoamericanos es que estamos necesitando más que nunca los Che Guevara del lenguaje, *los revolucionarios de la literatura más que los literatos de la revolución*» (76, énfasis de Cortázar). Entre una y otra aparece, entonces, la mencionada escena, cuando el autor de *Rayuela* asegura que en un escritor o lector *responsables* la «búsqueda de una realidad multiforme no puede ser tachada de escapismo; sería tan necio», afirma, «como reprocharle al Che que en un momento crucial, frente al enemigo, se acordara de un pasaje de Jack London, es decir, de una pura invención que ni siquiera correspondía al contexto latinoamericano, en vez de evocar, por ejemplo, una frase de José Martí» (Collazos 67).

Del Congreso de Educación y Cultura habría de emerger con particular fuerza, como sabemos, la idea de sustentar la cultura en el apoyo a los grupos aficionados, al folclor y a la literatura para niños. Como respuesta inmediata a esa convocatoria, *La Gaceta de Cuba* dedicó un número (94, julio de 1971) a la literatura infantil en Cuba. En una entrevista realizada por Armando Álvarez Bravo a Eliseo Diego, y aparecida en aquel número, Eliseo se veía en el deber de despojar a esa porción de la literatura de la obligación de ser explícitamente didáctica: «un buen cuento para niños empieza y acaba por ser un buen cuento: si lo es, cumple un papel tan importante como la historia y la aritmética: no hay que embutirle ninguna enseñanza ni moraleja. No me da ninguna pena decirlo: la estética es tan importante como la ética. ¿O acaso el héroe no es uno de los más bellos espectáculos del universo?». Y para dejar clara la idea, trae a colación la socorrida escena: «En un momento de gravísimo peligro, cierta novela de Jack London consoló y ayudó a Ernesto Che Guevara. ¿Habrá que decir más?» («Sobre la Comuna» 230). No es un dato menor que Eliseo haya confundido el género del texto de London (al reproducir un fragmento de la entrevista en *Casa de las Américas* los redactores de la publicación se vieron en la necesidad de recordarle amistosamente que se trataba de un cuento); es evidente que lo importante no era el texto original —cuyo título, por cierto, resulta sepultado una y otra vez— sino la instrumentalización de él a partir de la referencia del Che.

En fecha tan temprana como 1964, María Rosa Oliver ubicaba los *Pasajes de la guerra revolucionaria* dentro de una tradición testimonial que encontraría en el Río de la Plata antecedentes notables como Lucio V. Mansilla y Vicente F. López (Oliver 9). En el prólogo a una edición del libro realizada por la Casa de las Américas en 1997, Roberto Fernández Retamar volvería sobre las palabras de Oliver para celebrar la genealogía por ella trazada y, al mismo tiempo, discrepar de la opinión según la cual esa corriente, cuya finalidad era dar testimonio, carecía de pretensiones literarias («Prólogo a esta edición» 19-20). Sin embargo, la fugaz referencia del Che en que me he detenido, muestra también otros posibles «precursores», ajenos a esa tradición testimonial. Hay un cuento titulado «Avenida de Mayo-Diagonal-Avenida de Mayo», aparecido en el diario argentino *La Prensa* en enero de 1933, que se desarrolla en Buenos Aires durante un día gélido. Al comienzo mismo de la narración el protagonista, Víctor Suaid, «cruzó la avenida, en la pausa del tráfico, y echó a andar por Florida. Le sacudió los hombros un estremecimiento de frío, y de inmediato la resolución de ser más fuerte que el aire viajero quitó las manos del refugio de los bolsillos, aumentó la curva del pecho y elevó la cabeza [...]. Podría desafiar cualquier temperatura; podría vivir más allá abajo, más lejos de Ushuaia». Aquel frío y la decisión de sobreponerse a él con entereza lo hacen pensar en un sitio y un autor muy precisos: Alaska y Jack London, y por añadidura, la Policía Montada y el río Yukón. La mente del personaje regresa a su sitio o vaga por otros rumbos sin recordar más a London, pero ahí, en la página inicial del primer cuento de Juan Carlos Onetti, en su nacimiento como autor, se produce —salvando las necesarias distancias— un efecto semejante al del joven soldado de Alegría de Pío: el recuerdo de las historias de London como forma de enfrentar un desafío, la referencia a este en el comienzo mismo de una carrera literaria.

Para el Che, como para Onetti, el autor norteamericano debió de ser una influyente lectura de adolescencia. No es improbable tampoco que, a sus trece años, Ernesto Guevara leyera entre las exitosas crónicas de Roberto Arlt publicadas en *El Mundo*, una titulada «Jack London, los perros rusos y los tanques alemanes», aparecida el 9 de noviembre de 1941. En ella Arlt se refiere a la utilización que los soldados rusos hacían de perros amaestrados, cargados de explosivos, para detener los tanques alemanes. Arlt se reconoce admirador de la Unión Soviética pero no cree que dicho uso sea una invención de algún técnico de ese país, «sino una vieja artimaña inventada por Jack London, el gran cuentista norteamericano y registrada en el argumento de su relato "Cara de Luna"» (Arlt 261). Según Arlt, cuando esta historia se publicó «muchos hombres razonables la leyeron, luego sonrieron y encogiéndose de hombros dijeron: —¡Los disparates que se les ocurren a los escritores!» (262). La crónica de Arlt muestra no solo la popularidad de que seguramente gozaban las historias de London sino que le sirve para establecer una relación entre la literatura y la vida, el modo en que aquella termina por adelantarse y configurar a esta.

London era, además, un modelo en términos políticos. En su comentario a la novela *El talón de hierro* (*The Iron Heel*, 1907), Trotski aseguraba que aquel «no solamente absorbió creadoramente el ímpetu proporcionado por la primera revolución rusa sino que consideró a su luz el destino de la sociedad capitalista en su conjunto» (223). Lo increíble, para Trotski, no era que «el "romántico" de treinta años» viera mucho más claro y más lejos que todos los líderes socialdemócratas de aquella época tomados en su conjunto», sino incluso que pudiera afirmarse que «en 1907 ninguno de los marxistas revolucionarios, sin excluir a Lenin y a Rosa Luxemburgo, imaginaron tan plenamente la siniestra perspectiva de la alianza entre el capital financiero y la aristocracia obrera» (224). La posición política de London, sorprendentemente, se actualizaba en el presente de una revolución que propugnaba la necesidad de la violencia y el consiguiente rechazo a soluciones pacíficas para los conflictos que pretendían enfrentar los revolucionarios. London, insiste Trotski, «manifiesta una notable independencia frente a las ilusiones pacifistas reformistas. En su descripción del futuro no hay ni pizca de democracia ni de progreso pacífico. […] El hecho es indiscutible: en 1907 Jack London ya preveía y describía el régimen fascista como el resultado inevitable de la derrota de la revolución proletaria» (224).

La relación que Trotski establece entre London y Lenin puede ser vista también en otro plano; es decir, no solo como intérpretes de un momento histórico específico, sino también en una relación autor-lector. El número homenaje que la revista *Pensamiento Crítico* dedicara al líder bolchevique con motivo de su centenario, incluye una docena de textos suyos precedidos por otro titulado «El marxismo de Lenin», de Jesús Díaz, que se anuncia como «capítulo del libro del mismo nombre próximo a publicarse». Está fechado en La Habana, abril-noviembre de 1969 y, como sabemos, nunca llegó a aparecer en forma de libro. (En su momento, Alfredo Guevara disculpa al autor por no haber terminado de escribirlo, explicando que «está de segundo secretario del Partido en Oriente hasta que termine la zafra» [*Tiempo de fundación* 214]). El artículo concluye con una anécdota referida por Nadiezhda Krúpskaya, la viuda de Lenin, quien cuenta que este, «antes de morir, le indicó que le releyera un viejo cuento de Jack London en el que un hombre que se sabe condenado por los hielos piensa en la forma de morir dignamente». Jesús Díaz percibe el valor de la coincidencia, así que se limita a rematar su texto dejándolo claro: «Se llamaba "El amor a la vida" y era el mismo cuento que, herido, pensando que iba a morir, recordaría en el combate de Alegría de Pío el comandante Ernesto "Che" Guevara» (59). La coincidencia parece asombrosa. En efecto, rememorando los días finales de Lenin, Krúpskaia cuenta:

> Dos días antes de su muerte yo le leí, de noche, una novela de Jack London titulada «El amor a la vida». Ese libro se encuentra hoy todavía sobre la mesa de su habitación. Es una obra muy fuerte. Un hombre, enfermo y hambriento, se dirige hacia el puerto en que desemboca un gran río abriéndose paso a través de un desierto de nieve, donde jamás el ser humano había puesto el pie. Sus fuerzas le abandonan. Ya no puede andar: se arrastra. Un lobo que también se muere de hambre, repta junto a él. El hombre y el animal luchan, pero es el hombre quien vence y quien más tarde medio muerto, medio loco, alcanza su objetivo. La novela gustó sobremanera a Ilich (Scherbina).

Basta leer, sin embargo, la síntesis del argumento de «El amor a la vida», tal como lo cuenta Krúpskaia, para notar el escaso parecido con el recuerdo del Che. La razón es, sencillamente, que se trata de dos textos distintos. El de Lenin es un relato bastante largo —su viuda lo llama novela— titulado *«Love to Life»*. Al que alude el Che, en cambio, es al cuento «Encender una hoguera» («To Build a Fire»). La memoria lo traiciona levemente, por cierto, pues no aparece ningún tronco en la historia, de hecho no puede aparecer: el drama del personaje es que ante sí solo tiene la gran llanura blanca:

> Esta vez el temblor invadió al hombre con mayor rapidez. Perdía la batalla contra el hielo, que atacaba por todos los flancos a la vez. El temor lo hizo correr de nuevo, pero no pudo sostenerse en pie más de un centenar de pies. Tropezó y cayó de bruces sobre la nieve. Aquella fue la última vez que sintió el pánico. Cuando recuperó el aliento y se dominó, comenzó a pensar en recibir la muerte con dignidad. La idea, sin embargo, no se le presentó de entrada en estos términos. Pensó primero que había perdido el tiempo al correr como corre la gallina con la cabeza cortada (aquel fue el símil que primero se le ocurrió). Si tenía que morir de frío, al menos lo haría con cierta decencia.

La anécdota, que vuelve una y otra vez, siempre va acompañada de malentendidos o distorsiones (el tronco del árbol en el caso del Che, la supuesta novela que imaginó Eliseo Diego, la identificación con el cuento leído —o escuchado— por Lenin, según Díaz), equívocos que no impiden, sin embargo, que la imagen cale. Un malentendido adicional: en las ediciones que conozco de los *Pasajes...*, la referencia del Che al cuento de London concluye con la frase: «Es la única imagen nítida». Sin embargo, más de una vez la he visto sustituida, al ser citada, por esta otra: «Es la única imagen que recuerdo». No deja de resultar irónico que el recuerdo mismo esté teñido aquí por diversas lecturas que enturbian la realidad (aunque no su sentido).

Si me he detenido en la referencia del Che a London, en esa menuda anécdota que no pasa de ser un leve recuerdo de cuatro o cinco líneas, es porque resulta reveladora de cómo un suceso en apariencia nimio se convierte en pivote de significados, capaz de ofrecer interpretaciones *necesarias* a un momento histórico. En primer lugar, lo más evidente: tratarse de una experiencia del revolucionario por antonomasia, referida a un momento culminante de la experiencia guerrillera. En torno a ella, como hemos visto, van surgiendo niveles interpretativos que ayudan a entender el efecto provocado por la escena: aludir a una obra de ficción; poner, por consiguiente, en primer plano, la relación literatura-vida; establecer—mediante el uso aparentemente azaroso de un autor como London—un paradigma de escritor y de luchador en quien se encuentran precisamente esas dos tradiciones: la literaria y la revolucionaria. A la manera de «Kafka y sus precursores», es la lectura del Che la que permite establecer relaciones—poco visibles en primera instancia—entre figuras tan distantes entre sí como Onetti y Arlt, de un lado, y Lenin y Trotski, del otro. Esa feliz simbiosis venía a ser un ejemplo inobjetable del deseado encuentro entre vanguardias estéticas y políticas, tan caro a la época. De alguna manera, la imposibilidad (o, al menos, dificultad) de que dicho encuentro se realizara a partir de 1971, provocó que las referencias a esa anécdota se disiparan: el viejo cuento de Jack London no resultaba ya tan pertinente.

Otra analogía del Che con Lenin llegaría por una vía inesperada. Prácticamente desde la muerte del guerrillero comenzaron a aparecer en los discursos de Fidel reclamos para recuperar sus restos. Al hablar en la clausura del Congreso Cultural de La Habana, por ejemplo, anunciaba que en días recientes las agencias cablegráficas habían mencionado la posibilidad de negociar un canje de contrarrevolucionarios presos en Cuba por Régis Debray. Fidel afirmaba estar seguro de que Debray no aceptaría semejante canje. No obstante, afirmaba no rehuir «el reto del "gorila" Barrientos», y proponía un trato: «¡Devuelva los restos del Comandante Guevara y pondremos cien cabecillas presos en libertad! No un cabecilla contrarrevolucionario, ¡cien cabecillas contrarrevolucionarios, escogidos por la CIA y por el Pentágono, ponemos inmediatamente en libertad si tiene el valor de devolver los restos del Comandante Guevara!» (*Documentos de política internacional* 38). Con ese antecedente se llega al discurso del 26 de julio de 1970, sin duda uno de los más dramáticos en la historia de la revolución, cuando correspondió a Fidel asumir el fracaso de la zafra de los diez millones. Era, como se sabría pronto, el fin de una época. Para confirmarlo, a las sobrecogedoras palabras de aquel día vino a sumarse un hecho fúnebremente simbólico.

Al finalizar su alocución, Fidel recuerda algo y regresa a los micrófonos. Entonces explica que Antonio Arguedas, exministro del Interior de Bolivia presente en la Plaza, además de hacer llegar a Cuba el Diario del Che, logró entregar su mascarilla y sus manos «perfectamente conservadas». Tras dar la noticia interpela al público para, ratificando una tradición, desafiarla (y es aquí donde se establece, sin mencionarla de manera explícita, una equivalencia con Lenin y la costumbre de momificar a los héroes, la cual, por excepción, puede asumirse como válida): «Se conocen bien las tradiciones de nuestro país. Nosotros enterramos a nuestros muertos, es una tradición. Cada pueblo tiene sus tradiciones… Maceo, Martí… Ha sido así, y siempre será. Pero nosotros nos preguntábamos: ¿Qué hacer con las manos del Che?». La respuesta implícita en la propia pregunta era la de conservarlas, de manera que de inmediato propuso «conservar en un diseño que se ha hecho, sobrio, en un marco constituido por las mangas verdes del uniforme verde olivo y sus estrellas de Comandante, en una urna de cristal, y colocar aquí en la estatua de Martí, en unos salones, el día del aniversario de su muerte, mascarilla y manos». Los dos lectores de Jack London —Lenin y el Che— vuelven a acercarse de modo imprevisto. Pero la propuesta, fruto de un nuevo equívoco, no logró vencer la reticencia general: «confesamos que siempre será duro para cualquiera cuando ese instante llegue. Sé que a muchos compañeros incluso la mera idea les ha impresionado, les ha hecho un fuerte efecto. Comprendo que también será el efecto similar al que ustedes habrán recibido». De hecho, el efecto debió haber sido tan chocante que la propuesta se diluyó en el silencio posterior; el 8 de octubre, no es necesario aclararlo, pasó sin que el nombrado Museo del Che fuera inaugurado, y 1971 no conoció la proyectada urna de cristal. Debió pasar más de un cuarto de siglo para depositar en un mausoleo otra urna con los restos, recién hallados en una fosa común boliviana, de aquel que tal vez, en la escuela de La Higuera, volvería a recordar al personaje de London. Ni una sola vez en esa ocasión se aludió al asunto de las manos ni a la sorprendente estética que debió acompañarlas.

Un suceso policiaco

Un suceso policiaco menor ocurrido el 20 de marzo de 1971, la detención de un ciudadano sobre quien —a primera vista— no pesaban acusaciones de envergadura, se transformó en un terremoto político de proporciones imprevistas. Lo que en otras circunstancias no hubiera pasado de ser una escaramuza sin mayor trascendencia, precipitó distanciamientos y disensiones, y provocó una veloz radicalización de opiniones y posturas. La cronología de los hechos revela la formación de una indetenible bola de nieve, un verdadero alud de lamentables consecuencias, a partir de aquel sábado en que fueran detenidos Heberto Padilla y su esposa y colega Belkis Cuza Malé (liberada el lunes siguiente). El encarcelamiento de Padilla era la culminación de una escalada iniciada cuatro años antes en las páginas de *El Caimán Barbudo*, cuando el poeta atacó con vehemencia la novela *Pasión de Urbino* y a su autor, Lisandro Otero, mientras ensalzaba *Tres tristes tigres*, de Guillermo Cabrera Infante, recién radicado en Londres. La premiación, al año siguiente, del poemario *Fuera del juego*, y el encono con que fue recibido y publicado por las autoridades de la UNEAC, desembocarían en los ataques de Leopoldo Ávila desde las páginas de *Verde Olivo*.

En el primero de los textos firmados por Leopoldo Ávila, aparecido el 3 de noviembre de 1968 bajo el título de «Las respuestas de Caín», el blanco principal de los ataques fue, como el título mismo hacía prever, Cabrera Infante, quien poco antes había aprovechado una entrevista realizada por Tomás Eloy Martínez en *Primera Plana* para marcar su ruptura con la Revolución cubana. Su siguiente texto, «Las provocaciones de Padilla», aparecido la semana siguiente, advierte que este «busca desde hace meses una oportunidad, una provocación contra la Revolución para hacer de su caso un escándalo» (Casal 29). Y acusa sin más, de prostitución, a «Padilla y otros escritores de tercera o cuarta fila como él», quienes, en esto del trato al extranjero, «aprovechan todas las oportunidades para inflar artificialmente su fama», y asedian a los visitantes «con tanta avidez como las muchachas del Tuzex rodean a los turistas en la Praga del liberalismo, en busca de una amistad que les asegure una edición, o siquiera un rinconcito o una mención en alguna publicación de caché internacional». En pocas palabras, «son los tuzeros de nuestros medios intelectuales» (Casal 28). La acusación retomaba un elemento utilizado por Fidel en su discurso del 28 de septiembre anterior, cuando —refiriéndose a algunos grupos de jóvenes— se preguntaba: «¿Y qué creían? ¿Que vivimos en un régimen liberal burgués? [...] ¿Y qué querían? ¿Introducir aquí una versión revivida de Praga? ¿Prostitución ambulante? ¿"Tuzex" y todo?». En ese momento, un mes después de la invasión a Checoslovaquia, Praga es el símbolo del liberalismo que se rechaza, y el tuzex —esa moneda que dentro del país se usaba como divisa, útil, entre otras cosas, para comprar favores sexuales— es a la vez símbolo de su decadencia. Era de prever que la tercera figura atacada por Leopoldo Ávila sería el autor de *Los siete contra Tebas*, la obra teatral que padeció un destino análogo al de *Fuera del juego*. En «Antón se va a la guerra» (publicado el 17 de noviembre), Leopoldo Ávila recordaría que, como realizador de la revista *Casa de las Américas*, Arrufat publicó a «su gente» ampliamente y «llegó al colmo cuando dio a conocer el *poema* "Envío" de José Triana, cuyo contenido era la inversión sexual descrita en sus detalles más groseros». (Casal 30). Basta leer el poema para darse cuenta de que, siguiendo la tradición de los censores, Leopoldo Ávila leía con lentes de aumento. A *Verde Olivo*, por cierto, le preocupaban sobremanera las licencias en materia erótica (no digamos ya homoeróticas). Es ilustrativa la reacción que provocaría un escritor aficionado que envió sus textos a la sección «Apartado 6916. Los lectores nos escriben». Se trataba de un autor de Santiago de Cuba a quien le criticaron, en el número del 22 de noviembre de 1970, «la ausencia de poesía en sus trabajos y un manifiesto derrotismo». Al parecer, este respondió enojado y, en el número del 3 de enero de 1971, el comentario de la publicación fue más explícito: «En sus poemas citados faltaba la calidad, que puede superarse; pero, y esto es lo grave, sobraba el erotismo vulgar, que es utilizado hoy por los ideólogos del imperialismo para desviar la atención de las masas hacia problemas que produzcan, en todo caso y en la juventud, particularmente, excitaciones sexuales y no revolucionarias» (19).

Sin duda los ataques a Padilla, a raíz de la aparición de *Fuera del juego*, introdujeron un nuevo elemento en la discusión sobre el papel del intelectual en el socialismo. Al analizar la «Situación actual de la cultura cubana», en un texto aparecido en *Marcha* en diciembre de 1968, Benedetti pedía no «exagerar las proporciones de esta doméstica conflagración», pues se trataba, en definitiva, de un mero episodio dentro de una tensión mayor. A este le inquietaba que fuera de la Isla el nombre de Padilla se asociara con el de un «Pasternak cubano» y se tratara de «provocar en los intelectuales europeos, y en los latinoamericanos del *boom* (casualmente todos ellos residentes en Europa), el correspondiente pánico frente a una posible instauración en Cuba del ajado *realismo socialista* como única tendencia artística oficial» (*Cuaderno cubano* 111). En una entrevista concedida a Jorge Onetti y publicada en mayo de 1969, Benedetti atribuía la repercusión del asunto Padilla a un «planteo bastante tendencioso» del corresponsal de *Le Monde* en La Habana, Saverio Tuttino: «Yo creo que en este caso han funcionado las prevenciones que tienen muchos intelectuales europeos frente a posibles derivaciones de un estado socialista hacia el stalinismo». Le parece notar que en la opinión de varios intelectuales hay unas ganas inconfesables de que «la revolución por fin se desvíe, como un modo de llevar tranquilidad a sus propias conciencias»; de ahí que en el fondo deseen que ella derive «hacia el stalinismo, de que imponga el realismo socialista, de que le quite libertad al intelectual» (*Cuaderno cubano* 141). La intempestiva reacción de *Verde Olivo*, sin duda, contribuyó a enturbiar el panorama y despertó todo tipo de preocupaciones y suspicacias. Incluso propició reacciones hiperbólicas que —dentro de la dinámica de las profecías autocumplidas— terminarían cumpliéndose (en parte) varios años después. En una entrevista a Vargas Llosa de febrero de 1969, este se mostraba alarmado ante una presunta ola represiva de la que, reconoce, no tiene confirmación: «Sobre lo de Cuba es muy vago lo que sabemos. Los datos que tenemos son imprecisos, sabemos que a Padilla lo molestan, que perdió sus puestos. Anoche me han dicho que Edmundo Desnoes está preso. Yo no sé, quiero averiguar qué es lo que pasa». Al comentar tal alarma, *Semana* lamentaba que a pesar de que Vargas Llosa «no sabe muy *bien lo que pasa* eso no le impide hacer semejantes declaraciones (en Nueva York, por supuesto) para un semanario de extrema derecha como es PEC de Chile» («Modelos para armar» 35). A varios intelectuales que mantenían estrechas relaciones con Cuba, los ataques a Padilla los hacían quedar en una posición incómoda. Cortázar, por ejemplo, siente la necesidad de explicar su posición. En una carta del 15 de abril de 1969, diez días antes de que apareciera en *Marcha* un texto suyo en defensa de Padilla, le escribe a Fernández Retamar: «Sé de sobra que muchas de mis opiniones no estarán de acuerdo con las tuyas ni con las de otros compañeros de la Casa. Lo sé, pero también sé que eso no dará lugar a malentendidos; en cambio», confiesa, «temo que en otros sectores intelectuales cubanos se interprete mi artículo como una defensa total y obstinada de *Fuera del juego*, y por consiguiente que me sitúen en la misma línea en que fue situado Padilla cuando los momentos más apasionados de la polémica» (94).

La mentada polémica incluyó, dentro de la Isla, un discurso pronunciado por Lisandro Otero —entonces vicepresidente del Consejo Nacional de Cultura— durante la clausura del Encuentro Nacional de Escritores Jóvenes celebrado en Cienfuegos, el 20 de octubre de 1968. Publicado en el periódico *El Mundo* el 3 de noviembre —el mismo día en que apareciera el primero de los artículos de Leopoldo Ávila—, era una clara respuesta contra los «viejos» escritores, dirigida a las nuevas generaciones, a la naciente intelectualidad. El título con que se publicó el discurso (y que el propio Otero utilizaría varias décadas después al recogerlo en el volumen *Disidencias y coincidencias en Cuba*) fue «La joven vanguardia». No parecía del todo feliz, pues remitía a la novela de Fadéiev *La joven guardia*, paradigma del realismo socialista soviético; pero sin duda era oportuno. Para Huberman y Sweezy, la publicación de ese discurso era un indicio de que la política de libertad a escritores y artistas se acercaba a su fin; no era casual que, habiendo sido pronunciado dos semanas antes, fuera publicado «por toda la prensa cubana» al día siguiente del sorprendente anuncio de diferencias entre un jurado internacional y la UNEAC, a propósito de los libros de Padilla y Arrufat. Esta confrontación, insistían Huberman y Sweezy, «podría ser el punto de partida de una "ofensiva cultural" dirigida a un total remodelado de las instituciones y la política de la Revolución Cubana en este campo» (194). Complacía a Otero, en sus palabras a los jóvenes, que aquella fuera quizá la primera vez que se reunieran en un coloquio los escritores crecidos física e intelectualmente dentro de los años revolucionarios, los que no tienen conflictos con la Revolución ni sienten desgarramientos personales ante ella. Para él era una saludable medida del grado de conciencia alcanzado por dichos jóvenes, el hecho de que no hubieran demandado «una definición de la libertad de creación», ni hubieran «insistido en la misión crítica del escritor tal como la entienden algunos: la de una casta de auto-elegidos que se erigen en conciencia de la sociedad sin habérselo ganado ni con su sangre ni con su sudor» (119). Otero —que, como es evidente, está proponiendo un modelo intelectual opuesto a aquel que había sobrevivido hasta el Congreso Cultural de La Habana en enero de ese año— les recomienda «preocuparse por constituir una vanguardia política tanto como literaria», lo cual implica «ser un soldado en la lucha ideológica», en momentos en que, como rezago de la ideología burguesa, «todavía alimentamos entre nosotros contrarrevolucionarios agazapados que tratan de suscitar en nuestra patria problemas ajenos y tratan de poner en contradicción al escritor y al poder revolucionario» (120-121). Les pide librar una carga al machete contra los importadores de corrientes esnobistas, y hacer saltar en pedazos cualquier estructura que haya quedado rezagada, o se haya congelado en grupo, casta o élite, al margen de nuestro paso perpetuamente renovador: «Si algún escritor está rumiando intrigas y resentimientos contra la Revolución, o actuando contra ella, es a ustedes a quienes corresponde la petición de cuentas» (121). Solo los muy despistados pudieron preguntarse a qué *rumiante* se refería Otero en sus palabras.

Una vez que la detención y autocrítica del autor de *Fuera del juego* desatara la (im)previsible oleada de reacciones por parte de intelectuales y publicaciones dentro y fuera de la América Latina, la revista madrileña *Índice* dedicó (como parte de un número doble correspondiente al mes de abril) un dosier al caso Padilla. La cubierta de esa entrega, sin embargo, otorgó mayor destaque a otros temas: «Exclusiva / Cuba en pie de guerra / Entrevista con Raúl Castro», que remitía a la realizada por Luis Suárez para *Siempre!* y que fuera reproducida también en *Verde Olivo*. La idea de ubicar la discusión en el contexto abordado en la entrevista al ministro de las FAR (el propio cintillo «Cuba en pie de guerra», que en principio parece referirse a la polémica, intenta hacer énfasis en las proporciones de dos conflictos distintos), provoca una lectura sui géneris del hecho. Más abajo se anunciaban una «Conversación con Allende», por Régis Debray, y, relegado al final de la plana: «el "caso" Padilla. Cartas boca arriba». El dosier incluye, entre muchos otros textos conocidos o no, el facsímil de una carta inédita de Padilla a J. Fernández Figueroa, director de la publicación, de fecha 10 de noviembre de 1968, acompañando el envío de la versión definitiva de su «Respuesta a Guillermo Cabrera Infante» (en la cual marcaba distancia con respecto a las posiciones de este, después de haberlo defendido públicamente desde las páginas de *El Caimán Barbudo*). Dicha respuesta, decía, anulaba «la que te di a leer en La Habana», pues esta era más precisa que la anterior y se ceñía exclusivamente «al asunto de Cabrera». Le pedía publicarla lo antes posible y le anunciaba que el martes siguiente saldrían para Madrid, en tránsito hacia sus respectivos países, Pepe Bianco y César Calvo; el primero llevaría una copia de la misma respuesta para *Primera Plana*, que al cabo la publicaría en su número del 24 de diciembre. La carta a Fernández Figueroa trasmitía una tranquilidad sorprendente: «No le hagas mucho caso a los cables de las agencias de noticias que reproducen el ataque publicado en VERDE OLIVO. Yo estoy bien. Sigo en mi trabajo como habitualmente y cuento con los mismos amigos de siempre». Por si fuera poco, añadía: «Ya responderé la próxima semana a las acusaciones del periodista que me ha atacado. Confío una vez más que la Revolución saldrá fortalecida de este incidente» (Carta 10 de noviembre). En su respuesta a Cabrera Infante, Padilla lo acusa de haber «renunciado a la responsabilidad, a la Historia; ha entrado en el juego: Se adscribe a la belleza pura y desinteresada; prefiere una injusticia a un desorden». El hecho de utilizar, poniéndolo de cabeza, el título de su vilipendiado poemario, lo hace entrar a él mismo en el *mainstream* ideológico: si «entrar en el juego» es entendido como sinónimo de renunciar al sitio que debió corresponderle en la historia, de «hacerle el juego al enemigo», entonces mantenerse «fuera del juego» debe ser entendido como lo contrario. O sea, era una manera de reivindicar su título (y el volumen mismo) desde una posición revolucionaria. Padilla es aún más enfático: «Aquí viviremos, lucharemos y moriremos todos, menos él». Cabrera Infante, continúa Padilla, le «ofrece ahora las tres opciones de la traición», pero él está y seguirá aquí, «participando con mi vida y con mi obra en la construcción de una sociedad más digna y más justa. Para un escritor revolucionario no puede haber otra alternativa: o la Revolución o nada». Considera innecesario aclarar, adelantándose a los mal pensantes, que escribe esas líneas con plena libertad: «no estoy en la cárcel, ni en el exilio, ni mucho menos realizando un acto de demagogia y contrición política» (Casal 66). Sus palabras fueron respondidas por Cabrera Infante en el artículo «La confundida lengua del poeta», aparecido en *Primera Plana*, en enero del año siguiente. Esta pequeña puesta en escena —«provocación» de Padilla, ataque institucional, apoyo a él desde el extranjero en confrontación con la política (cultural) cubana, respuesta suya desmarcándose de quienes lo apoyaron y reiterando su confianza en la Revolución— se repetirá, con mayor despliegue, pocos años más tarde.

Después de un período de cierta tranquilidad en que Padilla continuó su vida habitual y su activa relación con visitantes que veían en él a *l'enfant terrible* de la Revolución, el panorama volvería a enturbiarse en 1971. La detención estuvo precedida, en la segunda quincena de febrero de ese año, por la de Raúl Alonso Olivé (asistente de René Dumont) y la del fotógrafo francés Pierre Golendorf. El primero fue acusado de haberle facilitado al agrónomo, entre otras informaciones sensibles, el listado de precios de los alimentos en el mercado negro que Dumont incluyó en *Cuba ¿es socialista?*; su caso fue dramatizado y transmitido por la televisión cubana. Golendorf, por su parte, había viajado a La Habana en 1967 con motivo del Salón de Mayo, y había regresado pocos meses después para el

Congreso Cultural, ocasión en la que solicitó su residencia en Cuba. Según una nota publicada por *Le Monde* el 6 de marzo de 1971, Golendorf fue detenido antes de abordar el avión que lo llevaría de regreso a Francia. La causa principal del arresto, de acuerdo con versiones de la prensa francesa, era la presencia en su equipaje de manuscritos de Heberto Padilla «prohibidos» en Cuba (*Le Nouvel Observateur*, 10 de mayo de 1971, p. 7). Otras versiones, de las que se haría eco Jorge Edwards, indicaban que se le habían encontrado notas comprometedoras para un futuro libro sobre Cuba, y que en el poema «Acorralado» escribió: «Soy un agente de la CIA». En su ya mencionado libro, Lisandro Otero ha contado que Padilla se había convertido en informante del fotógrafo, quien fue condenado a prisión, cumplió poco más de tres años de cárcel, y a su regreso a Francia publicó el volumen *Siete años en Cuba*. Más allá de estas versiones, no siempre fidedignas, lo cierto es que los tres detenidos fueron parte del mismo proceso de enfrentamiento a lo que, desde la Isla, se percibía como una campaña orquestada en Europa. Que solo uno de los involucrados acaparara la atención de los medios y la solidaridad de sus colegas revela el poder del gremio intelectual y la necesidad que tenía de establecer sus nuevas posiciones.

Pocos días después de la detención de Padilla, en una visita a la Universidad de La Habana, Fidel asumiría la responsabilidad por esa decisión y aseguraría, según informaron varias agencias cablegráficas, que en las acusaciones contra el poeta había implicados otros intelectuales. Anunciaba una serie de noticias que, cuando fueran reveladas, despertarían «la indignación general», y preveía que las reacciones internacionales permitirían a la Revolución «separar a sus verdaderos amigos, a los verdaderos revolucionarios, de aquellos que para serlo imponen condiciones». Parecía cada vez más lejana aquella larga noche de febrero de 1967 en que un grupo de intelectuales se reunió con Fidel para dialogar, según la versión del encuentro que debemos a Benedetti, sobre «lo que nos chocaba, [...] lo que no comprendíamos, [...] lo que en cierto modo nos defraudaba de la Cuba de hoy»; encuentro en el que Fidel se pronunció «desfavorablemente sobre la actitud asumida por las autoridades soviéticas en el caso de Daniel y Siniavski», punto en el que, dicho sea de paso, «las intervenciones de otros dirigentes cubanos pusieron de manifiesto que no existía a ese respecto una opinión unánime» (*Cuaderno cubano* 23-24). El panorama, como hemos advertido, no tardaría demasiado en modificarse. Edwards asegura haber percibido, al llegar a La Habana a finales de 1970, que ya entonces Fidel, seguro de contar con las simpatías de la Unión Soviética, había resuelto prescindir de la opinión de aquellos intelectuales cada vez más reticentes con Cuba, y romper con ellos en la primera oportunidad que se presentara. Esta es, para el chileno, «la circunstancia que Padilla no supo, o pretendió que no sabía, captar. Creyó que la solidaridad de la izquierda no comunista lo defendería, cuando esa solidaridad, precisamente, acabaría de hundirlo» (Edwards 69). De hecho, cuando Edwards le recomendaba precaución a Padilla este se reía: «Sostuvo que el régimen tenía una imagen que cuidar ante los intelectuales europeos de izquierda; Padilla estaba convencido de que la amistad y la solidaridad de todos ellos era una defensa inexpugnable» (144). Pensaba, sin duda, que su relación con notables figuras de medios intelectuales extranjeros podía servirle de patente de corso, que podía forzar una relación en la que él tendría el derecho a decir la última palabra. Sin prescindir de explicaciones complejas que tomen en cuenta la coyuntura histórica, las condiciones del país y sus relaciones internacionales, la modificación de los lazos de gran parte de la intelectualidad de izquierda con la Revolución cubana, entre otros elementos, no puede olvidarse que en el desafío de Padilla y su detención funcionaron también factores sicológicos y decisiones en las que primaba, por sobre otros elementos, el machismo. Ver hasta dónde era capaz de llegar cada quién, y lo que el otro estaba dispuesto a arriesgar, formó parte de esa pugna en la que, finalmente, ambas partes saldrían perdiendo. Por unos meses, Padilla fantaseó con la idea de que estaba en una posición similar a la de otros intelectuales que admiraba. «No se me oculta que gozo de una cierta impunidad, puedo hacer casi lo que quiera y nada me sucede», confesaba Sartre en una entrevista exclusiva para *Marcha* aparecida en febrero de 1971, que puede haber servido de estímulo a Padilla; «un pequeño capital de seguridad me permite una pequeña capacidad de maniobra que otros no tienen. ¿Qué debo hacer con ese capital? Agotarlo, comprometerme cada vez más, de modo que el gobierno se encuentre siempre frente a la alternativa que les indicaba y continúe no arrestándome». Sartre sabía que «el gobierno no quiere detenerme porque Pompidou es un intelectual, o pretende serlo, y porque ya De Gaulle no había querido hacerlo en la época de los 121», dice en referencia a los intelectuales que suscribieron un manifiesto a favor de la causa argelina durante la guerra (Kiejman 19). Se cuenta, de hecho, que cuando uno de sus ministros le sugirió entonces detener al filósofo, De Gaulle le respondió: «No se encarcela a Voltaire». Desafortunadamente para Padilla, él no era Sartre ni, mucho menos, Voltaire (ni Fidel era De Gaulle, ni Cuba era Francia). Desde el punto de vista del gobierno cubano, la postura de Padilla constituía una permanente e intolerable provocación. Detenerlo no era solo una manera de cortarla, sino también de forzar un enfrentamiento con ciertos medios intelectuales, sin imaginar, seguramente, la magnitud de lo que sobrevendría. Y así como en 1968 el caso tejido en torno a Padilla sirvió para enfrentarse a un sector de esos intelectuales, en 1971 él sería, «por segunda vez, la vía más expedita para llegar a ese grupo de escritores "liberales" que aún permanecía actuando, y seguir ahondando en esa presunta radicalización política del campo cultural cubano» (Arango, «Con tantos palos» 112).

La detención de Padilla tuvo lugar dos días antes de que Edwards concluyera su misión en Cuba. En la noche del día 21, vísperas de su salida definitiva de la Isla, Fidel y Raúl Roa lo recibieron en la oficina del canciller. En la detallada versión que Edwards hizo del encuentro, Fidel le aseguró que si evitaron declararlo persona no grata fue porque estaban de por medio las relaciones con Chile. Le hizo saber que estaba consciente de que se había puesto de moda atacar a Cuba en Europa, pero que no le importaba; como respuesta, anunciaba la creación de una cultura popular, del pueblo y para el pueblo. El chileno sacaba unas conclusiones claras: sabiendo que las críticas habían comenzado, Fidel optaba por tomar la iniciativa y precipitar la ruptura (320-321). El testimonio de Edwards revela la conciencia que ya entonces tenía la dirigencia cubana de la brecha insalvable que se abría con una parte de la intelectualidad de izquierda, así como la claridad de que la solución, dentro del país, consistía en modificar no ya la relación con los intelectuales sino el concepto mismo de cultura. Es decir, si hubo alguna sorpresa fue apenas en la dimensión que adquiriría el disenso, lo que se hizo evidente al descubrir que algunos a quienes se percibía como aliados se pasaban al bando de los adversarios. El 22 de marzo *Granma* publicaba una nota en la página 3 informando escuetamente el regreso a su país, ese mismo día, del encargado de negocios de Chile, licenciado Jorge Edwards Valdés. Poco más de dos meses después, el 27 de mayo, presentaría cartas credenciales el flamante embajador de ese país, Juan Enrique Vega. Al hacerlo, declaró que su tarea era fortalecer la unidad antimperialista, y aclaró —según reportaba el órgano del PCC al día siguiente— «que el estilo de trabajo de la embajada chilena en nuestro país será el de vincularse muy abierta y estrechamente con las masas trabajadoras». Sin mencionar a su predecesor como representante de la misión diplomática, ni su tendencia a relacionarse sobre todo con escritores y otras personas del medio intelectual, Vega advertía que su «tarea aquí es la de un revolucionario que cumple en un puesto de lucha más [...], que entiende que ser embajador de Chile aquí es una tarea revolucionaria. Y sólo es revolucionaria en cuanto esté vinculada a las masas cubanas». Y añadía «que el corazón de todos los que trabajamos en la Embajada estará permanentemente vinculado a las luchas, preocupaciones, quehaceres, alegrías y penas del pueblo cubano».

Aunque fue el PEN Club de México, como ya veremos, el que inició la serie de cartas relacionadas con la detención de Padilla, la más citada, desencadenante de la catarata que siguió, fue la publicada en *Le Monde*, con fecha del 9 de abril, la cual sería conocida como Primera carta de intelectuales europeos y latinoamericanos a Fidel Castro. Juan Goytisolo ha contado que fueron él y Cortázar quienes la redactaron; decidieron que «debía ser privada, a fin de que el destinatario atendiese a nuestras razones sin el inevitable efecto nocivo de una divulgación ruidosa» (Goytisolo 181). Se dedicaron a conseguir las firmas con el compromiso de que solo publicarían la carta de no recibir respuesta en un tiempo prudencial; por alguna razón que no queda clara, la carta trascendió antes de lo previsto. Se suponía privada, pero apenas llegó a Cuba —ha contado Alfredo Guevara— apareció en la prensa internacional (*Tiempo* 251). Incluso Ángel Rama da pruebas de haberla conocido varios días antes en Puerto Rico, donde a la sazón se encontraba (como consta en una carta que dirigiera a Fernández Retamar el 5 de abril). La versión de Cortázar cuenta que el texto original que le sometió Goytisolo era muy parecido al de la segunda carta, «es decir, paternalista, insolente, inaceptable desde todo punto de vista. Me negué a firmarlo, y propuse un texto de remplazo que se limitaba, respetuosamente, a un pedido de información sobre lo sucedido» (Carta 4 de febrero de 1972, 148). Su aparición en la prensa, el emplazamiento público que ello significaba, cambió radicalmente el signo del debate. Los firmantes —la mayor parte de ellos reconocidas figuras de la izquierda intelectual— admitían ser «solidarios con los principios y objetivos de la Revolución Cubana», expresaban su inquietud y pedían al destinatario reexaminar la situación que el arresto del poeta había creado. Ante la falta de información relacionada con el hecho, temían «la reaparición de una tendencia sectaria mucho más violenta y peligrosa» que la denunciada por el propio Fidel en marzo de 1962, y se amparaban en las denuncias del Che a la supresión del derecho de crítica en el seno de la Revolución. Les parecía contraproducente el uso de medidas represivas contra intelectuales que habían ejercido ese derecho dentro de la Revolución, en momentos en que se instauraba en Chile un gobierno socialista, y la situación creada en Perú y Bolivia facilitaba la ruptura del bloqueo; ello, afirmaban, solo podía tener repercusiones negativas entre las fuerzas antimperialistas, para quienes la Revolución Cubana «representa un símbolo y estandarte». Finalmente, reafirmaban su «solidaridad con los principios que inspiraron la lucha en la Sierra Maestra y que el gobierno revolucionario de Cuba ha expresado tantas veces por medio de las palabras y acciones de su Primer Ministro, del comandante Che Guevara y de tantos otros dirigentes revolucionarios». Dicha carta fue avalada por un imponente conjunto de firmas entre las que se encontraban las de Carlos Barral, Simone de Beauvoir, Italo Calvino, Cortázar, Jean Daniel, Marguerite Duras, Enzensberger, Carlos Fuentes, García Márquez (cuyo nombre, como se supo de inmediato, fue incluido inconsultamente por Plinio Apuleyo Mendoza), Juan y Luis Goytisolo, Alberto Moravia, Octavio Paz, Rossana Rossanda, Francesco Rossi, Sartre y Vargas Llosa. Entre ellas figuraba, además, la del exdirector del periódico *Revolución*, Carlos Franqui, quien con ese gesto marcaba un punto de no retorno en su relación con la propia revolución de la que había sido vocero.

Muy pronto quedó claro el valor que adquirían esas firmas, que los promotores de la carta gestionaron con habilidad y contundencia. Ellas pasaban a convertirse en garantes de las posiciones que se defendían, en la manera más eficaz de tomar partido y, en consecuencia, fueron disputadas y seguidas con vehemencia. A propósito de la llamada segunda carta a Fidel (a la que ya tendré ocasión de referirme), Héctor Schmucler, director de la revista porteña *Los Libros*, notaba que en ella subyacía un «modelo» de participación del intelectual en el proceso político. Las cartas, se le hace obvio, ofrecen dos textos: «el de las firmas y el de la declaración misma. En el primero puede leerse el criterio de autoridad que convoca: indiscriminada acumulación de nombres que intenta garantizar la crítica con el prestigio de las firmas» («Puntos de partida» 4). En la práctica, las declaraciones mismas y las ideas que defendían no tenían mayor peso que el de hacer constar que se estaba a favor o en contra (tan polarizada estaba la disputa) de una posición u otra. Eran las firmas que lograban conseguirse las que se leían con satisfacción, alivio o asombro. La polémica, a fin de cuentas, más que entre ideas era entre nombres. Y en ocasiones se llegaba a abusar de ellos, en el supuesto de que la cantidad podía aplastar a la «calidad», que un abundante número de nombres (incluso no muy conocidos) tenían más peso, intelectualmente hablando, que el de un puñado de ilustres. La distorsión venía del hecho de que la disputa no apelaba al debate (no se pretendía, a fin de cuentas, movilizar el diálogo y mucho menos prestar atención a las razones del otro) sino que empujaba a trazar trincheras y a definir en cuál de ellas se estaría a partir de ese momento. El «caso» se convertía en *casus belli*.

Si el género literario en que se moverían desde ese momento las ideas y la polémica sería fundamentalmente la carta abierta (casi todas ellas deliberadamente concebidas para echar leña al fuego y afirmar y radicalizar posturas), también abundaron las cartas privadas que tendían a acercar posiciones. En una de ellas, escrita el mismo día de la aparición en *Le Monde* de la primera carta a Fidel, Cortázar explicaba a Retamar las causas de la inclusión de su nombre entre los firmantes, echando mano a un argumento que se reiteraría: «No recibí respuesta al cable que te envié cuando llegaron aquí las primeras noticias sobre el arresto de Padilla», le dice; «supongo que no tenías ninguna información que darme, como fue el caso de la embajada cubana». Menciona el «hondo malestar» que el asunto ha provocado en Europa y prevé que la carta a Fidel «será como siempre una interminable fuente de malentendidos» (Carta 10 de abril de 1971, 117). Meses más tarde, cuando intentaba consolidar el puente que apenas, en su caso, comenzaba a restaurarse, le recordaba a Haydée Santamaría que tanto Carpentier como su esposa eran testigos de que tras un par de entrevistas, «dije con todas las letras que después de semanas de espera inútil, que equivalían por parte de Cuba a ignorar o a despreciar el amor y la inquietud de sus sostenedores en Francia, a mí me resultaría imposible no asociarme a un pedido de información que un grupo de escritores se creía con derecho a hacerle a Fidel». Y añadía: «era una manera amistosa, de compañero a compañero, de decirle: "Hay cosas que se pueden aguantar hasta un cierto límite, pero más allá se tiene derecho a una explicación", porque lo contrario supone o desprecio o culpa» (Carta 4 de febrero de 1972, 147). La referencia a la falta de información se haría recurrente para unos y otros. En un interminable diálogo de sordos, mientras algunos exigían una respuesta que no llegaba, los cubanos, y quienes cerraron filas junto a ellos, les reprochaban expresarse sin tener a mano, precisamente, la información de la que carecían.

Aunque ya la suerte estaba echada, todavía en aquel momento el diferendo parecía salvable. En la citada carta de Rama a Fernández Retamar, el uruguayo advertía que el efecto de la detención de Padilla «es catastrófico para la revolución», y aunque le parecía que el mensaje dirigido a Fidel era «quizás demasiado aprensivo en sus términos —entiendo que siempre debe hacerse confianza a la revolución», confesaba padecer la misma inquietud que «comparten hoy los intelectuales de toda América Latina» (Fernández Retamar, «Ángel Rama» 56). Ante el riesgo de lo que se vislumbra, Rama afirma que «no querría vivir una nueva desconfianza intelectual por el socialismo, ni querría que este tuviera que pasar, en su difícil edificación, por la exclusión brutal de los intelectuales o poetas cuya acción pública es bien reducida». Para él no hay «nada peor que reiterar dentro de América Latina un conflicto que la Europa socialista conoció reiteradas veces pero que hemos deseado y querido que no se produjera en nuestro continente» (57). Se despide con cierta cordialidad y aprecio por la Revolución, que sin duda el Congreso de Educación y Cultura y las virulentas palabras de clausura de Fidel cancelaron.

Era evidente que muchas cosas habían cambiado en los últimos años. Tarde o temprano la tempestad se habría desatado y las pasiones se habrían desbordado. Lo que Claudia Gilman llamara la «familia intelectual» latinoamericana, que vivió en la década del sesenta su momento de gloria y su luna de miel con la Revolución cubana, no iba a sobrevivir para siempre. Pero es obvio que la detención de aquel 20 de marzo, el encarcelamiento de un poeta cuyos delitos no acabaron de convencer, fue el catalizador que convirtió en huracán las marejadas que hasta entonces se habían vivido. Irónico y revelador, lo que no lograron tantos momentos difíciles, controvertidos y desafiantes, lo consiguió la modesta patrulla que aquel día recibió la misión de detener al ciudadano Heberto Padilla. Es fácil suponer que, antes de salir a cumplirla, los guardias hayan sido advertidos de que no hacían falta demasiadas previsiones, ni el uso de la fuerza y mucho menos la amenaza de utilizar armas de fuego. El acusado se entregaría sin ofrecer resistencia. Al fin y al cabo, era solo un poeta.

Hacer la revolución en el cine

El cine fue en la década del sesenta, y continuaría siéndolo en los años siguientes, uno de los más importantes campos de batalla de la política cultural, donde se dirimieron muchas de las tensiones ideológicas de la época. No es casual que algunas de las polémicas más intensas y decisivas de esos años —primero la motivada por la prohibición de *PM*; después la de Alfredo Guevara y Blas Roca en torno a la pertinencia ideológica de las películas adquiridas y exhibidas por el ICAIC, por citar los dos casos más sonados— lo involucren directamente. Ambas polémicas ponían de manifiesto una vocación participativa no solo desde el universo de la creación (las propias películas realizadas) sino también desde la teorización tanto sobre el cine como sobre el proceso creativo en una sociedad revolucionaria. Es revelador, por ejemplo, que el primer número de *Cine Cubano* del año 1971 incluya dos textos antológicos: «La obra de arte en la época de su reproducción técnica», primera edición cubana del clásico de Walter Benjamin, y «Por un cine imperfecto», de Julio García Espinosa. Este último, como se sabe, es una suerte de manifiesto del cine realizado en el Tercer Mundo cuyo desafiante inicio no deja lugar a dudas: «Hoy en día un cine perfecto —técnica y artísticamente logrado— es casi siempre un cine reaccionario». No es de extrañar, por tanto, que el ICAIC se involucrara nuevamente, con la previsible radicalización que el tema supuso, en el debate mayor del momento.

Vale la pena leer la «Declaración de los cineastas cubanos», fechada el 27 de mayo de ese año, para percibir los términos de la discusión. Tras referirse al «coro de plañideras», a las «voces serviles» que «han desatado una campaña de difamación contra la Revolución Cubana», los cineastas se preguntan: «¿De qué libertad de expresión hablan? ¿De la de una minoría?» (2), y aclaran que el socialismo no se realiza en la libertad de expresión de una minoría, pues en un proceso revolucionario la libertad para hablar debe ser, antes que eso, libertad para cambiar las cosas. De lo contrario, la libertad «se vuelve un juego de salón o un detonador para tranquilizar malas conciencias», en cuyo caso «es vergonzoso y ridículo seguir hablando» (3). Atacan luego a esos «intelectuales "independientes", "imparciales" y "objetivos" [que] no están en guerra con el imperialismo», y antes de concluir con la previsible consigna de «Patria o Muerte», se solidarizan resueltamente, «desde esta plaza sitiada, [...] con el grito de independencia cultural dado en La Habana en nuestro primer Congreso de Educación y Cultura» (4). La entrega de *Cine Cubano* en que apareció la declaración incluyó también las ponencias presentadas en el Congreso por Manuel Pérez, Estrella Pantín, Jorge Fraga y García Espinosa; la de este, por cierto, se iniciaba con una de esas figuras retóricas (el ya mencionado quiasmo) tan caras a la época: «El deber de un cine revolucionario es hacer la revolución en el cine» («En busca del cine perdido» 24).

Otro antecedente de esa declaración es la que, con igual nombre, habían firmado los cineastas cubanos en 1969, como parte de las discusiones suscitadas a raíz de los premios UNEAC y de la intervención de *Verde Olivo* en la contienda. Y entonces, como dos años después, debieron cerrar filas con la posición oficial, representada esa vez por dicha revista. Para aquellos, *Verde Olivo* «ha cambiado los términos del debate al impugnar la corriente liberal en el terreno de la cultura». El documento recordaba que en el artículo «Sobre algunas corrientes de la crítica y la literatura en Cuba», Leopoldo Ávila señaló «la despolitización» de buena parte de la intelectualidad del país, y subrayó la necesidad de «desarrollar la crítica teniendo en cuenta el nivel ideológico y la coyuntura histórica en la obra de arte», así como «el nivel propiamente estético de la valoración, hasta hoy, salvo excepciones, sumida en el triste espectáculo del bombo y el platillo». Si bien esa crítica y las exigencias que lleva implícitas es válida para las dos tendencias que han operado como principales corrientes polarizadoras en el terreno de la cultura en nuestro país, conocidas «a falta de una definición más precisa, [...] como dogmatismo y liberalismo» (Guevara, *Tiempo de fundación* 173), la tarea de los revolucionarios en esta lucha ideológica, según la declaración de los cineastas, es la de analizar el polo que, hoy, resulta crítico: la tendencia liberal. Terminaba para ellos, según apuntaban, «el diálogo con ventrílocuos y sordo-mudos». En tiempos de Vietnam, guerrillas y luchas estudiantiles —«muy distintos a aquellos en que el antidogmatismo secular inauguró su reinado»— «la opción no es ya el dogmatismo, sino un auténtico movimiento revolucionario» en el que Cuba se sitúa a la vanguardia (176-177).

Si hasta ese momento el ICAIC mismo podía ser considerado una institución predominantemente «liberal» (por oposición a las tendencias dogmáticas), con el proceso de radicalización iniciado en 1968 se ve impulsado, como la mayor parte de las instituciones y figuras de la intelectualidad nacional, a desmarcarse de ambas posturas, y optar, en cambio, por una tercera posición que no se encuentra a medio camino entre las anteriores sino integrada a otro paradigma: el del creador «auténticamente revolucionario». Se trataba de un reposicionamiento dentro de un terreno movedizo que implicaba una redefinición del intelectual revolucionario, pero también de un elemental sentido de sobrevivencia, en un momento en que el fuego graneado podía cobrar bajas imprevistas. La astucia sería también, por consiguiente, un arma indispensable en la contienda. Nelson Rodríguez —quien, dicho sea de paso, fue editor de los dos largometrajes en los que me detendré más adelante— ha recordado, a propósito de *Un día de noviembre*, de Humberto Solás, que si Alfredo Guevara hubiera decidido exhibir la película en 1971 «es muy probable que nos hubieran "parametrado" a todos nosotros. [...] En medio de la filmación nos enterábamos de lo que estaba sucediendo en el teatro cubano. Y en ese sentido creo que Alfredo fue muy inteligente, no sólo por salvar la película, sino a todo el ICAIC» (Sotto 54). La memoria traiciona levemente al editor, pues dicha película fue concluida —es verdad que para dormir un largo sueño antes de ser estrenada— en 1972. Sin embargo, lo que dice es absolutamente cierto, más allá del desliz cronológico, que por otra parte revela lo que el año 71 significa en el imaginario intelectual.

Este año el ICAIC, además de cuatro largometrajes de ficción, produjo catorce documentales, entre los que se encontraban, *¿Cómo, por qué y para qué se asesina a un general?*, de Santiago Álvarez; *Muerte y vida en el Morrillo*, de Oscar Valdés, y *Taller de Línea y 18*, de Nicolás Guillén Landrián, en el que me detendré de inmediato, por lo inusual de su tema: el proceso productivo y político de una fábrica de ómnibus, el mundo de los obreros y del trabajo. Debo precisar que aunque se le conoce —y no pretendo violar esa tradición— como *Taller de Línea y 18*, y así se le encuentra incluso en obras de referencia, el título real, el que aparece en sus créditos, es *Taller Claudio A. Camejo Línea y 18*; y su autor firma simplemente, lo que haría de manera habitual, como Guillén Landrián. «Si existe algo consistente en la compleja trayectoria artística» de este cineasta, ha expresado Julio Ramos, «fue su meticulosa e irónica exploración del tiempo y de los ritmos de trabajo» (46). *Taller de Línea y 18* se sostiene sobre dos ejes fundamentales: de un lado, la línea de montaje de los vehículos; del otro, la reunión sindical en la que deben ser propuestos los compañeros que serán analizados (nunca llegamos a entender claramente para qué). Lo que vemos es, entonces, un doble proceso: el de fabricación de una guagua y el de construcción de un consenso; el trabajo del obrero produce, al mismo tiempo, un objeto y una sociedad.

Otros discursos paralelos forman parte de la concepción misma del material; así, al propiamente visual se yuxtaponen los mensajes tipográficos en enormes letras negras sobre fondo blanco (recurso explotado ya por Guillén Landrián, con no menos eficacia, en su célebre *Coffea arábiga*, que invita a «leer» el filme no en sentido metafórico, sino literal). El uso de la palabra es un objeto en disputa durante la asamblea; el que hacen los obreros es opacado por la fuerza de las intervenciones de los dirigentes que ocupan «la mesa». Esa abundancia de voces, lejos de hacer más claro el mensaje, contribuye a distorsionarlo; y así como más de una vez son poco coherentes los carteles, más difíciles de captar son las casi indescifrables palabras pronunciadas en la reunión. Un sonido directo deficiente delata tanto limitaciones tecnológicas o profesionales como un deliberado interés por entorpecer la comunicación, que se refuerza con entrevistas fragmentarias, truncas, apenas audibles.

La voz de los obreros, en consecuencia, se torna balbuceante. Las intervenciones de unos y otros se complementan con el uso de una voz en off perfectamente audible que explica las partes del proceso productivo o lee los textos que el espectador tiene ante sí (en dos ocasiones, erróneamente, lee «encaminadas» por «encadenadas»), a los que se superponen también los sonidos propios de la fábrica y la música del Grupo de Experimentación Sonora. Ramos percibe la resonancia de Amadeo Roldán de manera «particularmente notable en la compleja banda sonora» del documental, «en la que la matriz rítmica de la clave (3/2) opera, como una especie de *ritornello* en la base misma de la acumulación excesiva y la tendencia al ruido» (47). Una explicación menos sofisticada entendería *Taller de Línea y 18* como una muestra del cine imperfecto por el que abogaba García Espinosa. Al mismo tiempo —y al margen de lo que podamos percibir de irónico en el discurso fílmico— se trata de una propuesta de participación democrática a nivel de las bases obreras semejante a la que defenderá Gutiérrez Alea por la misma época, y a la que ya me referiré. Pero esa participación, que se hace visible lo mismo en el proceso productivo que en la asamblea propiamente dicha y en el micrófono que pasa de mano en mano, encuentra pronto sus limitaciones.

Los textos mismos establecen discursos paralelos que con frecuencia se reiteran. Por una parte, aparecen aquellos que ofrecen información o tratan de explicar el proceso técnico: «Construido con estructura de acero montada a un chasis adaptado del camión soviético gaz-53 A», o «La organización del trabajo / el establecimiento de un sistema de abastecimiento / adecuado / y / el establecimiento de medios técnicos especializados / son / los requisitos básicos para alcanzar la producción industrial», o «Inicio de la línea de montaje / la línea de montaje consiste / en / una serie de operaciones sucesivas / encadenadas tecnológicamente». Hay textos de otro carácter. Al aparecer el nombre del ómnibus (Girón), por ejemplo, se produce una digresión del tipo: «Playa Girón 17 de abril 1961 vencimos 1,500 mercenarios con nuestros recursos en armas, valor y conciencia nacional». Por su parte, los hay que hacen énfasis en el costado político y organizativo de los trabajadores, tales como: «La organización sindical tiene / los mismos objetivos / del Partido

/ Pero / es una organización menos selectiva / porque en ella / participan / todos los obreros», o «El secretario general / Es escogido / por la masa / Y debe / dar / siempre / respuesta», o «El militante comunista es el que plasma en directivas concretas los criterios a veces oscuros de las masas che». Finalmente hay textos que —aun cuando se refieren en primera instancia a los obreros— interpelan directamente al espectador. Así, después de lanzar en tres ocasiones la interrogante «¿Ud está de acuerdo?», pregunta directamente: «¿Está usted dispuesto a ser analizado por esta asamblea? / ¿Ud?», lo que se convierte en una suerte de leitmotiv que se reduce a (y se reitera como): «¿Y Ud?».

Tal vez *Taller de Línea y 18*, en la doble orientación de su discurso, tematiza el conflicto entre productivismo y participación al que se refirió Charles Bettelheim, a propósito del caso Padilla, en su artículo publicado en el periódico *Le Monde*. Bettelheim observaba que si bien era cierto que al asumir la responsabilidad por el fracaso de la zafra del 70, Fidel aconsejaba promover la democracia obrera dando mayor participación e influencia a los trabajadores en las asambleas de producción, no lo era menos que algunos sectores de la dirigencia apoyaban una forma de taylorismo, de tendencias «productivistas» y un sistema de normas y controles ejercidos desde arriba sobre los trabajadores. En *Taller de Línea y 18* ambas tendencias parecen complementarse: mientras la asamblea resulta un tanto disfuncional —las voces son inaudibles o las propuestas no prosperan—, la línea de montaje avanza y entrega, finalmente, un producto que no parece haber necesitado, para su conclusión, el criterio de los obreros; en cambio, vemos a los respectivos jefes de las diversas áreas explicar en qué consiste la tarea bajo su mando. Más aún: el trabajo propiamente dicho aparece poco en pantalla. No creo necesario advertir que el supuesto elogio del taylorismo no tiene aquí nada que ver con las máquinas devoradoras de hombres de *Tiempos modernos* ni con su antítesis: las inútiles, absurdas e improductivas máquinas dadaístas, críticas de la sociedad industrial. Por el contrario, la celebración de la productividad no puede evitar convertirse también en un elogio de la pereza, pues la misma asamblea ocupa un tiempo que se desliga de la producción propiamente dicha.

En su artículo de *Le Monde*, como he dicho antes, Bettelheim daba por descontado que había surgido en Cuba una «nueva clase» —que él denominaba burlonamente «alfacracia» aludiendo a los recién importados automóviles Alfa Romeo en que los funcionarios se desplazaban por la ciudad— y lo veía como un síntoma de la influencia soviética, lamentable en un país escaso de divisas y con un transporte público deficiente. En *Taller de Línea y 18* —en el uso a que se destinaba su producción— pudiéramos ver una respuesta a esa inquietud, puesto que lo que allí se fabrica es un determinado tipo de carrocería y sus interiores, en fin, guaguas montadas sobre chasis de camiones soviéticos. A partir del doble discurso que la película propone, pudiéramos decir que si en el aspecto productivo vemos la construcción de los ómnibus, en el político presenciamos la apropiación y adaptación del «modelo soviético» a las necesidades nacionales.

Basado en hechos reales ocurridos en Pinar del Río en 1936 —según se advierte al inicio de la película—, *Los días del agua* recibió una amplia promoción y crítica en la prensa, y llegó a ser anunciado, erróneamente, como el primer largometraje en colores realizado en el país. Además, resultó multipremiado en el Festival de Cine de Moscú, donde obtuvo el Premio Especial del Jurado, el de la Federación Internacional de Prensa Cinematográfica (FIPRESCI) y el de actuación femenina para su protagonista Idalia Anreus. Aunque su referente está en el pasado, el filme es, al mismo tiempo, una reflexión sobre la actualidad. De hecho, ese referente se actualizaba por diferentes vías. Responde a algo más que a una casualidad el hecho de que el personaje principal, Antoñica Izquierdo, y los «acuáticos» que la acompañan, aparezcan también, como ya vimos, en la novela de Cofiño *La última mujer y el próximo combate*. Por si fuera poco, un reportaje publicado en *Verde Olivo* en marzo del propio 1971 denunciaba el «acuatismo», a raíz de la reciente muerte de un niño por curas con agua. El reportaje destacaba, en cambio, el caso de Isaías Chávez Rodríguez, un descendiente de «acuáticos» que se negó a hacer el Servicio Militar y en la cárcel se dio cuenta de su oscurantismo. Hoy —concluía felizmente la historia— Isaías conoce la importancia de las medicinas y trabaja en un plan forestal (al igual que el sitio donde, casualmente, se desarrollaba la novela de Cofiño). No quiero ir más allá de lo anecdótico ni insistir sobre la reiteración del tema, pero no deja de resultar sorprendente que el reportaje —precisamente el mes en que sería detenido Padilla— haga el elogio de la cárcel como lugar de regeneración.

Los días del agua y *Una pelea cubana contra los demonios* tuvieron en común el particular momento de su producción, en medio de la zafra del 70, mientras el país estaba comprometido en la realización de la mayor cosecha azucarera de su historia. El productor de la primera, Miguel Mendoza, ha recordado que «fue muy compleja, con campamentos y cientos de extras», «en condiciones muy difíciles» (Sotto 33), pero resultó posible realizarla gracias al apoyo de las organizaciones en provincia, en particular el Ejército y el Partido en Pinar del Río. Para Camilo Vives, productor de la segunda, el momento de su filmación, y la coincidencia con *Los días del agua*, obligó al director a afrontarla con una racionalidad tremenda, a pesar de que tuvieron todo el apoyo de las organizaciones políticas y de masas en Trinidad. Los actores y técnicos, según rememora, dormían en albergues, aunque «sin ningún grado de improvisación, con múltiples problemas por las condiciones de vida cotidiana, pero con una fe tremenda en la película que estábamos haciendo» (Sotto 142-143). Como ya he adelantado, *Los días del agua* se centra en la historia de Antoñica Izquierdo, una curandera cuyas dotes para curar con agua y conjuros le ganaron una notable cantidad de seguidores. Esa historia le sirve a Manuel Octavio Gómez tanto para arremeter contra la religiosidad en sentido general como para intentar hacer una radiografía de la República. La historia se inicia tras los pasos del periodista Lino Báez (interpretado por Raúl Pomares, quien tendrá un papel importante también en *Una pelea...*), encargado de relatar para su periódico la euforia que Antoñica está generando en el poblado de Los Cayos. Su contrafigura sería un pícaro que percibe el filón económico de aquel fenómeno y cuenta, ante un crédulo público urbano, lo que la película denomina «El evangelio según Tony Guaracha», relato onírico en que se idealizan la personalidad y los poderes de Antoñica; allí donde hay enfermedad, pecado y lujuria ella trae salud, pudor y alegría. En boca de Tony, lo decadente, por obra y gracia de la curandera, se transforma en paradisíaco. A las inmediaciones del paupérrimo bohío donde ella vive, en medio del campo, han comenzado a arribar peregrinos, seguidores y curiosos, y se desata la histeria colectiva. Hay un asombroso paralelo entre el leitmotiv de la película y un momento simbólico del estalinismo: el conjuro que Antoñica reitera mientras riega agua a los presentes, «¡Perro maldito al infierno!», evoca sorpresivamente el estribillo «"¡Muerte a los perros rabiosos!" con que el fiscal Vishinsky terminaba invariablemente sus requisitorias» durante los procesos de Moscú (Deutscher 345).

Mientras la «Santa» es cada vez más venerada, en la ciudad, las autoridades religiosas y científicas —representadas en primer lugar por el cura y el farmacéutico— atacan a Antoñica y a la superstición; ella misma es una víctima, alegan, del hambre y la miseria. Pero los mismos que la condenan, en lo que resulta una muestra demasiado obvia de hipocresía y doble moral, participan en sesiones de santería y espiritismo. La aparición de un cadáver entre sus seguidores desemboca en una acusación de homicidio, por la cual Antoñica es encarcelada y juzgada. El Dr. Navarro, abogado y antiguo participante en la Revolución del 33, intercede por ella. El idealismo que muestra en el juicio no puede ocultar su interés en capitalizar la popularidad de Antoñica, que le sirve para lanzar su candidatura a gobernador. Cuando, finalmente, Navarro gana las elecciones, la guardia rural concede 24 horas para que los apostados en las inmediaciones de la vivienda de Antoñica desalojen la zona. El periodista les pide resistirse al desalojo y, a Antoñica, que use su ascendiente para alentarlos a luchar. Sin embargo, la otrora Santa solo quiere que se mantengan a su lado quienes tengan fe en ella y en Dios. Entonces el periodista exclama lo que vendría a ser la moraleja de la película: «¡Qué fácil es todo cuando hay un Dios!».

El montaje paralelo de la secuencia final pretende ser un símbolo. En un decorado en el que confluyen todos los espacios y los tiempos de la historia, Navarro pronuncia un discurso; en torno suyo se desarrolla una escena que, de cierta manera, reproduce «El evangelio según Tony Guaracha», presidida ahora por la politiquería, el vicio, la prostitución (incluida la imagen de unos marines subidos en una estatua, que evoca a aquellos otros que mancillaron la estatua de Martí en el Parque Central). Al mismo tiempo, la guardia rural desata la represión en Los Cayos y se lleva a la Santa, mientras los creyentes pretenden enfrentar el desalojo con agua y conjuros. Sin embargo, Felipe, un campesino decepcionado de Antoñica y de la condición de «pacífico», opta por luchar; se arranca el crucifijo del cuello y le arrebata el fusil a un guardia. Los tiempos se confunden y el montaje viola la simultaneidad. Mientras en el manicomio en el que está recluida, Antoñica repite ahora una nueva letanía («No se puede hacer nada»), los seguidores de Felipe arrebatan fusiles a los guardias y se unen a él. Los disparos que realizan aquí, impactan en la tribuna y derriban a los personajes que han ido apareciendo allá: Navarro y sus acólitos, la ruleta, el vicio, Tony Guaracha, los «pacíficos» que se negaban a pelear, una santera, el periodista y, finalmente, la propia Antoñica. El ataque a la religiosidad y al pasado republicano, y la exaltación de la violencia como motor del cambio revolucionario, entroncan perfectamente con las ideas entonces dominantes. En una reseña a la película aparecida originalmente en el periódico italiano *L'Unità*, Ugo Casiraghi celebraba cómo «de un movimiento místico se puede casi insensiblemente pasar a la revuelta armada», y reconocía la importancia de «esta recuperación de la religiosidad en función revolucionaria», así como «las salidas posibles de ciertas exaltaciones colectivas o hacia la dirección más reaccionaria, o hacia la de una toma de conciencia». Seguramente el crítico desconocía que su lectura —por lo demás, bastante evidente— remitía a un movimiento histórico que había entrado varias décadas antes en la literatura latinoamericana: el de los yagunzos de Antonio Conselheiro, retratado por Euclides da Cunha en *Los sertones* (faltaban diez años aún para que Vargas Llosa nos diera la versión novelesca en *La guerra del fin del mundo*).

En la Isla, *Los días del agua* generaba lecturas más directas. En el mismo número de *Cine Cubano* en que apareció la «Declaración de los cineastas cubanos» de 1971, Fernando Pérez publicó un texto, desde su experiencia como asistente de dirección de la película. La secuencia final, asegura allí, requirió una semana de filmación. La locación escogida no podía ser otra que «el Capitolio habanero, verdadero ejemplo de inutilidad arquitectónica», en cuya «monumental escalinata, se había construido un set que reproducía alegóricamente los baluartes de la antigua República [...], el lugar donde se colocaría la flor y nata del pasado». Al escucharse la voz de «acción», explica el futuro cineasta, «la imagen simbólica de la República estalla acribillada por los impactos de miles de fusiles justicieros». Al escucharse la orden de «corten», en la escalinata desierta apenas quedan «los restos escenográficos de la Tribuna republicana». Y añade, desplazando la atención hacia quienes observaban desde la calle, que, «como en un acto mágico», el público «había asistido al aniquilamiento alegórico de todos los baluartes del pasado»: en una jornada difícil de repetir, «habían presenciado el final de una República y el fin de una filmación» (162-163). La idea de fusilar a la República y sus símbolos (o, para ser precisos, los símbolos que de ella se escogen) contra el edificio que sirvió de sede al Congreso nacional, es toda una declaración de principios, coherente, por otra parte, con la idea misma de abolir, mediante la violencia, ese pasado inmediato.

Aunque estrenada en los cines en marzo de 1972, *Una pelea cubana contra los demonios* fue un largo y acariciado sueño concluido el año anterior. Antes de que Gutiérrez Alea se interesara en la *Historia de una pelea cubana contra los demonios*, de Fernando Ortiz, es fácil hallar pistas de su preocupación por otros «demonios» que aparecieron en la vida cultural cubana. En la polémica sostenida con Juan J. Flo en *La Gaceta de Cuba*, en marzo de 1964 («Donde menos se piensa salta el cazador... de brujas»), Alea atacaba la actitud de su contrincante por alentar prejuicios antintelectuales similares a los que provocaron el mea culpa al que fue empujado Einsenstein y tuvieron, de paso, una nefasta repercusión en el cine soviético. «Los que sí hacen daño a la Revolución», añadía, «son los cazadores de brujas, los que se pasean con un detector de fantasmas y su recetario de conjuros contra demonios idealistas, los que en nombre de la Revolución, si llegan a ocupar posiciones oficiales y adquirir poder en alguna medida, son capaces de esterilizar toda fuerza creadora, porque ellos son estériles» (Pogolotti 120). Un lustro más tarde, en un texto aparecido en *Cine Cubano* bajo el título de «Vanguardia política y vanguardia artística», Alea retomaría la postura de la Declaración de los cineastas en 1969 para enfrentarse a lo que parecían ser las dos tendencias ideológicas dominantes del proceso revolucionario: «cuando en el mundo de la cultura los fantasmas de Zdánov [...] y de Pasternak son agitados recíprocamente por unos y otros, levantan viejos miedos y dan lugar a tendencias aberrantes que nada tienen que ver con el sentido profundo de la Revolución» (Fornet 296). La alusión a tales fantasmas era una manera de expresar su posición y la de sus colegas ante el sectarismo y el liberalismo. Tiempo después, al hablar para los lectores de *La Gaceta de Cuba* sobre su película, aún en fase de edición, Alea explicaba: «Un hecho ocurrido en este país hace sólo trescientos años, en el que tomaron parte muy activamente los demonios, el fanatismo y la codicia, puede arrojar alguna luz sobre lo que llamamos la "condición humana"» («Tomás Gutiérrez Alea y su combate contra los demonios»). Y en la presentación de la película en el Festival de Karlovy Vary, precisaba que su tema era la búsqueda de la felicidad, pues «es vano e irracional todo intento del hombre de encontrar un paraíso en algún lugar de la tierra, porque no existe: hay que hacerlo. Y para hacerlo hay que luchar contra todos los obstáculos que opone la naturaleza, incluyendo a los demás hombres y a uno mismo» (Fornet 125). «Es un intento de hurgar en nuestro pasado más oscuro», añadía, para insistir en que la película pondría de manifiesto «nuestras inquietudes sobre la condición humana, sobre el hombre de todos los tiempos. Porque no hay que reírse cuando nos hablan de demonios, como si se tratara de una cosa del pasado. [...] A veces [el hombre] los tiene enfrente y puede identificarlos fácilmente y luchar contra ellos. A veces los lleva dentro de sí, sin saberlo» (125).

Se puede seguir, en las cartas de Gutiérrez Alea a sus amigos, el itinerario de un entusiasmo. El 16 de abril de 1969 escribe que después de muchas tribulaciones le aprobaron «el argumento de los demonios que ahora se titula *La Tierra prometida* y que es realmente lo único que me interesa hacer en este momento». (Gutiérrez Alea, *Volver* 182) Poco más de dos meses después reitera a otra destinataria estar muy contento con ese argumento que le apasionaba desde hacía años y que hasta ahora no había podido hacer, «se titula *La Tierra prometida*, y gira un poco alrededor de la búsqueda del Paraíso. Está basado en un hecho histórico ocurrido en el siglo XVII en una pequeña población de esta isla, que fue ocupada por legiones enteras de demonios que no han sido expulsados todavía completamente» (185). Y ante la inminencia del rodaje, el 26 de febrero de 1970, confiesa a una tercera amiga sentirse «muy bien porque estoy a pocas semanas de comenzar la filmación de eso que hasta ahora se llama *La Tierra prometida* y que me mantiene en un alto grado de tensión, lo cual me gusta porque entre otras cosas me hace sentir que estoy vivo» (190). (Ignoro en qué momento Alea renunció a ese título, que Wajda utilizaría en su extraordinaria película de 1975, para adoptar el del libro de Ortiz). Por cierto, la utilización del término «demonios» puede generar también, indirectamente, otra lectura, en principio ajena a la película. Dicho término fue usado por Vargas Llosa para explicar el impulso creador del escritor (según esto, todo autor debe lidiar con demonios que habitan dentro de sí, lo atormentan y, al mismo tiempo, lo empujan a forjar, mediante la escritura, un universo paralelo). Dicha noción de la literatura encontraría fundamentación teórica en el volumen de 1971 ya citado: *García Márquez: historia de un deicidio*. Conviene recordar que tal teoría generó una encendida respuesta —y la subsiguiente polémica— por parte de Ángel Rama.

El guión de la película estuvo a cargo del propio Gutiérrez Alea, con la colaboración de José Triana, Vicente Revuelta y Miguel Barnet. Ya en carta del 7 de diciembre de 1966 Alea había reconocido estar feliz de que en el Festival de Teatro Latinoamericano (que organizara la Casa de las Américas) se estrenara *La noche de los asesinos*, obra de Triana dirigida por Revuelta, y resultara un acontecimiento sin precedentes. «No sólo es lo mejor que se ha hecho aquí [...], sino que de golpe saca a nuestro teatro del subdesarrollo y lo sitúa en un nivel internacional». Y agrega, confundiendo a sus castigadores con sus defensores, que «después de todo lo que le han hecho a Vicente, ha sido una buena respuesta por parte de él. No sólo no han podido destruirlo, sino que han tenido que premiarlo oficialmente, y por algo que vale la pena». Gutiérrez Alea: *Volver* 162) El mismo Triana había sido hostigado por Leopoldo Ávila, como vimos, a propósito de un poema de tinte homosexual publicado en *Casa de las Américas*. De manera que recurrir a la colaboración de ellos implicaba también dejar clara una posición y establecer alianzas dentro del campo cultural cubano.

Un texto aclaratorio al comienzo de la película advierte que la historia se desarrolla en momentos en que los pobladores de la Isla llevaban una existencia difícil marcada tanto por la ambición frustrada, la superstición, el fanatismo y la codicia, como «por la presencia de los demonios que andaban sueltos, haciendo de las suyas, como en todas partes». Los hechos narrados, reales unos e imaginarios otros, «pueden considerarse entre las primeras escaramuzas en esa larga batalla por la libertad que culmina trescientos años después, en nuestros días, cuando la Isla es finalmente dueña de su propio destino». La historia se desarrolla, alterando la cronología real, en 1659, para marcar con exactitud tres siglos entre aquel momento y el triunfo revolucionario de 1959. Ya desde la primera escena se establece el contraste entre los principales antagonistas: el Padre Manuel, quien bendice un nuevo ingenio, y el regidor Contreras —interpretado por Raúl Pomares, el reportero y coprotagonista de *Los días del agua*—, quien, borracho, interrumpe la velada e invita a los presentes a disfrutar los placeres de la vida. Un repentino asalto pirata a la Villa de San Juan del Cayo provoca su saqueo e incendio, así como la violación de la esposa de Evaristo, el más acaudalado de los habitantes. Desde el púlpito, tras la retirada de los asaltantes, el cura afirma que Dios le habló para pedirle que mudara el pueblo a otro sitio, tierra adentro, lejos de los piratas y del contrabando con los herejes. Las autoridades civiles se resisten a moverse del sitio y se proponen impedirlo. A partir de aquí un torbellino de situaciones e intereses en pugna desemboca en la muerte de los principales personajes y, de pronto, en una secuencia onírica, que contradice el tono realista y grotesco en que ha venido desarrollándose el filme, Contreras viaja en una barca por un río neblinoso (que de inmediato, claro está, asociamos con el Averno), y arriba a un lugar donde habita una mujer ciega cuyas palabras medio ininteligibles se superponen a la voz en off del cura. En ese momento, unos relámpagos fugaces permiten vislumbrar las imágenes de Martí, Fidel y el Che, sucedidos por un intenso fuego. Es el futuro que se anuncia, implícito ya en la rebelión contra los demonios.

Las lecturas que generó la película en Cuba intentaron, de inmediato, zanjar la cuestión de cuáles eran los «demonios» a los que se condenaba. Mario Rodríguez Alemán expresaba que ella «extravasa los límites apretados del filme histórico para plasmarse, de modo imperativo, como un filme-protesta contra el sectarismo y el liberalismo» (Fornet 131). Roberto Branly, por su parte, aseguraba que «con *Una pelea cubana contra los demonios* nuestro cine alcanza la mayoría de edad: la lucha contra el liberalismo y el dogmatismo es resuelta dialécticamente, mediante una nueva dimensión de la esperanza» (Fornet 136). Tal interpretación, a la que se vuelve de manera insistente (incluso por su director), no es del todo clara y parece responder, más que nada, a una exigencia que está fuera de la propia película, en la necesidad de protegerla de cualquier posible acusación de «liberal». Pero si bien es notoria en ella la arremetida contra el dogmatismo y la figura que mejor lo encarna, no ocurre lo mismo con la de aquel en la que se trasunta el liberal. La simpatía que despierta el regidor Contreras y la sobrevivencia del personaje conocido como el Portugués, por ejemplo, son un indicio en otro sentido.

Una vez concluida la película, en diciembre de 1971, Gutiérrez Alea escribió un largo informe dirigido a Alfredo Guevara (informe que, según García Borrero, es probablemente, junto a «Por un cine imperfecto», «la reflexión más elaborada que nos han entregado los cineastas del ICAIC acerca de esa necesidad que existía de reinventar "el cine"», 94). Alea confesaba allí que aunque su sexto largometraje todavía no había sido estrenado, ya lo veía como algo que pertenecía al pasado, pero que al mismo tiempo le había sacado de adentro algo «muy auténtico y muy cargado de significaciones». El trabajo había sido revelador y estimulante —escribía—; «llevaba muchos años arrastrando esa vieja idea, esa necesidad de encontrar respuestas a muchos problemas que me inquietaban, a través de ese episodio en el que intervinieron de manera notoria tan diversos demonios» (*Volver* 196). Reconoce allí que la idea de la película lo obsesionó durante años y que le dedicó demasiado tiempo, pero que no se arrepentía en absoluto porque había funcionado «como un gran exorcismo, un real sacadiablos, una especie de fumigación espiritual. Ahora, gracias en parte a esa experiencia, he llegado a aclararme muchas cosas con relación al cine, a la Revolución y a mí mismo» (196-197). *Una pelea cubana contra los demonios* merece ser reconsiderada dentro de la filmografía de su autor y hasta dentro del cine cubano. No solo supuso un crecimiento para quien suele ser considerado el cineasta más importante del país, sino que también formó parte de una discusión que marcaría la política cultural cubana. Tal vez lo que ayudó a que la película fuera sepultada bajo algunos elogios y el desinterés general fue que tal discusión habría de ser cancelada, que las lecturas de la película (incluyendo la de su propio autor) intentaran satisfacer el sentido común dominante. Si *Una pelea...* significó otra vuelta de tuerca dentro de la obra de Alea, ella misma estimularía —junto con el contexto en el que estaba apareciendo— un giro que, desafortunadamente, no llegó a cuajar.

En otra parte del informe a Alfredo Guevara (que aprovecharía más tarde para la ponencia que presentó, con el título de «Hora y momento del cine cubano», en un seminario realizado en el ICAIC en mayo de 1972), Alea toca cuestiones más profundas. En clara referencia a una de las conclusiones del recién finalizado Congreso de Educación y Cultura, se opone a aquellos que piensan que el procedimiento más fácil para llevar a cabo la necesaria mutación cultural «consiste simplemente en considerar a los artistas e intelectuales que ya existen como representantes del pasado, de la cultura burguesa colonizada, y que no hay que contar con ellos porque la nueva cultura la encarnan los aficionados y los niños» (194). Defiende la opinión de que los peligros de un arte ejercido por especialistas que «puede llegar a *imponer* una sensibilidad de capilla, de grupo privilegiado, de casta, *de clase*, en última instancia», no son menores que los que «asume la Revolución manteniendo durante mucho tiempo igualmente un aparato burocrático y un ejército profesional, antes de poder dar por extinguido el Estado» (194-195). Pero Alea percibe dilemas que exceden, con mucho, los que se restringen al ámbito intelectual. Para él, la preocupación mayor reside en el hecho de que «la Revolución entra en una fase de definiciones que es tan peligrosa como todas las etapas anteriores. O más. Porque lo que salga de aquí, ahora, dará la medida de lo que somos (y seremos por mucho tiempo) realmente» (203). Tenía razón, de manera que opta por defender, desde su «trinchera», formas que permitan conjurar los riesgos de esa Revolución en peligro. El momento que se inicia exige, en su opinión, otro cine, «un cine revolucionario que opere directamente, eficazmente, como instrumento transformador de la realidad inmediata» (203). En cuanto a «los peligros que estamos corriendo desde hace rato», afirma, con una contundencia y un pesimismo tan incuestionables como inusuales, «hemos llegado al punto en que todo puede convertirse en una gran farsa, en una triste farsa que niega el sentido último de la Revolución». Aclara no estar pensando solamente en el cine, sino en el hecho de que por rechazar una auténtica cultura del subdesarrollo, hayamos ido cayendo «en manifestaciones de una cultura subdesarrollada, en un verdadero callejón sin salida» (204-205). Puesto que el cine se enfrenta ahora con una realidad nueva («no ya la que tiene frente a la cámara, que inició su transformación radical hace algunos años, sino la que está detrás de la cámara, la que hace posible el hecho mismo del cine y determina las condiciones en que éste puede producirse», 207) opta por un experimento: «Pienso en la posibilidad de una película que esté dentro del espíritu del discurso del 1º de Mayo [en el cual Fidel *propone* premisas antes que *imponer* líneas] y que se plantee como un aporte máximo al próximo congreso obrero», por lo que hubiera tenido que estar terminada en menos de seis meses. La idea me remite a *Taller de Línea y 18*, pero allí donde el documental daba fe de los límites de la participación obrera, la película propuesta por Alea debía funcionar como un detonante, el catalizador de una verdadera democracia de los trabajadores. Vista así, tendría un fin práctico inmediato y seguramente un carácter didáctico, «y serviría para promover discusiones previas al congreso en todos los sindicatos». Tal movimiento de democratización tenía que vencer la ignorancia que existe sobre los mecanismos que la Revolución pone en manos del pueblo para que actúe, pero sobre todo, «tiene que incitarlo a actuar» (209-210). Se trataba de un experimento inédito entre nosotros, de promover una función ancilar desde la creación misma. No un cine para ser «visto» sino para ayudar a desatar opiniones, para contribuir al *éxito* del Congreso, y no precisamente en el sentido burocrático que suele dársele al término, sino en otro, profundo y polémico. Por lo visto, Alea estaba tratando de adecuar al contexto cubano la fabulosa experiencia del cine-tren de Alexander Medviedkin, quien a principios de los años treinta había recorrido pueblos y fábricas de la Unión Soviética —con un pequeño equipo de trabajo, una cámara, un laboratorio de revelado y un proyector, a bordo de un ferrocarril—, filmando la vida y condiciones laborales de obreros y campesinos, a quienes proyectaba las películas de las que ellos mismos eran protagonistas, como forma de estimular el debate entre estos y también su participación en la esfera pública. En el propio 1971, por cierto, la figura de Medviedkin se reactualizó gracias a *Le train en marche*, documental que le dedicara el cineasta francés Chris Marker, cuya obra —que incluía dos películas sobre la Isla: *¡Cuba sí!* (1961) y *La bataille des dix millions* (1971)— había influido de manera notable en los realizadores cubanos, antes de que él mismo marcara distancia a raíz del caso Padilla.

Desafortunadamente, Alea no tuvo la contestación esperada. En una carta del 14 de septiembre de 1977 al destinatario del informe, recordaba que este «pretendió servir de base para una conversación (o una discusión amistosa [...]) entre tú y yo», y lamentaba no haber recibido respuesta. Más aún: «Ni siquiera tuvimos una pequeña conversación a partir de las inquietudes que en ella te planteaba» (226-227). Lo más penoso es que Alea nunca pudo realizar la película que tenía prevista «como aporte al próximo congreso obrero». Probablemente jamás (y ya no tendremos manera de saberlo) el cine cubano estuvo tan cerca de seguir uno de los caminos que conducirían a hacer la revolución en el cine, aquello que García Espinosa había definido como el deber mayor de un cineasta de nuestro tiempo.

Un poema a la primavera

«Vestía una camisa celeste y un pantalón oscuro, esgrimía un habano que no llegó a encender y a lo sumo parecía agobiado por el calor». Así describió Prensa Latina a Heberto Padilla la noche de su intervención en la UNEAC. Las cámaras del ICAIC registraron el acontecimiento; puesto que la película en color apenas estaba llegando al país, el matiz celeste de la camisa se les habría hecho imperceptible a los potenciales espectadores. De todos modos, pasarían varias generaciones para que tal filmación, celosamente guardada, se hiciera pública o se filtrara de mano en mano. De hecho, es algo que aún —cuando escribo estas líneas— no ha ocurrido más que parcialmente, por lo que la transcripción conocida de las palabras de Padilla y de quienes hablaron aquella noche del martes 27 de abril fue la que puso a circular Prensa Latina y que sería reproducida en innumerables publicaciones del continente y de España.

No era difícil imaginar que en la ola de reacciones que la encarcelación y autocrítica de Padilla despertaron, aparecería el tenebroso fantasma de los procesos de Moscú. Pero no había que ir demasiado atrás para encontrar —dentro del propio campo socialista, y especialmente en la Unión Soviética— referentes más cercanos e incruentos cuyos ecos llegaron a Cuba y pusieron sobre el tapete los límites de la libertad del escritor en el socialismo. Sin duda tales acontecimientos sirvieron al propio Padilla como trasfondo sobre el cual se recortaban, y en el que debían ser entendidos, su figura y su situación.

Es sabido que en la Unión Soviética, tras la muerte de Stalin, cambiaron drásticamente las formas de administrar el control sobre los escritores y la amenaza que sobre ellos pendía desde la época de Zhdánov. Pero la *samokritika* no se detuvo. En su volumen *Contra la censura*, Coetzee cita algunos casos muy sonados que tuvieron lugar en tiempos de Jrushchov: los de Margarita Aliger, Vasili Axiónov, Evtushenko y Voznesenski. En todos ellos, el común denominador ante las críticas fue el arrepentimiento y el propósito de enmienda. «Ahora debo ser mucho más exigente conmigo misma», declaró Aliger, «liberarme de la tendencia al pensamiento abstracto, [...] en resumen, hacer lo que el camarada Jruschov enseña y pide con insistencia en sus discursos» (157-158). Axiónov prometió estudiar, «aprender sobre los distintos aspectos de la vida del pueblo» y «profundizar más en las ideas rectoras de nuestros tiempos», mientras que Voznesenski —quien, con mucha desenvoltura, se refirió a Jrushchov llamándolo Nikita Serguéievich— juró que no olvidaría su consejo: trabajar. «Esta palabra es para mí un programa», un valioso proyecto que le permitía entender mejor su «enorme responsabilidad ante el pueblo, ante la época, ante el Partido Comunista» (159).

Menos publicitado, el caso de Vasili Grossman resultó ser, sin embargo, particularmente dramático. En 1960 envió el manuscrito de su novela *Vida y destino* a las revistas *Znamia* y *Novi Mir*. Tras leerlo, el redactor jefe de la primera y dos dirigentes de la Unión de Escritores le advirtieron que, aunque todo lo que en ella se decía era «verídico o verosímil», solo sería posible publicarla «dentro de doscientos cincuenta años» (Todorov 67). Una respuesta más categórica llegó en febrero de 1961, cuando agentes del KGB registraron la casa de Grossman y confiscaron varios ejemplares y borradores del manuscrito, al tiempo que hacían lo mismo con los que estaban en las redacciones de ambas revistas. Para agravar las cosas —explicaría Grossman al propio Jrushchov en carta escrita al cabo de un año de aquella visita—, le pidieron que firmara una declaración conforme a la cual, en caso de que contara a alguien lo sucedido, se abriría una causa criminal contra él. Y añadía el escritor una solicitud que mostraba su posición: «Le ruego que le devuelva la libertad a mi libro. Le ruego que me dé la posibilidad de hablar y discutir de mi libro con los redactores y no con los agentes del KGB» (72). Como es natural, Jrushchov no respondería directamente la carta, pero tuvo la deferencia de enviar a Súslov —miembro del Politburó encargado de las cuestiones ideológicas— para que conversara con el novelista. Con la franqueza propia de quien se siente seguro de su posición, Súslov le explicó que el libro no se publicaría porque en tal caso beneficiaría a los enemigos de la URSS, y porque quienes lo habían leído coincidían en que el daño que causaría sería infinitamente mayor que el provocado por *El doctor Zhivago*, de Pasternak. Y le preguntó en tono sin duda hiperbólico: «¿Por qué deberíamos añadir su libro a las bombas atómicas que nuestros adversarios preparan contra nosotros?» (76). No fue necesario, por cierto, que transcurrieran dos siglos y medio antes de que *Vida y destino* viera la luz (fueron «apenas» veinte años lo que le tomó ser publicado en el extranjero y otros diez en su propio país).

Un caso de enfrentamiento escritores-poder en la Unión Soviética tuvo especial relevancia en el contexto cubano. Ya he citado la versión que Benedetti dejara del diálogo que varios intelectuales sostuvieron con Fidel una noche de febrero de 1967 en el Museo de Artes Decorativas —donde abordaron los casos de Siniavski y Daniel, a propósito del juicio y condena que se les había seguido en Moscú el año anterior, acusados de propaganda antisoviética por divulgar en el exterior obras «contrarias» a su país—; ocasión en la que el líder cubano «se pronunció desfavorablemente sobre la actitud asumida por las autoridades soviéticas». Rama —como haría también en su momento Vargas Llosa— traería a colación el encuentro, ya en plena discusión tras el caso Padilla, para demostrar cuán notorio había sido el cambio entre aquella fecha y 1971. Sobre la conversación con Fidel, Rama rescata precisamente el debate a propósito de los dos escritores soviéticos. Las opiniones de los cubanos eran diversas, pero el Primer Ministro «defendía como principio general el derecho de los escritores inculpados a expresarse y a divulgar libremente su posición». Al preguntársele cuál habría sido su posición de tratarse de un escritor cubano «afirmó que, de disponer de papel suficiente para atender las otras obligaciones educativas de la sociedad, no habría vacilado en dar a conocer las opiniones críticas de ambos, dado que entendía conveniente que el país conociera y enfrentara las censuras que se ejercieron dentro de él» (Rama, «Una nueva política II» 31).

Otro caso que adquirió aún mayor relevancia a nivel internacional serviría de antecedente para entender lo que ocurriría en la Isla. Padilla residía en Moscú cuando *Novi Mir* publicó *Un día en la vida de Iván Denisovich*, el célebre libro de Solzhenitsin —que un tiempo después sería también publicado en Cuba—, con el consiguiente revuelo. Los enfrentamientos y la escalada entre el autor y la Unión de Escritores de la URSS alcanzaron su punto culminante cuando en 1969 aquel fue expulsado de la institución. Lejos de zanjarse con tal medida, la discusión adquirió nuevos ribetes; una carta en la que el escritor, formalmente desterrado de la República de las Letras, profetizaba su triunfo, impulsaría una polémica que trascendería a la arena internacional. En consecuencia, otra carta, esta vez firmada por treinta y un intelectuales occidentales, calificaba el trato a Solzhenitsin de «escándalo internacional» y de «un crimen contra la civilización» (Coetzee 175). El inesperado colofón de este enfrentamiento —favorable al escritor— llegó por intermedio de la academia sueca, que en 1970 lo distinguió con el Premio Nobel. Salvando las inconmensurables distancias, es fácil imaginar que, con tales antecedentes, Padilla podía suponer que disfrutaría de cierta impunidad para su coqueteo con el papel que había decidido asumir o, en caso de complicaciones, de un apoyo internacional que, en verdad, se cumplió. Él mismo ha contado que aquellos poemas suyos que resultaban un tanto extraños en la Isla, encajaban perfectamente en los moldes de lo que estaba ocurriendo en Europa del Este. «Todas las personas que yo conocía en los países socialistas», afirmaba Padilla, «entendían perfectamente lo que yo reflejaba allí, y lo que yo expresaba» en *Fuera del juego*, cuyos primeros poemas fueron escritos, precisamente, en Moscú y Praga. Tampoco Padilla ocultaba sus deudas: «yo no era absolutamente original; todo lo contrario. Ésta era la poesía rebelde de aquellos países, ésta era la dirección que tomaba la mejor poesía de la Europa Oriental. Una poesía que se metía en los problemas de la historia, de la época» (Padilla y Verdecia 47).

Aquel mismo 1970 apareció en Nueva York *Hope against Hope*, volumen de poesía de Osip Mandelstam —el más sobresaliente de los poetas de la época de Stalin entre los que sufrieron deportación y muerte—, editado y comentado por su viuda Nadiezhda. No es imposible que Padilla lo conociera, traído a Cuba quizá por alguno de los amigos que lo frecuentaban. Parece más difícil que Nadiezhda Mandelstam tuviera noticias del poema «En tiempos difíciles», publicado unos años antes, pero lo cierto es que ambos se valen de una imagen similar. Si el cubano escribía: «Le explicaron después / que toda esta donación resultaría inútil / sin entregar la lengua / [...] Y finalmente le rogaron / que, por favor, echase a andar / porque en tiempos difíciles / ésta es, sin duda, la prueba decisiva», para ella, «la estrategia más tenebrosamente astuta de Stalin contra los escritores de la generación de su marido consistió [...] en que: se les cortó la lengua y se los obligó a glorificar al tirano con el muñón que les quedaba...» (Coetzee 142). Pasando por alto lo que pueda haber de azaroso en tal coincidencia, es posible imaginar que tanto Padilla como Nadiezhda Mandelstam se valieron de una imagen que circulaba desde antes. Es evidente, en cualquier caso, que Padilla juega a las equivalencias con algunas de las figuras paradigmáticas de la intelectualidad soviética que padecieron diversas formas de censura. En carta a los editores de *The New York Review of Books*, a propósito del artículo de Jose Yglesias «The Case of Heberto Padilla», el profesor Rufus W. Mathewson hizo notar que el lema con el que *Fuera del juego* concursó en la UNEAC («Vivir la vida no es cruzar un campo») era una versión del último verso del poema «Hamlet», de Pasternak, atribuido a Yuri Zhivago y reproducido en las páginas finales de la célebre novela del escritor ruso. Cabrera Infante asumiría con reservas tal equivalencia. Para él, Padilla practicaba, al mismo tiempo, el silencio que salvó a Pasternak y la indiscreción que perdió a Mandelstam, como «el caprichoso hijo de la Revolución que siempre podría ser reprendido para enmendarse luego»; pero, puesto que «Padilla no era Pasternak y Fidel Castro no era Stalin», la conclusión fue que «el poeta se convirtió en un *affaire*» (*Infantería* 836).

 A propósito de su confesión, Padilla contaría que respondió a la exigencia de un oficial de la Seguridad del Estado. Todo el tiempo, dice, él mismo persistió en la idea de mantenerse fiel al «delito de opinión» del mundo comunista. Para ello debía destacar con vehemencia su falta de agradecimiento a Fidel y a la Revolución, y mostrar un arrepentimiento que pudiera complacer a sus captores. «En menos de tres horas», revelaría, «quedó terminada aquella "confesión" de más de 30 folios» («La mala memoria» 197). Cuenta también que cuando él y los oficiales miraban en la televisión las sesiones del Congreso de Educación y Cultura, se sorprendieron al ver que Volodia Teitelboim se limitó a mencionar las fraternales relaciones entre Chile y Cuba; «comprendí de inmediato que su viaje tenía como objetivo explicarle a Castro que el gobierno de la Unidad Popular no podía aceptar su consejo, que Jorge Edwards no sería expulsado del cuerpo diplomático como agente de la CIA, puesto que no existían pruebas para ello». Eso obligó al gobierno cubano, especulaba Padilla, a «actuar exclusivamente en su país» («La mala memoria» 203-204). La alternativa fue que el poeta memorizara la autocrítica escrita por él mismo y la repitiera en una reunión privada ante algunos miembros de la UNEAC, pero Fidel, enfurecido —según Padilla— por la reacción internacional, decidió «grabar la sesión y difundirla a través de Prensa Latina como evidencia de que el gobierno revolucionario había sido generoso con un grupo de contrarrevolucionarios confesos» (206).

Un libro singular y casi desconocido, publicado en 1970, cobra cierta importancia en este contexto. Se trata, en apariencia, de un volumen de cuentos de Benjamín Castillo, supuestamente premiado ese mismo año por la Casa de las Américas y titulado *Julián Pérez*. No es una colección, sino un cuento único referido a una delirante confrontación entre Fidel y Martí (a quien se remite desde el propio título). Lo interesante del volumen, más que el cuento mismo, son sus paratextos. Tanto la cubierta, contracubierta y solapas, como la portada interior, el diseño interior y la página legal, todo remeda y remite a la colección Premio de la Casa de las Américas. Un lector desprevenido, de hecho, puede comenzar a leer el volumen como si se tratara de un auténtico libro galardonado por la Casa. El colofón sería, a los efectos de verdad, la única sección del libro que escaparía a la ficción: «Este cuento, *Julián Pérez por Benjamín Castillo*, escrito por Carlos Ripoll, se terminó de imprimir en Marzo de 1970, por Las Américas Publishing Company, 152 East 23rd Street, New York». Pero otros paratextos son los que más me interesan. Un prólogo que explica los valores y la condición revolucionaria del supuesto autor y del texto, un epílogo que incluye una «Carta a la

Dirección de la Casa de las Américas» de parte de los dos jurados cubanos que consideran que la obra no debió ser premiada por contrarrevolucionaria, y un agresivo artículo titulado «Consideraciones sobre la literatura y la crítica», aparecido antes, según nota al pie, en *Verde Olivo* y en *Granma*, remiten de inmediato a las polémicas desatadas por los premios UNEAC concedidos en 1968 a *Fuera del juego* y *Los siete contra Tebas*, a sus propios paratextos (las notas añadidas por el «Comité Director» de la UNEAC), así como a los artículos firmados por Leopoldo Ávila. Leído a la distancia, sin embargo, el más sorprendente de esos paratextos sería la «Carta de Benjamín Castillo al Secretario General de la Unión de Jóvenes Comunistas» que cierra el volumen. En ella el ficticio autor lamenta las faltas en que ha incurrido, su perniciosa relación con escritores extranjeros, reconoce merecer un castigo por parte de la Revolución (a cuya altura no ha sabido estar y que ahora exalta), y termina lanzando la consigna por antonomasia de la Revolución misma: «Patria o Muerte». Lo sorprendente radica en que si hasta este momento la literatura estaba copiando a la vida, con la autocrítica de Padilla, es decir, su Carta al Gobierno Revolucionario y su intervención en la UNEAC al año siguiente, la vida terminará copiando a la literatura. Es posible que Padilla conociera el libro de Ripoll, algunos de cuyos ejemplares habían llegado a Cuba, y que en él leyera el futuro, la conclusión de una historia que todavía estaba por llegar. El final del libro, en verdad, son unas líneas trágicas (e incluso ridículas) en que la literatura excedería a la vida, y sobre todo a la mascarada de Padilla: dos días después de publicada esa carta, precisa una nota, Benjamín Castillo «se cortó las venas de los brazos. En la pared del calabozo dibujó con letras mayúsculas "VIVA JULIÁN PÉREZ"; y al pie de su último escrito se echó a morir para que su cuerpo sirviera de firma al tosco y breve testamento» (57). Hay una enorme distancia, por fortuna, entre el modelo literario y el destino del autor de *El justo tiempo humano*.

En su intervención, que es en esencia una versión de la carta enviada al Gobierno Revolucionario con fecha de 5 de abril y hecha pública por Prensa Latina el día 26, es decir, apenas el día anterior a su excarcelación, Padilla se detiene a historiar lo que podría entenderse como el proceso de su caída a partir del regreso a Cuba en

1966, tras su estancia como funcionario en Europa del Este. La sesión se inició con unas breves palabras de José Antonio Portuondo, vicepresidente de la UNEAC, explicando que durante varios días hubo conversaciones y rumores en torno a Padilla y a su situación, y que este, por su parte, solicitó al Gobierno Revolucionario que le permitiera explicar personalmente su caso. El Gobierno, según añade Portuondo, accedió y «se» estimó que el sitio ideal para realizarlo fuera el seno de la UNEAC, «que es en definitiva el organismo de los escritores y artistas de Cuba». De inmediato el moderador excusa la ausencia de Guillén explicando que estaba «seriamente enfermo y que se le ha prescrito un reposo absoluto», no obstante lo cual «el compañero Nicolás está enterado de todo lo que estamos haciendo aquí y de todo lo que aquí se va a decir».

Debo, antes de centrarme en el performance de Padilla, hacer notar dos cuestiones presentes en las palabras de Portuondo. La primera tiene que ver con el propio encuentro y con el entorno en que la autocrítica tuvo lugar. No deja de resultar irónico que la intervención de Padilla en la UNEAC —prevista como una discreta nota al pie de las discusiones y los discursos del Congreso de Educación y Cultura que estaba teniendo lugar en ese preciso momento, y como punto final a la alharaca que tras la detención del poeta se había suscitado fuera de Cuba— se convirtiera en el verdadero punto de referencia, el eje sobre el cual se sostendrían —de forma explícita o tácita— las subsiguientes polémicas. La segunda cuestión está relacionada con la ausencia de Guillén. Mucho se ha especulado en torno a ella y existe cierto consenso en suponer que la excusa ofrecida fue solo un pretexto. Según esta versión, Guillén no quiso prestarse a lo que él sabía («enterado de todo lo que estamos haciendo aquí y de todo lo que aquí se va a decir») que iba a ser contraproducente para la política cultural de la Revolución. Esta interpretación posee el atractivo de introducir una disonancia dentro de la premeditada y ensayada puesta en escena. Debo recordar, sin embargo, que Guillén tampoco había asistido, alegando motivos de salud, al VIII Encuentro de Uniones de Escritores de Países Socialistas que tuvo lugar en Moscú entre los días 26 y 30 de enero; en su lugar viajó Ángel Augier acompañado por dos Luises, Marré y Suardíaz (Carpentier, quien fue mencionado en algún momento como sustituto de Guillén, tampoco asistió, sin que se ofreciera públicamente razón alguna). Por cierto, el informe cubano en aquel Encuentro, según explicaría Augier, se centró en las dos actividades fundamentales de la UNEAC en 1970: «la participación de los escritores en la zafra de los diez millones, que motivó numerosas obras literarias, y la contribución cubana al Centenario de Lenin, donde se destacó el aporte de los escritores dentro de la participación de todos los sectores y organizaciones de masas» (Villares, «Experiencias» 95). No es probable que la aludida enfermedad del autor de *Motivos de son* haya sido una excusa para eludir su presencia en el Encuentro de Moscú, lo que no excluye, desde luego, la posibilidad de que lo que era real en el primer caso, no lo fuera en el segundo. Vale la pena, de todas maneras, leer algunas crispadas intervenciones de Guillén en fechas posteriores y a propósito del Congreso para ver cómo asumió (o cedió a las presiones de) las posiciones más ortodoxas. Volveré sobre ellas.

En un ejercicio de retórica digno de mejor causa, Padilla inicia sus palabras —y ese será un leitmotiv de la autocrítica— advirtiendo que el encuentro es fruto de una solicitud propia: «ustedes saben perfectamente que la Revolución no tiene que imponérsela a nadie». «Yo pedí esta reunión», reitera, «y yo no me cansaré nunca de aclarar que la pedí, porque yo sé que si alguien hay suspicaz es un artista y un escritor. Y no en Cuba solamente, sino en muchos sitios del mundo». Es obvio que la reiteración se vuelve contra sí misma, según el viejo razonamiento de que el que se excusa se acusa. Explica Padilla que desde el 20 de marzo estaba detenido por la Seguridad del Estado bajo el cargo de contrarrevolucionario, acusación «muy grave» y «muy impresionante» pero «fundamentada por una serie de actividades, por una serie de críticas» que él había realizado. Reconoce, a la vez, haber «cometido muchísimos errores, errores realmente imperdonables, realmente censurables, realmente incalificables». Esta oportunidad de hablar, en consecuencia, «es una generosidad de la Revolución» que él no merecía; de hecho, «no merecía el estar libre. Lo creo sinceramente; lo creo por encima de esa alharaca internacional». Una vez declarada su baja condición y la «gravedad» de sus delitos, Padilla traza una oposición entre él, «un hombre preso por los defectos de su carácter y de sus vanidades», y la humildad, la sencillez, la sensibilidad, el calor con que realizan su tarea humana y revolucionaria los compañeros de Seguridad del Estado, «que me han pedido que no hable de ellos porque no es el tema el hablar de ellos sino el hablar de mí». Y añade que en una ocasión le preguntó a un oficial de dónde sacaban tales «cuadros». Él estaba fuera de la celda porque en varias ocasiones, cuenta, tuvieron la gentileza de llevarlo a tomar sol; había «un grupo de niños, muy pobres, muy simples, muy sencillos, cubanos, y me dijo: "mira, chico, de ahí"». Era una hábil manera de poner a sus carceleros en primer plano, como protagonistas de lo que sus espectadores estaban presenciando.

En cierto momento, Padilla lamenta haber trasladado con *Fuera del juego* sus posiciones a un terreno a donde nunca debió llevarlas: el de la poesía. «Estas posiciones no habían sido nunca asumidas; tomadas, expuestas en la poesía cubana. Y yo inauguré —y esto es una triste prioridad—, yo inauguré el resentimiento, la amargura, el pesimismo, elementos todos que no son más que sinónimos de contrarrevolución en la literatura». Con esa autocrítica se está labrando a la vez, en términos de historia literaria, un lugar genésico en la literatura nacional. En los artículos que sobre Cuba se publicaban en el extranjero, añade, «se hablaba con mucho entusiasmo sobre mí y se me veía como un escritor rebelde, como un escritor "contestatario" [...], intransigente, se me veía como un tipo característico de los países socialistas, el tipo que en Cuba simbolizaba lo que en otros países han simbolizado otros». Tal posición lo llevó a considerarse «un intocable típico, como el que existe en los países socialistas», esos escritores que publican clandestinamente fuera de sus países y a los «que ningún Estado puede tocar». Sobre sus relaciones con escritores y analistas extranjeros menciona en primer lugar a Karol, a quien «le hablé siempre con un sentido derrotista, con un ánimo crítico amargo, contrarrevolucionario, de la Revolución cubana», y al «viejo agrónomo francés contrarrevolucionario René Dumont», con el cual dice haber arremetido contra la UNEAC y la revista *Verde Olivo*; «ataqué consuetudinariamente a la Revolución», y «no digamos las veces que he sido injusto e ingrato con Fidel». Con Hans Magnus Enzensberger, por su parte, «tuve incontables conversaciones que pudieran ser un compendio de todas mis actitudes y todas mis posiciones acres, hostiles a la Revolución», que el alemán luego utilizó en «un ensayo contra nuestro Partido». Y menciona el caso de un sociólogo que estaba escribiendo una tesis sobre los países en desarrollo, y resultó ser, como supo mientras estaba encarcelado, agente de la CIA. Padilla no tiene reparos en darse golpes de pecho y afirmar que de sus actitudes y posiciones «nunca, nunca me cansaré de arrepentirme mientras viva; nunca podré arrepentirme en realidad. Cuando he visto la cantidad de enemigos que vienen a nuestro país disfrazados de poetas, disfrazados de teatristas, de sociólogos, de fotógrafos, de lo que son posible...»

Falta en esta andanada, por abyecta que pueda parecer, el descenso a un escalón más bajo, que se cumple cuando asegura no haber venido simplemente a argumentar sus errores y a hacer un recuento de sus actitudes bochornosas, sino porque está convencido de que muchos de los que ve delante suyo se deben haber sentido consternados al descubrir cuánto se parecen las actitudes de ellos a las que él ha contado, cuánto se parecen sus vidas, sus defectos, sus opiniones. Al oír estas palabras, añade, «pensarán que con igual razón la Revolución los hubiera podido detener a ellos» porque «no podía seguir tolerando una situación de conspiración venenosa de todos los grupitos de desafectos de las zonas intelectuales y artísticas». De hecho, «si no ha habido más detenciones [...] es por la generosidad de nuestra Revolución», que es lo que explica que él esté libre ahora, sin haber sido condenado, ni «puesto a disposición de los tribunales militares». Comenta que entre algunos compañeros había papeles, poemas, «puentecitos», que afortunadamente nunca se publicarán, como su propia novela, de la cual no se anima ni a decir el nombre, y de la cual «yo he roto y romperé cada uno de los pedacitos que pueda encontrarme algún día, delante de mis zapatos, de esa novela, que es un bochorno». En cambio, a diferencia de ella y del poemario del que se avergüenza, afirma haber escrito «algunos poemas nuevos en Seguridad del Estado; hasta sobre la primavera he escrito un poema. ¡Cosa increíble, sobre la primavera! Porque era linda, la sentía sonar afuera». El hecho de que Padilla hubiera sido detenido la víspera del equinoccio de primavera no hace menos grotesca y ridícula la referencia (no solo en términos poéticos sino también climatológicos, por la nula relevancia que tiene, en Cuba, la distinción de esa temporada).

La autocrítica, como es natural, reforzaba el tópico de la cobardía de los intelectuales. Y es aquí donde, en su descenso, Padilla increpa (y desafía a que lo desmientan) a su propia esposa, Belkis Cuza Malé, y a amigos como Pablo Armando Fernández, César López, José Yanes, Manuel Díaz Martínez y David Buzzi. Dos casos más merecen atención; el primero, Lezama, es el único de los invocados que no asistió al acto. Si se atreve a mencionar su nombre, expresa Padilla, es por todo el respeto que merecen su obra, su conducta en tantos planos y su persona. Sin embargo, si bien la Revolución ha sido justa con Lezama, contrasta el orador, «los juicios de Lezama no han sido siempre justos con la Revolución Cubana», y advierte que tales juicios, actitudes y actividades de Lezama son muy conocidos en Seguridad del Estado. Así, en un minuto, el hombre que apenas tres meses antes «reclamaba el más alto destino» de Cuba, junto a Martí y a Fidel, era derribado, con la complicidad de Padilla, para beneplácito de los vencedores de la nueva política cultural. El otro caso digno de atención es Norberto Fuentes, por lo que implicó dentro del performance general y su secuela. Padilla aclara que «no lo había podido ver antes; lo llamé a su casa, pero sonaba el timbre y no respondía nadie»; un desencuentro que, para Fuentes, sería providencial. Luego se sabría que, entre el momento de su excarcelación, en la madrugada del día 27, y la reunión esa misma noche en la UNEAC, «el autor de *El justo tiempo humano* se entrevistó con otros colegas para advertirles que serían mencionados, que debían aceptar lo que él declararía y, llegado el turno, reconocer sus errores» (Arango, «Con tantos palos» 112-113). Pablo Armando Fernández ha contado que, al ser puesto en libertad, Padilla «reúne a sus más íntimos amigos y nos comunica que está en la obligación de acusarnos como contrarrevolucionarios, que no nos preocupemos, pues él sabe cómo hacerlo, nos inculpará de actitudes meramente personales» (92). Pero el desprevenido Fuentes lo haría quedar mal. Primero aceptó la reprimenda, pero después pidió la palabra para descalificarlo alegando que Padilla no tenía ninguna autoridad para juzgar a un revolucionario como él, que había sido injustamente tratado y tenía derecho a expresar sus opiniones. Esto alteró a tal punto el guión previsto que, al final, uno de quienes intervino en la sesión se sintió obligado a referirse al lamentable incidente, un tropiezo en el curso de aquella noche tan provechosa. (Para Sartre, en cambio, solo una especie de «descomposición cultural» podía explicar que ocurriera algo como esa autocrítica «sin que la gente prorrumpiera en carcajadas» [«Entrevista a Jean-Paul Sartre» 10]). Lo que nadie podía imaginar entonces era que la actitud de Fuentes iba a granjearle simpatías incluso en sectores de la dirigencia, al punto de que en los agradecimientos colocados al inicio de su volumen *Hemingway en Cuba* (que contó, por cierto, con un prólogo de García Márquez), pudiera leerse, en primerísimo lugar: «A Luis Pavón, que organizó el trabajo y por su amistad…»

Los emplazados por Padilla no eran, en modo alguno, parias de la literatura. Hasta ese momento publicaban e incluso «vivían» el efervescente ambiente cultural de la época. Lezama, ya lo he dicho, fue publicado y homenajeado en libros y revistas (tanto culturales como de amplia circulación), y agasajado, apenas cuatro meses antes, con un coctel en los jardines de la UNEAC, al cumplir sesenta años. José Yanes fue protagonista —como lo había sido Padilla mismo, en enero del 71— del «Viernes de Literatura» del 26 de febrero; en ese espacio semanal, organizado por la propia asociación, leyó algunos de sus poemas. Basta hojear *Mensajes*, el boletín semanal que la UNEAC hacía circular entre sus miembros —y que, a diferencia de *La Gaceta de Cuba* y *Unión*, ofrecía pormenores de las interioridades y revelaba el pulso real de los acontecimientos a escala institucional— para encontrar, en los números que precedieron al inevitable deceso de la publicación, en abril de ese año, colaboraciones de Belkis Cuza Malé (apenas dos semanas antes de ser detenida) y de Manuel Díaz Martínez, así como la noticia de que César López acababa de obtener en Barcelona el premio de poesía que otorgaba la editorial Ocnos, cuyo jurado estuvo integrado por Pere Gimferrer, Vázquez Montalbán y José Agustín Goytisolo. (Por cierto, también aparecen allí con frecuencia colaboraciones, tanto poéticas como narrativas, de Reinaldo Arenas, pero esa es ya otra historia).

Si antes Padilla había introducido en su intervención el tema de la desconfianza y había insistido en que hay «muchos suspicaces» que no creen que esta sea una «autocrítica hondamente sentida», añade que es peor para ellos «si no son capaces de comprender lo que significa que a un hombre que ha cometido errores se le permita la oportunidad de confesarlos, de explicarlos delante de sus compañeros y de sus amigos». Luego desplaza esa desconfianza de forma explícita hacia el ámbito intelectual, pues si hay «un sector políticamente a la zaga de la Revolución, políticamente a remolque de la Revolución, es el sector de la cultura y del arte. Nosotros no hemos estado a la altura de esta Revolución». El mejor ejemplo de ese rezago fue el penoso papel de los escritores —asegura, en contraste con lo que Augier afirmó pocos meses atrás a los participantes en el Encuentro de Moscú— en la Zafra de los Diez Millones. «Sin embargo, para exigir, para chismear, para protestar, para criticar, los primeros somos la mayoría de los escritores». Y antes de concluir agitando la consigna «¡Patria o muerte! ¡Venceremos!» (según la versión que circularía Prensa Latina, no siempre coincidente con versiones taquigráficas que correrían en medios más restringidos), pide: «¡Seamos soldados [...] seamos soldados de nuestra Revolución, y [...] ocupemos [el] sitio que la Revolución nos pida!».

El *mea culpa*, de más está decirlo, tuvo una repercusión inmediata que excedía, con mucho, lo expresado por el pecador. Pero si bien lo que estaba en discusión era algo más que la «confesión de un poeta», está claro que el carácter mismo de aquellas palabras tuvo un gran peso en la discusión y el modo en que se suscitaría. No hubo en ellas nada inocente, ni por parte de quienes conminaron a Padilla a escribirlas (y luego a pronunciarlas), ni mucho menos por parte de este, quien logró hilvanarlas pensando en destinatarios que estaban mucho más allá de las fronteras de la Isla. Aquella autocrítica, notaría casi inmediatamente Rama, tenía un aire fraudulento: «Fraudulento por lo anacrónico: estas autocríticas tuvieron su hora en la década del treinta [...]; los escritores soviéticos enjuiciados actualmente, como los checoslovacos en la misma situación, ya no hacen autocríticas y sospecho que sus fiscales ni siquiera se las piden» («Nueva política» 31). Eduardo Galeano, por su parte, comentaba en una entrevista: «tengo la impresión, si no la convicción, de que [la autocrítica] fue hecha deliberadamente por Padilla para joder a Cuba. Que la hizo en el estilo de los procesos de Moscú de los años treinta, para enviar una señal de humo a los liberales del mundo», seguros ahora de «que aquella revolución idealizada por los europeos, a la medida de la Revolución que ellos mismos son incapaces de hacer en sus respectivos países, aquella epopeya romántica de los barbudos de la Sierra, había derivado en una cosa espantosa, [en] un campo de concentración». (Ruffinelli 30-31) El semanario *Marcha*, ante «el desborde de la confesión», se pregunta «si no está hecha con lucidez satánica. […] Suena a abjuración criptográfica. Enigmática, con oculto mensaje y clave secreta». («Cuba: nueva política cultural») Para Carlos Monsiváis, por otro lado, «es inevitable suponer una parodia intencional y agónica en confesión tan desbordada» (148). Y Juan Goytisolo asegura que para quienes conocían a Padilla y estaban al tanto de sus lecturas literarias y políticas, «la desgarradora y caricaturesca confesión aparecía sembrada de lazos y redes para sus cancerberos y mensajes en clave destinados a sus amigos. El poeta se sabía al dedillo el discurso oficial impuesto a trotsquistas y bujarinistas en las grandes purgas estalinianas y había asumido sus fórmulas y clichés exagerándolos hasta el absurdo». Sus autoinculpaciones y servilismo, continúa Goytisolo, «podían engañar a los funcionarios estatales que habían organizado el acto, pero no a los lectores de Swift o de Brecht» (Goytisolo 183), y reconoce haberse preguntado muchas veces «cómo los dirigentes culturales cubanos pudieron caer en una trampa tan burda», pues «el mensaje que nos transmitía no podía ser más claro» (Goytisolo 184).

Años después Padilla reconocería que su propósito había sido escribir una confesión que pareciera escrita por un analfabeto: «La carta mía es memorable porque en ella, como dijo Carlos Fuentes, "se ve la mano de la policía hasta en la ortografía"» (Padilla y Verdecia 81). Apenas dos semanas después de la intervención del poeta en la UNEAC, en su ya citado artículo publicado en *Le Monde*, Bettelheim afirmaba que las acusaciones estaban formuladas en un estilo que no debía nada a Padilla y todo a la pluma de los policías; e incluso antes de ese artículo, en su carta del 5 de mayo a Haydée Santamaría, Vargas Llosa afirmaba que en la carta firmada por Padilla, «hasta la sintaxis parece policial». La ironía es que ese discurso —escrito efectivamente por el poeta— es una pieza ejemplar. En esa impostación, en esa parodia, Padilla encuentra la clave y el éxito de su performance. Escribir como si fuera otro; inducir a leer, tras la firma propia, el vocabulario, las ideas, la sintaxis (y hasta la ortografía) policiales. Padilla recurre a las fórmulas de un personaje, el pecador, y de un género, el del discurso autoinculpatorio, y logra otorgarle carácter de farsa a lo que pudo haber sido trágico. Se escuda en un código que le permite satisfacer a quienes desconocen sus claves (atentos a la superficie del texto) y, a la vez, inquietar a quienes las conocen. Jugó magistralmente con un discurso que avanzaba en dos direcciones y que aprovechaba contextos, sitios de lectura y, desde luego, prejuicios. Eso es lo que explica que las autoridades del gobierno, los miembros de la Seguridad y hasta los dirigentes de la UNEAC se sintieran complacidos con sus palabras. Liberado y redimido dentro del país, Padilla levantaba, en cambio, una ola de indignación en medios ansiosos de escuchar lo que estaban escuchando. El autor de *El justo tiempo humano* supo darles a las dos partes, en un solo discurso, lo que ambas querían oír, y atizar un fuego que, al mismo tiempo, no lo incinerara. Paradojas de la lectura: quienes percibieron la falacia, quienes no aceptaron como auténticas las palabras de Padilla, quienes creyeron notar en ellas un mensaje cifrado destinado a los amigos del exterior, es decir, quienes hicieron una lectura metafórica del discurso, reaccionaron indignados ante el cinismo del poeta o ante el atropello del que lo sentían víctima, mientras quienes hicieron una lectura literal de aquellas palabras creyeron, simplemente, que se había cerrado un capítulo.

Debo advertir que entre la experiencia de Padilla y uno de los acercamientos (tardíos) que su caso generó, existe una curiosa inversión de papeles y funciones. Si Padilla, el advertido, el emplazado por *Verde Olivo*, se mueve con soltura, se desplaza y habla con amigos y visitantes (y hasta con presuntos agentes de la CIA) que se encuentran abiertamente con él, lo traducen y lo fotografían, el representante de un país amigo, el que goza de inmunidad diplomática—según el testimonio que Edwards nos ofrece en *Persona non grata*—se siente asediado, es víctima de los rumores, percibe que el Gran Hermano lo vigila constantemente. La lectura paranoica que Edwards hace de la realidad produce una nueva paradoja: la de entender en clave de novela de espionaje (plagada de agentes y dobles agentes, micrófonos ocultos y oscuros rejuegos políticos) lo que los demás involucrados e intérpretes leían en clave realista: advertencias, llamadas de atención, emplazamientos públicos y desafíos privados. Leída como literatura de género, la autoincriminación de Padilla podría asociarse tanto con la tradición de los grandes relatos «autocríticos» (sobre todo en su variante soviética) como con su parodia; era, a la vez, la novela de caballería y su *Quijote*. Por su parte, el libro de Edwards es un testimonio (en una época en que el género cobraba singular relevancia, e incluso produjo notables ejemplos que mostraban el paso de escritores por la Isla, como fue el caso de *En Cuba*, de Ernesto Cardenal), y al mismo tiempo, o sobre todo, un ejemplo de narrativa persecutoria. Si aquel se burlaba del género, este parecía víctima de él. Por eso buena parte de la crítica que generó *Persona non grata* le reprochaba o hasta se reía de ese obsesivo delirio de persecución que no negaban ni siquiera sus defensores (Cabrera Infante lo apoyaba —apelando a sus habituales juegos de palabras— diciendo que no había delirio de persecución allí donde la persecución era un delirio; y para Vargas Llosa, el hecho de que el libro se acercara a un documento clínico —haber provocado en su autor tal estado de ánimo y llevarlo a bordear la neurosis—, era su mejor crítica al gobierno cubano). Otra anécdota convertiría a Edwards en personaje de una comedia del cine silente. Está contada por María Pilar Serrano, esposa de Donoso. Recién llegado de Cuba y alojado, por cierto, en casa de los Vargas Llosa, Edwards «subiría» una noche a cenar con el matrimonio chileno en la casa de estos en Vallvidrera: «Nuestro amigo iba de un lado para otro en nuestro departamento, hablando y gesticulando, y de pronto se detenía ante los sillones y el sofá y hurgaba buscando algo debajo de los cojines. Se detenía también ante los cuadros repitiendo la operación de búsqueda de algo que no capté al principio qué podía ser». Llegado a este punto el lector, que aun sin saber nada de siquiatría ha demostrado ser más perspicaz que la testimoniante, ha percibido lo que todavía ella no entiende. De repente, la narradora recobra la lucidez, abandona la descripción de aquel histriónico personaje de viejo vodevil y lo transforma en víctima de un complot político cuyo contexto de enunciación no deja de resultar irónico: «me di cuenta que actuaba con reflejos condicionados pensando encontrar micrófonos escondidos. "Quédate tranquilo, Jorge —le dije— aquí no hay micrófonos ocultos, ya no estás en Cuba, estás en la España de Franco"» (Donoso 125-126). La narrativa a la que se adscribe Edwards y, por extensión, Serrano, apela, curiosamente, a formas de represión que basan su eficacia en el secreto, el ocultamiento, la delación, cuando lo que estaba teniendo lugar en la sociedad cubana era, en verdad, una sobrexposición de los mecanismos de control (incluidos, desde luego, aquellos propios del espionaje). Pero en rigor no había misterio alguno allí donde, sin más, se mostraban públicamente los instrumentos.

A fin de cuentas, lo que importaba en aquellos momentos no era la *veracidad* sino la *utilidad* de la confesión, como forma de ir demoliendo cierto modelo de intelectual que iba a ser prontamente sustituido, y de dejar sin argumentos a sus simpatizantes foráneos. Las nuevas fuerzas hegemónicas dentro del campo cultural cubano necesitaban todas esas condiciones como ladrillos para levantar su propio edificio ideológico. Aunque sin duda pareció sólido, al menos durante algún tiempo, tal edificio era un gigante con pies de barro. Esta vez la obtención del consenso había sido desplazada por un ardid que cifraba toda la fuerza de la verdad en la palabra del acusado. Lo curioso de este caso —a diferencia de aquellos en que la asunción de la palabra tenía lugar en el contexto de juicios e interrogatorios— es que en esta representación el exacusado (recordemos que para cuando hace uso de la palabra se supone que es ya un hombre libre) habla *motu proprio*. Reconoce, es cierto, la existencia de un pacto con sus captores, pero se atreve a romperlo, a excederse, a tomar la iniciativa sin consultar con nadie. Y mientras más libre se muestra —por un efecto inversamente proporcional al que dice responder—, más grietas abre al edificio que él mismo está contribuyendo a levantar. En pocas palabras, Padilla fue indispensable (y poco importa a estas alturas que no fuera más que una ficha, un nombre perfectamente intercambiable en un tablero de mayores proporciones) para que las nuevas fuerzas pudieran conseguir y establecer lo que en una década no habían logrado a través de la lucha ideológica ni de la negociación. Y a la vez sería un elemento clave para entender la caída, años después, de esas fuerzas entonces triunfantes.

El arte ha de ser tarea de todo el pueblo

Cuatro días antes de inaugurarse en el cine Radiocentro el Congreso Nacional de Educación, que tuvo lugar del 23 al 30 de abril de 1971, Fidel habló en el acto con motivo del X Aniversario de Playa Girón. En sus palabras alertaba que si bien el dominio imperialista tendía a desaparecer en los países del Tercer Mundo, subsistían en las grandes capitales de occidente los «aspirantes al tutelaje intelectual, al coloniaje cultural». Era necesario, por ello, que nuestros pueblos dieran «un grito bien alto [...] contra ese intento inadmisible de introducir y de mantener [...] todas las manifestaciones de una cultura decadente, fruto de una sociedad o de sociedades llenas de contradicciones y podridas hasta la médula de los huesos» («Somos soldados» 22). No era una acusación gratuita o lanzada al vacío. El 10 de abril *Le Monde* había publicado la primera carta, dirigida a él, de un nutrido y notable grupo de intelectuales europeos y latinoamericanos, a propósito del arresto de Padilla. De modo que en su discurso del día 19, Fidel respondía todavía un tanto indirectamente a dicha carta, y no era difícil prever el desenlace. Dos días más tarde apareció el número 930 de la revista mexicana *Siempre!* con el que se inició una larga serie de artículos y cartas sobre el caso Padilla, que desembocaría en un número del suplemento cultural al que me referiré más adelante. De modo que no había razón para sorprenderse cuando el día 23, al iniciarse las sesiones del Congreso de los educadores —y aun sin haberse anunciado su presencia—, el Primer Ministro participara en calidad de Presidente de Honor.

La Federación Estudiantil Universitaria (FEU) no tardó en hacerse eco de aquellas palabras del 19 de abril. Al día siguiente, en la concentración realizada en homenaje a los mártires de Humboldt 7, el presidente de la FEU, Néstor del Prado, llamó «a todos los universitarios a ser vigilantes de las actividades individualistas y seudorrevolucionarias y rechazar todo lo que signifique una mentalidad de colonizado, que en la juventud puede manifestarse en la extravagancia». De hecho, ya antes, el Primer Pleno de la FEU (celebrado entre el 16 y el 18 de ese mes) había tomado decisiones drásticas. Un número especial de *Alma Mater* aparecido después del Congreso daba fe (desde la nueva óptica) de lo acordado en aquel Pleno, revelador del clima que se estaba gestando y de los pasos que se darían. A partir de ahora, se explicaba, la publicación se centraría en la historia del Movimiento Estudiantil Universitario y en la vida interna de la Universidad; los colaboradores y miembros del colectivo de *Alma Mater* no firmarían los trabajos, teniendo en cuenta que la labor periodística debía estar encaminada a servir los intereses de la Revolución antes que a sobresalir individualmente por ella; y la universidad debía sacar la cultura de los muros del recinto e ir a los centros de trabajo con la idea de aprender de los obreros e impregnar a los estudiantes de la ideología proletaria. En consecuencia, se decía, la cultura dejaría de ser el misterio de unos cuantos y monopolio de un grupo cuyas puertas estén cerradas para las amplias masas. Al mismo tiempo, la Comisión de Cultura propuso eliminar los concursos tal como estaban concebidos, útiles para promover individualidades, estimular el sectarismo y el individualismo y limitar la participación de jóvenes que se cohibían ante los entendidos en la materia. El Pleno no perdió ocasión de dictar, al mismo tiempo, las consignas que los estudiantes debían corear el 20 de abril en su marcha desde la escalinata universitaria hasta Humboldt 7: «La Universidad para los revolucionarios» y «La ideología: asignatura de nuestra Universidad». En esa ocasión, al rendir tributo a los cuatro jóvenes asesinados allí en 1957, el presidente de la FEU «recordó el enorme contraste entre los que murieron haciendo la revolución y el traidor Marcos Rodríguez, que se pasaba la vida teorizando». La actitud de este, recordó, era similar a la de quienes «tratan de propalar el derrotismo y el escepticismo, y los que desde posiciones aparentemente revolucionarias, se asustan de los reveses pasajeros de la Revolución y quieren impugnarla». («La Universidad para los revolucionarios» [20]) Según la reseña de *Alma Mater*, «el discurso fue secundado por una clamorosa ovación cuando se hizo un llamado a cuidar de que a la Universidad entren los revolucionarios y no los neutros, por su condición de débiles y claudicantes» [21].

Durante una semana el Congreso ocupó el céntrico espacio de la intersección de las calles 23 y L; las sesiones plenarias se celebraron en el cine Radiocentro, mientras el trabajo por comisiones se desarrolló en los salones del hotel Habana Libre. Como parte de un programa cinematográfico del ICAIC que en esos días ocupó también los cines Rampa y Riviera, la noche inaugural se proyectó en Radiocentro la película soviética *El primer maestro*, de Andrei Konchalovski. Leído dentro del marco urbano, el Congreso, y los maestros que lo protagonizaron, desplazaron de su espacio «natural» a aquellos jóvenes que representaban, precisamente, el modelo que ahora se intentaba combatir. Como puesta en escena sobre el mapa de la ciudad, el evento marcaba el paso al centro del escenario de un nuevo sujeto, antagonista del que hasta entonces parecía dominar esos espacios. Si lo reducimos a cifras, el Congreso fue la culminación —tras un proceso iniciado a partir de la Plenaria Provincial de Educación de La Habana, celebrada en noviembre del año anterior— de más de dos mil asambleas realizadas en centros de trabajo, escuelas y organizaciones de masas, así como de congresos de carácter regional y provincial durante varias semanas, y participaron en él más de mil cuatrocientos delegados. Su temario se organizó en siete puntos que iban desde los más directamente vinculados con los contenidos de la educación y los métodos de evaluación de la enseñanza, hasta otros más distantes del proceso de instrucción propiamente dicho. El que más polémicas despertó dentro y fuera del país, de hecho, fue el tema tratado por la Comisión 6: influencia del medio social en la educación. Un factor más importante aún, y que explica la necesidad de celebrar el Congreso, fue que el curso escolar que se iniciaría en septiembre de 1971 tendría la matrícula más alta de toda la historia de la educación cubana. Se sumaba, al ingreso masivo a la enseñanza de sectores antes desfavorecidos, el hecho de que —como consecuencia de la explosión demográfica de los primeros años de la década anterior— solo en primaria cursarían estudios un millón 700 mil alumnos.

Ya en las palabras inaugurales del Congreso, a cargo del ministro de Educación Belarmino Castilla, se anunciaba la emergencia del tema de la cultura, no previsto en el nombre del evento ni en el proceso preparatorio o su temario. Los maestros, se expresaba allí, «anhelan una literatura y un arte que se correspondan con los objetivos de la moral socialista y rechazan toda expresión de reblandecimiento y corrupción». Ese anhelo modelaba un nuevo sujeto autorizado para decidir qué era lo valioso en materia de arte y literatura, pues a fin de cuentas, «educación y cultura forman un todo homogéneo» (Castilla 70). La legítima preocupación porque la educación artística comenzara en los primeros grados como parte de la enseñanza general, se vio desvirtuada por la idea de que ello se convirtiera en una forma de lucha «contra los vestigios de las ideas egoístas del pasado», pues «el arte ha de ser tarea de todo el pueblo». Como consecuencia de esa universalización, añadía el Ministro, lograremos un arte de masas que hoy florecerá en las aulas y mañana en las fábricas, a todo lo largo y ancho del país. No sería, desde luego, «un arte de élite ni una cultura exclusivista el objetivo de la Revolución: sino un arte que surja de la entraña misma del pueblo y sea vehículo de sus más nobles y elevadas expresiones» (Castilla 70-71). Al debatirse en el evento el tema de las «corrientes culturales colonizadoras», Mirta Aguirre se referiría al «concepto evidentemente deformado que aún impera en los predios de nuestra cultura», según el cual «ha prevalecido una separación de la educación, de la labor del educador, desarrollándola como una cosa aparte de la cultura, cuando *educación* y *cultura* forman fundamental e indestructiblemente un todo homogéneo» (Rego, sup. 1). No hacían falta otros prolegómenos para agregar, al nombre del Congreso de Educación, el apéndice de Cultura.

El lunes 26 de abril, al reiniciarse las labores del Congreso tras haber recesado sus sesiones el domingo, los delegados acordaron por aclamación y unanimidad —según informó *Granma*— «dar el nombre de Primer Congreso Nacional de Educación y Cultura […] a su evento». Según la misma nota, los educadores «adoptaron esa determinación en base de los planteamientos de Fidel en la inauguración de un centro escolar en Jagüey Grande» el día anterior. Es fácil reestablecer, a través de la iconografía, la transición del Congreso entre el modo en que se inició y aquel con el que pasó a la historia. Basta ver las fotos de la sección inaugural y de clausura para percibirlo. En la primera se lee, sobre el telón de fondo, «Congreso Nacional de Educación», acompañado por el logotipo en forma de libro con la inscripción CNE; en la segunda aparece ya el añadido «y Cultura» junto con el logo que ahora está integrado por las iniciales CNEC (*Cuba'71*). Ese añadido implicaba un cambio considerable en el perfil y propósitos del encuentro. No se trataba simplemente de aprovechar la ocasión para hablar, *también*, de la cultura, sino de fundirla (y en buena medida, subordinarla) a la educación, y de paso, fijar el orden de prioridades. Al mismo tiempo, ese añadido otorgaba mayor legitimidad —pues no provenía exclusivamente de educadores— al mensaje que desde el Congreso debía enviarse al extranjero. Hablando en términos gráficos, la C que se añade al logotipo original casi no lo modifica; apenas alarga, levemente, el formato del libro formado por las iniciales. La imagen vale también para el Congreso mismo: solo alargó el alcance de sus propuestas, pero estas, en esencia, continuaron siendo las mismas.

Aquel lunes 26, Prensa Latina difundió la carta de Padilla dirigida al Gobierno Revolucionario. Al día siguiente, el mismo en que el poeta fue excarcelado y realizó su autocrítica en la UNEAC, Fidel asistió, sin previo aviso, a las discusiones de dos subcomisiones del Congreso. Aún volvería a la plenaria general del día 29 y finalmente lo clausuraría un día después. Su presencia era una manera de dar la batalla en el plano nacional e internacional, responder —sin mencionarla de manera explícita— a la ola que había comenzado a levantarse tras el arresto de Padilla y radicalizar así la posición cubana. En ese sentido, la intervención del poeta en la UNEAC no estaba concebida, ya lo señalé, sino como una nota al pie de las discusiones que estaban teniendo lugar en los espacios del Congreso, y el golpe definitivo para acallar las voces discrepantes fuera de Cuba.

La extensa Declaración final del Congreso, leída por el viceministro de Educación José Ramón Fernández, resumió, entre los temas abordados, varios relacionados con los concursos literarios, el apoyo al folclor y a la creación para niños, así como a una literatura que expresara la lucha de la Revolución contra el subdesarrollo, la noción de una cultura del pueblo que sustituyera a una cultura de élites, etcétera. «En el seno de las masas se halla el verdadero genio», expresaba textualmente la declaración, «y no en cenáculos o en individuos aislados». De hecho, reconocía, «los maestros, técnicos, científicos, estudiantes, todos los trabajadores, pueden, en el terreno de la literatura, como en otros, transmitir muchas de sus ricas vivencias y desarrollar aptitudes artísticas y literarias» (18). Especialmente virulenta fue la impugnación de las creencias religiosas y, sobre todo, la institucionalización de la homofobia. Con el fin de evitar el contagio, la Declaración estaba dispuesta a hacerle la guerra a los portadores del virus. En cuanto «a las desviaciones homosexuales se definió su carácter de patología social. Quedó claro el principio militante de rechazar y no admitir en forma alguna estas manifestaciones ni su propagación» (13), y se reconoció su «carácter antisocial». Se hacía necesario, expresaba el documento, «el saneamiento de focos e incluso el control y reubicación de casos aislados, siempre con un fin educativo y preventivo», pues «aquellos que [sean] homosexuales no deben tener relación directa en la formación de nuestra juventud desde una actividad artística o cultural», ni «es permisible que por medio de la "calidad artística" reconocidos homosexuales ganen influencia que incida en la formación de nuestra juventud» (14). (La penalización de ciertas creencias y conductas, y la alimentación de prejuicios antirreligiosos y homófobos son factores que explican que cuando *Granma* anunció, en su primera plana del 6 de julio, la captura de dos de los prófugos que habían huido tres días antes de la Prisión de La Habana después de asesinar a tres combatientes del MININT, acompañara la noticia con el siguiente subtítulo: «Un testigo de Jehová, un homosexual y un santero actuaron como encubridores».) Por supuesto que esos prejuicios que ahora se exacerbaban se habían expresado desde mucho antes en el propio ámbito intelectual, y abonaron también el camino del 71. En «Para una cultura militante», publicado en *Bohemia* en septiembre de 1966, Jesús Díaz contrastaba dos modos de ejercer la condición intelectual, y ensanchaba el campo de una intelectualidad revolucionaria a costa de ser despiadado con quienes escapaban a la normatividad que él mismo proclamaba: «si está el que se exilió, está también el que peleó en Girón; si está el homosexual pervertido y exhibicionista, está también la persona que cumple sus obligaciones sociales y revolucionarias; si está el que sigue en su "limbo" al margen de los acontecimientos, está el que ha adecuado su voz y su obra a la voz y la obra de la Revolución» (Pogolotti 353).

Curiosamente, a pesar del sentimiento antirreligioso exacerbado en el Congreso, la relación con la iglesia católica pareció atemperarse. Cierta ambigüedad permitía que, mientras varios síntomas a nivel del discurso y de los hechos inducían a ver una colisión mayor entre el Estado y la Iglesia, otros empujaban a percibir algún grado de entendimiento. Así, los medios de prensa destacaban la presencia de seminaristas en el trabajo voluntario y el corte de caña, y un Comunicado de la Conferencia Episcopal de Cuba a sus sacerdotes y fieles, leído el 20 de abril en los templos católicos y reproducido en *Vida Cristiana*, expresó su categórico rechazo al bloqueo norteamericano a la Isla. Un momento importante del acercamiento se produjo durante la visita del máximo dirigente cubano a Chile (donde, por cierto, en un conversatorio en Antofagasta con estudiantes de universidades del norte del país, uno de ellos lo interrogó sobre el Congreso de Educación y Cultura). El diálogo que sostuvo con el Cardenal Raúl Silva Henríquez desató la ira de la derecha, catalizó pasiones y radicalizó posiciones en ese país. Al responder a los ataques de la reacción chilena, el Arzobispo de La Habana, Monseñor Francisco Oves, expresó que los Obispos de Cuba se solidarizaban plenamente con este, y «al mismo tiempo expresamos nuestro agradecimiento al Primer Ministro del Gobierno Revolucionario por sus deferencias hacia el Cardenal Silva» («Diálogo con Monseñor Francisco Oves»). En el decisivo discurso de clausura del Congreso, el viernes 30 de abril, Fidel trazaría el criterio que debía regir las prioridades del Instituto del Libro, y que despejaba cualquier posible duda sobre el espacio que ocuparían los escritores y sus obras: «la primera prioridad la deben tener los libros para la educación, la segunda prioridad la deben tener los libros para la educación, ¡y la tercera prioridad la deben tener los libros para la educación! Eso está más que claro». Lejanos ya los tiempos en que el líder cubano admitiera como natural la publicación de los equivalentes cubanos de Siniavski y Daniel, lamentaba ahora que se hubieran impreso determinados títulos cuyo número no importaba, pues por una «cuestión de principio, hay algunos libros de los cuales no se debe publicar ni un ejemplar, ni un capítulo, ni una página, ¡ni una letra!». Fidel no puede ocultar, precisamente cuando pretende hacerlo, que hay un convidado de piedra alrededor del cual se está tejiendo la nueva política educativo-cultural. A quienes creían que los problemas de este país son los de dos o tres ovejas descarriadas, e incluso aseguraban que a eso se iba a referir él esa noche, les responde que no hay razón alguna para hacerlo. Así que a los «señores liberales burgueses», destinatarios de su intervención, les aclara que «esas cuestiones son demasiado intrascendentes, demasiado basura para que ocupen la atención de nuestros trabajadores y las páginas de nuestros periódicos». A quienes están en guerra con nosotros —esos «seudoizquierdistas descarados que quieren ganar laureles viviendo en París, en Londres, en Roma»— les advierte que van a ser desenmascarados y se van a quedar desnudos hasta los tobillos. Algunos de ellos, insiste, son latinoamericanos que en vez de estar en su trinchera de combate viven en los salones burgueses a diez mil millas de los problemas, usufructuando un poquito de la fama que ganaron cuando en algún momento fueron capaces de expresar algo de los problemas latinoamericanos. Al referirse a uno de los acuerdos del Congreso, reitera que no se seguirán celebrando «concursitos» para que algunos vengan a hacer el papel de jueces, pues para hacer ese papel «hay que ser aquí revolucionarios de verdad, intelectuales de verdad, combatientes de verdad». Lo mismo vale para quienes reciban un premio en un concurso nacional o internacional; a partir de ahora hay «que ser revolucionario de verdad, escritor de verdad, poeta de verdad, revolucionario de verdad». Por tanto, las revistas y concursos no serán aptos para farsantes; estarán abiertos, en cambio, a los escritores revolucionarios, «esos que desde París ellos desprecian, porque los miran como unos aprendices, como unos pobrecitos y unos infelices que no tienen fama internacional». En consecuencia, afirma, los señores intelectuales y libelistas burgueses, los agentes de la CIA y de los servicios de inteligencia y espionaje del imperialismo no tendrán entrada en Cuba. Defiende la necesidad, planteada en el Congreso y en su Declaración, de películas, programas de televisión y literatura destinados a los niños. Deja claro que las creaciones culturales y artísticas deben valorarse en función de su utilidad y de lo que aporten a la reivindicación, la liberación y la felicidad del hombre. Y tras insistir en que nuestra valoración es política, establece pautas que se repetirían una y otra vez: «No puede haber valor estético sin contenido humano. No puede haber valor estético contra el hombre. No puede haber valor estético contra la justicia, contra el bienestar, contra la liberación, contra la felicidad del hombre. ¡No puede haberlo!».

En medio de la reacción que provocaron las exaltadas palabras de Fidel, y obnubilados por la contundencia del ataque, los comentaristas pasaron por alto una presencia importante en aquella velada. No se trataba en este caso de un convidado de piedra, sino de alguien que simbolizaba la garantía de que la batalla que apenas estaba comenzando podía librarse sin sobresaltos. Al final de su discurso, Fidel recordó la cooperación y el apoyo brindados a Cuba por los países socialistas, y especialmente por la Unión Soviética. Expresó entonces la satisfacción de contar allí con una delegación de este país presidida por el Presidente del Comité Estatal de Planificación (GOSPLAN) y viceministro de dicho país, Nikolai Baibakov, quien «en estos días ha estado discutiendo planes de cooperación económica con Cuba, esencialmente las formas de nuevos desarrollos de renglones básicos de nuestra economía como, por ejemplo, la electricidad». Al lado de esto, el retiro del apoyo que hasta entonces habían brindado los «señores liberales burgueses» y «seudoizquierdistas» resultaba irrelevante. En verdad, lo que se discutía en ese nuevo contexto rebasaba con mucho las cuestiones anecdóticas en torno a Padilla y lo que su caso generó. Se estaba fraguando, en cambio, toda una estrategia vinculada a las cuestiones ideológicas y culturales, así como un reposicionamiento de carácter geopolítico.

El discurso de Fidel —enriquecido ciertamente un día después en su intervención del 1º de mayo en el teatro de la Central de Trabajadores de Cuba (CTC)— fue la culminación de la nueva postura del gobierno cubano, y hacía explícita la política cultural que se iniciaba. Al referirse a los intelectuales y la crítica social en la esfera pública cubana, Desiderio Navarro considera que en el Congreso, repentinamente, el intelectual apareció, para la mayoría de los políticos, «como un Otro ideológico real que los interpela en el espacio público sobre asuntos nacionales extraculturales, políticos». La conjunción de esa aparición, el conocimiento del papel desempeñado por los intelectuales checos en la Primavera de Praga y la creciente influencia de lo que Navarro denomina el modelo socio-político y cultural soviético en su etapa de Restauración brezhneviana, «son algunos de los factores que contribuirían a que muchos políticos llegaran a ver en la intelectualidad como tal un compañero de ruta no confiable, e incluso una potencial fuerza política opositora». (*Las causas* 13) Años después del Congreso, Alfredo Guevara declararía no creer que las resoluciones, los decretos o las líneas transformen o determinen la realidad, por lo que rechazaba «los lugares comunes que achacan desafueros a los acuerdos de 1971 que en el terreno estético nada importaron a los corajudos». Para el fundador del ICAIC es «más fácil establecer una periodicidad reunionístico-congresional del desarrollo de la literatura y las artes» que «ver y leer sin descanso, analizar y comparar en busca de líneas conductoras si las hubiese o rasgos que definan un movimiento, una tendencia o una época» (*Revolución es lucidez* 91-92). Pese a la reticencia de Guevara y a su comprensión del fenómeno desde un lugar bastante preciso del espectro político-cultural, lo cierto es que el Congreso marcó un punto de inflexión. Pocos días después de finalizado se confirmaría desde dónde iba a ser dirigida la cultura a partir de entonces. El paso al primer plano de un personaje cuyas credenciales eran ya conocidas y que llenaría simbólicamente el período que se inauguraba, no dejaba lugar a dudas. El 6 de mayo *Granma* anunció que por decisión del Gobierno Revolucionario había sido designado Luis Pavón Tamayo —quien era en ese momento segundo jefe de la Dirección Política de las FAR y había sido, durante años, director de *Verde Olivo*— al frente del Consejo Nacional de Cultura. Tanto como la violenta Declaración del Congreso, a quienes habían seguido de cerca los artículos de Leopoldo Ávila esta designación debió helarles la sangre.

Ese mismo día *Granma* publicó un texto de Juan Marinello en que este clamaba porque la actividad cultural no se produjera a espaldas del proceso revolucionario. El Congreso mostró —para él— que, frente a las magnas responsabilidades y bloqueado por el imperialismo, nuestro país exigía que todas las actividades producidas en su seno obedecieran a la decisión de vencer al gran enemigo de Cuba y de los pueblos. «Un escritor, un pintor, un escultor, un músico y un actor no pueden renunciar a ser soldados de la Revolución sino incumpliendo su deber más alto. El hecho de saber más no puede ser un privilegio sino una responsabilidad». No pasaba por alto que la actividad del imperialismo y sus cómplices se había acrecentado, para lo que «han usado a escritores y artistas de aparente fidelidad a nuestra Revolución y que son en verdad sus enemigos peores». («Después del Congreso») También ese día, *Bohemia* dedicó gran parte de un número a incluir la Declaración final y el discurso de clausura de Fidel, así como opiniones (naturalmente, favorables) de algunos de los más sobresalientes escritores y artistas del país que incluían las de Alejo Carpentier, Alicia Alonso, Onelio Jorge Cardoso, Mariano Rodríguez, Rafael Somavilla, Santiago Álvarez, Lisandro Otero, Sergio Corrieri, Manuel Moreno Fraginals, Nicolás Guillén y Eliseo Diego.

Vale la pena recordar que pese a la desconfianza que se había suscitado en torno a los concursos a raíz del Premio UNEAC del 68, y la subsiguiente cautela, ello no impidió que estos se siguieran realizando sin mayores tropiezos, y que se validaran incluso los convocados desde el extranjero. La propia revista *Verde Olivo*, por ejemplo, en su número del 28 de febrero de 1971 no tenía reparos en anunciar, en su sección Meridiano, lo mismo la convocatoria del Concurso 13 de Marzo (patrocinado por la Comisión de Extensión Universitaria de la Universidad de La Habana) que la del Premio Planeta. Fue el Congreso y el clima generado en torno suyo el que desató reacciones desmedidas. En el rediseño de esos certámenes, reiterada exigencia del Congreso, el Concurso 26 de Julio, auspiciado por la Dirección Política de las FAR, pasaría a tener, junto con el recién creado por el Ministerio del Interior, el mismo estatus que algunos de los ya tradicionales, y no menos jerarquizado, por ejemplo, que el Premio UNEAC. Aquel concurso fue, además, una de las formas más visibles y sostenidas en que esa institución armada participó en la vida cultural del país. La tarea de legitimación —en la que tomaron parte intelectuales de prestigio— no se hizo esperar.

Al reflexionar sobre su labor como jurado aquel año, Moreno Fraginals declaraba para *Verde Olivo* sentirse conmovido ante la fuerza creadora del pueblo. «La cultura es un arma, tan peligrosa y temible en manos enemigas como las llamadas armas no convencionales. La cultura es un arma que las FAR empuñan, de manera justificada y necesaria», expresaba el autor de *El ingenio*. Para él —quien se reconoce como «un civil que se honra trabajando para las FAR»—, la labor cultural de esa institución retoma elementos de la más pura tradición clásica, pues no hay que olvidar que fueron «militares aguerridos» Jorge Manrique, Garcilaso de la Vega, Gutierre de Cetina y Cervantes, que nuestro primer gran poeta fue el coronel de infantería Manuel de Zequeira, y que Martí murió en batalla con grados de general («El duro oficio» 15).

Dos semanas después de finalizado el Congreso, *Verde Olivo* —descendiendo en el nivel de las opiniones recogidas en *Bohemia*— publicó las de algunos intelectuales que participaron en él, y los resultados no pudieron ser más elocuentes. Eduardo López Morales aseguraba que «los maffiocillos neodogmáticos pretendieron ilusamente trasladar los esquemas de las élites intelectuales burguesas (neocolonizantes, en suma) a nuestro país, olvidando que los pueblos revolucionarios rechazan a los bufones y a las nodrizas de la burguesía» («¿Qué opina usted?» 12). En esa misma tónica, Mario Rodríguez Alemán sentenciaba: «Se ha puesto fin a la tremolina feminoide de un grupúsculo de intelectuales que suspiraba beatamente ante la fauna artística que representa a ideologías reaccionarias y decadentes» (16). Y Manuel Cofiño, con un poco más de candor, consideraba que «el frente de nuestra cultura no marchaba al mismo paso que nuestra Revolución», ni «existían en la mayoría de sus fieles la unidad, ni la actitud combativa acordes con nuestro momento histórico. Algo estaba pasando, algo sucedía, y el pueblo, con su sutil olfato lo sentía, se daba cuenta» (17).

Desiderio Navarro ha hecho notar que en esa primera mitad de la década del setenta, como formas de contrarrestar la influencia y el papel de los intelectuales, se produjeron «la exaltación teórica y la aparición y el auge, en la práctica creadora, del género testimonial, el Teatro Nuevo, el fotorrealismo, el *papier maché*, el arte naïf o primitivo, el folclorismo, el arte de aficionados, la teoría del talento poético universal, etcétera» (*Las causas* 37). En consecuencia, «del artista como creador, generador individual de ideología en virtud de un don o una competencia supuestamente monopolizada, y representado como "el brujo" de la tribu, se debía pasar al artista como reproductor, transmisor, ilustrador, preferiblemente colectivo, de ideología generada por otro, fuera del arte». Así, el nuevo paradigma del intelectual revolucionario «sería el *maestro de escuela*, como mero *transmisor* de contenidos cognoscitivos e ideológicos generados por otro, en otra instancia, extraartística» (38-39). Aun salvando todas las distancias que deben ser salvadas, hay un paralelismo entre lo que estaba ocurriendo en Cuba y lo acontecido en la Unión Soviética tras la muerte de Gorki en 1936. En pleno apogeo de las purgas, según ha recordado Deutscher, «dos poetas fueron durante cierto tiempo los más celebrados de Moscú: el kasajo Yambul Yabaiev y el caucasiano Suleimán Stalsky. Ambos eran los últimos de los bardos tribales orientales, nonagenarios analfabetos, barbudos, pintorescos, autores de canciones populares, tardíos Homeros nativos» (341). En verdad, las esperanzas cubanas no estaban puestas en las más viejas sino en las más jóvenes generaciones y en los educadores, pero el propósito de eliminar de la esfera pública a la generación «intermedia» responde a similares propósitos y recurre a semejantes argumentos: la poesía como un don del pueblo y la problemática figura del intelectual como usurpador de un saber y una función que pertenecían a todos. Todavía meses después del Congreso, en un seminario organizado por la Comisión Nacional de Cultura de la CTC, dirigido a los responsables de ese frente en el movimiento sindical, Mirta Aguirre reiteraría: «Todos somos poetas. La Poesía es el habla inicial de la humanidad» («La cultura como actividad» 15). Un chiste soviético, por cierto, se refería irónicamente al torrente de autores surgidos en tales circunstancias: aludía al complacido funcionario que se jactaba de que ahora el país tenía miles de escritores, mientras que antes de la Revolución apenas se podían contar con los dedos: Pushkin, Gógol, Dostoievski, Tolstoi, Turgueniev, Chéjov...

En el ámbito interno, el Congreso de Educación y Cultura tuvo un efecto inmediato. La FEU, por ejemplo, no perdería ocasión, en su Primer Consejo Nacional, celebrado los días 22 y 23 de mayo, de respaldar la política cultural establecida allí. Se propuso, en consecuencia, desarrollar entre los estudiantes un fuerte movimiento cultural, con una amplia participación de las masas, contrario a las tendencias de élite y ajeno a todo intento de coloniaje cultural. Su «expresión más acabada» serían los Festivales Culturales de Aficionados Universitarios. Asimismo, aseguró que combatirían «a muerte» los vicios y deficiencias que aún supervivían en algunos estudiantes y se manifestaron (textualmente) contra la autosuficiencia, la ausencia de espíritu autocrítico, el hipercriticismo, el intelectualismo, el elitismo, la inmodestia y la falta de sencillez. Por su parte, la radio y la televisión realizaron una serie de programas en los que invitaban a algunos de los participantes en el Congreso a desarrollar varios de los temas más sobresalientes tratados allí. El quinto programa, emitido el 8 de junio, estuvo dedicado a la influencia del medio sobre la Educación. El panel reiteró acuerdos y recomendaciones de la subcomisión que discutió el tema; condenó, por tanto, las tendencias basadas en un falso criterio de «libertad absoluta» para enmascarar el «veneno contrarrevolucionario» de algunas obras que habían llegado a ser premiadas en el país y conspiraban contra la ideología revolucionaria; exhortó a que la creación artística y literaria se preocupara por los problemas de la construcción revolucionaria y la afirmación de nuestra independencia cultural. Además, pidió revisar las bases de los concursos literarios nacionales e internacionales promovidos por las instituciones culturales cubanas, que se analizaran las condiciones revolucionarias de los jurados y el criterio mediante el cual se otorgaban los premios, y que se controlara rigurosamente la invitación a intelectuales extranjeros para evitar la presencia de personas cuya obra e ideología estuvieran en pugna con los intereses de la Revolución o hubieran desarrollado actividades de diversionismo ideológico alentando a sus amanuenses del patio. Finalmente, dejó claro que los medios culturales no debían servir de marco a la «proliferación de falsos intelectuales que pretendan convertir el esnobismo, la extravagancia, el homosexualismo y demás aberraciones sociales, en expresiones del arte revolucionario, alejados de las masas y del espíritu de nuestra Revolución». («Informaron»)

Más allá de las ideas puramente disciplinarias o represivas emanadas del Congreso, fue el tema de la descolonización cultural el que cautivó parte de la atención y generó apoyo entre los defensores de la política cubana dentro y fuera del país. Cuando la *Revista Biblioteca Nacional* reprodujo un fragmento de la Declaración final del Congreso, en la nota que le sirvió de preámbulo Cintio Vitier señalaba, refiriéndose precisamente a la descolonización cultural, que «la revolución cubana, fiel a su raíz martiana y fogueada ya por más de una década de pruebas y maduración ideológica, provocada además por la frívola e infatuada fiscalización de un grupo de supuestos "amigos" europeos y latinoamericanos, no podía posponer su tajante definición de estos problemas» (Vitier 7). Sin embargo, la enconada lucha por la descolonización cultural, contaminada con el dogmatismo rampante, hizo perder el rumbo más de una vez, incluso, a notables escritores que comenzaron a percibir, en los clásicos literarios, a figuras decadentes y promotoras, ellas mismas, de tal colonialismo. «¿Qué nos importa Joyce tan seguido e imitado?», se preguntaba Nicolás Guillén, para quien aquel no era sino «un producto de la cultura británica, irlandesa, dublinesa, y por supuesto europea», al igual que «otros modelos y figurines que sirven de pauta o falsilla a tanto creador joven de nuestro continente para sostenerles y guiarles la escritura». («Sobre el Congreso y algo más» 8) No hay que «sacrificar en el ara de un romanticismo político vacío», venía a decir más adelante, «toda una realidad socialista conquistada a sangre y fuego frente al enemigo disfrazado de Caperucita, y abrir brecha al asaltante en nuestra muralla y franquearle el acceso a nuestro campo». Esa utilización de la metáfora bélica es recurrente y, tal como se le usa aquí, sirve para desautorizar cualquier crítica que provenga de afuera. La misma lógica se aplicaba dentro de la sociedad cubana y suponía una parálisis pues —llevando al límite la espiral— solo admitía la crítica si procedía de aquel que cometía el error: «No es lo mismo hablar desde una trinchera que hacerlo en alguna reunión apacible y digestiva. ¿Y quién que no oiga silbar el plomo ni huela el humo de los fusiles estará en situación de castigar o perdonar, es decir, de juzgar?». Y concluía Guillén con una afirmación perturbadora: «Confieso que me molesta ver el sacrificio de un cordero, pero me dejaría impasible el fusilamiento de un traidor» («Sobre el Congreso y algo más» 9). Por cierto, si Guillén no había asistido, alegando motivos de salud, al VIII Encuentro de Uniones de Escritores de Países Socialistas que tuvo lugar en Moscú en enero de 1971, sí participó, cinco meses después, en el V Congreso de Escritores de la URSS —cuyas conclusiones, afirmó, serían de gran interés para los escritores del campo socialista en general. En su intervención aseguraba no concebir que un escritor de hoy, «sobre todo si pertenece a un pueblo subdesarrollado en rebeldía, viva de espaldas a esa lucha, a ese pueblo, entregado a puros juegos de imaginación, a verbalismos intrascendentes, a ociosas policromías, a entretenidos crucigramas, a oscuridades deliberadas», tanto como «al tratamiento amoroso de realidades o de temas que corresponden precisamente y son gratos a los propios imperialistas que nos asfixian y nos explotan». Tampoco concibe «que un genuino escritor contemporáneo pueda sin rubor presentar a un minero, a un simple cortador de caña, a un petrolero textos que constituyen simples jeroglíficos, cuando ese autor no ha luchado lo necesario para que ese obrero pueda comprenderlos». Para Guillén, tal postura «no es sólo una burla, sino algo peor que una burla, es una traición» («Palabras pronunciadas» 161-162). Dos meses después de su regreso de Moscú, en el acto por el X aniversario de la UNEAC celebrado en el mes de agosto, insistirá en devaluar las obras de Gide, Proust y Joyce («Palabras de Nicolás Guillén» 3).

En el campo de la música, uno de los hechos derivados del Congreso fue el impulso otorgado al Movimiento Nacional de Aficionados, la creación de Casas de la Trova en las diferentes provincias y el apoyo al Conjunto Folklórico Nacional y a otras expresiones populares que ocuparon espacios en teatros como el Amadeo Roldán y el Mella. Pavón insistía en que el éxito de la política cultural debía medirse no por «el número de genios y obras excepcionales producidas», sino por la capacidad de «poner a las masas en contacto con las grandes obras de arte y sobre todo, en viabilizar su expresión artística» (Orejuela 391-2). Otra consecuencia del Congreso, en su empeño de combatir el coloniaje cultural, fue desarrollar el conocimiento de los valores culturales del folclor latinoamericano. Pancho Amat, líder del grupo Manguaré —creado, al finalizar el Congreso, por iniciativa del Consejo Nacional de Cultura y el Comité Nacional de la Unión de Jóvenes Comunistas (UJC)—, ha contado que fue el propio Fidel quien propuso a los integrantes del grupo que en Cuba «se realizara un trabajo musical con una proyección latinoamericana de promoción y rescate de valores artístico-musicales de las naciones del continente» (Orejuela 390). Con ese objetivo el grupo viajó a Chile para aprender, de Víctor Jara, los grupos Inti Illimani, Aparcoa y otros intérpretes, «la manera de tocar la quena, el bombo legüero y otros instrumentos propios del folklore suramericano» (391). El antecedente de Manguaré se multiplicaría por el país.

En el terreno de las artes plásticas los cambios apuntan al forzoso relevo generacional. Una estudiosa ha hecho notar que desde principios de la década del setenta se promueve de manera particular a los artistas jóvenes. El inicio de un pujante movimiento cobra fuerza, según ella, a partir del 15 de noviembre de 1971, cuando se inaugura en el Museo Nacional de Bellas Artes el I Salón Nacional Juvenil de Artes Plásticas. Dos años después se le sumarían el Salón Nacional de Profesores e Instructores de Artes Plásticas y el Concurso 26 de Julio. A tal punto llegó la proliferación de esos salones que el fenómeno fue conocido, en tono reprobatorio, como «salonismo» (Montero 55). Paralelamente se produjo el mencionado auge del fotorrealismo, que era el equivalente pictórico del tipo de creación que se estaba apoyando en otros campos. Lejos quedaban los tiempos del Salón de Mayo, que en julio de 1967 había reunido en La Habana obras de Picasso, Miró, Léger, Valerio Adami, Eduardo Arroyo, piezas de la nueva figuración, el op art y el pop art. Al inaugurar, el 28 de julio de 1971, las salas cubanas del Museo Nacional, Marinello recordaba que en una visita suya a la catedral de Chartres se detuvo en un modesto taller donde se reproducían, con sus leyendas habituales, viejos platos de la región. Entre frases solemnes y decires picarescos —precisa— encontró en el fondo de un plato este pensamiento capital: *Si l'art n'a pas de patrie, les artistas en ont une*; es decir: Si el arte no tiene patria, los artistas sí. Se pregunta, entonces, de dónde venía razón tan clarividente y exacta, qué meditador afortunado había dejado allí verdad tan sencilla y tan honda («Las salas cubanas» 25). Leído en este contexto, tal pensamiento era un llamado a los pintores cubanos a «comprometerse». No es extraño que concluya advirtiendo que «si somos conscientes de la magnitud de los cambios realizados, debemos esperar que la gran pintura cubana comience donde termina la que hoy contemplamos». (26)

Seis años después —en palabras al catálogo de la tercera edición del Salón Permanente de Jóvenes en el Museo Nacional—, el propio Marinello celebraría que en esa exposición no hubiera «personalidades excluyentes ni rivalidades estériles, porque todo está atravesado por un gran viento liberador» (Montero 113). Se enorgullecía entonces de haber escrito, hacía muchos años, «un ensayo que encontró cierta acogida favorable en los países de la comunidad socialista titulado *Conversación con nuestros pintores abstractos*», a quienes objetaba que excluyesen de la pintura «su más profundo encargo, el de ofrecer la peripecia humana en sus incontables e imprevisibles magnitudes, quedando todo reducido a la gracia geométrica y a la maestría decorativa» (111). Satisfecho, Marinello añadía que el tiempo, ese juez insobornable, había fallado a su favor el viejo pleito. Y la prueba concluyente era esta Exposición de Plástica Juvenil Cubana en la que encontraba «muy valiosos aciertos y, sobre todo, mucha *esperanza cierta*» (111-112). Marinello creía percibir en aquella muestra una confirmación, pero lo que en realidad había ocurrido no era que el «juez insobornable» fallara a su favor, sino que se había impuesto desde arriba la línea que él mismo venía defendiendo desde mucho antes.

En la batalla por la hegemonía y por el establecimiento de modelos intelectuales, se produjo, al calor del Congreso (y aun antes de él), una disputa ilustrativa entre dos miembros del Consejo de Redacción de *El Caimán Barbudo*. No se trató en verdad de una polémica, porque el atacado no recibió nunca el derecho de réplica. En el número de marzo de 1971 de esa revista, Roberto Díaz Muñoz publicó una crítica feroz al libro de Eduardo Heras León *Los pasos en la hierba*, que había recibido mención el año anterior en la Casa de las Américas. «Otra mención a Los pasos», el texto de marras, recibió el beneplácito de *Verde Olivo*, que lo reprodujo. Para cuando apareció el número siguiente de *El Caimán...*, en el mes de mayo, las circunstancias habían cambiado dramáticamente y Heras no podía esperar sino lo que sobrevino. Una nota de la redacción hacía constar la adhesión de la revista a la Declaración del Congreso y a las palabras de Fidel, al tiempo que explicaba la separación de Heras del Consejo Redactor, «por las connotaciones de criticismo tendencioso, que, amparado en pretendidas posiciones revolucionarias, se evidencian en su libro». La publicación advertía que se proponía también «definir límites más precisos al término *escritor revolucionario*». Para *El Caimán Barbudo* la responsabilidad mayor era asumir «una actitud profundamente revolucionaria frente a problemáticas que ya no caen dentro del campo de una complejidad a estudiar, sino de posiciones diversionistas a combatir». Seguramente no hay nada casual en el hecho de que el mismo Díaz Muñoz ganara el premio de poesía en el Concurso 26 de Julio de aquel año, con *Limpio fuego el que yace*, volumen del que la Editorial de Arte y Literatura imprimió nada más y nada menos que veinte mil ejemplares. Irónica y necesariamente, la tarea de limpiar el honor de los concursos y legitimar nuevos nombres comenzaba por avalar a quien acababa de mostrar en la mentada «polémica» una agresividad digna de mejor causa. En las «Palabras introductorias» (de quien integró el jurado junto con Pavón y Raúl Luis), Eliseo Diego reconocía que cada año eran más los escritores y artistas cubanos que confiaban sus obras a ese certamen, distante de aquellos otros que, por regla general, eran «pruebas de fuerza destinadas a poner de manifiesto sensibilidades cada vez más originales y exquisitas», en las que primaba el «prurito por sobresalir». El propio Díaz Muñoz dejaba claro, en el poema «Deserción», a dónde podía conducir ese tipo de sensibilidad: «Si un hombre siente sólo su dolor / alguien no defenderá ese puesto / por donde el enemigo pasará / impunemente». Una antigua disyuntiva reaparece en «Consonancia», dedicado a Rubén Martínez Villena, donde el tradicional ofrecimiento del poeta al héroe, que ha dado versos legendarios, se transforma en una fórmula deplorable: «… yo le ofrezco / mis pulmones intactos / por un solo minuto / de su tuberculosis».

El establecimiento de esos modelos intelectuales empujó a revisar las posturas de grandes figuras del pasado literario nacional. Dichas figuras, incuestionables desde el punto de vista estético, vendrían a demostrar que eso que suele llamarse «calidad literaria» vale de bien poco si no va acompañado de otras cualidades ineludibles en los escritores de hoy. Portuondo, por ejemplo, considera que si bien la Avellaneda escribía mejor que todos los autores de su tiempo, incluyendo a los españoles, «cometió el error que cometen muchos intelectuales: estar siempre en la "cerca"». A pesar de sus méritos extraordinarios, tuvo, en su conducta, una «posición lamentable»: desgraciadamente «no se definió nunca» («La cultura como actividad» 15). De modo similar, al conmemorarse el centenario del fusilamiento de Juan Clemente Zenea, ocurrido en agosto de 1871, Mary Cruz le dedicó un texto elocuente desde su mismo título: «Zenea o la traición» (faltaban aún varios años para que Cintio Vitier reivindicara, al parecer definitivamente, al poeta bayamés). Cruz llama la atención —mientras reitera la fragilidad y el carácter vacilante de Zenea— sobre el hecho de que «el más grande poeta elegíaco del romanticismo hispanoamericano, que no puede ignorarse en la historia literaria cubana, constituye sin embargo el clásico ejemplo negativo del intelectual que se traiciona a sí mismo».

Un número de la revista *Unión* (correspondiente al mes de septiembre de 1971) revela el giro producido y el cambio en el horizonte de autoridades, que ahora son encarnadas por figuras que poco antes parecían ajenas al universo cultural. Esa entrega de *Unión* dedicó lugar prominente a un discurso de Pham Van Dong, Primer Ministro de Vietnam, dirigido a los escritores y artistas de su país. La elección misma era ya sintomática no solo por el prestigio moral que tenía en esos momentos un dirigente vietnamita, sino también porque su país se hallaba realmente en guerra y, por tanto, la idea de que el lugar de los escritores era una trinchera no parecía una simple metáfora. El dirigente pide a los escritores que sus obras posean valores ideológicos tanto como artísticos, y que el hombre nuevo que aparezca en ellas tenga una concepción propia de la clase obrera. Aclara que las dificultades materiales están lejos de ser el obstáculo más importante y que es preciso prestar más atención, en cambio, «a los problemas ideológicos» (10). Finalmente, hace explícito un símil que los ideólogos cubanos se habían abstenido de utilizar: «Nuestros escritores serán entonces eficientes educadores, los "ingenieros de alma" que dijera Stalin» (14). Ese mismo número de *Unión* dedicó un largo trabajo al «Papel de la poesía en la revolución de Mozambique» y, sobre todo, a «La poesía palestina de combate», que venía como anillo al dedo a las posiciones ahora dominantes. El epígrafe mismo (de Yusuf Al Khatib) es una abierta declaración de principios: «Oh críticos del mundo, saquen las manos de nuestros poemas y lean *El Capital*». Y el texto propiamente dicho expresa, en consonancia con lo que estaba ocurriendo entre nosotros: «La poesía no ha querido jamás el monopolio de los intelectuales y las castas ilustradas, sino que los poetas han surgido por cientos de los estratos populares para ocupar las posiciones estratégicas en los frentes ideológico y político» (Laabi 25). La selección de poemas cierra con uno dedicado «A Sartre», en el que Salim Jabran, su autor, interpela directamente al filósofo: «Si se degüella a un niño / y sus verdugos tiran su cadáver / en el fango / ¿te encolerizarás? / ¿qué dirás tú?». Y luego: «Soy palestino / cada año me degüellan / cada día / cada hora / ven / observa bien la barbarie / minuciosamente / muchos espectáculos / y el menor / es que mi sangre corre… corre // Habla / ¿por qué te has vuelto insensible? / ¿no tienes nada que decir?».

Literariamente, este período puede ser descrito y narrado con metáforas bélicas y médicas (un campo semántico que incluye términos como invasión, trinchera, operación, soldado, arma, foco, enfermedad, desvío, patología, contaminación, propagación, contagio, saneamiento). En un texto publicado en *Cuadernos Americanos*, Loló de la Torriente, después de hacer el elogio del Congreso, echaba mano, para explicar las decisiones tomadas allí, a metáforas previsibles: «No hay por qué ocultar que la experiencia ha sido dolorosa, pero hay que sufrirla como se sufre un aprendizaje riguroso o una operación quirúrgica que abre las entrañas de un organismo que se ha enfermado por alguna parte y hay que sanar». Y para avalar sus posiciones recordaba las palabras de un delegado del Congreso Cultural de La Habana que afirmaba que los occidentales estaban ya «tan contaminados» que el intelectual responsable debería decir a sus colegas de otros países: «Desconfía de mí. Desconfía de mis trabajos. De todo lo que tengo. Soy enfermo contagioso. Mi única salud es saber que estoy enfermo. Aquel que no se sienta enfermo es quien lo está más hondamente» (16). El uso y la asunción de tales metáforas suponía la toma de decisiones que permitieran enfrentar los posibles males, así como un control y vigilancia que permitiera diagnosticarlos.

Un cuento de ciencia ficción del propio 1971 («La cronovisión crece»), incluido en *El fin del caos llega quietamente*, de Ángel

Arango, es ilustrativo. El texto se refiere al primer cronovisor construido en Santiago de los Caballeros, en 2101, por un tal Zacarías Borges. El instrumento funcionó sin demasiados contratiempos hasta que en determinado momento comenzaron a verse, a través de él, personas desnudas, escenas inmorales, de alcoba, de burdel y de la vida íntima. Ello provocó la creación de una Sociedad para la Vigilancia de las Buenas Costumbres, y un debate público. Las medias sonrisas y las insinuaciones aumentaban —cuenta el narrador— y las personas se fueron dividiendo en dos grupos: «los desvergonzados a los que nada importaba y que coleccionaban episodios, y los tímidos, pudibundos, culpables, cautos, introvertidos, reservados, decentes, arrepentidos, ingenuos, descuidados, sinceros, espontáneos, afectuosos, expresivos y pacíficos, que se temían vigilados». Ante tal situación, se prohibió el uso libre de cronovisores y su distribución se reguló. «Las trasmisiones se canalizaron a través de plantas centrales. Los programas se hicieron educativos, de interés general; repetición de escenas históricas, de hechos importantes cuya aparición, desde luego, no podía ser prevista ni anunciada» (104). No es difícil entender en este cuento futurista, en la idea misma del cronovisor, una ficcionalización de los mecanismos y dispositivos de control desplegados entonces. Al final, esa vigilancia desaforada, la consecuente centralización del invento y la inclinación al tedio, lo condenarían: «La cronovisión pereció de muerte natural. La mayoría de las personas celebró su extinción y no volvieron a hablar más de ella. Quedó como un instrumento de investigación para las academias de Historia» (105).

Por fin explotó la bomba

En una entrevista aparecida en *El Caimán Barbudo* en marzo de 1971, David Viñas revelaba estar escribiendo una novela que se llamaría *Texto* o *Textualmente*. La anécdota transcurriría en una reunión del Comité de Colaboración de la revista *Casa de las Américas*, y podría resumirse así: «Son cinco latinoamericanos que llegan a una ciudad, gente de América Latina que deben hacer un trabajo en común: redactar un texto» (Cabrera 5). Esa menuda síntesis expresa más de lo que dice sobre la condición textual del trabajo intelectual y sobre el texto como fuente de conflictos dramáticos, aunque también sobre su capacidad para reunir y concitar acuerdos. No pasaría mucho tiempo sin que aquel «trabajo en común» entrara en crisis. En la carta abierta que Viñas dirigiera a Fernández Retamar (publicada el 11 de junio en *La Opinión*), se manifestaba contra las posiciones polarizadas, y recordaría, a guisa de ejemplo, que en La Habana se enfrentó tanto a las «posiciones liberales de Cortázar y de Vargas Llosa» como a las «perspectivas populistas de Octavio Getino». En el breve tránsito entre un momento y otro, las circunstancias habían dado un vuelco notable y, con ellas, la labor de «redactar un texto» se había hecho más difícil. Al imaginar su novela, Viñas entendió bien la importancia de esos encuentros y de los textos que de allí podían emerger, pero no podía prever el giro que darían los acontecimientos. Tras ese giro hubo reuniones de escritores y textos por decenas, pero los grupos y los temas habían cambiado dramáticamente.

Claudia Gilman —como ya he dicho— habla de la conformación, en los años sesenta, de una «familia» intelectual latinoamericana «cuya característica principal fue el ideal asociativo de los intelectuales» (279). Por eso, «la muerte pública del consenso» que la unió marcaría el fin de un período. Otros, como Verónica Lombardo, cuestionan aquella denominación y opinan que la proclamada homogeneidad nunca existió, pues las aguas que se dividieron fueron «aquellas que nunca habían estado juntas» (Croce 216). En el fondo, ambas tienen razón, porque a veces se pretende ver en el período anterior a 1971 una luna de miel que no existió ni siquiera antes de 1968 —o en los lejanos días del Congreso Cultural de La Habana—, pero si se asume que una familia incluye también distanciamientos y conflictos, el término propuesto por Gilman no es desacertado. Los propios miembros del núcleo duro, al menos los más conspicuos, vivían sus intercambios, de hecho, como relaciones familiares. En su versión doméstica del boom, María Pilar Serrano ha recordado, por ejemplo, que la nochebuena de 1970 la pasaron juntos (los García Márquez, los Cortázar, los Donoso, los Fuentes) en casa de los Vargas Llosa en Barcelona; al día siguiente se reunirían de nuevo para pasar la navidad en casa de García Márquez; una cena adelantada de Año Nuevo tuvo lugar en el domicilio de Luis Goytisolo, y la noche del 31 volvieron a reunirse casi todos en lo del colombiano. De modo que, pese a las objeciones que pudiera hacérsele a aquella denominación, lo cierto es que los protagonistas literarios del momento no rehuían esa familiaridad que muy pronto se haría imposible, cuando las hasta entonces soterradas contradicciones estallaran. Si la Revolución cubana los había unido, también ella se encargaría de separarlos.

A principios de junio de 1971, cuando ya el enfrentamiento había alcanzado su punto culminante, Benedetti intercedía para resumir: «Por fin explotó la bomba. Durante años, el asunto fue postergado, esquivado, pasado por alto. Pero estaba ahí». Luego añadía que si algo había que agradecerle al episodio Padilla es que hubiera funcionado como detonante de un problema al que era necesario meterle mano: el de las relaciones entre cultura y revolución, con candentes subtemas como el de la libertad de expresión para el escritor, la posibilidad de ejercer la crítica dentro del socialismo, y hasta la inmunidad o vulnerabilidad del artista («Las prioridades» 27). Es ahí donde tiene razón Lombardo: aquella familiaridad se sostenía pasando por alto infinidad de diferencias que aún no había sido preciso dirimir. Podía vivirse con ellas porque hasta el momento los antagonismos no exigían una toma de posiciones impostergable. Los «Puntos de partida para una discusión» propuestos por la revista argentina *Los Libros* coincidían en que la polémica «sirvió para demostrar el malentendido esencial que sostenía la adhesión de un núcleo de intelectuales europeos y latinoamericanos con la revolución cubana». A los editores les sorprendía que un sistema de acuerdos políticos se resquebrajara súbitamente sin que se pusieran en consideración las bases teóricas que los sustentaban. «Este proceso deja ver, antes que nada, que las coincidencias de este conjunto de intelectuales con la revolución era, más que el producto de una elaboración política, el efecto ambiguo de una adhesión moral» («Puntos de partida» 4). Un editorial de la revista *Nuevos Aires*, por su parte, se preguntaba qué resortes políticos, ideológicos y hasta emocionales se habían movilizado para que el juicio sobre una medida como la aprehensión de Padilla, «semejante a tantas otras que nadie imaginó negar a un poder revolucionario, haya generado, haciendo pie en esta anécdota particular, un enjuiciamiento al socialismo cubano en su totalidad» («Cuba: ¿Revolución en la cultura?» 3).

Un dato que se discutía con fuerza era la dimensión misma del hecho. Leerlo de forma literal o metonímica significaba asumir una posición. O al revés, en dependencia de la postura que se asumiera frente a los acontecimientos, se hacía necesario leerlo de uno u otro modo. La ideología, naturalmente, imponía un modo de interpretar. En consecuencia, quienes comulgaban con las posiciones cubanas no veían en la detención de un poeta y en su posterior autocrítica (por lamentable que les pareciera) más que eso mismo: al ciudadano Padilla detenido y acusado —como pudiera haberlo sido cualquier otro. En cambio, desde la perspectiva contraria, este era apenas el botón de muestra de una represión en gran escala, una prueba del totalitarismo que ya se enseñoreaba sobre la Isla. Paradójicamente, los primeros, los que entendían que se trataba de un ejemplo aislado y singular, sin implicaciones colectivas, restaban importancia al personaje individual, mientras que los segundos, empeñados en entender el problema como un drama universal, nunca perdían de vista al personaje (que siempre aparece inscrito en un drama de corte estaliniano). En ese sentido, es ejemplar un editorial de la revista *El Escarabajo de Oro*: «Lo sabemos: escribir sobre "el caso" Padilla es poco menos que una inutilidad», comienza expresando, y alega que incluso puede ser contraproducente, pues «se corre el riesgo de propagar un símbolo equívoco del tipo Pasternak o Solyenitsin, fomentando además la sospecha de que —no ya la situación de Padilla, sino su literatura—, resiste las comparaciones. Se corre el riesgo (que no eludió la izquierda) de elevar una anécdota a la categoría de *polémica ideológica*» («Los despojos» 2, cursivas de los editores).

Aun entre quienes se mantuvieron solidarios con las posiciones cubanas no faltaron aquellos que discrepaban de lo ocurrido y de la forma en que el gobierno de la Isla se había conducido. Al anunciar la aparición —por cierto, para el 26 de julio— de un número extraordinario de «Cuadernos de Marcha» dedicado al tema, y el cual incluía «todos los documentos básicos del intenso debate planteado», *Marcha* adelantaba el sumario y la introducción. En esta decía, entre otras cosas, que el discurso de Fidel del 30 de abril, «por su tono y su contenido, nada agrega a los muchos y altos méritos de éste. Y si no fueran tantos y tan altos, los retacearía». Sin embargo, tal desliz no supone una ruptura, y de ahí que considere que, por suerte para todos, la Revolución Cubana prosigue su marcha, pues este «accidente del camino» no le resta significación, ni amengua sus virtudes ni empaña su heroísmo. Sigue siendo la vanguardia hasta en sus errores —afirma la nota—, porque a costa de sí misma, nos previene y enseña («Cuba: nueva política cultural»).

El modo en que «explotó la bomba» revistió sobre todo una forma: la carta abierta. No se trataba, por supuesto, de nada nuevo. Bourdieu ha hecho notar que «desde el *affaire* Dreyfus, los intelectuales apenas han inventado nada en materia de forma de acción». El pensador francés percibe el peligro intrínseco en esas «peticiones vanas firmadas maquinalmente», en esas «tribunas sobrecargadas de egos hipertrofiados». Para él, una de las más terribles amenazas que pesan sobre la autonomía de los escritores es la influencia de un complejo mediático-intelectual que impone su visión del mundo, sus problemáticas y su cultura de urgencia («Un parlamento», 365). Sin duda todas esas alarmas cobran sentido en la polémica que nos ocupa. No obstante las limitaciones señaladas por Bourdieu, lo cierto es que las cartas resultaron útiles a los firmantes, ante todo, para ocupar un lugar en el conflicto. Expresaban una distorsión del modo en que se entendía el papel de los intelectuales pues, en la práctica, eludían análisis y debates (que es, precisamente, donde debía radicar el valor intelectual) y apostaban por el descrédito del adversario. Como ya dije, al analizar una de las cartas más sonadas y polémicas de entonces, la revista *Los Libros* detecta un modelo de participación intelectual que ofrece dos textos: el de la declaración y el de las firmas, verdadero criterio de autoridad que recurre a la acumulación y el prestigio de los nombres como modo de garantizar la crítica («Puntos de partida» 4). Así, tan o más importante que el texto propiamente dicho (al cabo, solo había dos posiciones básicas, sin mucho margen para los matices), eran las firmas que se lograba convocar.

La detención de Padilla había generado una ola de cartas, declaraciones y solicitudes; la difusión, desde La Habana, de su carta al Gobierno Revolucionario, y su intervención en la UNEAC, despertaron una reacción inmediata y desbordada. A partir de ese momento los términos, las alianzas y los adjetivos se modificarían, las posiciones se radicalizarían y el encono llegaría a extremos no previstos. Desde París, el matutino *Le Monde* se apresuró a responder. Los editores dedicaron la segunda página del 29 de abril a una selección de fragmentos de la autocrítica y a dos análisis de lo ocurrido, a cargo de Marcel Niedergang y Juan Arcocha. Si Niedergang intentó mantener un equilibrio que le permitiera entender la situación y el contexto en que se producía, Arcocha fue, probablemente, el primero en echar a rodar la especie —que los teletipos difundieron de inmediato por medio mundo— de que la autocrítica solo pudo haber sido obtenida bajo tortura. Eso ayuda a entender la virulencia del discurso de Fidel en la clausura del Congreso el día 30. La especulación de Arcocha sería repetida en diversos medios y por las más variadas firmas. Jean Daniel, por ejemplo, la retomó en un editorial de *Le Nouvel Observateur* del 3 de mayo, en el que repite, siguiendo también el texto de aquel, que Padilla y Dumont nunca llegaron a conocerse (cuando ambos habían dado ya testimonio de sus encuentros). Daniel había sido un admirador de la Revolución cubana y, en cierta forma, un hombre de confianza (no olvidar que fue él quien trajo a Fidel un cordial mensaje de Kennedy, de cuyo asesinato se enteraron mientras dialogaban el 22 de noviembre de 1963). Para él, en la experiencia cubana —por primera vez después de lo que denomina la larga noche soviética— se conjugaban la inteligencia, el arte, la felicidad y la revolución: en La Habana era Mayo del 68 todos los días. Es evidente que la evocación eludía matices, de modo que no era de extrañar que los eludiera también en las palabras finales, al preguntarse por qué esta historia lo afectaba más que otras cuando había tanta muerte y sufrimiento en un Vietnam atacado por los Estados Unidos, o en un Pakistán apoyado por China. La razón es que en el caso cubano —explicaba— conocía a las personas y los hechos, porque para un socialista no había peor crimen que el de matar la esperanza socialista, y aún más grave, porque se le daba, en la isla de la primavera de la revolución, un rostro tan inhumano. El tremendismo de la idea era parte de la lucha en el plano retórico. En una reunión interna del ICAIC, celebrada el 25 de mayo para analizar los acontecimientos, Alfredo Guevara recordaba que, mucho antes de la detención del poeta, Daniel había escrito, en la revista que dirigía, un artículo que dedicaba largos ataques a la Revolución. Ahora él y otros «se enmascaran en las posiciones de que ellos hacen una adhesión a la Revolución Cubana pero están muy preocupados por el Caso Padilla» (*Tiempo* 254). La polémica, tal como se manifiesta en Francia, dicho sea de paso, se inscribe de manera inesperada en el marco de la lucha por la interpretación de la Revolución francesa, que se estaban disputando la Izquierda y la Derecha con ventaja para esta última. Casualmente, el número de *Annales* correspondiente a marzo-abril de 1971 publicó un «brillante artículo polémico» de François Furet titulado «Le catéchisme révolutionnaire», que atacaba frontalmente la interpretación marxista de la revolución, provocando así lo que Robert Darnton denominó «el actual estado de guerra abierta» (272). Como es natural, tal «estado de guerra» no tenía nada que ver, en primera instancia, con la polémica cubana, pero sin duda era parte de un escenario en que se recalentaba —con un deslizamiento hacia la derecha— la disputa sobre el sentido y el significado de *una* revolución, que era también, quiérase o no, una disputa sobre *las* revoluciones. De modo que la presencia, en las cartas a Fidel, de firmas tan señaladas como las de

Sartre y Simone de Beauvoir respondía igualmente a una toma de posiciones en el campo interno francés, una manera de dejar claro hasta dónde estaban dispuestos a refrendar el proyecto cubano y, por tanto, qué modelo de revolución defendían.

Si hasta ese momento París funcionaba en el imaginario revolucionario de la época como el lugar del escapismo por excelencia (los intelectuales que vivían allí venían a ser la antítesis de aquellos que entregaban su vida a la revolución), a partir de este momento pasaría a representar un territorio hostil desde el cual se lanza la embestida contra Cuba. De allí, lo mismo salen cartas y artículos acusatorios, que se reinterpreta la Revolución cubana, o los antiguos amigos se transfiguran en fiscales: la *gauche divine* es ahora el lobo disfrazado de oveja. Quizá nadie resumió de modo tan contundente el nuevo papel de Francia, como Rodolfo Walsh, en su artículo «Ofuscaciones, equívocos y fantasías en el mal llamado caso Padilla». Si en *El siglo de las luces* Carpentier dejaba claro que de allí nos había llegado, junto con la *Enciclopedia*, el afilado invento del doctor Guillotin, Walsh recordaba ahora que del país de donde provenían las cartas reprobatorias, «también llegan a la América Latina los tanques AMX-13, los aviones Mirage y los helicópteros antiguerrilla» (192).

Fue la revista *Casa de las Américas*, naturalmente, una de las que con más fuerza participó en el debate. Su llegada al tema fue tardía, cuando ya se habían librado varias batallas. Después de dedicar un número doble (el 65-66, de marzo-junio) fundamentalmente al Congreso de Educación y Cultura, el siguiente dio cabida, desde la sección «Posiciones», a la respuesta de Haydée Santamaría a Vargas Llosa, acompañada de la de este, varias cartas y declaraciones (incluida una de la propia Casa de las Américas), así como la «Policrítica en la hora de los chacales» con que Cortázar eligió dejar clara su postura. La habitual sección «Al pie de la letra» reprodujo largamente un trabajo sin firma publicado en el número 211 de la revista argentina *Panorama* bajo el título de «Intelectuales versus Fidel: cartas de un joven poeta». Esa misma sección reprodujo, bajo el título común de «Ofuscaciones, equívocos, fantasías, vergüenza y cólera», dos de los artículos más citados entre los fieles a las posiciones cubanas: el ya mencionado de Rodolfo Walsh, y «Vergüenza y cólera», de Alfonso Sastre. El número siguiente de *Casa de las Américas* (el 68, del bimestre septiembre-octubre) decidió pasar a la ofensiva y reunió, bajo el lema «Sobre Cultura y Revolución en la América Latina» —además de nuevos mensajes, declaraciones y posicionamientos de diversas figuras—, textos de Martí («Nuestra América», ensayo descolonizador como pocos), de Mariátegui, y de algunos contemporáneos, entre los que se encuentra «Calibán», de Roberto Fernández Retamar, sobre el que volveré en otro capítulo. Se trataba de un número realizado con mayor ecuanimidad, aunque no menos pasión, que los anteriores, lo que le permite ser más analítico y tratar de encontrar una genealogía combativa (calibanesca, cabría llamarla) entre la intelectualidad latinoamericana. La propia revista trazaba el linaje en que debía ser leído y entendido el desafiante ensayo de su director.

Fuera de Latinoamérica, una de las publicaciones que más espacio y energía dedicó al tema fue la revista *Índice*, de Madrid, dirigida por J. Fernández Figueroa. Aparte del ya mencionado número doble 288-289, con fecha de abril, el cual le dedicó un largo dosier, una posterior entrega de la revista (el número cuádruple 292-295, correspondiente a julio y agosto) es un especial de ciento cuatro páginas que se presenta, desde la cubierta, como: «El "affaire" Padilla. La verdad», y recoge decenas de textos de todas las posiciones del espectro, desde los antecedentes hasta una significativa selección en que pueden encontrarse las firmas de Cortázar, Haydée Santamaría, José Miguel Oviedo, Leopoldo Azancot, Enrique Lihn, el propio Padilla, Mauricio Wácquez, Arnaldo Orfila, Luigi Nono, Vargas Llosa, Octavio Paz, García Márquez, Cabrera Infante, Alfonso Sastre y José Ángel Valente.

Hubo un tema que se reiteró, tras la detención de Padilla, en quienes, desde fuera de Cuba, exigían detalles o al menos información sobre el hecho y sobre el paradero del poeta. Es el del silencio de las autoridades políticas y culturales de la isla. Ese primer momento induce a leer el episodio en clave kafkiana: el señor P. ha sido detenido sin que se conozca de qué se le acusa ni cuál ha sido su paradero. El hecho provoca un malentendido que se reitera. Desde fuera, muchos amigos de P. indagan, buscan respuestas por diferentes vías y nadie sabe (o quiere) responder; sin embargo, cuando se agria el tono de la disputa se les reprocha opinar, dado que carecen de información. La carta abierta que Enrique Lihn enviara a *Marcha* (después de ser rechazada, según diría, por una publicación chilena) antes de la liberación de Padilla y la publicación de su autocrítica, expresa la perplejidad ante la detención, explotada al máximo por los diarios de oposición en Chile. En busca de aclaraciones, un grupo de amigos se dirigió a la embajada cubana, donde Lisandro Otero —a la sazón consejero cultural— no pudo darles información cierta; cablegrafiaron sin éxito a la Universidad de La Habana, y la respuesta solo llegó por un cable de France Press que ellos leyeron en *El Mercurio*, donde Fidel asumía, en la propia Universidad, la responsabilidad por la detención. «Los anticubanistas que opinan latamente en la prensa reaccionaria de este país, tienen ahora un tema suculento para desfogarse», expresa Lihn («Carta abierta» 7). Después de hablar de la obra y vida de Padilla como un revolucionario incómodo, cuestiona: «¿Se podrá saber, entonces, que ha ocurrido contigo?» (9). La pregunta tiene un doble sentido: el de interrogarse acerca del hecho (¿cómo pudo la «incomodidad» convertirse en contrarrevolución?), y la de asumirse como habeas corpus, es decir, indagar por el cuerpo mismo y por la voz de Padilla, solicitar su presentación pública. Desde la postura del gobierno cubano, el silencio respondía a la estrategia de acumular todas las acusaciones posibles desde fuera para que, oportunamente, el propio detenido se encargara de desmontarlas en su autocrítica. Un error de cálculo hizo suponer al Primer Ministro que su aparición en la Universidad acabaría con la interpretación kafkiana del suceso y, de paso, con esta —a lo sumo— comedia de enredos. Lejos de eso, el recalentamiento de ánimos y posturas desembocaría en la autocrítica de la UNEAC y, al mismo tiempo, en la sustitución del fantasma de Kafka por el de Stalin.

La ya mentada segunda carta de intelectuales europeos y latinoamericanos a Fidel, fechada en París el 20 de mayo, apareció por primera vez en español al día siguiente en el diario *Madrid*, y fue conocida como carta de los 61 o 62, por la cantidad no siempre coincidente de firmantes. Se inicia expresándole al destinatario «nuestra vergüenza y nuestra cólera», pues el lastimoso texto firmado por Padilla «sólo puede haberse obtenido por medio de métodos que son la negación de la legalidad y la justicia revolucionarias». El contenido y la forma de esa confesión, así como el acto celebrado en la UNEAC, «recuerda los momentos más sórdidos de la época stalinista, sus juicios prefabricados y sus cacerías de brujas». La carta hacía una exhortación «a evitar a Cuba el oscurantismo dogmático, la xenofobia cultural y el sistema represivo que impuso el stalinismo en los países socialistas», con «sucesos similares a los que están sucediendo en Cuba». Los firmantes aclaraban que ese «desprecio a la dignidad humana» no los alarmaba «por tratarse de un escritor, sino porque cualquier compañero cubano —campesino, obrero, técnico o intelectual— pueda ser también víctima de una violencia y una humillación parecidas». Al final expresaban su deseo de «que la Revolución Cubana volviera a ser lo que en un momento nos hizo considerarla un modelo dentro del socialismo». Y firmaban, entre otros, Simone de Beauvoir, Italo Calvino, Marguerite Duras, Enzensberger, Fuentes, Juan Goytisolo, Vargas Llosa, Alberto Moravia, Pier Paolo Pasolini, Alain Resnais, Nathalie Sarraute, Sartre, Jorge Semprún y Susan Sontag.

No era posible ya, después de esa andanada, entendimiento alguno. Al final, la carta —según notaría Martín Chadad— intentaba recomponer situaciones de las que ya no había retorno, de manera que en los buenos deseos («Quisiéramos que la Revolución cubana volviera a ser…») «no se advertía una reivindicación sincera sino apenas una orden solapada que claramente la isla desoiría» (Croce 211). De hecho, por el lado cubano, advertía Alfredo Guevara: «esta es una ruptura real con los que firmaron, es decir, una ruptura con la ilusión de que la Revolución Cubana tiene algo que esperar de las grandes metrópolis imperialistas colonizadoras en decadencia» (*Tiempo* 265). Abelardo Castillo, echando mano a un abundante rosario de adjetivos, considera que esa carta es absurda, ofensiva, admonitoria, solemne, adivinatoria, insultante y demencial, y lamenta que «alcance aunque sea momentáneamente a un escritor latinoamericano de la grandeza de Juan Rulfo, o a europeos como Sartre, Simone de Beauvoir o Italo Calvino, en cuyos libros, muchos de nosotros, aprendimos para siempre el sentido de la palabra revolución». En su ya mencionada intervención en la polémica, Benedetti afirmaba tener la impresión de que «los 62 […] estaban esperando, con visible ansiedad, el primer pretexto para desafiliarse. Tenían tan minuciosamente preparado el arsenal de acusaciones sobre torturas y estalinismo, que no perdieron tiempo en indagaciones» («Las prioridades» 27).

Si bien, como ya he dicho, la mayoría de los nombres y los medios que rompieron con la posición cubana hacían énfasis en la situación de Padilla, insistiendo siempre en que ella podía representar el drama de otros muchos cubanos, es decir, usando al poeta como metonimia de un pueblo humillado, las intervenciones más lúcidas de quienes se mantuvieron fieles, en esencia, a las posiciones cubanas, intentaban profundizar en mayores complejidades. Uno de quienes mejor respondió a esa preocupación fue Rodolfo Walsh en el texto que ya cité, publicado en *La Opinión* el 26 de mayo de 1971, y ampliamente reproducido después. A Walsh le suena deshonesta aquella alarma por lo que pudiera ocurrirle a «cualquier compañero cubano»: «Yo pienso que si en diez años de relación con la Revolución no han descubierto a "cualquier otro cubano humillado", es, o bien porque no existe o bien porque en efecto les preocupa de preferencia la suerte de los escritores» (192). Por oposición, y limitándose al «ya limitado» campo de la actividad intelectual en su país, recuerda que en menos de dos años se han producido el asesinato de un periodista en plena calle, el secuestro y asesinato de un abogado, la prisión del Presidente de la Federación Universitaria y de otros dirigentes estudiantiles, la clausura del periódico de los trabajadores, la condena judicial de un novelista y el veto de la mejor película de nuestro cine (*La hora de los hornos*, de Solana y Getino). Todo eso, añade Walsh, «debe preocuparnos más que los treintisiete días de encierro y la posterior humillación del poeta cubano. Sin embargo, el tema nos viene impuesto desde fuera con tanta ansiedad que parece que no pudiéramos eludirlo». (191) En igual sentido, la Declaración de intelectuales y artistas uruguayos hacía notar que ni la prisión de Augusto Boal en Brasil, ni la de Carlos María Gutiérrez y otros en Uruguay, merecieron carta alguna. La repercusión provocada por la detención del cubano, según expresaba *Marcha*, ha sido tan desproporcionada en relación con la magnitud del problema, que revela «una bien digitada orientación» («Nuevos documentos» 14).

Por un lado —haciendo de la necesidad virtud— prevaleció la idea de que la ruptura era beneficiosa porque permitía distinguir, en el agitado mar de los tiempos, a los verdaderos amigos de aquellos que ahora marcaban distancia del país y del proceso que había ayudado a encumbrarlos. Rama recordaría, en su enjundioso análisis de las circunstancias que motivaron la polémica, un juicio de Lisandro Otero a propósito del discurso de Fidel en el Congreso de Educación y Cultura: «A doce años de revolución es hora de quebrar la estructura de "Frente Único" y optar por los intelectuales de dentro y fuera de nuestro país que han abrazado con fidelidad y convicción la causa revolucionaria» («Una nueva política cultural (II)» 30). Por su parte, el número 53 de *Pensamiento Crítico* (junio de 1971) publicó una combativa nota «Del Consejo de Dirección», como parte de la polémica que estaba teniendo lugar, en la que expresaba:

> la revolución ha llevado la lucha de clases a un plano más: el que hasta ahora había monopolizado, impropia y no casualmente, el nombre de cultura. // Casi sería necesario agradecer a nuestros calumniadores la rapidez y abyección con que han producido el ataque. Esto simplifica las cosas, ahorra camino y tiempo a la revolución y los pueblos. [...] Ahora están desnudos, haciendo claramente ante los revolucionarios el papel de muñecos del Ventrílocuo. // Es cierto que hay muñecos con talento. Pero para nosotros el talento en abstracto es un valor burgués; la libertad de expresión de una élite es una libertad burguesa; el derecho a no correr la suerte del pueblo es un derecho burgués y nuestro pueblo se ha propuesto destruir a la burguesía. // Por ahora basta; este texto no es una réplica sino una acusación (2-3).

No deja de resultar una trágica ironía que precisamente ese número fuera el último de la revista, clausurada por su incómoda posición dentro del nuevo clima que se respiraba en la Isla.

Otros no alcanzaban a ver la ventaja que podía significar, para la Revolución latinoamericana, la ruptura del Frente Único. El mismo Lihn, por ejemplo, discreparía de la Declaración Chilena, la cual, miméticamente, hizo suya esa ruptura, tanto como los enunciados del Congreso y el discurso de Fidel el 1º de mayo. La nueva política cultural cubana o el reajuste ideológico en el campo de la cultura, que Lihn considera equivocados, cancelan doce años de Frente Único con los intelectuales de extracción pequeño-burguesa a los que ahora se insulta. Recuerda que «muchos de los *pájaros de cuenta* que, *hasta trataron de presentarse como amigos de la revolución*, fueron durante esos doce años, los mejores propagandistas de Cuba, a nivel internacional». Y entiende que si la revolución cultural cubana está respondiendo a factores nacionales determinados, estos, «en la etapa presocialista, que vive Chile, camino a una democracia socialista, no pueden ser elevados a la categoría de contradicciones principales» («Política y cultura» 43). Yo «preferiría que se repitiese el error del liberalismo y de la confusión ideológica», afirma categórico, «en lugar de quemar aquí, en Chile —donde tanto se la necesita— una etapa como la del Frente Único, cumplida brillantemente en Cuba, en especial a través de la Casa de las Américas» («Política y cultura» 62). Una interpretación más elemental, y que Monsiváis considera «el resumen más adecuado» de toda la polémica, lo ofreció Marta Traba, para quien en aquel momento (traicionada por la memoria, afirma que el 20 de abril) la Revolución cubana «expulsó a la mejor inteligencia latinoamericana, que había sido su constante y más fiel servidora, su propagandista y desinteresada defensora» (Monsiváis 149).

La bomba que explotó con el caso Padilla, la sacudida que generó en el ámbito intelectual, las interrogantes que abrió sobre el sentido de la Revolución y de su política cultural, las dudas que alimentó sobre la libertad de expresión en el socialismo, la ola de discrepancias que produjo, en pocas palabras, la repercusión que tuvo, marcó el ocaso de una era. No hubo, a partir de ese momento, margen para posiciones moderadas. Al mismo tiempo, el quiebre del Frente Único latinoamericano abría la posibilidad, insólita muy poco antes, de reconocerse como intelectual de izquierda y distanciarse de (o de plano romper con) las posiciones de La Habana. Pero muchos, aun en medio de la incómoda situación en que quedaron, mantuvieron el apoyo a Cuba como corolario de su confianza en un modelo de Revolución al que no querían renunciar. Una caricatura de Quino aparecida originalmente en *Siete Días*, durante las intensas jornadas de debate, expresaba a su modo ese sentimiento; en ella Mafalda pensaba: «Más vale Fidel en mano que intelectual volando».

Los senderos se bifurcan

Como hemos visto, uno de los temas más recurrentes en la discusión fue el del silencio de los cubanos sobre la suerte de Padilla. Con frecuencia se repite, de hecho, en quienes se empeñaban en explicar su adherencia a la solicitud de información a La Habana. Y uno de los que insistió en echar mano a él —con el ánimo de esclarecer sus posiciones— fue Cortázar, cuya carta a Roberto Fernández Retamar fechada en París el 10 de abril lamentando no haber recibido información por parte de los cubanos y vaticinando que la carta a Fidel del día anterior sería «como siempre una interminable fuente de malentendidos», he citado antes. Él mismo, como se recordará, había sido el autor de aquella carta, la cual remplazaba el texto propuesto por Juan Goytisolo y que trascendió a la prensa antes de lo previsto. Aunque es obvio que, en el fondo, ese matiz no habría alterado demasiado las cosas, la verdad es que el anecdotario y hasta los decibeles de la discusión podrían haber sido distintos. Una solicitud discreta de los firmantes hubiera reclamado —teniendo en cuenta, además, que a pesar de las tensiones aún el ambiente no se había crispado— una respuesta también discreta. No es difícil conjeturar que a última hora alguien decidió que la publicación obligaría a una respuesta inmediata y pública por parte del gobierno cubano. Esa decisión no cambió la historia, pero le dio un giro particular: «el juego de Padilla, el discurso de Fidel de cierre del Congreso de Educación y muchas de las intervenciones de los intelectuales latinoamericanos y europeos», como ha expresado Chadad, «ayudaron a enmarañar un debate necesario» (Croce 208).

La ruptura que significó para el Frente Único, o la familia intelectual, el caso Padilla se hizo particularmente visible en la evolución que siguieron dos de sus más conspicuos miembros: el propio Cortázar y Vargas Llosa. Si hasta entonces ambos estaban —o se veían— unidos en sus proyectos (juntos, por ejemplo, en el Comité de colaboración de la revista *Casa*), en lo político e ideológico (las posiciones liberales de que los acusara Viñas o la coincidencia de puntos de vista en sus respectivas polémicas con Collazos) y en lo personal, la polémica los hizo situarse en las antípodas. Llegado este punto, los senderos se bifurcan. Revisando el epistolario de Cortázar —quien «más golpes tuvo que darse contra lo que quería y lo que no quería decir» (Gilman 258)— no es difícil advertir la trayectoria que siguió su relación con Cuba en las semanas y meses que siguieron a la detención. En una carta a Paul Blackburn fechada en Saignon el 25 de mayo, advierte, después de darle las buenas noticias, que «las malas se llaman Cuba». Le cuenta a su destinatario que «Fidel nos ha "excomulgado" a los escritores que le mandamos un mensaje pidiéndole información sobre el arresto» de Padilla. La situación se ha tornado «tensa y desagradable», pero dice confiar en que «poco a poco veremos mejores días; he estado deprimido y triste por eso, pero ya voy mejor y sigo creyendo en lo bueno de la revolución cubana y oponiéndome a sus aspectos negativos» (*Cartas* 1456). Por el momento, Cortázar no revela que dos días antes había enviado un mensaje a Haydée Santamaría en el que tenía puestas sus esperanzas de reconciliación. El 23 de mayo, en efecto, le había dirigido una esquela presentando un texto mayor que «no es una carta, ni un ensayo, ni un documento político bien razonado; es», precisa, «lo que nace de mí en una hora muy amarga pero en la que hay sin embargo una plena confianza en muchas cosas, y sobre todo en la Revolución». Se trata del poema «Policrítica en la hora de los chacales», que sería publicado en el número (67, de julio-agosto) de *Casa de las Américas*, y reproducido ampliamente en otras publicaciones. Era su respuesta al callejón sin salida en que se hallaban sus relaciones con La Habana, y específicamente con la Casa de las Américas. Fue su diatriba, en la que reunió la cuota de virulencia que necesitaba descargar.

Poco menos de un mes después de la carta a Blackburn, el 20 de junio, le escribe al mismo destinatario que este asunto ha sido «una pura mierda», que se han cometido errores y torpezas por ambos lados, y que «el resultado ha sido malo para el prestigio de la revolución cubana, aunque», matiza, «en el orden interno tal vez haya sido necesario y útil». Reconoce que para él ha sido duro y doloroso sentirse «excomulgado» por el «discurso violentísimo de Fidel», pero concede que tiene razón en parte, «porque los intelectuales europeos están demasiado dispuestos a dar lecciones a distancia, sin ser verdaderamente revolucionarios». Sin embargo, opina que Fidel debió tener en cuenta la existencia de quienes eran realmente amigos y defensores de Cuba, y tenían pleno derecho a inquietarse «por cosas tan graves como el arresto de Padilla». Finalmente le cuenta haber publicado un largo poema en el que dice sin rodeos todo lo que piensa, y reafirma su solidaridad con Cuba, advirtiendo que se trata de «una solidaridad crítica, no una obediencia ciega como algunos cubanos pretenden de nosotros» (*Cartas* 1462). Entonces desconocía que *Casa de las Américas* publicaría su texto. Con el transcurso de los meses la visión de los hechos va adquiriendo otro tono. El 23 de septiembre, desde Viena, le escribía a Jean L. Andreu que el balance de ese «gran *psicodrama*» había sido positivo porque ahora se veía «más claro quiénes apoyan *la revolución* y quienes se limitan solamente a defender sectores que consideran privilegiados (poetas, artistas, etc.)». Reconoce que «todos hemos metido la pata», tanto los cubanos como los firmantes de la segunda carta a Fidel («Entre los que no me cuento. Imposible firmar un texto tan insolente y paternalista»), «pero en definitiva era quizá necesario que algunas máscaras cayeran, y han caído estrepitosamente» (*Cartas* 1481). El 14 de enero de 1972 le escribe a Lezama haciendo un balance del año anterior: «fue, como lo habían decretado los chinos, el Año del Cerdo», fundamentalmente porque las opciones y definiciones en lo tocante a las cuestiones cubanas «no habían sido precisamente agua de rosas». Ello no excluye su decisión de identificarse, en el nuevo año, con todo lo que ama de Cuba, así como a discutir lo que no le parece justo. Pese a que persiste un gran silencio por parte de muchos amigos cubanos con quienes mantenía una correspondencia fluida, Cortázar se siente un tanto reconfortado con la publicación en la revista *Casa...* de la «Policrítica...» que, «estoy seguro, habrás sabido leer como lees tú las cosas, yendo al meollo y comprendiendo mi sinceridad y mi angustia». «Creo que volveré un día a Cuba y que te abrazaré una vez más»; afirma Cortázar, y agrega que los mejores de la Isla terminarán por comprender a los más sinceros, y en caso contrario no importa; «hay cosas que están por encima de los pequeños destinos individuales» (*Cartas* 1488). Cortázar, en efecto, regresó a Cuba y se reencontró con sus viejos amigos; por fortuna, la vida le alcanzó a Lezama para recibir el anunciado abrazo.

Para Marcela Croce, la «Policrítica…». —a la que Goytisolo atribuiría, lapidariamente, «la palma de lo deleznable y grotesco» (192)— fue el cierre de los pronunciamientos sobre el caso Padilla, una retórica impregnada por los *Salmos* de Ernesto Cardenal «que tiene a la corrección política como horizonte de ese reclamo de balanceo que distingue las actitudes cortazarianas» (Croce 38). El texto, cuyo destinatario es bastante explícito («si me oyen en La Habana», dice en cierto momento), comienza preguntándose «de qué sirve escribir la buena prosa» y exponer «razones y argumentos / si los chacales velan, la manada se tira contra el verbo», antes de hacer sus propios aportes al rosario de invectivas que a estas alturas de la polémica habían aparecido: «no excuso este lenguaje, / […] los mando a todos a la reputa madre que los parió». Si el tópico de la vanidad del escritor fue uno de los más socorridos a lo largo de toda la polémica, Cortázar apela a él para condenar el narcisismo que empuja a los escritores a opinar a la ligera. Frente a esa posición del que no se ha ganado el derecho de ejercer la crítica, aparece la otra: «Tienes razón, Fidel: sólo en la brega hay el derecho al descontento, / sólo de adentro ha de salir la crítica». Cortázar se aparta «para siempre del liberal a la violeta, de los que firman los virtuosos textos / por-que-Cu-ba-no-es-eso-que-e-xi-gen-sus-es-que-mas-de-bu-fe-te», advirtiendo no ser una excepción. Establece distancia, sin embargo, con la obsecuencia de quienes lo admiten todo; por el contrario, no debe esperarse de él el «elogio fácil», del mismo modo que no acepta la repetición de «humillaciones torpes», ni «confesiones que llegan siempre demasiado tarde», ni las «risas de los fariseos convencidos de que todo anda bien». En cambio, dice aceptar «la crítica de veras, la que viene de aquel que aguanta en el timón», la de quienes «pelean por una causa justa, allá o aquí». Finalmente, una vez hecha la ruptura con chacales y lacayos, y advertido de las condiciones de su lealtad, Cortázar reformula sus alianzas. En este punto el poema abandona el uso del presente y se postula en futuro, como forma que implica no solo un suceso temporal sino también moral: «volveremos a vernos, a estar juntos, carajo, / contra hienas y cerdos y chacales de cualquier meridiano, / contra tibios y flojos y escribas y lacayos», e insiste: «yo sé que un día volveremos a vernos, / buenos días, Fidel, buenos días, Haydée, buenos días, mi Casa, / mi sitio en los amigos y en las calles, mi buchito, mi amor, / mi caimancito herido y más vivo que nunca», seguro de que «todos juntos iremos a la zafra futura». Ese optimismo (que recalcará en la frase final del poema) no impide sentir el aliento trágico de quien está solicitando un lugar que no está seguro de que le será concedido: «Déjame defenderte / cuando asome el chacal de turno, déjame estar ahí. Y si no lo quieres, / oye, compadre, olvida tanta crisis barata. Empecemos de nuevo, / […] nunca estuve tan cerca / como ahora, de lejos, contra viento y marea. El día nace».

Contrariamente, si alguien encarnó, desde la perspectiva cubana, la postura del renegado, fue Vargas Llosa, quien, a diferencia de las posiciones conciliatorias de Cortázar, optó por el enfrentamiento. Su prestigio literario, su protagonismo como parte del núcleo más selecto del boom, su cercanía a la Casa de las Américas y a la Revolución cubana, provocaron que la colisión resultara especialmente sonada. En reciprocidad, cada vez que, desde las posiciones leales a las autoridades cubanas, se reconocía que entre los adversarios había escritores con talento, es su nombre el que primero viene a la cabeza. Fue con él en mente que muchos tuvieron la precaución de no borrar de un plumazo a sus contrincantes, a quienes se impugnaba *a pesar de* ese mismo talento. El «beneficiario mayor del rayo y del trueno», lo llamaría Enrique Lihn. Por el mismo motivo, los editores de *El Escarabajo de Oro* se referían con sorna a la «delirante reacción de Vargas Llosa, transformado en una especie de Albert Camus pero reducido por los jíbaros» («Los despojos» 13).

Vargas Llosa era, desde mucho antes del caso Padilla, aun más, desde antes del apoyo cubano a la invasión a Praga, un candidato por el que apostaba la intelectualidad liberal del continente. Incluso, si nos atrevemos a ser más precisos, desde antes de la entrega del

Premio Rómulo Gallegos en 1967, cuando sus relaciones con Cuba parecían marchar sobre ruedas. María Eugenia Mudrovcic rescató una carta de Emir Rodríguez Monegal, reproducida luego más de una vez, que revelaba el «verdadero móvil» del desmedido festejo de *Mundo Nuevo* con el Premio. En un mensaje al peruano Jorge Luis Recavarren, Monegal afirmaba: «Con respecto a Vargas Llosa, te ruego que no escribas nada en contra de él. Mario está haciendo un esfuerzo muy grande por conservar la amistad con los cubanos y no perderla del todo conmigo». La dificultad de mantener ese precario equilibrio, anima a Monegal a realizar un vaticinio que no deja de entusiasmarlo: «Yo tengo esperanza de que él finalmente rompa con los cubanos. Estos se están poniendo cada vez más energuménicos [sic] y resulta bastante difícil seguirlos». Luego confiesa estar casi seguro de que si le dan el premio a Vargas Llosa y él lo acepta, «los cubanos le van a escribir una de esas famosas cartas abiertas como la que le escribieron a Neruda. Este es mi cálculo y por eso te pido que no provoques ninguna colisión entre Mario y nosotros. En este juego en que estamos metidos, querido Jorge Luis, no hay más remedio que tener paciencia» (163). Monegal demostró tener un olfato afinado. Y si bien la paciencia exigió cuatro años de moderación, la ruptura sobrevino de modo estruendoso, y Vargas Llosa se convirtió en paradigma del escritor desencantado con el destino de la Revolución cubana. Él mismo reconocería —en una entrevista para *Plural* en 1975— que aunque su distanciamiento creciente y su actitud cada vez más crítica hacia Cuba hizo crisis con el caso Padilla, la verdad es que aquel hecho fue «bastante insignificante y no quiero darle —porque pienso que no debe dársele— mayor significación de la que tiene. Es muy posible que, aun sin el caso Padilla, mi ruptura [...] habría ocurrido de todos modos» (Torres Fierro 27).

Fue Vargas Llosa, como se sabría años después, quien escribió la segunda carta a Fidel —la que tantos encontronazos provocó, la que selló el destino de la polémica, la de la «vergüenza» y la «cólera». El peruano la incluiría, como un texto más, en su volumen *Contra viento y marea*, donde ha relatado que la iniciativa de escribirla nació en Barcelona, cuando la prensa internacional dio a conocer el acto «en que Heberto Padilla emergió de los calabozos de la policía cubana». Cuenta entonces que se reunieron en su casa Juan y Luis Goytisolo, José María Castellet, Enzensberger, Carlos Barral (quien luego decidió no firmarla) y él mismo, «y redactamos, cada uno por separado, un borrador. Luego los comparamos y por votación se eligió el mío» (*Contra viento y marea* 250). La carta de Vargas Llosa a Haydée Santamaría, escrita quince días antes, marcaría el punto de no retorno.

Fechada el 5 de mayo, dicha carta planteaba la renuncia de su autor tanto al Comité de colaboración de la revista *Casa de las Américas*, como a dictar un curso previsto para enero del año siguiente. El discurso de Fidel y la autocrítica de Padilla y sus compañeros lo llevan a sopesar cuánto han cambiado los tiempos desde aquella noche del encuentro de un grupo de escritores con el líder cubano cuatro años atrás. E insiste en que la supuesta autocrítica fue prefabricada como los juicios estalinistas, lograda «con métodos que repugnan a la dignidad humana», capaces de inducir a Padilla «a acusarse de traiciones imaginarias y a firmar cartas donde hasta la sintaxis parece policial». La respuesta de Haydée, el 14 de mayo, no podía ser más irritada. Comienza recordándole a su interlocutor que, como él sabía perfectamente, el comité no existía desde la decisión —tomada en el mes de enero, durante la reunión en la que participó el propio Vargas Llosa— de ampliarlo a treinta o cuarenta miembros, lo que haría irrealizable nuevos encuentros. La directora de la Casa de las Américas le reprocha al novelista que sus posiciones fueran cada vez menos revolucionarias, y que no vacilara en sumar su voz —«una voz que nosotros contribuimos a que fuera escuchada»— a quienes atacaban a Cuba. Ante la disposición expresada por el peruano de soportar las invectivas que le acarrearía su actitud (no peores, decía, que las que soportó de la derecha por haber apoyado a Cuba), Haydée le hace notar que no las recibió cuando en abril de 1967 quiso saber la opinión de la Casa sobre su aceptación del Premio Rómulo Gallegos. En ese entonces le propusieron «un acto audaz, difícil y sin precedentes en la historia cultural de nuestra América»: que lo aceptara y entregara el importe al Che y a la lucha de los pueblos; sin embargo, se guardó el dinero para comprar una casa y renunció a ese honor. Tampoco las recibió cuando en la revista peruana *Caretas* emitió «opiniones ridículas» sobre el discurso de

Fidel a propósito de la invasión a Checoslovaquia, ni cuando a raíz de las críticas a *Fuera del juego* enviara a la misma Haydée, con otros escritores residentes en Europa, un cable en que expresaban su consternación por «acusaciones calumniosas contra poeta Heberto Padilla», en el que «grotescamente» reafirmaban su solidaridad y apoyo hacia toda acción emprendida por Casa de las Américas en defensa de la libertad intelectual, que ella respondió con otro cable: «La línea cultural de la Casa de las Américas es la línea de nuestra Revolución». Ni sufrió ataque alguno cuando faltó al Premio de 1969, sin ofrecer explicación, porque estaba enseñando en una universidad de los Estados Unidos. Finalmente le dice que «si vino en enero de 1971, fue sobre todo para buscar el aval de la Casa de las Américas, que por supuesto no obtuvo, para la desprestigiada revista *Libre* que planean editar con el dinero de Patiño» (142).

El número 67 (de julio-agosto), en que *Casa de las Américas* asume «Posiciones» en torno a la polémica, y que abre esa sección con la carta de Haydée, reprodujo en «Al pie de la letra» una entrevista de Julio Huasi a Carlos Droguett. En ella el narrador chileno recuerda que en una de las reuniones del llamado Encuentro Latinoamericano de Escritores celebrado en Chile en 1969, Vargas Llosa, de quien no niega «que tiene gran talento, dijo temerosamente, como justificándose, que él no era un beato de la Revolución cubana», a lo que «yo contesté que cuando se está contratado por una universidad yanqui es muy difícil ser beato de la Revolución cubana. El caso de Vargas Llosa venía caminando desde muy atrás» (Droguett 189-190). Sin embargo, también se puede apuntalar la idea de que hasta poco antes de estallar el conflicto, Vargas Llosa defendía posturas entonces identificables con la línea de izquierda (por no decir revolucionaria) dentro del espectro político latinoamericano. María Pilar Serrano ha contado que en aquel mismo diciembre de 1970 en que la «familia» se reunió por última vez, «Carlos Franqui y Mario Vargas Llosa se trenzaron en una discusión que dejó a los demás afuera pero atentos, como espectadores respetuosos. Vargas Llosa, pragmático, defendía las actitudes y acciones de los militares que gobernaban su país» (Donoso 103). El uso del adjetivo, en todo caso, llama la atención. ¿Pragmático?, ¿apoyaba por *pragmatismo* la «revolución» militar que estaba teniendo lugar en Perú? Sobre esa desconcertante ambigüedad se sostenían las posiciones del autor de *La casa verde*.

Hay una tercera figura —sin el impacto mediático de Cortázar y Vargas Llosa— que ayuda a entender los acontecimientos. Aunque no pudo asistir a la tercera reunión del Comité de colaboración de *Casa de las Américas*, Ángel Rama le escribiría el 10 de marzo a Roberto Fernández Retamar expresando su acuerdo con la ampliación del comité que, en la práctica, «ya era historia de amistades, de solidaridades, de momentos de la revolución y no un cuerpo doctrinario coherente» (Fernández Retamar: «Ángel Rama y la Casa» 56). Días después, con la detención de Padilla, la percepción de Rama cambiaría radicalmente. Ya he citado su carta a Retamar con fecha 5 de abril, donde reconoce compartir la inquietud de los firmantes de la aún inédita primera carta a Fidel. Pese a sus preocupaciones, Rama se despide con cierta cordialidad y aprecio por la Revolución, que sin duda el Congreso y su discurso de clausura malograron. La cercanía de Rama a Cuba y en particular a la Casa de las Américas, con la cual colaboró de manera persistente y brillante, y que lo había acompañado en su cruzada contra *Mundo Nuevo*, hacía que su toma de posición revistiera particular interés. Él no se involucró en la polémica como uno más, sino que llegó a ella como un analista que, con todas las cartas en la mano, intentaba comprender las raíces y el desenlace del conflicto.

En el mismo número de *Marcha* en que apareció el artículo de Benedetti «Las prioridades del escritor», se publicó el primero de una serie de cuatro escrita por Rama. Interviene cuando están tomadas la mayor parte de las posiciones, y desde una postura que lo distancia de los demás. Tanto él como Walsh y Viñas, según considera Verónica Lombardo, «se inscriben en la contienda como analistas y no como polemistas» (Croce 216). En «Una nueva política cultural en Cuba», Rama considera que «el estrépito de una querella intelectual particularmente esquemática», centrada en sus manifestaciones más exhibicionistas (como es el caso de la autocrítica de Padilla), escamotea lo más importante de la discusión: el rumbo de la nueva línea cultural cubana. En este punto, para él, radica el primer daño: en que la asunción de esa línea cultural, diseñada y propuesta desde hacía varios años, se hiciera en medio «de una tormenta polémica, en un clima emocional» contaminado por las resoluciones del Congreso de Educación y Cultura y por «el intemperante discurso» de Fidel (30). Lamenta que parte de la izquierda solo reconozca los errores de la Revolución después que lo hacen sus dirigentes, y llama la atención sobre el hecho de que la intelectualidad cubana se aferró a un texto del año 1961, las *Palabras a los intelectuales*, aceptadas «como cartilla», sin discutírsele directamente, lo que no evitó que comenzara a reinterpretársele desde 1968, «en una evidente manifestación de la pugna de diversas teorías artísticas que se fueron observando en diversas incidencias culturales». El hecho de que no hubiera «un debate amplio y franco de las diversas posiciones», implicó que las nuevas situaciones por las que fue atravesando la Revolución no tuvieran su equivalencia en regulaciones y acomodaciones en el campo de la estética. Quizás de ello derivara la violencia con que se instauró la nueva línea cultural, testimonio del retraso en que había quedado la definición cultural que todavía utilizaba (30). El «clima de erizado emocionalismo» forma parte, según él, de «una puja en materia de insultos» que afecta «la vida intelectual de todos, ya que las diatribas están sustituyendo a los argumentos» (31). Para Rama está claro que aunque el encarcelamiento y la autocrítica de Padilla tuvieron una desmesurada consideración dentro y fuera de Cuba, y forman parte del proceso, «están lejos de constituir su centro» (31); sus antecedentes se encuentran en una serie de acontecimientos que van de los ataques de *Verde Olivo* en 1968, a la asunción de Pavón al frente del CNC y las resoluciones del Congreso de Educación y Cultura. Ese proceso de tres años en el ámbito cultural, sintetiza Rama, es paralelo a cambios en la organización de la economía y la política tales como la ofensiva revolucionaria, la posición cubana en torno a Checoslovaquia, la zafra de los diez millones y la reestructuración del Partido; mientras que, al mismo tiempo, se van escalonando una serie de críticas desde el exterior, por parte de amigos o simpatizantes de la Revolución.

Tras dos entregas que se detienen, entre otros muchos temas, en el papel de Leopoldo Ávila y la creación de una nueva intelectualidad, los Encuentros de Escritores Jóvenes convocados por el CNC, las secciones educativas de *Verde Olivo* y sus consejos a los escritores jóvenes, así como el reclamo de las autoridades de que la literatura y el arte se politizaran, aparece el último de los artículos de Rama, con el subtítulo de «Una autocrítica colectiva». Le preocupa aquí, principalmente, que pese a que los intelectuales cubanos y sus más cercanos aliados han debatido en los años recientes varios aspectos de la nueva política cultural (recuerda la reunión del 2 de mayo de 1969 en el estudio de Mariano conocida como «El intelectual y la sociedad»), ellos «analizan su situación en tanto trasmisores de una política, pero dejan fuera de discusión los motivos, las explicaciones y la legitimidad de esa política cultural, o sea lo que es anterior a la trasmisión de ella, y [...] su implementación en el campo de la estética» (12). Para Rama está claro que «según el socialismo al que optemos y según la concepción del hombre que tras él busquemos, así será nuestra concepción del arte»; resolver este problema, en consecuencia, resulta especialmente urgente cuando se ve sustituir el espíritu crítico por el obediente, cuando «son ensalzados los funcionarios en tanto los creadores comienzan a resultar enojosos rezagos individualistas del mundo burgués». La cuestión puede tornarse dramática, dado que «los estancamientos culturales se vengan cruelmente», como lo demuestra el hecho de que a cincuenta años de la revolución rusa, los principales poetas soviéticos sigan siendo «los desmesurados de la primera época» (13). Rama tenía razón; en verdad no era preciso poseer dotes de pitonisa para darse cuenta de que el estancamiento cultural que se estaba produciendo no tardaría en pasarle la cuenta a la intelectualidad cubana. Casi una década después, desde las páginas de un *Diario* que con frecuencia alcanza opiniones acres, Rama realizaría un balance del momento, en que reconocía el dolor que le produjo el alejamiento impuesto por «el desastrado caso Padilla», tras el cual (y sus cuatro artículos en *Marcha*) optó por el silencio. Rama padeció el drama que sentirían muchos intelectuales simpatizantes con la Revolución o francamente comprometidos con ella, entrampados entre la necesidad de expresar sus críticas y el desasosiego moral que tal postura les producía: «La revolución en las puertas del Imperio tenía un heroísmo y una verdad, había luchado a favor de tantas cosas por las que creo en nuestra América Latina, que parecía injusto hablar del error en que se había entrado» (*Diario* 130). Calló, además, porque creía que no tenía sentido decir una verdad que solo valía para la izquierda y que, sin embargo, esta no quería oír, pues «casi nunca quiere escuchar y entablar el debate en el presente de los hechos», y solo estaba dispuesta a admitir los errores «retrospectivamente, en el pasado, cuanto más lejano mejor», aunque estos sigan operando a través del tiempo y enturbien incluso el presente «en que se reconoce la equivocación de antaño» (131).

Aunque los senderos seguidos por Cortázar y Vargas Llosa (el primero, avalando —aun con sus críticas— las posiciones cubanas; el segundo, rompiendo estentóreamente con ellas) muestran las posturas básicas asumidas entonces, y las más seguidas por firmantes y medios de comunicación; la de Rama sabe poner, como ninguna de aquellas, el dedo en la llaga. No era el episodio Padilla —como hicieron notar también otros analistas— lo que debía ocupar el centro de la discusión, y ni siquiera se trataba de romper lanzas a favor o en contra de Cuba (aunque a la postre se hizo inevitable). Lo importante hubiera sido detectar y, preferentemente, debatir las causas que habían llevado a aquel punto, así como los riesgos que implicaba —tanto dentro como fuera de la Isla— la aplicación de la nueva política cultural. Pero ese necesario debate se hizo imposible en medio de una colisión que fue consecuencia (y, a la vez, causa) de discrepancias más apasionadas. Por irónico que parezca, la guerra de posiciones en las que Cortázar y Vargas Llosa eran dos de los más renombrados mariscales de campo, se libró con relativa rapidez y dejó más o menos claras las victorias y derrotas de cada uno de los contendientes. La frustración de aquel debate siempre pospuesto, en cambio, dislocó el proceso de crecimiento de la cultura cubana y provocó un retroceso imposible ya de calibrar. Mirado en la larga duración, ella sería la principal víctima de aquel encontronazo.

La batalla en el frente mexicano

El domingo 2 de mayo de 1971 José Revueltas recibe en la cárcel de Lecumberri la visita de Octavio Paz. «Como siempre», escribe cinco días más tarde a su hija Andrea, «magnífico, limpio, honrado, este gran Octavio a quien tenía más o menos ocho años de no ver o algo así». Y agrega de inmediato: «Nuestro tema fue, por supuesto, Heberto Padilla». (*Las evocaciones* 217) Veinticuatro horas después de la visita de Paz, Revueltas escribe «La carta de Padilla y las palabras de Fidel», su respuesta al discurso del líder cubano del día primero, para la entrega que *La Cultura en México*, suplemento de la revista *Siempre!*, dedicaría al caso (núm. 484, 19 de mayo de 1971). La aparición de un texto de Revueltas en *La Cultura en México* no dejaba de ser una buena noticia. Meses antes, sus familiares habían pretendido publicar allí el «Prólogo» escrito por él para una edición de sus obras, pero el intento fracasó pues los editores del suplemento consideraron que el texto era «demasiado abstracto». Por tal motivo Revueltas —cuyo prólogo solo aparecería allí en mayo de 1976, es decir, casi un mes después de su muerte— escribió unas notas acres sobre la amistad en las que hablaba de «el *cuate, coatl*, la serpiente, como hermandad envenenada» (*Cuestionamientos* 352). A pesar de ese contratiempo, en mayo de 1971 *La Cultura en México* concedería al texto de Revueltas sobre Padilla un lugar de privilegio: en la página IV, junto con (o, en rigor, encima de) el del propio Paz; de hecho era el primero de un mexicano en aquella entrega, precedido solo por la «Carta de Heberto Padilla al Gobierno Revolucionario» (pp. II-III). Poco después, las palabras del autor de *Los días terrenales* encontrarían eco en nuevas publicaciones; Ángel Rama las reproduciría en *Marcha* el 2 de julio, acompañadas de una presentación suya bajo el título de «Revueltas y el caso Padilla». La breve nota de Rama pretendía zanjar la discusión apelando a la autoridad que le otorgaban al mexicano tanto su trayectoria y su obra como el lugar desde el que firmaba: «A toda esta alharaca da respuesta con la humildad, la ponderación y el rigor de un auténtico escritor, un hombre que no es revolucionario cuando firma en el café proclamas, sino que lo es desde la cárcel donde fue encerrado por su participación muy decidida y austera junto a los estudiantes mexicanos, en 1968». Y concluía: «Espero que quienes saben algo de la vida y de la obra de José Revueltas aprecien el valor de este testimonio». Rama ignoraba que, para entonces, Revueltas había abandonado Lecumberri.

Convocar a Revueltas a involucrarse en la polémica concedía una fuerza enorme a una parte de los antagonistas. Si Paz era, intelectualmente, el más reconocido de los escritores mexicanos, el nombre de Revueltas —dado su historial como revolucionario desde que era prácticamente un niño— poseía un valor extraordinario. Por un lado, debido a su inquebrantable trayectoria como militante comunista, que le hizo sufrir la represión de parte del gobierno de su país; por otro, porque fue víctima de ortodoxias y dogmas (que lo llevaron a ser expulsado del Partido en más de una ocasión), y porque era un obstinado antiestalinista. Paz y Revueltas (estrictos contemporáneos que se embarcaron juntos en más de una aventura intelectual) fueron, además, las figuras que con más prestigio emergieron de la masacre de Tlatelolco; el primero, por su renuncia a la embajada en la India y su difundido poema «México: Olimpiada de 1968»; el segundo, porque —menuda diferencia— al ponerse de manera pública y ostensible del lado de los estudiantes fue a dar con sus huesos en la cárcel. Ya preso declaró ante el juez, no sin exageración pero con la valentía que le era propia, haber sido el principal responsable de la agitación estudiantil. (Algún tiempo después, a propósito de los encarcelados tras la represión del 2 de octubre, Paz declararía: «Todavía están en la cárcel 200 estudiantes, varios profesores universitarios y José Revueltas, uno de los mejores escritores de mi generación y uno de los hombres más puros de México», [«Posdata» 281n]). Sin duda el hecho de que ambos tuvieran un papel tan protagónico e inmediato en el debate en torno a Padilla estimuló a no pocos de sus compatriotas a involucrarse en la contienda que se desataría y en la que México sería una plaza clave.

Revueltas había vivido en Cuba durante un largo período. Trabajó en el ICAIC y conoció de primera mano la realidad del país. Por si fuera poco, a inicios de 1968 había sido empujado a renunciar a su puesto como empleado de la Secretaría de Educación Pública, presumiblemente, por haber participado como jurado del Premio Literario Casa de las Américas. Nadie como él, por tanto, poseía las credenciales para hacer una crítica a Cuba desde la izquierda. Pero su participación en la polémica desatada por la detención de Padilla levantaba, de manera inevitable, el fantasma del estalinismo que él había padecido y al que se enfrentó con denuedo durante décadas. La relación frecuentemente tensa entre los intelectuales y los gobiernos en el socialismo era una antigua y lógica preocupación suya. En 1966, a propósito del juicio y sentencia contra Siniavski y Daniel, por ejemplo, escribió «Un "toque de queda" soviético contra la libre expresión del pensamiento», publicado en *El Gallo Ilustrado*, suplemento del periódico *El Día*. Allí atacaba la postura oficial soviética y recordaba el «ejemplo doloroso y terrible de los infames ataques lanzados contra Boris Pasternak» (*Cuestionamientos e intenciones* 202). Pocos años después sus preocupaciones alcanzarían la realidad cubana. La posición de la UNEAC ante las obras de Padilla y Arrufat en 1968 lo llevaron a escribir «La libertad y el socialismo: porque no vuelva a suicidarse Mayakovski», publicado el 31 de mayo de 1969. Recordaba entonces que ya durante su larga estancia en Cuba, en 1961, había propuesto crear un grupo que debatiera los problemas del escritor en el socialismo. «Habría que estudiar a fondo las causas, en modo alguno accidentales, del por qué la supresión de la libertad a manos de la burocracia [...] comienza en forma invariable por concentrar su ofensiva sobre los escritores y la libre expresión de su pensamiento literario», proponía, «para enseguida extender esta ofensiva —más desahogadamente— en contra de las restantes esferas de la actividad pública». (*Cuestionamientos e intenciones* 277) La inexperiencia, la excesiva juventud —tan elogiada por Sartre y otros, pocos años antes—, parecen convertirse ahora en un defecto, pues los dirigentes de la UNEAC, considera Revueltas, «son muy jóvenes y no tuvieron oportunidad de conocer de un modo directo la experiencia de cómo el stalinismo, paso a paso y *contra* el partido comunista soviético, se fue adueñando del poder hasta borrar toda huella viva, real y revolucionaria de los principios por los que luchó Lenin». Le llama la atención el hecho de que no hubiera nadie, entre las viejas generaciones revolucionarias, que explicara a la juventud cubana las vicisitudes, tropiezos y caídas que sufriera el movimiento comunista mundial a lo largo de una historia de usurpaciones, deformaciones y traiciones que arrancó con la muerte de Lenin y aún no termina. La «tremenda e increíble amnesia histórica» existente en Cuba y en toda la América Latina explica que los revolucionarios de nuestros países caigan en «las mismas experiencias negativas de que ofrece tan numerosos ejemplos el pasado del movimiento comunista soviético e internacional». Sin embargo, «hay libros, hay documentos, hay publicaciones que nada justifica que no sean leídos por los jóvenes revolucionarios de Cuba y de todos los países de América, para precaver a nuestra revolución y a nuestro movimiento de que no caiga en idénticos errores a los que ya la historia ha comprobado como verdaderas traiciones al comunismo» (279-280). En una entrevista aparecida en el último número de *Mundo Nuevo* (marzo-abril de 1971), Revueltas celebraba el papel de la Revolución cubana. Quiso el azar que la entrevista viera la luz coincidiendo con la encarcelación de Padilla, lo que otorgaba a su premonición un involuntario sesgo irónico: «Por tratarse de una expresión plena de autenticidad, en el primer país de América que se reapropia a sí mismo mediante el poder socialista, y donde, en consecuencia, el papel crítico del arte puede desplegarse a un nivel más libre y elevado, la poesía de Heberto Padilla reviste una importancia de primer orden» (Crespi 56).

Con esos antecedentes y tales preocupaciones no era extraño que, en una carta del 6 de abril de 1971 (presuntamente a su hija Andrea), Revueltas expresara el disgusto que le produjo la detención del poeta, lo que lo llevó a firmar, junto con Eduardo Lizalde, Fernando Benítez, José Luis Cuevas, Fuentes y otros que no menciona, una protesta dirigida a Fidel: «Protesta comedida. Pues bien; X, el domingo que estuvo a visitarme, me reclamó un tanto airado (lo que no le quita nada de mi amistad ni de mi cariño): "¡Pero tú! ¿Firmar tú una declaración *contra Cuba*? ¡Tú, Revueltas! De quien menos se esperaba eso." Y en seguida, el argumento de siempre: proporcionar armas al enemigo. ¡Dios mío!». Para el autor de *Los errores*, «quien proporciona armas al enemigo», en verdad, «es aquel que da lugar a la crítica y no la crítica misma», derecho que no se nos puede arrebatar porque sería peor que «su aprovechamiento por el enemigo». «Me angustia tremendamente que esto suceda en Cuba», dice, y se pregunta: «¿Será algo transitorio, eventual, o el anuncio de una perspectiva deplorable?». Luego añade: «Tengo el buen deseo de no intervenir [...] pero me atormenta la idea de que pueda hacerse necesario. ¿Hemos de callar *nuevamente*? Las experiencias del silencio han sido demasiado brutales y espantosas para callar de nuevo: aunque se deba arriesgar todo personalmente» (*Cuestionamientos e intenciones* 372-373).

La protesta de marras —iniciadora de la avalancha que seguiría durante meses— fue la llamada «Carta del PEN Club de México a Fidel Castro», aparecida en *Excélsior* el 2 de abril. Los suscriptores, quienes se reconocían como «simpatizantes de la lucha del pueblo cubano por su independencia», desaprobaban «la aprehensión del poeta Heberto Padilla» y deploraban «las declaraciones que en torno a este hecho le atribuye a usted la agencia France Press». Esta tónica, por cierto, marcaría la mayor parte de las cartas abiertas que —tomando distancia de la política del gobierno cubano— se sucederían. La misiva defendía «el derecho a la crítica intelectual lo mismo en Cuba que en cualquier otro país», y concluía con el tono un tanto apocalíptico que desde entonces se reiteraría: «La libertad de Heberto Padilla nos parece esencial para no terminar, mediante un acto represivo y antidemocrático, con el gran desarrollo del arte y la literatura cubanas». Firmaban diecinueve intelectuales, entre los que se encontraban, además del propio Revueltas y los mencionados por él, Salvador Elizondo, Juan García Ponce, Vicente Leñero, José Emilio Pacheco, Paz, Carlos Pellicer, Rulfo, Jesús Silva Herzog y Ramón Xirau. Aparte de Revueltas, varios de ellos habían tenido una intensa relación con Cuba y de manera particular con la Casa de las Américas. Fuentes, por ejemplo, había sido jurado de su

Premio Literario en 1960; Benítez en 1960 y 1964; García Ponce y Pacheco, en 1966, y Pellicer fue la gran figura del *Encuentro con Rubén Darío* que tuvo lugar en 1967, con motivo del centenario del poeta. A ese Encuentro, por cierto, no pudo asistir Paz, quien envió su adhesión, de la cual da fe el número que la revista *Casa de las Américas* dedicara al autor de *Cantos de vida y esperanza*. Lo cierto es que la batalla en el frente mexicano sería particularmente intensa.

El texto de Paz publicado en el número especial de *La Cultura en México* se titulaba «La autohumillación de los incrédulos», pero cambiaría el nombre por «Las "confesiones" de Heberto Padilla» a partir de su aparición en *El ogro filantrópico*. Traza en él un previsible paralelo utilizando el recurso de Marx al inicio del *Dieciocho brumario*. Si las confesiones de Bujarin, Radek y los otros bolcheviques durante los procesos de Moscú «produjeron un horror indescriptible» y «combinaron a Iván el Terrible con Dostoyewski y a Calígula con el Gran Inquisidor», al acusarse de crímenes «a un tiempo inmensos y abominables», ahora se transitaba «de la historia como pesadilla universal a la historia como chisme literario», pues aun en el supuesto de que «Padilla dice la verdad y que realmente difamó al régimen cubano en sus charlas con escritores y periodistas extranjeros: ¿la suerte de la Revolución cubana se juega en los cafés de Saint-Germain des Pres y en las salas de redacción de las revistas literarias de Londres y Milán?». Resulta llamativo que frente a las acusaciones terribles y apocalípticas de muchos de los que —hasta poco antes— simpatizaban con la Revolución cubana, Paz opte por represiones de mayor ligereza; es como si para marcar la ruptura no necesitara, a diferencia de muchos de sus colegas, justificaciones de gravedad. Al hacer balance de aquel momento, en una nota fechada en Barcelona el 11 de junio de 1993 —la cual acompaña las más recientes ediciones de su texto—, Paz va más lejos al considerar que aquel asunto conmovió a la opinión internacional y contribuyó «poderosamente al renacimiento de los sentimientos democráticos en las élites internacionales de nuestros países, anestesiadas por la ideología». Resume bastante lo ocurrido al afirmar que con «un manifiesto firmado por notables escritores», «comenzó el divorcio entre el régimen de Castro y los intelectuales europeos e hispanoamericanos que, hasta entonces, habían sido sus más fieles y entusiastas partidarios». «Me abstuve de firmarlo», explica, «porque sentí que era ajeno a la decepción que lo motivaba: yo no había compartido las excesivas esperanzas con que la mayoría de mis colegas vieron el movimiento cubano». Y aunque confiesa que al principio conquistó sus simpatías, procuró guardar distancias y, por ejemplo, «no asistí al famoso Congreso de 1967, en La Habana, que marcó el apogeo de la ilusión castrista entre los intelectuales. De ahí que prefiriese escribir esta pequeña reflexión individual» (*Sueños en libertad* 353). El «famoso Congreso de 1967» al que Paz no asistió —pero al que sí se adhirió— fue, como señalé antes, el dedicado a Rubén Darío. Se trataba, no creo necesario aclararlo, de un Congreso fundamentalmente literario en el cual, por cierto, participó el propio Padilla, cuyo poema «En tiempos difíciles», ya lo he dicho, fue publicado en el número «dariano» de *Casa de las Américas*. En realidad, el encuentro que marcó eso que Paz denomina «apogeo de la ilusión castrista entre los intelectuales», fue el multitudinario Congreso Cultural de La Habana, celebrado en enero de 1968. Es cierto que desde hacía dos décadas Paz había marcado su distanciamiento con la Unión Soviética en un texto titulado «Los campos de concentración soviéticos», publicado por primera vez en *Sur* (núm. 197) en marzo de 1951. Sin embargo, todavía en ese momento diferenciaba los estragos del estalinismo, del carácter intrínseco de la idea socialista, de ahí que concluyera afirmando: «Es inexacto [...] decir que la experiencia soviética condena al socialismo. La planificación de la economía y la expropiación de capitalistas y latifundistas no engendran automáticamente el socialismo, pero tampoco producen inexorablemente los campos de trabajos forzados, la esclavitud y la deificación en vida del jefe». Y remataba: «Los crímenes del régimen burocrático son suyos y bien suyos, no del socialismo» (*El ogro filantrópico* 238).

El número de *La Cultura en México* dedicado a Padilla incluiría también, entre muchas otras, las opiniones de Fuentes y de Pacheco. Para el primero, el poeta fue obligado a representar «el viejo número de vodevil estalinista». Se trataba, según el autor de *Cambio de piel*, de «un error mezquino que nos resta armas para defender a Cuba», e imposible de pasar por alto «en nombre del futuro que queremos para un socialismo mexicano». Fuentes establece el sitio de enunciación: un México donde Revueltas continúa encarcelado y donde «centenares de jóvenes libres, pensantes, promisorios, fueron asesinados en Tlatelolco por las fuerzas represivas del presidente Díaz Ordaz». Para él sería una burla a esas prisiones, a esas muertes, comulgar «con una caricatura estalinista del socialismo» («La verdadera» V). Pacheco, por su parte, opina que «si nuestro continente no tiene más salida que las revoluciones para dejar atrás la miseria, la explotación y la conculcación, entonces todo lo que sucede en Cuba no es asunto interno sino un problema personal de todos los hispanoamericanos». Y añade, recalcando la frase que desde hacía una década debía conducir la política cultural cubana: «Defender a Padilla —a pesar suyo y sobre todo a pesar nuestro, ya que ninguno de nosotros hubiera querido hacer nada susceptible de interpretarse como un acto de hostilidad contra la Revolución cubana— no es defenderlo porque sea un poeta: es defender la libertad de crítica *dentro de la revolución* sin la cual no pueden existir nunca las demás libertades» (Encuesta X).

Desde antes de ese número, con la carta del PEN Club, y hasta mucho después, la polémica, las intervenciones y las cartas de los lectores desbordarían el espacio del suplemento cultural para adueñarse de parte de la propia revista *Siempre!* Así, por ejemplo, en el número 930, del 21 de abril, se reproduce un mensaje de Ciro Pizarro López («El caso de Heberto Padilla: el poeta es vaca sagrada?») en el que discrepa de los miembros del PEN Club mexicano que dirigieron la carta a Fidel publicada por *Excélsior*. Tras la repercusión de esta, tres de los firmantes —Benítez, Montes de Oca y Pacheco— hicieron una aclaración al periódico «quejándose de esa ostentosa inserción y aclarando que no tienen nada que ver con esa manipulación de su carta, y preguntándose [...] por qué las personas que abusaron del PEN Club no han procurado darle la misma difusión a sus documentos en defensa de José Revueltas y los demás procesados (mexicanos) de 1968». Pizarro intenta dejarlos en una posición incómoda: «¿Ingenuos? Querían protestar contra Cuba... pero sin que se supiera mucho. [...] Los izquierdistas [...] trabajaron ahora, aunque no quisieran, para una campaña contra Cuba. ¡Paradojas del intelecto! No sólo los obreros viven enajenados» (5).

Pocos números más adelante recibieron, tanto la carta de Pizarro como la de otro lector, una mordaz respuesta de Gabriel Zaid («Prefiere la cargada la borregada izquierdista», núm. 933, 12 de mayo). Todavía el número 937 de la revista, del 9 de junio, recogería opiniones diversas y una carta a favor de las posiciones cubanas («Se puede ser poeta en Cuba, pero se puede ser contrarrevolucionario?») firmada entre otros por Juan Bañuelos, Jaime Augusto Shelley, Jaime Labastida, Telma Nava y Efraín Huerta. Su mensaje hace notar el efecto de la rapacidad mediática en la discusión: «La avidez con la que editores y directores de revistas solicitaron la opinión de muchos intelectuales provocó, tal vez no accidentalmente, que, sin desearlo estos últimos, los bandos se definieran, poniendo a cada cual en su lugar» (9). Y aún en los números siguientes de *Siempre!* continúa la toma de posiciones, al menos hasta el 940, del 30 de junio, que hace un recorrido por los textos cruzados, evalúa el estado de la cuestión, e incluye tanto la «Policrítica...» de Cortázar como la carta de Haydée Santamaría a Vargas Llosa. La ilustración de portada de ese mismo número es elocuente e implica una toma de partido explícita por parte de la revista. Sobre una isla acompañada de la advertencia «Aquí se construye el socialismo», se erige un enorme titán con martillo al hombro. A horcajadas sobre uno de sus brazos, Fidel termina de esculpir la figura. Desde el agua, a bordo de un bote llamado Calíope, un personaje con pinta de intelectual observa una pequeña magulladura en el dedo de un pie del titán, de cuyo vendaje se desprende el nombre de Padilla. Ante tan ínfima lastimadura, el representante de Calíope, es decir, de la historia, se limita a exclamar: «¡Bah!». Por otra parte, al arribar al número 500 (8 de septiembre de 1971), *La Cultura en México* preparó un número doble en cuyo editorial se leía: «No podíamos estar al margen de los acontecimientos que han cambiado el rostro y la personalidad del mundo y del país. Hemos denunciado los crímenes imperiales dondequiera que se presenten. Hemos sido los primeros en defender a la Revolución Cubana (y también los primeros en defender el derecho a la crítica dentro del socialismo)».

Si en 1971 los más prestigiosos e influyentes intelectuales mexicanos eran Paz y Revueltas, los más célebres y (en cierto sentido) frágiles eran Carlos Fuentes y el grupo nucleado en torno suyo y de

La Cultura en México, conocido como «la mafia». No es de extrañar, por consiguiente, que en el fuego cruzado fueran estos quienes recibieran la mayor parte de los dardos. Una novela de 1967, titulada precisamente *La mafia*, de Luis Guillermo Piazza, consagró el nombre del grupo. En su *Historia personal del «boom»*, Donoso afirma que «fue ese libro el que inició la leyenda negra de la camarilla siniestra de escritores dedicados a las alabanzas mutuas» (90). Volpi considera que *La mafia* «le granjeó [a su autor] la animadversión o el desprecio de gran parte de los intelectuales mexicanos de la época y, sobre todo, de quienes participaban en el suplemento de Benítez» (53). «Cada uno de los clisés utilizados por sus personajes», asegura Volpi, «es llevado a sus últimas consecuencias por Piazza, con una acidez demasiado evidente. Si Monsiváis es simpático y juguetón, Piazza lo convierte en bufón de circo; si Fuentes es glamoroso y fatuo, Piazza lo hace parecer vacío y soberbio; si Cuevas es engreído y vanidoso, Piazza lo transforma en superficial y pueril» (55). Aunque para Volpi *La mafia* se lee ahora como una (fallida) novela costumbrista, algunos de sus argumentos resultan válidos «para arrojar cierta luz sobre el comportamiento de los intelectuales. La tesis central de la novela es que un grupo compacto de intelectuales se ha apoderado —o al menos lo ha intentado— de *todos* los espacios culturales del país. El recuento difícilmente lo refutaría» (55). Intentando resaltar el lado frívolo de su protagonista, Piazza recuerda «aquella vez que llegó Silvina, de Buenos Aires, la llevé con carlosfuentes él tan escritor tan completo como dijo mi cuñada [...] lo tiene todo para triunfar como Victoria Ocampo en sus tiempos físico, juventud mujer casa environment baila muy bien conversa a cada quien lo suyo» (35). Y rescata frases del tipo «Yo no me hago la publicidad, me la hacen dice Fuentes. Tiene ½ razón. Yosoymipropiamafia, recuerden su célebre frase en la Biggest Show, es la otra ½» (95). El libro reproduce una carta manuscrita y dibujada por José Luis Cuevas a Piazza, fechada el 13 de mayo de 1963, en la cual le asegura haber hablado de él y de Fuentes en una entrevista en *Newsweek*. Confiesa Cuevas haber recibido «rumores de que tú eres el inventor de la "*maffia*" a la que me honro pertenecer», y propone «crear un círculo muy cerrado y no permitir el paso a los mediocres. Creo además que debemos hechar [sic] a algunos que se han colado». Haciendo gala de vocación latinoamericanista, arguye que la mafia debe extenderse por todo el Continente e incluir a Borges, Cortázar, Vargas Llosa («un escritor joven que dará mucho que hablar»), Marta Traba, Gómez-Sicre y pintores como Alejandro Obregón, Alejandro Otero y Armando Morales. «Creo que todos ellos (como en México Fuentes, tu y un joven Monsivais a quien conozco poco pero de quien tengo magníficas referencias) representan un nuevo "tipo" de intelectual latinoamericano muy alejado del solemne y grandilocuente "tipo" de momias del calibre de Arciniegas, Siqueiros, Uslar Pietri, Gallegos, etc. etc» (s. p.).

Si bien la leyenda en torno a la Mafia parece más propia de la jet set que de la ciudad letrada, más cercana a las revistas del corazón (y el libro de Piazza no eludió incluir —en pruebas de contacto— fotografías de las envidiables veladas) que de la nueva novela, Donoso no duda en afirmar que el boom, «al principio, y según lo veo yo, tuvo su sede en México, en y alrededor de la vilipendiada *mafia* de amigos de Carlos Fuentes» (76), y más precisamente en su casa, por la que desfilaba «toda la picaresca literario-plástica-cinematográfica-teatral-social de México, además de internacional» (82). De hecho, precisa, «la anécdota del *boom* como tal comienza en aquella aparatosa fiesta en casa de Carlos Fuentes en 1965, presidida por la figura hierática de Rita Macedo cubierta de brillos y pieles» (87). Por una de esas fiestas en las que «predominó la deliberada frivolidad», transitó, el Año Nuevo de 1971, el ya por entonces encargado de negocios de Chile en La Habana, Jorge Edwards. En *Persona non grata*, este recuerda que en aquella velada, señalando hacia Fuentes, el pintor Fernando de Szyszlo le preguntó: «¡Míralo! ¿No encuentras que parece un general mexicano?». El narrador se atiene entonces a la descripción: «Con su bigote, su amplia sonrisa, su traje y su chaleco azul marino a rayas grises, su impecable camisa blanca y la rutilante corbata, el dueño de casa, departiendo en un círculo, bajo la mirada adusta de los héroes clavados en los muros, whisky en mano, se hallaba en plena y gozosa expansión de su personalidad» (106-107). En ediciones posteriores del libro, Edwards se sintió obligado a agregar una nota donde daba fe de que «estos párrafos irritaron a algunos de mis amigos mexicanos», y explica que sus comentarios se debieron a una «mezcla de envidia y de lucidez melancólica, que no facilitaba la incorporación al jolgorio» (107, n. 16).

La peculiar situación de buena parte de los intelectuales mexicanos —al menos la mayoría de los más influyentes y de mayor repercusión internacional— llamaba la atención una y otra vez. Ya en una carta sin fecha dirigida a Roberto Fernández Retamar y recibida en la Casa de las Américas el 10 de febrero de 1966, Ángel Rama denunciaba la iniciativa de Emir Rodríguez Monegal, quien «ha viajado por toda América —todos los gastos pagos por los americanos— para conseguir colaboraciones [para lo que a la postre sería *Mundo Nuevo*] dirigiéndose sobre todo a la izquierda no comunista»; en Montevideo «ni Benedetti, ni [Carlos] Martínez Moreno, ni ninguno de los escritores importantes de la nueva generación participarán del engendro, y tampoco en Buenos Aires, pero en México ya no sé qué puede ocurrir» (Fernández Retamar, «Ángel Rama» 51). El mismo Benedetti, en su intervención en la polémica de Padilla, y refiriéndose a la segunda carta dirigida a Fidel (también conocida como carta de los 62), desliza similar preocupación: «Creo que ha llegado el momento de que los 62 se vayan de a poco convenciendo de algo que en Montevideo, en Buenos Aires, en Santiago de Chile, en La Habana, en Lima, en Bogotá (mis únicas dudas se refieren a México y su rampante *maffia* literaria), ya se ha hecho carne en la gran mayoría de los escritores: *se acabó la diversión*» («Las prioridades» 29). Y en su ensayo «Caliban», el mismo Retamar embiste directamente contra Fuentes y la mafia, «el único equipo nacional de escritores del Continente en romper con Cuba» (62).

Al mismo tiempo, más de una vez aparecen, por aquí y por allá, alusiones a veredictos dudosos —«mafiosos»— relacionados con el autor de *La muerte de Artemio Cruz*. Volpi, siguiendo a Piazza, recuerda el «famoso concurso de cine experimental ganado por Carlos Fuentes y José Luis Ibáñez, gracias al cual se produjo un resquebrajamiento dentro de la propia mafia, pues otros concursantes, como Juan García Ponce, no se mostraron satisfechos con el veredicto» (437). Todavía años después Rama anotaba en su *Diario* (el 9 de octubre de 1977) que García Márquez le había confesado que, como jurado del Premio Rómulo Gallegos, hubiera querido darle el premio a Luis Goytisolo en lugar de a *Terra Nostra*. Sin embargo, fue imposible, por lo que prefirió no viajar a Caracas y adherir a la resolución mayoritaria a favor de Fuentes: «Yo le podía haber explicado mi voto para Goytisolo, pero de no ser así, prefiero no disgustarme con él», le explicó el colombiano. «También Gabo era consciente del aire "mafioso" que cobró el premio con la designación de Carlos Fuentes» (64). Este, por su parte, no ahorraba acusaciones de semejante tenor, e inculpaba a la política de Díaz Ordaz de montar «un aparato de represión y provocación con elementos reclutados entre el hampa [de] instituciones de cultura como El Colegio de México» («La disyuntiva» 23 [180]). Envuelto en la misma ola de la carta a Neruda —como él, también Fuentes había participado en el Congreso del PEN Club celebrado en los Estados Unidos—, fue además colaborador de *Mundo Nuevo*, lo que implicaba asumir una clara postura en el diferendo, incluso antes de la aparición de la revista de Rodríguez Monegal. De hecho, el primer número de esa publicación se inauguró con una entrevista al autor de *Aura*, «representante "oficial" de la imagen espectacular que promueve la revista» (Mudrovcic 61). Los ataques a Fuentes desde La Habana fueron respondidos en *La Cultura en México*. Tensando la cuerda, en su libro de 1969, *La nueva novela hispanoamericana*, Fuentes cerró con Padilla la lista de veintitrés «escritores y artistas [que] han sufrido ataques violentos, censura o cárcel» (85). Era evidente que, para cuando estallara la polémica, los enconos se desatarían.

Octavio Paz, por su parte, si bien había renunciado a su cargo como embajador en la India tras la masacre de Tlatelolco, no regresaría al país sino hasta 1971. Desde mucho antes de 1968 había indicios de que deseaba retornar. Piazza lo expresa a su modo: «y Octavio Paz que cada seis meses se corría el rumor de que estaba por llegar y formaría su propia mafia» (141); «cuando vuelva Paz va a formar su propia Mafia» (160). Leyendo sus *Cartas cruzadas* con Arnaldo Orfila, aparecen atisbos del regreso, y buena parte de la correspondencia escrita por Paz desde la India se centra en su obsesión por fundar una nueva revista para la que necesita financiamiento y cuya distribución correría a cargo de la editorial Siglo Veintiuno, dirigida por Orfila. En busca de ayuda, Paz recurrió a Malraux, pensando en la opción de hacerla en París con varios coordinadores, así como pretendió en algún momento fusionarla con la ya existente

Diálogos, dirigida por Ramón Xirau, para obtener la subvención de El Colegio de México. A la postre, el resultado sería *Plural* —empresa que terminó devolviéndolo al país—, como publicación del periódico *Excélsior*, entonces bajo la dirección de Julio Scherer.

Ironías del destino: el 10 de junio de 1971, Jueves de Corpus, cuando estaban lejos de apagarse los ecos de la polémica en torno a Padilla, se produce una nueva matanza de estudiantes en la Ciudad de México, por fuerzas irregulares que respondían directa o indirectamente a órdenes del gobierno del presidente Luis Echeverría (en cuyo currículo aparecía haber sido Secretario de Gobernación durante Tlatelolco). La mayoría de los más conspicuos miembros de la *intelligentsia* mexicana guardó discreto silencio o prefirió dar por buena la versión oficial. «Entre los escritores, Carlos Fuentes se convirtió en uno de los primeros en aceptar la buena fe del presidente: a partir de 1971 comenzó a defender su política y en 1975 incluso se convirtió en embajador de México en Francia» (Volpi 421). Por si fuera poco, Volpi añade que «aunque la inocencia de Echeverría nunca fue aclarada del todo, la mayor parte de los intelectuales que habían decidido apoyarlo prefirió cerrar los ojos ante una muestra tan clara de incongruencia (incluso Octavio Paz le otorgó el beneficio de la duda)» (423). Fue una trágica paradoja que el grupo más consistente en denunciar «los crímenes imperiales dondequiera que se presenten» y en «defender el derecho a la crítica dentro del socialismo» decidiera, en tales circunstancias, mirar hacia otro lado.

El mencionado número 500 de *La Cultura en México* incluye el cuento de José Emilio Pacheco «Cuando salí de La Habana válgame Dios», a cuyo protagonista lo sorprende en La Habana la llamada Guerrita del 12, y decide regresar a México a bordo del *Churruca*. Tanto él como los demás tripulantes y pasajeros creen llegar a ese país dos o tres días después, pero al asomarse por las claraboyas descubren, perplejos, que no reconocen nada: es 30 de julio de 1972. Los de tierra «dicen que es un barco fantasma: el Churruca de la Compañía Trasatlántica Española desapareció en el mar en 1912, tú y yo y todos los de aquí sabemos que no es cierto; pero cuando bajemos ¿qué pasará, Dios mío, cómo pudo pasar lo que nos pasó, cómo vamos a vivir en el mundo que ya es otro mundo?». (XXIV) Leído en el contexto de esta polémica podemos forzar una interpretación. El viaje al futuro del buque fantasma (incluso al futuro de los lectores del cuento, quienes leen en 1971 una historia cuyo presente transcurre al año siguiente) puede ser entendido como un equivalente del itinerario de una polémica, al final de la cual el mundo ya se ha transformado, aunque para quienes realizaran la travesía no ha transcurrido sino un breve espacio de tiempo. ¿Cómo vivir en ese otro mundo posterior al encontronazo? El viaje desde La Habana ha trastornado a quienes tomaron parte en él, empujados a vivir en un universo desconocido, ajeno, que deben reconstruir. No se necesita ser demasiado perspicaz para notar la intencionalidad del título del relato, más allá de la evidente referencia musical. Pacheco habla de una ruptura (que en el caso del texto es de índole temporal) y de un reencuentro inevitable y traumático. En esa misma lógica, el viaje intelectual entre La Habana y México ocuparía un lugar en el futuro. Para entonces, para cuando el narrador y los demás viajeros desembarcaran, cabría preguntarse: «¿qué pasará?», ¿cómo podrán vivir en un mundo que ya era «otro mundo»?

Libre ¿de qué?, ¿de quién?

Todo comenzó en una fiesta. En el verano de 1970 —como se han encargado de recordar varios asistentes—, un grupo de escritores españoles e hispanoamericanos residentes en París y en Barcelona viajó al Festival de Avignon para asistir al estreno de la versión francesa de *El tuerto es rey*, de Carlos Fuentes. Aprovechando la oportunidad, Cortázar los invitó a reunirse en su casa en Saignon. Allí —lo ha contado María Pilar Serrano en el tono que le es propio— «sucedieron dos cosas importantes: se fundó la revista *Libre* y Mario Vargas Llosa cambió de peinado» (Donoso 113). Lo segundo, como es fácil imaginar, no tuvo gran impacto fuera del círculo de los íntimos; lo primero, en cambio, contribuiría a enturbiar el agitado clima de la época. Pocos meses antes Juan Goytisolo había tenido noticias del propósito de Albina du Boisrouvray (rica heredera interesada en apoyar financieramente proyectos «alternativos») de subvencionar una revista literaria. Entusiasmado con la idea, Goytisolo comienza a madurarla y en las semanas siguientes discute el tema con Cortázar, Fuentes, García Márquez, Vargas Llosa, Sarduy, Semprún y Carlos Franqui, entre otros. De modo que, para el momento de la velada en Saignon, el proyecto de la nueva revista era algo más que un deseo. Una segunda y decisiva reunión tuvo lugar la noche del 31 de diciembre de aquel año en otra fiesta, esta vez en casa de Luis Goytisolo, en Barcelona; fue allí donde —además de decidirse la dirección rotativa de la revista— García Márquez propuso a Plinio Apuleyo Mendoza como jefe de redacción, y Cortázar a Grecia de la Sobera, esposa de Rubén Bareiro Saguier, como secretaria. Para Donoso, dado a establecer cronologías incomprobables, el boom terminó como unidad en aquel sarao en que Cortázar y Ugné Karvelis bailaron algo muy movido, y los Vargas Llosa se lucieron con un valsecito peruano que fue seguido por el «merengue tropical» que desplegaron los García Márquez; todo ello, mientras Carmen Balcells, «reclinada sobre los pulposos cojines de un diván, se relamía revolviendo los ingredientes de este sabroso guiso literario» (87). Fue, con seguridad, la última vez que bailaron juntos.

El 16 de agosto, al día siguiente de la primera reunión, Cortázar le escribiría a Retamar contándole de la «pachanga en mi ranchito de Saignon»: «Las circunstancias colaboraron para que yo pudiera llevar a la práctica casi inmediatamente la —digamos— misión amistosa concerniente a Mario Vargas Llosa». Dicha misión suponía limar las posibles asperezas entre Vargas Llosa y los cubanos surgidas a raíz del apoyo oficial del gobierno de la Isla a la intervención militar en Checoslovaquia. Como miembros del Comité de colaboración de *Casa de las Américas*, tanto el argentino como el peruano estaban invitados a la reunión prevista para enero de 1971, y la carta venía a despejar todas las dudas: «Mario no solamente no tiene el menor problema para ir a la reunión del Comité, sino que está lleno de deseos de hacerlo para hablar largo contigo y otros compañeros». Reconoce que a ambos les parece elemental y positivo que, «al margen de las recapitulaciones que puedan surgir en esas charlas, lo que cuente sea el trabajo presente y futuro; los roces, las nostalgias, las discrepancias ya claramente definidas, deben ceder paso a algo que cuenta mucho más: el acuerdo profundo y básico, y la labor que de ese acuerdo puede y debe surgir». Cortázar cree —y lo cree «de veras»—, «que pasaremos más tiempo discutiendo el futuro que un pasado lleno de brumas, malentendidos y otros productos negativos de la distancia y la incomunicación» (108). Prefiere pasar por alto en ese momento uno de los motivos esenciales que los llevaba a La Habana: obtener apoyo para la naciente publicación.

Una coincidencia en la que de ninguna manera hubieran querido incurrir los gestores de *Libre* fue percibida por el mismo Donoso, para quien, en el ágape de Barcelona, «uno no podía dejar de pensar en otra fiesta, en una fiesta mexicana con tequila y muchas flores de papel, que presagió la fundación de otra revista con sede también, como *Libre*, en París»: *Mundo Nuevo*. Como en aquella ocasión, afirma, había ahora «un clima de esperanza y de coherencia, de alegría y seguridad» (88), que muy pronto comenzaría a disiparse. Y así como la polémica en torno a *Mundo Nuevo* precedió a la aparición de la revista en 1966, *Libre* provocó —cierto que con mucho menos encono— acalorados debates antes de nacer. En principio se trataba de un proyecto arropado por parte de la izquierda intelectual. Si los propios Cortázar y Vargas Llosa, por ejemplo, jamás colaboraron en aquella —por el contrario, uno y otro fueron elegantemente atacados desde sus páginas—, serían, en cambio, impulsores de esta y mediadores suyos, como ya vimos, ante el Comité de colaboración de *Casa de las Américas*. «Cuba seguía siendo el foco de la autoridad ideológico-cultural», como lo era cinco años antes, de modo que dichos mediadores «no hacen sino repetir el gesto realizado, en su momento, por Emir Rodríguez Monegal, que también había intentado congraciarse con los intelectuales de Cuba, sabiendo que de su aprobación o desaprobación dependía el éxito o el fracaso de la empresa de *Mundo Nuevo*, tal como finalmente ocurrió» (Gilman 230). Sin embargo, no obtuvieron ningún compromiso por parte de ellos, quienes no podían evitar el recelo que les provocaban tanto el antecedente de la propia *Mundo Nuevo* como ciertas tiranteces producidas en los últimos años. No pasaría mucho tiempo antes de que, con tales precedentes, e «independientemente de nuestras voluntades y esfuerzos», explica Goytisolo, «la idea de una turbia conspiración contra Cuba empezó a tomar cuerpo» (159).

La experiencia de aquella revista era una inevitable invitación a mirar con desconfianza el nacimiento de la nueva, por más que esta pretendiera asumirse con un perfil revolucionario. Los cubanos sabían bien —y el ejemplo de la revista de Rodríguez Monegal había venido a confirmarlo— que con frecuencia lo más importante (y peligroso, si las posiciones editoriales se entienden como una batalla en el campo de las ideas) no es lo que se dice, sino cómo y desde dónde se dice. El mensaje más «neutro», en determinados casos, genera una lectura interesada y políticamente activa. En el ya mencionado volumen *La CIA y la guerra fría cultural*, Saunders cita una carta de Irving Kristol (codirector de la revista *Encounter*) a Michael Josselson (organizador del Congreso por la Libertad de la

Cultura), quien se mostraba inquieto por la aparente neutralidad de la naciente publicación: «¿Piensa que el primer número no es lo suficientemente político? Eso es que no ha examinado con suficiente atención el índice... ¿Piensa que el primer número es excesivamente literario? No tiene razón... Quizá me equivoco, pero pienso que, en *Encounter*, el Congreso tiene una baza más importante de lo que se creen» (Saunders 253). Por su parte, uno de los más prominentes estrategas de la guerra fría en el campo de la cultura, C. D. Jackson, le escribía en 1953 al director y propietario del emporio mediático *Time-Life* asegurándole que el cineasta Cecil B. DeMille —recién nombrado consejero especial sobre cine— estaba impresionado con el poder del cine estadounidense en el extranjero: «Tiene una teoría, que suscribo por completo, de que la utilización más eficaz de las películas americanas no es diseñar toda una película para tratar un determinado problema, sino hacer que en las películas "normales" se introduzca una línea de diálogo apropiada, un comentario, una inflexión de voz, un gesto» (Saunders 402). Esa inflexión de voz, ese gesto, habían sido parte esencial de la empresa *Mundo Nuevo* como podían serlo, se temía, de la de *Libre*. El destino, sin embargo, dispuso otra cosa, y la nueva publicación debió nacer gritando a voz en cuello.

En una carta fechada en París el 14 de marzo de 1971, es decir, una semana antes de la detención de Padilla, Cortázar anunciaba que «*Libre* va a salir. Rubén Bareiro y yo le cambiamos bastante un texto de presentación destinado a los eventuales colaboradores, y que había redactado Juan [Goytisolo]. [...] Como todas las cosas hechas por más de uno, es gris y anodino, pero en todo caso Rubén y yo tratamos de quitarle la perspectiva demasiado "española" que lógicamente tenía» (Cortázar, *Cartas* 1445). Fue esa versión mejorada del texto (que a la postre serviría de editorial del primer número) la que cuatro días más tarde, y como parte de la ofensiva llevada a cabo por *Libre* para ganar colaboradores, Goytisolo enviara a Héctor Schmucler, director de la revista argentina *Los Libros*, junto con la invitación a formar parte del proyecto. La respuesta («Carta a *Libre*»), fechada el 14 de mayo, apareció en el número de la publicación sudamericana correspondiente al mes de junio. En los casi dos meses que median entre ambas cartas, el mundo intelectual había dado un cambio brusco. En su réplica, Schmucler comienza por desechar uno de los argumentos más socorridos para cuestionar o atacar la revista: el de su financiamiento. Para el director de *Los Libros*, «el punto de mira debe ser político. Desprecio, pues, todo argumento moralizante como el que algunos han esgrimido en relación con las finanzas de *Libre*: no es fundamental la circunstancia de que la revista sea financiada o no por la nieta del boliviano Patiño». De igual modo, la oposición a *Mundo Nuevo*, aclara, no se debía solo a que fuera financiada por la CIA, sino al proyecto político que encerraba: «El más encendido artículo antiimperialista en las páginas de *Mundo Nuevo* sólo hubiera servido para confirmar la imagen contenida en su propuesta: "la cultura no tiene fronteras ideológicas"». De modo similar, agrega, «todo artículo que aparezca en *Libre*, más allá de su contenido manifiesto y de las intenciones del autor, insistirá en la significación que adquiere su existencia: un grupo de escritores utilizan la fuerza que les otorga su consagración por el mercado para abrir una tribuna que difunda un "pensamiento revolucionario"» (Schmucler 30). A pesar de la pertinencia del razonamiento de Schmucler, los cuestionamientos sobre el sostén económico de la publicación no se detendrían. La misma *Casa de las Américas*, en la sección «Al pie de la letra» de su número 67, correspondiente a los meses de julio-agosto, daba fe de un nacimiento y de una coincidencia: «el anuncio de la desaparición de *Mundo Nuevo* coincide con otro anuncio: el de la aparición de una "nueva" revista, que parece que se llamará *Libre* (¿de qué?, ¿de quién?), aunque muchos la llaman ya *Mundo Viejo*, y que será editada por el habitual equipo de latinoparisinos colonizados» (181). Y de inmediato pasaba al tema del dinero: «*Libre* (de llegar a aparecer) no será subvencionada por la Fundación Ford —como *Mundo Nuevo* no lo fue por la CIA—... sino por los dineros de Patiño, el del "metal del diablo" boliviano. Lo que hace pensar en el comentario del doctor Johnson: "Su esposa, caballero, con el pretexto de que trabaja en un lupanar, vende géneros de contrabando"» (181-182). El número siguiente sería más explícito: «Ya es tradicional que algunos familiares de los millonarios alivien sus atribuladas conciencias dedicando a obras de caridad migajas de los dineros que el emprendedor de la familia arrancó a los trabajadores. Generalmente habían sido sociedades protectoras de animales o patéticos asilos los beneficiarios de esta piedad extemporánea. Esta vez», concluye, «han sido supuestos izquierdistas libres quienes han recibido las migajas de Patiño». Por puro azar, la imagen de la familia, y especialmente de su patriarca, Simón Patiño, había sido traída a colación en fechas recientes, como símbolo y quintaesencia de la explotación en el Continente. En *Las venas abiertas de América Latina*, cuya mención en el Premio Casa de las Américas de ese año le fuera concedida cuando aún no se había desatado la tormenta que sobrevendría poco después, Galeano sintetizaba la tenebrosa historia de la fortuna del clan: «el envase de hojalata no es solamente un símbolo *pop* de los Estados Unidos: *es también un símbolo [...] de la silicosis en las minas del siglo XX o Huanuni: los mineros bolivianos mueren con los pulmones podridos, para que el mundo pueda consumir estaño barato*» (262-263, cursivas del autor). Quisiéranlo o no, contra esa imagen debían luchar los beneficiarios de la heredera. El tema del financiamiento fue cuestionado a tal punto que los editores de *Libre* se sintieron obligados a agregar una nota al pie del editorial del primer número para advertir que la revista contaba con el apoyo financiero de Éditions Libres, firma dirigida por Albina du Boisrouvray, quien no pone compromisos y comparte los propósitos y orientación de la revista. Pocos meses después de su aparición, en carta a Haydée Santamaría, Cortázar lamentaba haber perdido «la oportunidad de valerse sin ningún compromiso de un respaldo económico que no es, como se ha dicho absurdamente, "la plata del diablo" (¡lo que pueden pesar los prejuicios y las ideas recibidas!)», y precisaba que no era «sino el dinero de una mujer que lleva años financiando películas de avanzada y actividades diversas de la izquierda europea, vaya a saber en el fondo si por mala conciencia o simplemente porque su única manera de ayudar una causa es darle parte de su dinero» (Carta del 4 de febrero de 1972, 149). Las inmediatas tensiones de la aún nonata publicación con la Casa de las Américas y su órgano oficial, precedieron al caso Padilla, de modo que ello solo vino a agravar un disenso inevitable. La causa más obvia es que la proyectada revista venía a disputarle a *Casa de las Américas* (y, en última instancia, a la Revolución cubana) la hegemonía de que gozaba en el campo cultural latinoamericano. De hecho, su propia gestación era síntoma de que muchos de los intelectuales hasta entonces afines a la Revolución buscaban otro medio en el que fijar sus posiciones. Sin embargo, al menos durante los meses previos al escándalo en torno al poeta, sus promotores no solo evitaron por todos los medios una colisión con los cubanos, sino que insistieron en hallar reconocimiento por parte de ellos, conscientes de que tal apoyo era imprescindible si se pretendía seducir a los potenciales lectores de la izquierda continental.

Volviendo a su carta-respuesta a Goytisolo, Schmucler se preguntaba, más de forma retórica que intentando resolver un enigma: «¿Desde qué propuesta revolucionaria *Libre* erige su crítica? ¿Cuáles son los acuerdos previos que permiten vaticinar cierta coherencia política?». Para él, «al escindir la cultura de la política, el pensamiento de la acción, la ideología burguesa ha logrado eficazmente mistificar y mitificar la realidad. La política, Goytisolo, no se opone ni acompaña a la cultura: *es* cultura» (30). Faltaban algunos meses para que el primer número de *Libre* (septiembre-noviembre de 1971) viera la luz, pero ya sus realizadores estaban circulando el editorial y al menos un boceto del índice de esa entrega. Contra ellos, precisamente, se lanza el director de *Los Libros*. Ante la afirmación de que *Libre* dará la palabra a los escritores de España y América Latina que «luchan por una emancipación real de nuestros pueblos, emancipación política y económica así como también artística, moral, religiosa, sexual», aquel asegura que la descripción resulta de un anacronismo deslumbrante si se la compara con las noticias que aparecen todos los días en los periódicos de la América Latina (30). Y sin detenerse demasiado en ello, ni mencionar de forma explícita al autor o al texto, ataca la conocida propuesta de Vargas Llosa con la cual se cerrará el número inicial de *Libre*: «Los textos que desencadenan la acción, proclaman una verdad artística que supera toda fijación en modelos decimonónicos de la literatura, aún concebida por algunos como promovida por demonios» (30). (Por cierto, el proceso de radicalización de *Los Libros* coincide con la aparición de la revista afincada en París. Silvia Sigal ha hecho notar que entre el número de agosto y el de septiembre se marca de manera ejemplar la ruptura entre prácticas culturales y prácticas políticas a través del cambio de subtítulo: de «Un mes de publicaciones en América Latina» a «Para una crítica política de la cultura» [Sigal 197]).

Finalmente, con el subtítulo de *Revista Crítica Trimestral del Mundo de Habla Hispana*, apareció *Libre*, como ya vimos, en septiembre de 1971. Sus cuatro números fueron dirigidos, sucesivamente, por Goytisolo, Semprún, Teodoro Petkoff y Adriano González León (quienes codirigieron la tercera entrega), y Vargas Llosa. El editorial del primer número —del que ya adelanté algunas propuestas— quiso dejar claras las pretensiones de la publicación y de sus realizadores: «cuando una revista reúne a escritores como los que firman estos trabajos y como los que han de colaborar en números venideros, su propósito no puede prestarse a equívocos ni a interpretaciones apresuradas». Se trataba, claro está, de una respuesta a muchas de las acusaciones y dudas que había generado. Sin embargo, la propia imagen que de sí tenían —el carácter «necesario» de su existencia, el hecho de venir supuestamente a llenar un vacío— era ya desafiante («Las circunstancias existentes en América Latina y España reclaman con urgencia la creación de un órgano de expresión común a todos aquellos intelectuales que se plantean de modo crítico la exigencia revolucionaria»), pues suponía la incapacidad de las revistas ya existentes para ocupar tales espacios. Aclaraban que, contrariamente a lo que hubiera podido prejuzgarse, *Libre* no pretendía ser una revista de intelectuales exiliados. Su propósito mayor era «luchar contra la injusticia fundamental del sistema capitalista, particularmente en su bárbara explotación del tercer mundo, así como ha de luchar por la libertad de expresión y la auténtica democracia toda vez que le parezcan amenazadas dentro de cualquiera de los países socialistas». Lo que llamaban su «labor revolucionaria» debía extenderse a todos los planos accesibles a la palabra: «el "cambiar el mundo" conforme al propósito de Marx, y el "cambiar la vida" según el anhelo de Rimbaud». Retóricamente, los editores trazaban una involuntaria equivalencia entre el modo de abordar un tema y otro: para «luchar contra la injusticia fundamental del sistema capitalista», actuarían conforme al propósito del filósofo; para luchar por la libertad de expresión y la democracia amenazadas en los países socialistas, lo harían según el anhelo del poeta. Dicha separación no hacía más que reforzar, aun sin proponérselo, ciertos prejuicios y lugares comunes. Como es obvio, no podían dejar pasar la ocasión de reiterar que se trataba de una publicación «de financiación absolutamente independiente», y al mismo tiempo eran conscientes de que su precio (18 francos o 3 dólares el ejemplar, y 13 dólares la suscripción anual para la América Latina) podía distanciarla de los lectores a quienes se suponía destinada: «los estudiantes y la juventud revolucionaria en general».

Libre quiso (más aún, necesitaba) cumplir con una fórmula que suele desvelar a los editores de las más prestigiosas publicaciones periódicas. A propósito de la *Nouvelle Revue Française*, fundada por Gide en 1909, Bourdieu puntualizaba una tendencia que se hace recurrente en ellas, sobre todo al momento de presentarse a los lectores. Y es que el sumario debe ser a la vez «una exhibición del capital simbólico del que dispone la empresa y una toma de posición político-religiosa»; por tal motivo hay que contar «con unos cuantos accionistas importantes» que representen tendencias variadas dentro del «tablero político-literario» (*Las reglas* 404). Sin embargo, según ha señalado quien fuera Jefe de Redacción de *Libre*, la asociación que se produjo en torno a la revista mostró desde un comienzo visibles grietas, pues apenas apareció su primer número «se hizo evidente que sus colaboradores no compartían una misma visión política» (Mendoza IX). Para él, «la red que había lanzado *Libre* era amplia y fastuosa», pero hubo «una flagrante injusticia» cuando se vetó el nombre de Cabrera Infante, propuesto para la nómina de colaboradores. La precaria unidad en torno al proyecto estuvo a punto de romperse, dice, pues los escritores simpatizantes con el régimen cubano amenazaron con retirarse si aquel figuraba en *Libre* (Mendoza XI). Según la versión de Goytisolo, la eventual participación de los escritores cubanos en la revista exigía el sacrificio del compatriota avecindado en Londres, y Cortázar mismo dejó claro que si este entraba por una puerta él salía por la otra. «Según pienso ahora, el proyecto de nuestra publicación debería haber muerto allí; [...] *Libre* nació fruto del cabildeo y el compromiso» (Goytisolo 160).

La advertencia de Cortázar —quien al menos hasta 1968 había tenido una relación afectuosa y profesional con el autor de *Tres tristes tigres* (Mirabal 320, 334)— no tardó en llegar a los oídos del cubano, cuyo consecuente enojo aparece por la vía más insospechada. El jueves 13 de mayo de 1971 Cabrera Infante conoció personalmente a Borges. Para no olvidar la fecha, guardó el boleto de entrada a la primera de una serie de charlas ofrecidas por este en el Central Hall de Westminster (*Infantería* 1012). Hay testimonio indirecto de tal encuentro en el voluminoso tomo que, bajo el título de *Borges*, recoge los apuntes tomados a lo largo de años (bajo el formato de un diario) por su amigo Bioy Casares. En la entrada del lunes 17 de mayo, Bioy reproduce varias anécdotas que aquel le cuenta al regreso de Inglaterra. El autor de *El Aleph* le confiesa que con Cabrera Infante se sintió «cómodo», «persuadido de que era un amigo de toda la vida». Esa espontánea simpatía, sin embargo, no alcanza a aplacar la mordacidad de Borges: «Cabrera Infante es inteligente, salvo cuando habla de cine. ¿Te acordás de *King Kong*? Una idiotez. Cabrera afirmó que era una película interesante». Y sin transición añade: «Está muy enojado con Cortázar. Dice: "¿Cómo no se da cuenta de que Fidel Castro es el Perón de Cuba?"» (Bioy Casares 1360).

Como parte de la ofensiva de legitimación de la naciente revista, Bareiro —quien a principios de año había ganado el Premio Casa de las Américas con el volumen de cuentos *Ojo por diente*, cuya publicación se aplazaría por años— le realiza una entrevista a Albina du Boisrouvray que aparece en el número del 22 de septiembre de *La Cultura en México*, con un título que intenta despejar todas las dudas: «La verdadera historia de la revista *Libre*». Deslumbrado ante la juventud, la belleza y las ideas progresistas de su entrevistada, Bareiro cierra el cuestionario con la siguiente pregunta: «¿Cree usted que una revista como ésta puede ayudar a crear una conciencia revolucionaria en América Latina?», a lo que ella responde: «Evidentemente; por ello me he embarcado en la tarea, no sólo como una de las patrocinadoras, sino especialmente como colaboradora en el plano de la tarea intelectual. Me entusiasma la posibilidad de hacer algo por la causa revolucionaria en América Latina». Para la vilipendiada heredera, convertir la revista en un sitio de encuentro y de discusión era una forma de contribuir a despejar las limitaciones del sectarismo, «talón de Aquiles de las fuerzas de izquierda». Por eso, finaliza, «coincido plenamente con las declaraciones generales hechas en el primer número de *Libre*, que abre sus páginas al diálogo, a la crítica y a la confrontación de las ideas revolucionarias en el continente latinoamericano» (Bareiro Saguier XI).

El primer número de *Libre* se inicia con una selección de textos del Che Guevara recopilados y anotados por Franqui. Se trataba, obviamente, de marcar un punto de partida, enarbolando la figura de quien sin duda era el símbolo más poderoso del revolucionario. Pero, como ha precisado Claudia Gilman, fue una apuesta demasiado arriesgada: «La sola pretensión de disputar ese legado con Cuba revelaba el alto concepto que los escritores libres tenían de ellos mismos y de su poder para litigar una sucesión con un Estado» (Gilman 300). El número continúa con un trabajo de Teodoro Petkoff —sobre la división del Partido Comunista de Venezuela—, quien establece la «orientación política socialista», discrepante de las posiciones cubanas (Rama: «Una nueva política cultural, II», 31), así como textos de Cortázar, Fuentes y Paz, una entrevista a Donoso, una sección titulada «Documento. La tortura en Brasil», y el artículo de Vargas Llosa «El novelista y sus demonios», primer capítulo del libro de próxima aparición *García Márquez: historia de un deicidio*. Dicho fragmento comienza con una afirmación tan rotunda y seductora como discutida, que he citado antes, según la cual «cada novela es un deicidio secreto, un asesinato simbólico de la realidad». «El *por qué* escribe un novelista», asegura allí Vargas Llosa, «está visceralmente mezclado con el *sobre qué* escribe: los "demonios" de su vida son los "temas" de su obra. Los "demonios": aquellos hechos, personas, sueños, mitos, cuya presencia o cuya ausencia, cuya vida o cuya muerte lo enemistaron con la realidad» (38). Como Kafka y Dovstoievski —asegura el artículo—, García Márquez parece haber escrito su obra azuzado por una idea fija, un episodio fundamental, contado por él mismo y rescatado por Vargas Llosa: el regreso con su madre a Aracataca. El impacto de ese regreso —siguiendo el razonamiento— fue lo que hizo de él el novelista que es. Significativamente, García Márquez utilizaría ese episodio, varias décadas más tarde, para iniciar el volumen de sus memorias *Vivir para contarla*. De tal modo, cerraría el círculo abierto con la confesión de ese mito fundador y, de paso, contribuiría a darle la razón al analista devenido adversario.

Ese primer número de *Libre* se completa, naturalmente, con un dosier de cincuenta páginas titulado «Documentos. El caso Padilla», el cual recoge parte de los textos de la polémica que había estallado varios meses antes. Por una parte, se trataba de un tema ineludible; por la otra, era la mejor forma de marcar posiciones y distancias, y establecer un modelo de intelectual crítico, tan caro a los realizadores de la publicación. La nota inicial aclara: «Muchos de los colaboradores de *Libre* han estimado necesario fijar su posición al respecto. Las opiniones que han expresado muestran hasta qué punto hay matices y diferencias en la evaluación de un mismo hecho por parte de la izquierda». Agregaban que, como revista crítica, *Libre* consideraba útil esa discusión por las implicaciones ideológicas que suponía, especialmente porque remitía a «problemas de nuestro tiempo tales como el socialismo y sus orientaciones, la creación artística dentro de las nuevas sociedades y la situación y compromiso de los intelectuales frente al proceso revolucionario de nuestros países» (95). Entre los varios textos incluidos, por cierto, se halla la Declaración de intelectuales uruguayos, de la cual publica un fragmento. Ese fragmento no incluye la mención al «excelente director del teatro de Arena, Augusto Boal», que es posible leer en la versión completa reproducida por otros medios; Boal, se afirma allí, estuvo tres meses detenido en São Paulo, lapso durante el cual fue brutalmente torturado, y si bien varias entidades culturales latinoamericanas hicieron pública su protesta y su indignación, «el grupo de latinoamericanos-europeos pro libertad de Padilla no gastó un solo párrafo al respecto» («Declaración de intelectuales uruguayos» 155). De manera que el dosier dedicado a «La tortura en Brasil», puede entenderse como una tácita y escamoteada respuesta al reclamo de los uruguayos. Tuvo, además, la función de servir de contrapeso al dosier dedicado a Padilla, lo que desde Cuba debió ser leído, más que como una muestra de ponderación y equilibrio, como un insulto (una vez más, como alertaba el periódico *La Opinión*, los ejemplos extremos de Cuba y Brasil). El segundo número (diciembre de 1971-febrero de 1972) volvería sobre el tema bajo el acápite «Debate. Libertad y socialismo», retomando la discusión e intentando apartarse, a la vez, de lo que tuvo de anecdótico el caso Padilla.

Tras aparecer el primer número de *Libre*, *Casa de las Américas* respondió de inmediato (núm. 69, noviembre-diciembre de 1971), desde su habitual sección «Al pie de la letra» y bajo el título «Ellos escogieron la libertad». «Difícilmente podían haber encontrado un nombre más revelador que éste», afirma la nota, «los defensores de la *libre* empresa intelectual que, confortablemente ubicados en el mundo *libre*, se reunieran para dar lecciones de revolución a los pobrecitos subdesarrollados que, sin su permiso (y sobre todo, sin el permiso de quienes dan permiso a estos colonizados), se han puesto a hacer revoluciones de verdad por el mundo». La nota considera innecesario glosar los materiales del número, que van desde «textos obtenidos con visible abuso de confianza, hasta las previsibles páginas del maltrecho boom». Y añade: «Sinceramente, incluso los más pesimistas esperaban algo mejor que este melancólico parto de los montes, el cual se parece más al difunto *Mundo Nuevo* [...] que *Mundo Nuevo* a sí mismo» (219). Casualmente, ese número de *Casa*... está dedicado a Chile, un territorio en disputa, «el contra-Estado propuesto por *Libre*» en oposición al Estado cubano (Gilman 293). Con frecuencia, la alabanza a Chile hacía pensar en la vieja pregunta del desconfiado: ¿contra quién son esos elogios? Pero así como *Libre* pretendió, en vano, usufructuar la imagen y el símbolo del Che, le era difícil arrebatarle a la Casa de las Américas y a Cuba la imagen y el símbolo de Chile. El viaje del Primer Ministro cubano a ese país, precisamente entre los meses de noviembre y diciembre de 1971, fue el punto culminante en el acercamiento entre ambos procesos, aunque, paradójicamente, contribuiría a precipitar el fin del gobierno de la Unidad Popular.

En medio de las tensiones que *Libre* generó, fue particularmente difícil la situación de Cortázar, quien —cuando aún parecía posible— insistió en que los cubanos se integraran al proyecto. Una carta suya a Haydée Santamaría, fechada en los primeros días de febrero de 1972, lamentaba que aquellos decidieran no colaborar, puesto que era «una oportunidad extraordinaria de conseguir una plataforma de lanzamiento privilegiada en el sentido de que podía alcanzar a toda la América Latina, cosa que por desgracia no puede hacer la revista *Casa* y las otras publicaciones cubanas». Si la Casa hubiera decidido apoyarla, aseguraba, «esa revista sería verdaderamente *nuestra*, Haydée, porque entre otras cosas yo me hubiera dedicado a *full-time* a ella dejando de lado cualquier otra cosa»; además, otros no menos convencidos de las posibilidades revolucionarias de la publicación hubieran hecho lo mismo, «y hoy tendríamos un arma eficaz para nuestro frente especial de lucha». Sin embargo, «no fue así, y la revista ha nacido con un horizonte bastante restringido y poco interesante, al punto que yo me desinteresó de ella y poco me importa su destino que imagino efímero» (Carta del 4 de febrero de 1972, 149). Si bien Cortázar intentó, hasta donde le fue posible, conciliar posiciones entre los núcleos más conspicuos de ambos bandos, la explosión del caso Padilla lo obligó a definir sus alianzas. En una carta a Vargas Llosa fechada en París el 29 de abril de 1972, le dice haber sabido por Plinio que él, es decir, Vargas Llosa, iba a dirigir el cuarto número de *Libre*, cosa que le parece muy bien y lo alegra «por lo que tu presencia en ese número puede darle a los lectores de la revista». Sin embargo, añade, ver su propio nombre en la lista de colaboradores le plantea «una situación crítica con respecto a Cuba, por lo cual he pedido a Plinio que me elimine de la lista». «La cosa», sintetiza, «es tristemente simple, después del episodio de Padilla y la segunda carta de Fidel, tu actitud y la mía tomaron sus rumbos propios, y aunque oficialmente existe entre los cubanos y yo una ruptura y un gran silencio, tengo pruebas que para mí cuentan mucho de la reacción de los mejores de allá frente a mi decisión de no firmar la segunda carta y explicarme en un texto que has de conocer». Agrega Cortázar que una carta de Haydée, y la publicación de la «Policrítica...» en la revista *Casa*, le bastan «para entender todo lo que desde allá pueden y sobre todo no pueden decirme claramente; y mi decisión de seguir junto a ellos no solamente no ha cambiado sino que es más fuerte que nunca». De modo que, concluye: «En esas circunstancias, seguir asociado a *Libre* dentro del clima de maniqueísmo, malentendido y otras fatalidades del subdesarrollo, sería políticamente un error, y es sobre todo lo que te pido que comprendas». Aclara que de ninguna manera se desvincula de él como escritor y como amigo, «pero creo que te darás cuenta de que tampoco puedo acompañarte cuando nuestros criterios frente a lo de Padilla han provocado las consecuencias que conocemos de sobra» (*Cartas* 1501).

La situación se calentó a tal punto que, en su discurso del 6 de junio de 1972, con motivo de la celebración del XI Aniversario del MININT, Raúl Castro llamaría la atención sobre el surgimiento de un «anticomunismo intelectual» que venía a sustituir al «anticomunismo cavernario». Como parte de su proyecto de «diversionismo ideológico», los ideólogos burgueses no tenían reparos en proponer «todas las recetas posibles para el "perfeccionamiento" del socialismo, para su "humanización" y para su "democratización"». Ello explicaba, según el ministro de las Fuerzas Armadas, el surgimiento del «socialismo "liberal", el socialismo "mejorado", el socialismo "democrático", el socialismo "de mercado", el socialismo "humano", el socialismo "libre", el socialismo "nacional" y otros. La reacción imperialista está dispuesta a aceptar cualquier socialismo, menos el socialismo con comunistas» (43). Y al detenerse en el campo de la cultura, donde «es particularmente intenso y sutil el trabajo del enemigo», cita los ejemplos de figuras supuestamente progresistas como Dumont y Karol, así como un agente de información o colaborador de los servicios enemigos en cuya descripción se reconoce, aunque no se le mencione por su nombre, a Oscar Lewis. Y entre las vías en que se desarrollan estas actividades contra nuestro país alude al Instituto Latinoamericano de Relaciones Internacionales (ILARI), auspiciado por la Ford, «a través de las revistas *Aportes*, *Mundo Nuevo* y más recientemente *Libre*, financiada por la heredera de Patiño, el tristemente célebre zar del estaño boliviano, así como de algunas editoras europeas» (46). Paradójicamente, el último trabajo del cuarto número de la revista —por tanto, el texto con que se cierra *Libre*— es el de Saúl Yurkievich «Cuba: Política cultural. Reseña de una conferencia de prensa», en el que su autor glosa un encuentro con Marinello, Portuondo, Cintio Vitier y Guillermo Castañeda (a la sazón, redactor de *El Caimán Barbudo*), participantes en un coloquio sobre Martí en la Universidad de Burdeos, a quienes la Asociación France-Cuba pidió discutir, al paso de ellos por París, el tema de la política cultural cubana. Para Yurkievich, lo expuesto indica que existe por parte del gobierno de Cuba, a través de esos representantes, «la voluntad de asegurar un considerable margen de libertad de expresión», y también la de «disipar malentendidos o resquemores que pudiesen haberse producido en el extranjero por información insuficiente o distorsionada; el deseo de provocar un deshielo después de la tensión ocasionada por el caso Padilla» (142).

Al hacer un balance de la publicación a la distancia de una década, Goytisolo consideraba que los cuatro números de *Libre* «contienen sin duda creaciones y ensayos valiosos y encuestas y entrevistas ejemplares; pero, asimismo, textos y artículos fruto evidente de un compromiso y cuya lectura actual me avergüenza. Dichos acomodos y parches resultarían a la postre inútiles» (194). Para él, los gastos de impresión y envío a Hispanoamérica, la prohibición de venta en España y demás regímenes dictatoriales, lo que denomina el boicot cubano, las disensiones internas y «nuestra manera artesanal y un tanto chapucera de llevar las cosas se agravaron a lo largo de 1972 hasta acabar con *Libre*». Asimismo, las nuevas ofertas de ayuda económica suponían el abandono de la independencia que reivindicaban y, de mutuo acuerdo, Vargas Llosa, Plinio y él mismo decidieron liquidar la revista: «Después de casi dos años de esfuerzos, tensiones, discordias, éxitos fugaces y abundantes reveses, tuvimos que admitir con melancolía que nuestra ambiciosa aventura había sido un fracaso» (195). Para Gilman, «*Libre* llegó demasiado tarde a comprender un dato esencial del momento elegido para intervenir y del que se apercibió Haroldo Conti: que, a veces, el silencio era una gran ventaja» (300-301). El propio Goytisolo ha contado que al entrar un día de 1982, azarosamente, a un restaurante marroquí de la Rue de Bièvre, demoró en darse cuenta de que en aquel mismo sitio habían estado, diez años atrás, las oficinas de *Libre*, hasta que «un gato negro», el célebre caso Padilla, cruzara inopinadamente el domicilio de la revista (156). El camino que conduce de la «pachanga» en el ranchito de Saignon al restaurante marroquí no deja de proponer una lectura irónica, pues ese itinerario gástrico es la antítesis perfecta de un proyecto difícil de digerir no ya por sus adversarios sino, incluso, por algunos de sus promotores.

¿Existen ustedes?

Quiso el azar que en 1971 se cumpliera —precisamente entre los meses de marzo a mayo— el centenario de la Comuna de París. La coincidencia era doblemente apropiada porque el papel de los escritores durante aquel «asalto al cielo», el rechazo o la ambigüedad que muchos de ellos demostraron ante tal acontecimiento, parecían una lección apropiada para los tiempos que corrían. En su libro *Los escritores contra la Comuna*, Paul Lidsky hizo notar que ante la sacudida que la Comuna significó, fueron pocos los escritores que simpatizaron con ella: apenas algunos como Rimbaud y Verlaine. El mismo Victor Hugo, al principio neutral, solo reaccionó de manera favorable tras la represión de los versalleses. La mayoría, en cambio, fue hostil a los *communards*. Parte de la explicación, para Lidsky, se halla en el hecho de que con la Revolución de 1848 se había tomado conciencia de que la irrupción del pueblo en la escena política entrañaba un riesgo para el equilibrio burgués, y muchos escritores que se comprometieron con ella, entusiasmados, se desilusionarían, asustados ante la fuerza del proletariado, ante aquello que Tocqueville percibía no como un cambio en la forma de gobierno sino como una alteración del orden social (Lidsky 10-11).

Naturalmente, varios medios cubanos, incluidas algunas revistas culturales y de ciencias sociales, se hicieron eco del centenario. *Pensamiento Crítico*, por ejemplo, dedicó el número doble 49-50 (de febrero-marzo) a conmemorar el suceso. La entrega incluyó fragmentos de *La guerra civil en Francia*, de Marx, y dos de sus cartas a Kugelmann, así como el análisis que de ellas hizo Lenin. Además, reprodujo un fragmento del prólogo de Engels a la edición de 1891 de aquel libro. Dicho prólogo concluye con una afirmación desafiante que es también un mensaje a los lectores contemporáneos: «Últimamente, las palabras "dictadura del proletariado" han vuelto a sumir en santo horror al filisteo socialdemócrata. Pues bien, caballeros, ¿queréis saber qué faz presenta esta dictadura? Mirad a la Comuna de París: ¡he ahí la dictadura del proletariado!» (290). Otro número doble (92-93, de mayo-junio) le dedicó al tema *La Gaceta de Cuba*. La fecha de publicación le permitía referirse al pasado para hablar con más claridad del presente, de lo que ocurría mientras los editores preparaban el número. Ningún trabajo más explícito en ese sentido que el de Marinello, «La Comuna desde ahora». Aunque lo fecha (por cierto, en París) en el mes de marzo, el autor es particularmente consciente del momento desde (y para) el cual habla. «Una de las grietas más ostensibles en el monumento inmortal que es la Comuna», reprochaba Marinello a aquel instante heroico, «está en el humanismo de tono sentimental que embotó en grado considerable la acción de dirigentes y participantes. El temor a una actuación que pudiera parecer drástica en exceso paralizó muchas manos puras y valerosas» (3). Apoyándose en otra cita de Engels afirmaba que una revolución es lo más autoritario que existe, un acto mediante el cual una parte de la población impone su voluntad a la otra por medio de fusiles, bayonetas y cañones, momento en el cual «el partido victorioso, si no quiere haber luchado en vano, tiene que mantener este dominio por el terror que sus armas inspiran a los reaccionarios». Y se preguntaba Engels —y con él, Marinello a los lectores de hoy: la Comuna de París, «¿habría durado acaso un solo día, de no haber empleado esta autoridad de pueblo armado frente a los burgueses? ¿No podemos, por el contrario, reprocharle el no haberse servido lo bastante de ella?». La invitación al autoritarismo —cuyo sustento teórico resultaba irrebatible con el aval que le otorgaba Engels, y cuya certeza práctica se veía alimentada por el fracaso de la Comuna— entraña, especularmente, la condena a los conciliadores: «una de dos: o los antiautoritarios no saben lo que dicen, y en este caso no hacen más que sembrar la confusión, o lo saben, y en este caso traicionan el movimiento del proletariado. En uno y en otro caso», sentencia, «sirven a la reacción» (3). Concluye Marinello que la luz que proyecta la Comuna «debe alumbrar, a un siglo de distancia, el pensamiento y la actividad de los revolucionarios que son ahora sus descendientes legítimos. En el estudio de cada debilidad, de cada flaqueza en la tarea memorable, brillan poderosas advertencias» (4).

Hubo, por otra parte, un texto solicitado para ese número de *La Gaceta…* que nunca llegó a sus páginas. El propio título juega con la idea de esa imposibilidad: «Explico al lector por qué al cabo no concluí aquel poema sobre la Comuna». Se trata de un poema de Retamar en tres partes, las dos primeras fechadas el 19 de marzo de 1971 (al día siguiente del centenario del inicio de la Comuna y en vísperas del arresto de Padilla), y la tercera, el 10 de septiembre. Aunque no alcanzó a aparecer en aquella entrega, sería publicado en el primer número de 1972 de la revista *Unión*, y en el semanario uruguayo *Marcha*, en febrero del mismo año. Entre las dos primeras partes y la última media un mundo. El poema arranca de una lectura del volumen de Arthur Adamov *La Commune de Paris, 18 mars 28 mai 1871*, realizada poco más de diez años antes, «cuando el libro arde en mi memoria», cuando «lo leí y lo subrayé ferozmente, porque era el momento de aprender toda la historia otra vez». Entonces el poeta vivía en París, leyendo también a Marx y a Lenin, mientras «Fidel está haciendo estallar allá lejos el mundo» y «Hay nacionalizaciones hermosas». Es en la isla «donde está el vórtice de la historia [...] El ojo del ciclón». En la segunda parte, al mencionar a los líderes de la Revolución cubana, el sujeto lírico se pregunta por qué no es uno de ellos: «no es fácil ser contemporáneo de héroes». Un paréntesis transforma ese dilema histórico y moral en desafío literario: «(Siempre he querido escribir un poema a partir de este verso, y no he podido ir más allá de este endecasílabo. Ahora lo dejo aquí.)» Esa dificultad para escribir, el deseo siempre postergado de un poema dedicado a la tensión entre el escritor y el héroe, adelanta un conflicto que es columna vertebral del texto y explicación de por qué al cabo no concluyó aquel poema. Pero ahora halla respuesta a las preguntas que habían quedado abiertas en «El otro» (¿a quiénes debemos la sobrevida?, ¿quién se murió por mí en la ergástula?, ¿sobre qué muerto estoy yo vivo?), y que de una forma u otra pesaron sobre la conciencia de los escritores latinoamericanos. Por fortuna, escribe ahora, «no hay que tener el complejo de la Sierra Maestra, [...] hay lugar para todos en la historia, / Siempre que le entregues todo el fuego de que dispongas, toda la luz, toda la sangre». El texto regresa al libro de Adamov, del cual cita un fragmento que reproduzco íntegro porque en él se advierte la tesis principal de este poema-ensayo:

> La burguesía francesa, viéndose en peligro, mostró su verdadero rostro, el de la ferocidad. Y esos *valets* de la burguesía que son con demasiada frecuencia los artistas mostraron también el suyo, que se parecía singular y deplorablemente al de aquella. De Flaubert, novelista genial, al vejete temblequeante Edmundo de Goncourt, del poeta no comprometido Teófilo Gautier al polizonte Máximo du Camp, todos [nota al pie: «No, no todos. Hubo Rimbaud, que escribió: "París se puebla de nuevo." Algunos otros más. Y los de la Comuna, naturalmente»] dieron razón a la tesis marxista de la pertenencia primera a la clase social. […] Y de nuevo, los escritores. ¿Era menester disimular que el joven Zola antes del caso Dreyfus se unió al coro lamentable de los moderados, de los reticentes? Hugo también, es cierto… Pero él recapacitó y tomó realmente la defensa de los comuneros hostigados, y fue el primero, el primero de todos, en reclamar con su voz tonante la amnistía total para quienes —y él lo sabía— detentaban el porvenir.

Ni en esos comentarios ni en los libros de Marx y Lenin, reconoce el poeta, «yo estaba leyendo el pasado, sino preguntando al porvenir. […] Al porvenir que estaba creciendo allá», es decir, en Cuba. En ese punto el texto se detiene por una urgencia de la vida cotidiana; tuvo que salir a una reunión, explica el autor, y al regresar ya se había apagado «esa necesidad, esa extrañeza que reclama darse en palabras». Aunque mantenía la esperanza y la promesa de poder entregarlo para el número de *La Gaceta* sobre la Comuna, los versos no volvían a arrancar. Aquel poema que hablaba «también, evidentemente, […] sobre nuestra Comuna, sobre la historia tal como la vivimos, no tal como la leemos, / Y sobre la manera como se comportan ciertos escritores cuando el pueblo asalta el cielo», no prosperaba. Entre tanto, «lo que arrancó de nuevo no fueron los versos, sino la propia historia […] el asunto del poema», el cual se hizo «carne en las previsibles cartas, los previsibles improperios, / Torpezas, incomprensiones, cobardías, arrogancias, trágicas frivolidades». Tragado por la realidad, el poema —el cual, como ya se habrá notado, habla menos de la Comuna que del papel que los intelectuales tuvieron en ella— se transforma en una declaración sobre sus propios límites, sobre la dificultad de «darse en palabras», sobre la imposibilidad de la literatura para expresarse cuando es desbordada por la historia misma. Lamenta dejarlo trunco, si bien le consuela saber que incluso los poemas supuestamente eternos «van a ser barridos como una hoja de periódico».

El poema pasa por alto que la respuesta de su autor a aquella historia que ya había arrancado no llegaría en versos sino bajo la forma de un ensayo: «Calibán», aparecido en el número 68 (septiembre-octubre de 1971) de *Casa de las Américas*. Hay una narración que, para los lectores de hoy, puede acompañar la lectura del ensayo y que lo distancia de la ejecución del poema. Si la escritura de este último fue interrumpida por una reunión que cortó abruptamente —y por meses— la posibilidad de «darse en palabras», «Calibán» exigió una reclusión rigurosa y una entrega obsesiva. Fechado en el mes de junio, el ensayo fue escrito —según recordaría Retamar años después— «en unos cuantos días, casi sin dormir ni comer, mientras me sentía acorralado por algunos de los hombres que más había apreciado» (*Todo Caliban* 116). Si antes, la dificultad se incorporaba a la propia narración del poema, ahora ese acoso asfixiante no se cuenta en el texto, sino que aparece en su tono combativo y retador. Es obvio que la gestación del ensayo no se entendería si se pasan por alto los acontecimientos desencadenados con la detención de Padilla, aunque varios de los factores que condujeron a su escritura se habían venido fraguando desde mucho antes. El mismo Retamar reconocería, quince años después de la aparición del ensayo —en su «Caliban revisitado» (para entonces, como puede notarse, ya había cambiado la acentuación del nombre del personaje y, por ende, del texto mismo)—, que la discusión en torno a *Mundo Nuevo*, tras el naufragio de *Cuadernos* en su número 100, «es una de las raíces del ambiente en que se iba a gestar Caliban» (*Todo Caliban* 105). Incluso, el ensayo viene a ser la culminación de un proceso que para Retamar venía gestándose desde «Martí en su (tercer) mundo», recogido en su *Ensayos de otro mundo* (1967). Pero el detonante fue, sin duda, la avalancha de intervenciones y disputas de las semanas precedentes. Lo interesante, en cualquier caso, es el modo en que Retamar se inserta en la discusión.

Como se recordará, «Caliban» se inicia con una anécdota y una interrogante que presagian su tema central: «Un periodista europeo, de izquierda por más señas, me ha preguntado hace unos días: "¿Existe una cultura latinoamericana?" [...] La pregunta me pareció revelar una de las raíces de la polémica, y podría enunciarse también de otra manera: "¿Existen ustedes?"» (11). En esa anécdota se condensan los puntos esenciales de la discusión que estaba teniendo lugar. El personaje, su procedencia, su filiación política y, sobre todo, su pregunta, son los ejes del drama que se había estado escenificando durante las últimas semanas. Retamar la responde, en primera instancia, con otra pregunta (inquietante y hasta absurda) que es, en su opinión, una forma distinta de cuestionar lo mismo; y, al hacerlo, pone en evidencia su sinsentido y, más aún, el implícito desprecio que ella supone hacia los lectores inmediatos del texto. Todo el andamiaje colonialista que se quiere desmontar, por tanto, se resume ahí, en una mininarración que permite (o incluso exige) lanzarse a una narración mayor, la de la resistencia histórica y cultural del continente, pues «nuestra cultura es —y sólo puede ser— hija de la revolución, de nuestro multisecular rechazo a todos los colonialismos; nuestra cultura, al igual que toda cultura, requiere como primera condición nuestra propia existencia» (73).

Recurrir al personaje shakespeareano (utilizado ya —entre otros— por pensadores como Renan, Rodó y los caribeños Cesáire y Lamming) significaba, incluso antes de decir una palabra, reivindicar el derecho del (intelectual) latinoamericano a echar mano del escritor que ocupa el centro del canon de la literatura universal. Ese derecho —el de la capacidad, e incluso la necesidad del escritor «colonizado» de apropiarse de la cultura universal—, que el propio ensayo expone e ilustra con el ejemplo de Borges («Borges no es un escritor europeo: no hay ningún escritor europeo como Borges; pero hay muchos escritores europeos [...] que Borges *ha leído*, barajado, confrontado. [...] no hay más que un tipo de ser humano que conozca de veras, en su conjunto, la literatura europea: el colonial»

[58]), ese derecho, repito, lo ejerce el autor desde el mismo punto de arrancada, pues ya el título, más allá de la obvia referencia al personaje, y de la respuesta que implica al *Ariel*, es también un grito de guerra. «Ahora mismo, que estoy discutiendo con estos colonizadores», apunta Retamar, «¿de qué otra manera puedo hacerlo, sino en una de sus lenguas, que es ya también nuestra lengua, y con tantos de sus instrumentos conceptuales que son ya nuestros instrumentos conceptuales?». Ese grito no es distinto, añade, de aquel leído en la última obra (concluida) de Shakespeare: «el deforme Caliban, a quien Próspero robara su isla, esclavizara y enseñara el lenguaje, lo increpa: "Me enseñaron su lengua, y de ello obtuve / El saber maldecir. ¡La roja plaga / Caiga en ustedes, por esa enseñanza!"» (15). Es precisamente esa capacidad para maldecir y, con ello, romper el círculo vicioso de la sujeción, una de las claves esenciales del ensayo. Retamar citará como ejemplo la «violencia volcánica» de Fidel, cuyo discurso de clausura del Congreso de Educación y Cultura estremeció a sus destinatarios fuera de Cuba y radicalizó posiciones. Rodolfo Walsh hablaría del tono irritado de ese discurso y encontraría que esa tradición tiene un antecedente luminoso en la propia Isla: «Ese lenguaje causa consternación en Europa, parece estalinista», acepta, y de inmediato aclara: «En realidad es cubano, casi una paráfrasis de la sentencia lapidaria de Martí en una coyuntura parecida: "Los que no tienen fe en su patria son hombres de siete meses. [...] No les alcanza al árbol difícil, el brazo canijo, el brazo de uñas pintadas y pulseras, el brazo de Madrid o de París, y dicen que no se puede alcanzar el árbol"» («Ofuscaciones» 192). El citado discurso —la beligerancia contenida en él— no fue solo una respuesta a las reacciones de varios de los más célebres intelectuales de Occidente; era también una provocación, una forma de presionar para deslindar posturas. No sería posible, a partir de él, proponer o aceptar apoyos a medias o alianzas condicionadas; desde ese momento se apoyaba a Cuba como era o se rompía con ella. En ese tono deliberadamente provocador que emplaza, desautoriza y, si se quiere, insulta, encontraban los herederos de Caliban un paradigma: «Me enseñaron su lengua, y de ello obtuve el saber maldecir».

Asumir la condición de Caliban, para Retamar, implicaba repensar nuestra historia desde el otro protagonista, es decir, no Ariel, sino Próspero, pues no hay verdadera polaridad entre aquel y Caliban («ambos son siervos en manos de Próspero, el hechicero extranjero»). La diferencia, según él, es que «Caliban es el rudo e inconquistable dueño de la isla, mientras Ariel, criatura aérea, aunque hijo también de la isla, es en ella, como vieron Ponce y Césaire, el intelectual» (37). Esa condición coloca a Ariel en una incómoda disyuntiva, pues ante él parecen abrirse dos opciones: servir a Próspero, «con el que aparentemente se entiende de maravillas, pero de quien no pasa de ser un temeroso esclavo, o unirse a Caliban en su lucha por la verdadera libertad» (75). En este último caso, añade Retamar, se topa con el doble desafío de romper vínculos con su clase de origen, por una parte, y de cortar sus nexos de dependencia con la cultura metropolitana, por la otra. Ese llamado bifronte a los intelectuales contemporáneos —eje de la propuesta del ensayo— llevó a Jean Franco a reconocer, pese a los reproches que le formula, que su idea era situar a la isla como «*avant-garde* de la política cultural anticolonial» (142) y, a la vez, tratar de ubicar «estratégicamente a Cuba en el discurso de la descolonización» (145).

Un dilema que se le plantea al propio ensayo fue formulado, a su manera, por Jacques Rancière, en un texto de 2009 en el que se resiste a aceptar, sin cuestionarla, una presunta identidad intelectual; «la idea misma de una clase de individuos que tendría como especificidad pensar», dice, «es una bufonada que únicamente la bufonada del orden social puede volver pensable». Para él, las escasas veces en que se reivindicó el término con cierta nobleza fue cuando se le utilizó para declarar el derecho a la palabra de aquellos a quienes no se les pedía opinión o, supuestamente, no les concernía el asunto. Por tanto, «el nombre de "intelectual" como calificación de un individuo está vacío de sentido» (18). Rancière se ubica a sí mismo en el conjunto de los «individuos y agrupaciones sin legitimidad». Creo que en el caso de «Caliban», lo que Retamar propone es articular ambas instancias, la de esos «deslegitimados» y la de los intelectuales. Aquellos serían, paradójicamente, quienes le darían legitimidad a estos últimos, lo que altera, por cierto, la lógica del campo, que suele ser tautológica: es bueno aquel intelectual (escritor, historiador, matemático, etcétera) a quienes los mejores intelectuales de su especialidad (escritores, historiadores, matemáticos, etcétera) consideran como tal. Hay, es cierto, una tensión inevitable tanto en Retamar como en Rancière, asociada con la que existe entre el lugar desde el que se habla (una tribuna intelectual) y el sitio que se desea ocupar en el debate (junto a aquellos desautorizados para expresarse), pues, ¿quién les da el derecho a estos *no* intelectuales a hablar en nombre de todos?, ¿cómo hablar desde la posición de Caliban si, precisamente, se hace uso de la palabra (una palabra que se escucha y publica) porque se comparte la legitimidad de Ariel?

Las lecturas de Retamar y de otros que le antecedieron y sucedieron nos hacen olvidar con frecuencia que ellas mismas son un desafío al sentido literario común. Estamos ya tan habituados a identificar a Caliban con esa postura rebelde, que pasamos por alto lo que hay de deliberado y retador en las interpretaciones anticolonialistas del personaje y de la obra en que aparece. Un crítico a la vez brillante y conservador como Harold Bloom lamentaba, en su reciente *Anatomía de la influencia*, que «la actual obsesión con el gloriosamente lastimero Calibán» haya alterado el sentido de *La tempestad*, a la que califica como la comedia más divertida de Shakespeare. «Es la obra de Próspero y Ariel, no la de Calibán, aunque la isla *es* de este» (98), señala Bloom, quien deja claro que «estamos con y a favor de Próspero, pues *La tempestad* no nos deja más elección» (100). El crítico recuerda haberse salido del teatro durante una representación paródica de la obra, porque mostraba a Calibán como un heroico antillano que luchaba por la libertad de su tierra, y a Ariel, enemig*a* no menos feroz de Próspero, en el papel de un*a* rebelde. «No es probable que en lo que me queda de vida se vuelva a representar *La tempestad* tal como la escribió Shakespeare», suspiraba Bloom, seguro, sin embargo, de que la obra se seguirá leyendo y estudiando cuando las modas sociopolíticas desaparezcan. Durante siglos, asegura, Calibán no fue sino un personaje cómico, que probablemente se representara «como un medio pescado o medio anfibio» (100). No duda el crítico en sentenciar que todos los intentos del Nuevo Historicismo de analizar *La tempestad* han resultado débiles y tristemente arcaicos: «La frescura de esta obra elíptica elude toda red sociopolítica». (101) Bloom tiene la facultad, frecuente en quienes condenan las revoluciones, de entender que ellas crean un problema donde no lo había. Por eso —porque pasa por alto la situación colonial, porque no detecta ningún «problema» en ese personaje cómico y en la obra en general— disiente de los que hacen una lectura subversiva de ambos precisamente porque no ven el lado cómico del asunto. Si la política, como se ha dicho alguna vez, es la descripción del contenido del pueblo (que incluye o excluye de él a ciertos sectores en virtud de características aceptadas o rechazadas que les son propias), las lecturas «politizadas» irritan tanto a Bloom precisamente porque incluyen como parte del pueblo —e incluso de eso que en los años sesenta y setenta se denominaba su vanguardia—, a aquel medio pescado o medio anfibio que a él lo hace reír.

Situado en otra órbita ideológica, Edward Said considera que «cada nueva reinscripción americana de *La tempestad*» supone «una versión local de la antigua y grandiosa leyenda, reforzada y modificada en función de las presiones de una historia cultural y política por hacer» (331). Paralelamente, la elección de Calibán por encima de Ariel, en su opinión, expresa un profundo debate ideológico en el corazón del esfuerzo cultural por la descolonización. La opción por uno u otro es, insiste Said, una respuesta a la pregunta: «¿cómo hace una cultura que quiere independizarse del imperialismo para imaginar su propio pasado?» (332). Las notorias diferencias entre la interpretación y, sobre todo, el uso que se hace de *La tempestad* y su más controvertido personaje, confirman que los clásicos literarios son obras abiertas a acercamientos encontrados. Eso es algo que sabíamos desde siempre; lo curioso en este caso es que se recurra una y otra vez a ellos —para desdicha de Bloom— en busca de respuestas que parecen absolutamente ajenas al universo de Shakespeare, que se violenten los propósitos del autor para iluminar contradicciones que rebasan, con mucho, los conflictos planteados en la obra. Y en eso radica, precisamente, el atractivo de subvertir el texto; en leerlo a contrapelo para extraer de él lecciones inimaginadas.

El pensamiento anticolonialista al que se aferró el gobierno cubano en la disputa del año 71, como respuesta a la reacción de quienes lo atacaron, ha generado una inusual interpretación. Para Arturo Arango, tal respuesta tiene una doble cara. Si bien el rechazo a las expresiones de colonialismo cultural (o lo que entonces se consideraba como tal) «se aplicó con más pasión que buen juicio», al punto de enajenar, parcial o definitivamente, la amistad de no pocos intelectuales con la Revolución, el asunto debe mirarse también desde otro costado, pues «ese mismo anticolonialismo, así como la jerarquización de las culturas de otras zonas del Tercer Mundo, se estaba oponiendo, también, a la sovietización de la realidad cubana» («Con tantos palos» 116). La idea es discutible, si se tiene en cuenta que la presencia cultural soviética y de los países que entonces se llamaban del «campo socialista», no hacía sino crecer. Pero, curiosamente, esa presencia cada vez mayor —en la literatura, el cine, las publicaciones periódicas, los programas infantiles, la enseñanza de la lengua, las exposiciones de diverso tipo— jamás fue vista como un síntoma de colonialismo. Es cierto que nunca se le reivindicó como paradigma a seguir, sino que se intentaban encontrar los antecedentes de legitimación de lo propio en la América Latina y, por extensión, en el Tercer Mundo, pero no es menos cierto que el vacío que fueron dejando aquellas expresiones culturales que, de la noche a la mañana, comenzaban a ser rechazadas, fue ocupado por las que ahora llegaban, abundantes, de los nuevos aliados. Lo importante, en cualquier caso, es que la batalla anticolonialista —sin duda una reivindicación legítima que, en rigor, gozaba de más de un siglo de existencia, amparada por los grandes próceres y pensadores latinoamericanos— encontró pronto sus límites, porque no podía dar respuestas a muchas de las nuevas interrogantes. Al evaluar los acontecimientos más de veinte años después, Retamar consideraría que con la aprehensión de Padilla y el tratamiento que se dio desde Cuba a la situación que se generara, «el mal estaba hecho», y si a ello se suma la decisión de publicar en *Casa* varios de los materiales del Congreso de Educación y Cultura, así como la «seudoautocrítica» del poeta (aunque fuera —según advierte el director de la publicación— en la forma de un suplemento que ni antes ni después volvió a existir), se hace evidente que «fuimos arrastrados a una discusión que contribuyó a desenmascarar el colonialismo cultural, pero en considerable medida resultó estéril o, peor aún, dañina» («Ángel Rama y la Casa de las Américas» 57).

Al mismo tiempo que Retamar ponía punto final a su célebre ensayo, en el mes de junio, entró en circulación el número 53 de *Pensamiento Crítico*, el último de la más importante revista de pensamiento social existente en Cuba hasta entonces. Había nacido en el cuarto trimestre de 1966 como parte de la expansión de actividades iniciada a finales del año anterior por el Departamento de Filosofía de la Universidad de La Habana, y su primer número vio la luz en febrero de 1967. La casualidad, según ha hecho notar su director, Fernando Martínez Heredia, hizo que el Partido decidiera el cese de la publicación de su revista oficial, *Cuba Socialista*, muy poco antes de la aparición de *Pensamiento Crítico*, de ahí que algunos comentaristas extranjeros afirmaran que venía a desempeñar el papel de la anterior. No era así, en absoluto: «Nosotros rechazamos esa creencia: no queríamos, de ningún modo, ser considerados una revista oficial» («Pensamiento social» 154). Secundado por un Consejo de Dirección integrado por Aurelio Alonso, José Bell Lara, Mireya Crespo y Jesús Díaz, tanto el grupo como la revista tuvieron una influencia considerable en los primeros planes de la Editorial de Ciencias Sociales del Instituto del Libro. Ellos propiciaron la apertura a nombres de gran calibre, muchos de los cuales fueron publicados por primera vez en español tanto en las páginas de la revista como en la editorial. *Pensamiento Crítico*, afirma uno de sus estudiosos, «trajo a Cuba por vez primera el pensamiento heterodoxo, proscrito en la URSS, de Gramsci, Labriola, Korch, Lukács, Rosa Luxemburgo, Preobrazhenski, Deutscher, E. H. Carr, Althusser, Marcuse, Adorno, Horkheimer», a los que añadía, entre otras, «las firmas de Darcy Ribeiro, Paulo Freyre, Rui Mauro Marini, Michael Löwy, Pablo González Casanova, Aníbal Quijano, Roque Dalton», algunas de las cuales ya circulaban en Cuba (Guanche 69). En sus páginas encontraron espacio, además, figuras más conocidas como Freud, Weber, Lévi-Strauss y Sartre. La presencia de un pensamiento abierto a las más disímiles tendencias y a nombres que escapaban a la ortodoxia soviética se convertiría en el talón de Aquiles de la publicación cuando llegara el momento de apretar las clavijas ideológicas. Pero no fue esa la única causa de su caída. Néstor Kohan ha hecho notar que desde el primer número la revista se comprometió en la defensa y teorización de la lucha armada. Las ilustraciones de aquel número, para él, resultaban elocuentes; la cubierta, contracubierta y las portadillas reproducían dibujos de ametralladoras, fusiles e incluso instrucciones para armar un coctel molotov, y las tres primeras entregas —dedicadas respectivamente a la América

Latina, África y Asia—, estaban en consonancia con el Mensaje del Che a la Tricontinental, donde señalaba que el escenario principal de la lucha antimperialista debía darse en esas regiones del Tercer Mundo. A su heterodoxia, al apoyo irrestricto a la lucha armada, *Pensamiento...* sumaba una tendencia crítica hacia las posiciones soviéticas, reacias (es un decir) a la violencia y favorables a «la paz mundial» y «la coexistencia pacífica». Sus realizadores suelen recordar, según nos advierte Kohan, que tras la aparición de cada número, una llamada de la embajada soviética trasladaba sus quejas a las oficinas del PCC. Huelga añadir que, en el ámbito doméstico y de manera inevitable, los agraviados también se contaban entre los viejos militantes del extinto Partido Socialista Popular, el cual, retrospectivamente, venía a ganar influencia.

«Mis recuerdos del último año en que trabajé en ese campo», recuerda Martínez Heredia, en referencia al período que va de septiembre de 1970 a noviembre de 1971, «son los de una tragedia en la que las necesidades del Estado parecían más decisivas que los criterios ideológicos o teóricos». De manera que, tras meses de reuniones y discusiones «la dirección del país decidió el cierre de la revista *Pensamiento Crítico* en agosto de 1971, y el cese del Departamento de Filosofía en noviembre» («Pensamiento social» 156). Se esfumaron así de la escena nacional —víctimas de la *realpolitik*— la mayor parte de los heterodoxos nombres que habían ayudado a cimentar el prestigio de la revista; en lo adelante no fueron ni enseñados, ni publicados, ni citados siquiera en los medios (Martínez Heredia, «Introducción» 8). No es de extrañar entonces que si las dos primeras ediciones de la selección de textos *Lecturas de filosofía* (1966 y 1968) conocieron una amplia difusión, la tercera, *Lecturas de pensamiento marxista*, impresa por el Instituto del Libro en abril de 1971, no llegara a salir de la imprenta (Kohan).

Con el debate desatado en el mes de abril, cada una de las dos partes principales puso (o mejor, actualizó) en la agenda de discusión el tema que consideraba decisivo. Y ambas no podían estar más distantes. De un lado, el énfasis caía en la libertad del intelectual y en su capacidad para ejercerla dentro del socialismo; del otro (sin duda auspiciado por el gobierno cubano) en el proceso de descolonización. Aquellos entroncaban con una idea cara al liberalismo;

estos, con una línea tercermundista que había alcanzado su punto culminante en la década anterior, y que en la propia Revolución cubana tenía momentos notables como la Segunda Declaración de La Habana y, en otro ámbito, el Congreso Cultural de La Habana. Fue —como no podía dejar de ser— un diálogo de sordos que apenas sirvió para aumentar el tono de la disputa y trazar fronteras divisorias. Esas dos alternativas, de hecho, más que referirse a cuestiones intrínsecamente excluyentes, eran expresión de corrientes más profundas que hasta entonces no habían colisionado. Al mismo tiempo, desplazaron del debate cultural temas que hasta poco antes habían ocupado un espacio significativo, como la preocupación por el papel del intelectual en la sociedad, que ahora no parecía discutible porque el intelectual mismo debía subordinarse a un interés que lo sobrepasaba, y sus conflictos no se establecían con la sociedad —es decir, con la sociedad revolucionaria—, sino con aquellos que, desde afuera, la cuestionaban.

Dentro del país, tras el legítimo e histórico anhelo de la descolonización se escudaron, en circunstancias que resultaban propicias, variadas formas de primitivismo y de la más rudimentaria xenofobia, que veía en determinadas modas, gustos y formas de expresión, la mano oculta del enemigo y de la dependencia cultural (incluso un intelectual de calibre como Portuondo, en *Itinerario estético de la Revolución Cubana*, de 1979, consideraría el Salón de Mayo, celebrado en La Habana en 1967, «el último grito» de sobrevivencia del pasado neocolonial en la cultura cubana). En ese sentido, el discurso de la descolonización funcionó también como una coartada para afianzar las posiciones más dogmáticas dentro del país. El cierre de *Pensamiento Crítico* fue un claro síntoma de que la descolonización (real y consecuente) defendida por la revista había llegado a un punto que chocaba con el muro emergente de la sovietización ideológica.

«Calibán», por su parte, abrió un camino. Que el ensayo tuviera dentro y, sobre todo, fuera de Cuba, la repercusión que tuvo, significa que supo interpretar otra vía, válida más allá incluso de la América Latina y el Caribe, y de las circunstancias concretas que le insuflaron vida. Teniendo en cuenta los (hipo)textos que le sirven de base —me refiero, claro está, a *La tempestad* y a aquellos otros que se han montado en ella para formular interpretaciones que exceden el drama shakespeareano—, «Calibán» se insertó en el debate desde una doble tradición: la que viene de la literatura y de la lectura crítica de sus clásicos, y la que arranca con los primeros amagos de resistencia en lo que Martí llamó «nuestra América», y llega hasta hoy. Esos dos caminos planteaban un conflicto que solo hallaría solución, para el intelectual, en una doble ruptura (con la clase de origen, con las metrópolis) y en una nueva alianza (con los *communards*, con Calibán). Si durante siglos los escritores habían optado mayoritariamente por aquellas, ahora —era el apremiante llamado del autor— no quedaba más alternativa que jugárselo todo con estos. Irónicamente, el clima que propició la escritura del ensayo fue el mismo que canceló opciones liberadoras para los propios escritores. El período que se abría en 1971 venía a cercenar o a distorsionar la lucha ideológica asumida por la vanguardia intelectual y, por tanto, a paralizar aquel proceso precisamente cuando aparecían algunos de sus textos más militantes o —si se me permite un vocablo que había alcanzado su punto culminante en la década anterior— *comprometidos*. La literatura, sin embargo, encuentra modos de burlar las coyunturas; y no era dable imaginar que aquel personaje que no se resignó a la doble condición de pez y anfibio a la que parecía condenado, se dejaría acallar o cooptar por el dogmatismo del momento en que le tocara renacer. Renacer allí, de hecho, era quizá su destino.

Final

Diez años después de las *Palabras a los intelectuales* se rompía en Cuba el consenso sobre el que habían funcionado las relaciones culturales. Lo que tuvo de incluyente el discurso-programa de 1961 (si bien debió sortear escollos, a lo largo de la década, que ponían en entredicho su pertinencia), lo tuvieron de excluyentes las palabras y los hechos de 1971. De ahí que para muchos cubanos este año pasara a encarnar la imagen de un momento nefasto, aunque fuera el mismo en que millares de personas accedieron a una nueva vivienda, enviaron a sus hijos como becarios a las flamantes Escuelas en el campo y experimentaron el orgullo de ver a su país en el Olimpo deportivo. Visto desde el extranjero, el 71 resultaba ser igualmente problemático, puesto que parecía colocar a Cuba, dada su alianza con la Unión Soviética, en el sombrío contexto del estalinismo. Edwards mismo se sorprendería (en *Persona non grata*, fechado el 30 de abril de 1972, es decir, exactamente un año después de concluido el Congreso de Educación y Cultura) de que la represión en gran escala que se temiera tras el arresto de Padilla nunca se produjera, y que el propio Padilla hablara ya entonces con humor de su autocrítica, la cual comparaba con algunas clásicas como las de Yevtushenko, Lukács y, sobre todo, la de Einstenstein. En su reseña de ese libro, publicada en 1974, Vargas Llosa nota que la historia que se refiere en él «es sin duda pequeña y circunscrita, una marejadilla político-literaria en la que, al fin y al cabo, hubo más ruido que nueces», aunque le inquietara que «esa tormenta de verano» reflejara «la desaparición de la posibilidad, dentro de una sociedad socialista, de ponerse al margen o frente al poder» (*Contra viento y marea* 294). No obstante, para él, la bonanza actual de la Isla, las mejoras en las condiciones de vida y el cambio gradual de los países latinoamericanos hacia Cuba permitían vislumbrar que cualquier día el doctor Kissinger aterrizaría en La Habana «para sellar una forma de *modus vivendi* entre Cuba y Estados Unidos» (297). Ya sabemos que Cuba rechazaba de plano tal acercamiento, pero el hecho de que a Vargas Llosa le pareciera posible demuestra cuánto había cambiado, en muy poco tiempo, la imagen que se tenía de la Isla. En el modo hiperbólico que lo caracteriza, por su lado, Cabrera Infante afirmaba que, después de que Padilla confesara ser el autor de delitos tan absurdos como el incendio del Reichstag, la voladura del Maine, y el haber sido Guy Fawkes en la Inglaterra jacobina, «un extraño período de calma se adueñó de la isla. Sin novedad en el frente cultural» (*Infantería* 839). Y unos años más tarde, en una anotación de su *Diario* fechada en febrero de 1980, Rama se mostraba algo entusiasmado después de recibir una carta de Norberto Fuentes donde este le anunciaba haber concluido su libro sobre Hemingway, que pronto debía ser publicado en Cuba y en los Estados Unidos. Deseaba Rama, en su comentario, que tanto Fuentes como Arenas tuvieran tiempo para demostrar su talento; si eso pasara, apunta, «fuerza es reconocer que la Revolución cubana ha actuado con más sabiduría que la soviética, que ha sorteado el infierno con menos pérdida». Le parecía evidente que la adjudicación del cargo de Ministro de Cultura a un civil, «y a un civil llamado Hart», no solo haya sido causa de alguno de los síntomas de descongelamiento vividos en los años recientes, sino también señal de que «el juego de fuerzas internas lo ha propiciado en una batalla ganada por la mejor orientación» (131). El destino de Arenas, sin embargo, confirma que la historia transcurre en zigzag, y que con frecuencia los mismos avances están preñados de retrocesos.

    La tendencia a sublimar o satanizar ciertos períodos, aun cuando existan poderosas razones para ello, entraña siempre el riesgo de simplificar las cosas. El propio Rama ha hablado de «los productivos años setenta de Alejo Carpentier», en referencia a sus novelas del período. Y aunque es obvio que Carpentier ocupaba un lugar privilegiado dentro (y fuera) del campo cultural cubano, esos ciclos productivos «nos hablan del tiempo del escritor y del tiempo de la sociedad y solo podemos alcanzar su comprensión si abrazamos conjuntamente a los dos a través de la fusión ideológica que nos entregan los textos» (224). Es decir, que la literatura cubana se haya empobrecido ostensiblemente durante la década del setenta, no niega el hecho de que en ella aparecieron títulos como *Concierto barroco*, *El recurso del método* y *El arpa y la sombra* (o *El pan dormido* de José Soler Puig, por ejemplo). Existen, pues, dos riesgos igualmente peligrosos al acercarse a un año como 1971. Por un lado, se pueden pasar por alto aquellos matices que no lo hacen mejor ni peor de lo que es, pero que sin duda enriquecen (y, por tanto, completan y complejizan) nuestro acercamiento. Por el otro, en el intento de buscar esos matices y encontrar explicaciones a los acontecimientos, se puede terminar por justificar lo imperdonable. El atraso infligido a la cultura cubana y las injusticias cometidas contra tantas personas, no perdonarían ese desliz. Me he propuesto eludir ambos riesgos, y espero haberlo logrado.

La intervención cubana en África desde mediados de los años setenta fue, para Cuba, un modo de participar activamente en la geopolítica global y potenciar su papel en ella, así como de forzar una inclinación de las nacientes repúblicas africanas hacia la línea política que impulsaba la Isla (cuando no era viable en una América Latina sumida ya en la larga noche de las dictaduras). Además, era una forma de establecer un camino propio, no necesariamente coincidente con el propugnado y transitado por la Unión Soviética. El período de la coexistencia pacífica, al menos para Cuba, llegaba a su fin, decidida como estaba a apoyar con las armas la consolidación del socialismo africano. Naturalmente, el distanciamiento con la URSS conocería los límites impuestos por intereses compartidos, pero lo cierto es que si se revisan las noticias que a partir de 1976 robaban las primeras planas, los discursos de la época, las canciones, testimonios, películas y hasta anécdotas y vocablos que penetraron en la sociedad cubana, se percibirá el giro que la presencia cubana en África (fundamentalmente en Angola) estaba dando al país, que incluía la reivindicación, en el discurso político, de una genealogía (ahora «latinoafricana») que se remontaría a la llegada a la Isla de los barcos negreros. No habría, desde luego, ninguna disputa pública con la URSS, ni se le dejaría de mencionar con gratitud. Mucho menos se alteraría el ventajoso intercambio comercial que la alianza con ella garantizaba. Sin embargo, nuevamente las energías de la Revolución se volcaban hacia afuera, aliviando la férrea ideología sancionada en 1971. Y la validez del modelo soviético, nunca cuestionado públicamente hasta la llegada de la perestroika, fue matizada, sin embargo, por la urgencia de asociar a Cuba —y a sus miles de ciudadanos que pasarían por allí como militares o como civiles— con el proyecto africano.

Comencé escribiendo este libro como una historia cultural (o intelectual), y ya no sé si —intentando comprender el contexto en que tuvieron lugar las disputas, las novelas, las películas y hasta la planificación urbana de un año específico— me desvié hacia una historia social en que la cultura aparece apenas como un síntoma de cuestiones más profundas. Tampoco me preocupa demasiado precisarlo (en el fondo se trata de un falso dilema), ni me molestaría que los lectores se sintieran tan desconcertados como yo.

En un artículo dedicado a *La muerte de Artemio Cruz*, Julio Ortega ha citado una frase de Lévi-Strauss según la cual la Revolución francesa, tal como la conocemos, no existió. El propio Ortega adecuaba el razonamiento al contexto que estaba estudiando y, a la vez, lo complementaba: «sabemos más de la revolución mexicana que sus propios protagonistas» (157). Ambas fórmulas son válidas para lo que aquí hemos abordado: el 71, en efecto, no existió como lo conocemos; lo que sabemos de él está permeado por testimonios, recuerdos, lecturas interesadas en una u otra dirección. En fin, tenemos de él una percepción tamizada de los acontecimientos. Entendido así, este libro fracasó en el intento de «revelarnos» ese año tal como realmente fue. Pero tampoco ha pretendido más que *leerlo* desde la perspectiva que nos ofrece esta segunda década del siglo XXI. Por otro lado, esa misma perspectiva nos da la posibilidad de entenderlo mejor que sus protagonistas. Estos suelen reconstruirlo desde su experiencia vital, adaptar lo ocurrido entonces, y sus consecuencias, al sentido de sus respectivas vidas y a lo que aquel momento significó dentro de ellas. La ventaja enorme que significa haber sido protagonista de la época puede convertirse, al mismo tiempo, en una fuente de malentendidos. Este libro sustituye la autoridad del que estuvo allí, por la de quien llega cuarenta años después, pasea la mirada sobre ese ya lejano horizonte, y trata de entender lo sucedido.

Cronología

Enero

2   Se da a conocer plan de distribución de artículos eléctricos y de uso doméstico por centros de trabajo. Abre sus puertas el Rialto como cine de ensayo, con la película de Julio García Espinosa *Tercer mundo, tercera guerra mundial*.

3   Llega el primer avión desviado de un total de trece durante el año (diez de ellos procedentes de los Estados Unidos). Se trata de un DC-8 que cubría la ruta entre Los Angeles y Tampa, con siete tripulantes y ochenta y cuatro pasajeros a bordo. Cuatro horas más tarde fue devuelto sin sus secuestradores.

4   Comienza VII Congreso de la Organización Internacional de Periodistas (OIP), inaugurado por el canciller Raúl Roa; será clausurado el día 11 con un discurso del ministro de Gobierno Carlos Rafael Rodríguez.

5   Saluda Anwar El Sadat (presidente de la República Árabe Unida) al presidente cubano Osvaldo Dorticós con motivo del duodécimo aniversario de la Revolución. Establece Chile relaciones con la República Popular China; como respuesta, Taiwán rompe relaciones con Chile. Finaliza la filmación de *Los días del agua*.

6   Se inician en centros laborales de La Habana asambleas para discutir proyecto de ley contra la vagancia.

7   Inaugura Fidel Escuela Secundaria Básica en el Campo (ESBEC) Ceiba 1. Participaron delegados del congreso de la OIP.

8   Tupamaros secuestran en Montevideo al embajador británico Geoffrey Jackson.

10 Comienza X Serie Nacional de Béisbol. Al concluir plenaria provincial de educación en Cárdenas, el ministro de Educación Belarmino Castilla anuncia realización del Congreso Nacional de Educación para los días 23 al 30 de abril.

15 El Sadat y Nikolai Podgorni (presidente del Presidium del Soviet Supremo de la URSS) inauguran la presa y complejo hidroeléctrico Asuán. Como parte del habitual ciclo «Viernes de Literatura», celebrado en la UNEAC, Heberto Padilla lee poemas de su libro *Provocaciones*.

19 Comienzan reuniones del Comité de Colaboración de *Casa de las Américas* con la presencia de Mario Benedetti, Emmanuel Carballo, Julio Cortázar, René Depestre, Manuel Galich, Mario Vargas Llosa y David Viñas, así como de los cubanos Edmundo Desnoes, Roberto Fernández Retamar, Ambrosio Fornet y Graziella Pogolotti. El día 22 firman Declaración del Comité de Colaboración.

20 El azúcar alcanza precio récord en el mercado mundial en seis años: 5.08 centavos la libra.

21 Récord de temperatura más baja registrada en Cuba: 1.0 grados en Alacranes, Matanzas.

22 Es desviado a La Habana un Boeing 727 de la Northwest Airlines, con cincuenta y tres pasajeros y seis tripulantes a bordo, que cubría la ruta Minneapolis-Washington; tres horas después parte de regreso a su país.

24 El senador George McGovern se pronuncia por el reconocimiento de la República Popular China y la restitución de sus derechos en la ONU. Inicia con ello su campaña por la presidencia de los Estados Unidos en la Universidad del Pacífico, California.

25 Presenta credenciales ante Dorticós el Enviado Extraordinario y Ministro Plenipotenciario de Israel en Cuba Yair Behar.

26 Se inaugura exposición de Antonio Berni en la Galería Latinoamericana de la Casa de las Américas. Iniciado en Moscú encuentro de dirigentes de Uniones de Escritores de países socialistas que tendrá lugar hasta el día 30; por Cuba participan Ángel Augier, Luis Marré y Luis Suardíaz. La URSS revela éxitos de la nave Venus 7 en ese planeta.

27 Producido con atraso el primer millón de toneladas de azúcar. Equipo Industriales establece récord de quince victorias consecutivas en la

Serie Nacional de Béisbol. Comienza Congreso Nacional de la Federación de Estudiantes de la Enseñanza Media (FEEM). Muere en México Jacobo Árbenz.

28 *Granma* anuncia que el Comité Ejecutivo de la Organización Internacional del Azúcar (OIA) informó que a partir del 4 de febrero serán aumentadas las cuotas de exportación en el mercado mundial. Nueva alza del precio del azúcar a 5.16 centavos la libra.

29 Encabeza Idi Amín Dada golpe de Estado en Uganda.

31 La nave norteamericana Apolo 14 despega en misión a la Luna.

Febrero

1 Se anuncia que está lista la primera impresión del Atlas Nacional de Cuba.

4 Entra en vigor aumento del 10% en las cuotas de exportación de azúcar en el mercado mundial, aprobada por la OIA. Aluniza el módulo lunar de la Apolo 14. Cuatrimotor de la compañía Delta Air Lines que rendía viaje entre Chicago y Nashville fue desviado a La Habana; regresó a los Estados Unidos esa misma tarde.

6 Soldados saigoneses invaden Laos apoyados por aviación y vehículos blindados norteamericanos.

7 En Suiza, los hombres votan a favor del derecho al sufragio femenino.

8 El VIII Pleno del Comité Central del Partido Obrero Unificado Polaco decide suspender como miembro de dicho Comité al anterior Primer Secretario Wladislaw Gomulka, como consecuencia de las protestas obreras ocurridas en ciudades de la costa báltica en diciembre, a raíz de la subida de los precios de productos alimenticios; Edward Gierek, nuevo Primer Secretario.

9 En la madrugada del 9 al 10, eclipse total de Luna visible en toda la isla. Ameriza en el Pacífico la Apolo 14.

12 La Comisión Organizadora del Congreso Nacional de Educación redacta una alocución anunciando que desde este día 140 mil maestros se reunirán en sus sedes para discutir los puntos del temario. Cuba y Chile firman acuerdo comercial por 20 millones USD para el período 1971-1973.

13 *Granma* publica el «Temario del Congreso Nacional de Educación», integrado por 54 puntos agrupados en siete grandes áreas que deberán discutirse en las reuniones preparatorias de base. Hasta el momento 750 mil trabajadores han discutido ley contra la vagancia.

17 Llega a Cuba Régis Debray tras casi ocho semanas en Chile.

18 Es arrestado en La Habana el fotógrafo francés Pierre Golendorf cuando intentaba abordar el avión de regreso a París.

20 Anuncian llegada del primer lote de setenta nuevos ómnibus japoneses Hino para el servicio de transporte urbano.

21 Producido el segundo millón de toneladas métricas de azúcar. *Granma Internacional* da a conocer el arresto de Raúl Alonso Olivé, técnico asistente de René Dumont, acusado de espionaje por entregar lista de precios del mercado negro.

22 Arriba a puerto habanero el buque escuela chileno *Esmeralda*. En presencia de Jorge Edwards, encargado de negocios de ese país, Raúl Castro y el jefe de la marina de Guerra, Aldo Santamaría, reciben a los oficiales.

23 Tripulación del *Esmeralda* ofrece recepción a la que asisten Fidel y el presidente Osvaldo Dorticós.

25 Asiste Fidel a encuentro entre universitarios habaneros y marinos del *Esmeralda* en Tropicana. Suscriben acuerdo bilateral Cubana de Aviación y LAN Chile. Apresadas en alta mar por autoridades estadounidenses cuatro embarcaciones pesqueras cubanas con cuarenta y nueve pescadores, por supuesta violación de aguas territoriales de ese país.

26 Fidel visita el *Esmeralda* antes de que zarpe a Barcelona; lo acompaña en la salida hasta cerca de la costa de Matanzas, donde aborda una embarcación cubana.

27 Llega Alfredo Guevara a Chile para firmar convenio cinematográfico con ese país.

Marzo

2 Liberados los barcos pesqueros y sus tripulantes secuestrados el día 25, quienes regresan a sus faenas.

4   Del 4 al 7 serán electos, en los congresos regionales, delegados al Congreso Nacional de Educación. Reclama la República Democrática Alemana derecho a ingresar en la ONU.

8   Edwards ejecuta el saque de honor en el partido de fútbol entre la Universidad de Chile y Occidentales, que ganan los primeros. Joe Frazier derrota a Muhammad Alí, y de paso le rompe la condición de invicto, en la denominada «Pelea del siglo», en la cual se disputaba el título de los pesos pesados del boxeo.

9   Firman Alfredo Guevara y Miguel Littín (presidente de Chile Films) convenio de colaboración cinematográfica entre Cuba y Chile. La empresa de bebidas y licores anuncia que está lista para producir lo que exigen los festejos de julio, pero que carece de envases, dada la insuficiente producción de botellas.

10 Exhorta Sindicato de la Alimentación a que la población devuelva botellas de cerveza, malta, licores y refrescos. Transmite el Lunajod fotos en 3-D de la Luna.

11 Del 11 al 21 abre Expo Industrial Italiana en el Pabellón Cuba.

14 Acopiados por los CDR habaneros más de un millón y medio de envases de cristal.

15 Estudia el Consejo de Ministros Ley contra la vagancia; miles de personas son ubicadas en centros laborales. Crecen presiones internacionales para convertir a Ceilán en república independiente de Inglaterra.

16 Promulga el Consejo de Ministros Ley contra la vagancia; entrará en vigor el 1º de abril. *Granma* anuncia la llegada a Cuba del nuevo encargado de negocios de Chile, Manuel Sánchez. Sancionados a cuatro años de prisión dos ciudadanos norteamericanos que realizaron aterrizaje forzoso en Las Villas cargados de marihuana.

17 Inaugura la Casa de las Américas exposición de Arte Popular Chileno. Alcanzado tercer millón de toneladas de azúcar.

20 Son detenidos los poetas Heberto Padilla y Belkis Cuza Malé; esta última es excarcelada el día 22.

21 Salen de México cuatro de los cinco diplomáticos soviéticos acusados de personas no gratas.

22 *Granma*: «Regresa a su país el encargado de negocios de Chile, licenciado Jorge Edwards Valdés». Suscriben convenio de intercambio cultural el Instituto Cubano del Libro (ICL) y el Comité de Prensa adjunto al Consejo de Ministros de la URSS.

25 Aprueba la Comisión de Relaciones Exteriores del Senado de Chile como embajador en Cuba, por unanimidad (varios días antes de que el Senado mismo lo haga por mayoría), al dirigente del Movimiento de Acción Popular Unitaria (MAPU) Juan Enrique Vega. Pakistán Oriental se proclama república con el nombre de Bangla Desh.

26 El ICL inicia en La Habana plan de venta de libros a sectores priorizados; en los primeros días se distribuyen a docentes los títulos *Aventuras, venturas y desventuras de un mambí*, de Raúl Roa, y *Azúcar y población en las Antillas*, de Ramiro Guerra.

28 Termina Serie Nacional de béisbol con victoria del equipo Azucareros.

29 Agencias internacionales de prensa reportan que, en encuentro informal con estudiantes de la Universidad de La Habana el pasado día 25, Fidel asumió la responsabilidad por la detención de Padilla.

30 Aumenta en 29 379 toneladas métricas (a un total de 2 444 254) la cuota de azúcar de Cuba en el mercado mundial, la mayor del mundo; continúa al alza el precio del azúcar. Inaugurado XXIV Congreso del PCUS; comienzo del noveno plan quinquenal soviético.

Abril

1 Dorticós habla como jefe de la delegación cubana al Congreso del PCUS.

2 Inaugurada en el Palacio de Bellas Artes la exposición «Arquitectura Soviética Moderna». El PEN Club de México dirige Carta a Fidel (publicada en el periódico *Excélsior*) con motivo de la detención de Padilla.

4 Comienza Serie de las Estrellas del béisbol: Occidentales *vs*. Orientales. Se incrementa apoyo al gobierno de la Unidad Popular en elecciones municipales en Chile.

5 En horas de la noche llega avión desviado de la compañía Air Taxi que cumplía vuelo entre Cayo Hueso y Miami; regresa en los primeros

minutos del día 6. Desde la cárcel, Padilla escribe carta dirigida al Gobierno Revolucionario, que sería distribuida por Prensa Latina el día 26.

6 Inaugurado el VII Campeonato Centroamericano y del Caribe de Natación Infantil y Juvenil y Clavados, y el II de Polo Acuático Infantil y Juvenil. Muere en Nueva York Igor Stravinsky.

10 Se alcanza el cuarto millón de toneladas métricas de azúcar. El matutino francés *Le Monde* publica primera carta de intelectuales europeos y latinoamericanos a Fidel, a propósito del arresto de Padilla.

13 Inaugurada en la Academia de Ciencias exposición fotográfica sobre el desarrollo de la ciencia cósmica en la URSS, por el décimo aniversario del vuelo de Gagarin.

15 Muere Miguel Matamoros; miles de personas asisten a su sepelio al día siguiente. Se proyecta en los cines el documental de Jorge Fraga *Escuela en el campo*.

16 Fidel lanza nuevo plan de construcción de viviendas en escala masiva, mediante el sistema de microbrigadas. Llega a Cuba General de Ejército Heinz Hoffmann, Ministro de Defensa de la RDA, quien permanecerá hasta el día 23.

19 Habla Fidel en acto por X aniversario de Girón, en el cual afirma que «una ola revolucionaria sacude el continente», mientras fustiga la supervivencia de formas de colonaje cultural y tutelaje intelectual.

20 Concentración de estudiantes universitarios como homenaje a los mártires de Humboldt 7; Néstor del Prado, presidente de la FEU, llama a los universitarios a ser vigilantes de las actividades individualistas y seudorrevolucionarias. Leído en los templos católicos cubanos, y reproducido en *Vida Cristiana*, Comunicado de la Conferencia Episcopal de Cuba a sus sacerdotes y fieles en que se condena bloqueo económico de los Estados Unidos contra el país. Se inicia X Congreso del Partido Comunista de Bulgaria.

21 En el núm. 930 de la revista mexicana *Siempre!* comienza una serie de artículos y cartas sobre el caso Padilla. Llega a Cuba en visita oficial Nikolai Baibakov, vicepresidente del Consejo de Ministros y Presidente del Comité Estatal de Planificación (GOSPLAN) de la URSS.

22 Jean Claude Duvalier asume el poder en Haití poco antes de anunciar la muerte de su padre François.

23 Se inaugura en el cine Radiocentro (actual Yara), con las palabras del ministro Belarmino Castilla, el Congreso Nacional de Educación. *Granma* anuncia que han sido sancionados los primeros seis infractores de la ley contra la vagancia; los juicios tuvieron como escenario la fábrica H. Upmann y la fundición Vanguardia Socialista. Chile-Films apela la decisión del Consejo de Censura Cinematográfica de impedir la proyección del documental de Santiago Álvarez *¿Cómo, por qué y para qué se asesina a un general?*, primera película realizada bajo el convenio firmado por el ICAIC y Chile-Films. La URSS lanza al espacio la nave Soyuz 10 con tres tripulantes.

24 *Granma* anuncia que el domingo 25 no sesionará el Congreso pues los delegados han sido invitados a la inauguración de una ESBEC en Jagüey Grande.

25 Aterriza sin contratiempos la Soyuz 10.

26 Prensa Latina difunde la carta de Padilla dirigida al Gobierno Revolucionario con fecha de 5 de abril. Perú anuncia que, con excepción de la selva, el resto de su territorio será declarado zona de reforma agraria en 1972.

27 *Granma* anuncia que, por aclamación y unanimidad, «acuerdan dar el nombre de Primer Congreso Nacional de Educación y Cultura los educadores a su evento». Es excarcelado Heberto Padilla; esa noche realiza su intervención «autocrítica» en la UNEAC.

28 Fidel asiste a los trabajos de dos subcomisiones del Congreso.

29 Se celebra en Radiocentro la plenaria general para conocer dictámenes de las once comisiones y subcomisiones del Congreso. Presenta Cuba informe ante la XIV Asamblea de la CEPAL en Santiago de Chile.

30 Fidel pronuncia discurso de clausura del Congreso; el viceministro primero José Ramón Fernández lee la declaración final.

Mayo

2 En entrevista concedida a la agencia France Press y publicada diez días más tarde en *Le Monde*, Padilla responde a los intelectuales firmantes de la carta a Fidel.

3 Tirada récord de *Granma* con los discursos de Fidel en la clausura del Congreso y el 1° de mayo: 1 130 390 ejemplares. José Revueltas es-

cribe su carta desde la Cárcel Preventiva. Walter Ulbricht es relevado como Presidente del Consejo de Estado y Primer Secretario del Partido Socialista Unificado de Alemania (PSUA); sustituido por Erich Honecker.

4   Alcanzado el quinto millón de toneladas de azúcar.

5   Manifestaciones de miles de antibelicistas en Washington.

6   Luis Pavón Tamayo es designado al frente del Consejo Nacional de Cultura.

9   Fracasa lanzamiento de la nave norteamericana Mariner 8.

13 Es excarcelado el escritor mexicano José Revueltas, preso desde 1968 en la cárcel de Lecumberri.

14 Declaración de intelectuales (Premios Nacionales) de Perú de apoyo a la política cultural de la Revolución cubana.

19 Aparece el núm. 484 de *La Cultura en México*, suplemento de *Siempre!*, dedicado al caso Padilla.

20 La URSS y los Estados Unidos anuncian acuerdo para la limitación de armas nucleares. Muere en Cienfuegos a los 65 años, *El Inmortal*, Martín Dihigo. Tribunal de Apelaciones de Chile aprueba exhibición del documental *¿Cómo, por qué y para qué se asesina a un general?* Acepta Parlamento Polaco renuncia de Gomulka como Primer Secretario del Partido Obrero Unificado Polaco (POUP).

21 Aparece publicada, con fecha del día anterior, segunda carta de intelectuales europeos y latinoamericanos a Fidel a propósito del caso Padilla (conocida como Carta de los 62). Se inicia transmisión por radio y televisión de un ciclo sobre el Congreso de Educación y Cultura dentro del programa «El Pueblo Pregunta». Arriba a Cuba embajador de Chile Juan Enrique Vega.

23 Finaliza, tras dos días de sesiones, el Primer Consejo Nacional de la FEU con la constitución de esa Federación y la elección de su secretariado.

24 Respuesta de Padilla a firmantes de la Carta de los 62. Declaración de intelectuales uruguayos.

25 Se trasmite segundo programa sobre el Congreso de Educación y Cultura, dedicado a la «Formación del educando». Discusión sobre

el caso Padilla en el ICAIC, presidida por Alfredo Guevara. Se inicia XIV Congreso del PC Checoslovaco.

26 Guardacostas norteamericano secuestra cuatro embarcaciones cubanas. Programa especial de la televisión aborda la situación tabacalera del país. Televisión Universitaria inicia transmisiones por el Canal 4.

27 Declaración de cineastas cubanos sobre polémica en torno al caso Padilla. Presenta cartas credenciales nuevo embajador de Chile.

28 Tercer programa sobre el Congreso de Educación y Cultura por radio y televisión.

29 Llega (desviado de la ruta Buenos Aires-Caracas-Miami por joven venezolano que alegó razones políticas) Boeing 707 de Panamerican Airlines, con sesenta pasajeros y nueve tripulantes; el avión continuó vuelo para Miami el miércoles 2; los gastos de estancia de los pasajeros y tripulantes alojados durante esos días en hoteles de La Habana fueron pagados por la embajada suiza, representante en Cuba de los intereses de los Estados Unidos.

Junio

1 Se trasmite cuarto programa del ciclo sobre el Congreso de Educación y Cultura, con el tema «El trabajador de la enseñanza y su papel en la Educación».

3 Despacho fechado en París da cuenta de otra carta a Fidel de intelectuales, mayormente franceses, solicitando noticias sobre el ciudadano francés Pierre Golendorf, detenido desde febrero.

4 El nuevo programa del ciclo sobre el Congreso de Educación y Cultura, presidido por José Miyar Barruecos, rector de la Universidad de La Habana, aborda la influencia social sobre la educación (que volverá a ser discutida en otro programa cuatro días después). Muere, a los 86 años, Georg Lukács.

5 Discurso de Fidel en el acto conmemorativo por X aniversario de la creación del MININT. Finaliza IV Torneo Internacional de Boxeo Giraldo Córdova Cardín.

6 La URSS pone en órbita la nave Soyuz 11.

7   Cosmonautas de la Soyuz 11 pasan a la estación orbital Saliut; se trata de la primera estación orbital tripulada. Comienza XVI Congreso del Partido Revolucionario Popular de Mongolia.

9   José Ramón Machado Ventura es designado Primer Secretario del PCC en La Habana. Juez norteamericano condena a pescadores cubanos a seis meses y diez mil USD de multa cada uno.

10 Roa inicia periplo que lo llevará a la URSS, Polonia, Checoslovaquia, RDA y Argelia; Fidel lo despide en el aeropuerto; Gromiko lo recibe en Moscú. Matanza de estudiantes en México, conocida como Jueves de Corpus. Tras veintiún años de bloqueo económico, los Estados Unidos reanudan relaciones comerciales con China.

11 Continúan por radio y televisión programas sobre la Influencia social del medio ambiente en los estudiantes, como parte del ciclo dedicado al Congreso de Educación y Cultura.

13 El *New York Times* (*NYT*) inicia publicación de documentos secretos conocidos como «papeles del Pentágono», sobre la política de los Estados Unidos en Vietnam.

14 Clausura Fidel Plenaria Nacional de Producción y Conferencia constitutiva del Sindicato de Trabajadores de Marina Mercante y Puertos. Visita príncipe Juan Carlos pabellón cubano en la 39 Feria Internacional de Muestras, en Barcelona.

15 Dicta Consejo de Ministros Ley 1234 que establece el Carnet de Identidad. Se inaugura en Berlín VIII Congreso del PSUA. Método, medios y evaluación de la enseñanza, son los temas abordados dentro del ciclo dedicado al Congreso de Educación y Cultura.

16 Después de tres días, el *NYT* cesa publicación de los «papeles del Pentágono» por orden del gobierno norteamericano.

18 Por radio y televisión, noveno programa sobre el Congreso, referido a la Organización y administración escolares. El *Washington Post* publica nuevos documentos secretos del Pentágono.

22 Con el décimo programa sobre el Congreso (dedicado esta vez a los organismos populares de la educación), concluye el ciclo.

23 Cadena de once periódicos de los Estados Unidos publica nuevos documentos secretos del Pentágono. *Granma* informa de la aparición en La Habana de la fiebre porcina.

24 Celebran en Perú segundo aniversario de la Reforma Agraria. Nuevo récord de diecinueve días en el espacio, esta vez a bordo de estación orbital Saliut.

26 Inicia Cubana de Aviación vuelos a Chile.

28 Inaugura Fidel ESBEC Ceiba 2 (Luis Augusto Turcios Lima). Resumió acto de clausura de la Plenaria Nacional de Transportes.

29 Inaugura Fidel ESBEC 14 de junio, la primera en Isla de Pinos.

30 Mueren los tres tripulantes de la Soyuz 11 al aterrizar, después de veinticuatro días en el espacio.

Julio

1 Envían Fidel y Dorticós mensaje de condolencias a Leonid Brezhnev (Secretario General del PCUS), Nikolai Podgorni (Presidente del Presidium del Soviet Supremo) y Alexei Kosiguin (Presidente del Consejo de Ministros) por la muerte de los tripulantes de la Soyuz 11. *Granma* da a conocer que clausuró Raúl Castro Reunión Nacional de Propaganda y Cultura de las FAR. El *NYT* y el *Washington Post* reanudan publicación de los documentos secretos del Pentágono, tras conocerse decisión favorable de la Corte Suprema. Comisión estudiantil mexicana concluye que matanza del 10 de junio llevada a cabo por el grupo de choque Los Halcones, dejó un saldo de 28 muertos y 62 desaparecidos. Presenta Gobierno Revolucionario Provisional de la República de Vietnam del Sur iniciativa de paz de siete puntos durante conversaciones de París.

2 *Granma* anuncia el suicidio la víspera del comandante Eddy Suñol, Viceministro Jefe de la Dirección Política del MININT; con la presencia de Fidel y Dorticós, Raúl despide el duelo; enterrado con todos los honores. Expulsado David Alfaro Siqueiros del Comité Central del Partido Comunista Mexicano por considerar al Presidente Echeverría ajeno a la matanza del 10 de junio.

3 Electa Georgette Álvarez estrella del carnaval habanero en espectáculo celebrado en la Ciudad Deportiva. Cumple veinte años programa Cocina al Minuto. Muere en París Jim Morrison, líder del grupo *The Doors*.

5 *Granma* anuncia que el sábado 3 en la madrugada tres reclusos de la Prisión de La Habana asesinaron a igual números de combatientes del

MININT y se dieron a la fuga; uno de ellos, que cumplía treinta años por homicidio, fue capturado, sentenciado y ejecutado ese mismo día.

6   Llegan al puerto de La Habana los cuatro pescadores apresados en Miami; Fidel los recibe en el puerto. Estado chileno completa control total de ventas de cobre de la gran minería. En conferencia de prensa Allende se refiere a próxima visita de Fidel a Chile, en fecha por precisar. *Granma* anuncia que fueron capturados los otros dos prófugos, juzgados y fusilados sumariamente. Mueren Loló Soldevilla y Louis Armstrong.

8   Acto en el teatro Amadeo Roldán por el 50 aniversario de la República Popular de Mongolia.

11 Asiste Raúl Castro a recepción por cincuenta aniversario de la Revolución en Mongolia.

12 Frustran intento de secuestro de nave de Cubana de Aviación que cubría la ruta entre La Habana y Cienfuegos. Congreso de Chile aprueba por unanimidad (de los 158 parlamentarios presentes) nacionalización del petróleo.

15 El INDER asegura que Cuba ganará más medallas en Cali que en los tres juegos panamericanos anteriores juntos. Anuncia Nixon, en comparecencia televisiva, que visitará la República Popular China antes de mayo de 1972, en respuesta a una invitación del Primer Ministro Chou En-lai, la cual le fue extendida durante la visita de Kissinger a ese país entre el 9 y el 11 de julio.

16 Obtiene *El sueño del pongo*, de Santiago Álvarez, Concha de Oro en Festival de Cine de San Sebastián.

17 Comienza, y se extiende hasta el día 25, carnaval habanero.

18 Primera graduación de estudiantes de las Escuelas Militares Camilo Cienfuegos con nivel preuniversitario.

19 Concluye, al detenerse las máquinas del central Urbano Noris, zafra azucarera de 1971 con un total de 5 924 335 toneladas métricas de azúcar. Instituye la CTC distinción de Héroe Nacional del Trabajo.

20 Fusilados tres ciudadanos que, vestidos con uniformes verde olivo, cometieron asesinatos y robos. Ajedrecista Robert Fischer clasifica para la final de retadores del Torneo de candidatos tras ganar la

sexta partida consecutiva al danés Bent Larsen; enfrentará al ganador del match Korchnoi-Petrosian, para retar al campeón mundial Boris Spasski.

21 Disgustado Primer Ministro japonés Eisaku Sato por la forma en que Nixon anunció visita a China.

22 Recibe Chou En-lai al nuevo embajador de Cuba en China, Jesús Barreiro González.

26 En su discurso, Fidel abre la puerta a posible restablecimiento de relaciones con Bolivia. Aparece número 49 de «Cuadernos de Marcha», dedicado al caso Padilla.

27 Lanzada nave espacial norteamericana Apolo 15 a una misión de doce días que incluye alunizaje.

28 Se inauguran Salas cubanas del Palacio de Bellas Artes con palabras de Juan Marinello. Inaugurada en la Casa de las Américas exposición plástica Cuba-Chile. Fuerte represión contra huelga general en Ecuador.

30 Inaugurados en Cali, Colombia, VI Juegos Panamericanos. Pisan la luna astronautas de la Apolo 15.

31 Como parte de las actividades para conmemorar el 26 de julio, se inaugura la muestra *Arte Popular Latinoamericano* en las vidrieras de San Rafael entre Galiano y Prado.

Agosto

1 Visita canciller chileno Clodomiro Almeida exposición Cuba-Chile en la Casa de las Américas.

2 Encuentro en Crimea entre máximos dirigentes de los Partidos Comunistas de la RDA, Bulgaria, Hungría, Mongolia, Polonia, Checoslovaquia y la URSS. Gobiernos europeos seguros de que el dólar será devaluado. Regresan a la nave comando donde espera el tercero, los dos tripulantes de la Apolo 15 que pisaron la luna.

3 Impulsan los CDR en todo el país, y hasta el día 9, plan especial en que alientan a los jóvenes a becarse. Obtiene el cine cubano cuatro premios en Festival de Moscú: *Los días del agua*, Premio Especial del Jurado, de la FIPRESCI y de actuación femenina para Idalia Anreus;

Cómo, por qué y para qué se asesina a un general, medalla de oro del jurado de cortometrajes.

5   Pedro Pérez Dueñas se convierte en el primer deportista cubano en implantar un récord mundial: 17.40 m. en triple salto; el hecho tiene lugar en los Juegos Panamericanos de Cali.

6   Gobierno peruano decide establecer relaciones con China. Antes, Chile había nombrado su primer embajador en ese país.

7   Ameriza en el Océano Pacífico la Apolo 15.

12 Cuba desmiente, mediante Declaración del MINREX, noticias sobre su posible regreso a la OEA.

14 Recibimiento en la Ciudad Deportiva a los atletas que participaron en los Panamericanos de Cali, ganadores de 254 medallas con las que superaron el pronóstico de más preseas que en los tres juegos anteriores.

15 Gobierno norteamericano anuncia nueva política económica que incluye desligar el dólar del oro por tiempo indefinido, lo que suspende su obligación de entregar oro por dólares; fin de la paridad vigente desde la Conferencia de Breton Woods en 1944.

16 Recibida por el canciller chileno delegación cubana encabezada por Roa. Conmemorado vigésimo aniversario de la muerte de Eduardo Chibás.

17 Allende recibe a Roa; acompañado por el Comandante de la Guarnición de Santiago, general Augusto Pinochet, Roa coloca ofrenda floral a O'Higgins en la plaza que lleva su nombre. Comienza en la Ciudad Deportiva II Torneo Norte-Centroamericano y del Caribe de Voleibol.

19 Estado de emergencia en Bolivia ante posible golpe de la derecha contra el gobierno de Juan José Torres.

20 Organizadas once mil patrullas Clik en La Habana.

21 Respaldado por acciones militares de Brasil, el general boliviano Hugo Bánzer derroca al presidente Torres.

22 Recibe Fidel en el aeropuerto a Roa y delegación que regresa de Chile. Bánzer asume como presidente de Bolivia; Torres y varios ministros se asilan en embajada peruana.

24 Viaja Allende a Ecuador.

25 *Granma* anuncia que al entrar en vigor el Sistema Judicial Nacional, quedará abolido el ejercicio por cuenta propia de la abogacía; los abogados tendrán la opción de incorporarse a los bufetes colectivos.

26 Firman Allende y Velasco Ibarra comunicado conjunto que defiende el derecho a establecer relaciones con Cuba sin pasar por la OEA.

27 En resumen de acto de solidaridad con Cuba de la Federación Mundial de Juventudes Democráticas y la Unión Internacional de Estudiantes, Fidel asegura que el único camino en Bolivia es la lucha armada, e insiste en que Cuba no ingresará en la OEA, ni negociará con el gobierno de los Estados Unidos.

29 Periódicos peruanos destacan suspensión de Francia de pruebas nucleares en el Pacífico ante firme posición peruana.

30 Allende habla ante el Congreso colombiano.

31 Con la presencia de Fidel, tres mil delegados asistentes a la Plenaria Nacional Azucarera visitan el reparto Alamar.

Septiembre

1 Gran recibimiento a Allende en Lima.

2 Lanza la URSS nave automática «Luna 18».

3 Régimen militar argentino anuncia la entrega a Perón, en Madrid, de los restos de Evita. Firman la URSS, los Estados Unidos, Gran Bretaña y Francia acuerdo sobre Berlín Occidental conocido como *Transitvertrag* o Tratado de Tránsito.

6 Comienza curso escolar 71-72 con la matrícula más alta en toda la historia de la educación cubana; solo a primaria asisten 1 700 000 alumnos. Fugados ciento seis tupamaros de la prisión de Punta Carretas, Montevideo.

9 Firman Cuba y la URSS protocolo de Colaboración Económica y Científico Técnica. Comienza motín en la prisión de Attica, estado de Nueva York, el cual durará hasta el día 13 y dejará varios reclusos muertos. Apple Records presenta en los Estados Unidos el disco *Imagine*, de John Lennon.

11 Fallece Nikita Jrushchov.

20   En discurso de inauguración de la primera ESBEC en Pinar del Río y sexta en el país («Comandante Pinares»), Fidel insiste en la necesidad de un arte de masas que asimile sin colonizarse, tal como estableció el Primer Congreso Nacional de Educación y Cultura.

25   Viaja a Chile delegación de la Federación de Mujeres Cubanas presidida por Vilma Espín.

26   Reabre el estadio Latinoamericano con el juego CDR-MININT.

28   En acto por XI aniversario de los CDR, Fidel asegura que se construirán mil ESBEC en diez años.

29   *L'Humanité* denuncia posible matanza de comunistas en Irak por el Partido Baas.

Octubre

2   Muere en México Bola de Nieve; es sepultado en Cuba tres días más tarde. Concluyen los dos primeros edificios construidos en Alamar por obreros industriales con plustrabajo.

4   El Sadat es elegido presidente de la Federación de Repúblicas Árabes integrada por Siria, Libia y Egipto.

5   Gana Tigrán Petrosián segunda partida a Fischer y le rompe cadena de veinte victorias consecutivas.

10   Teófilo Stevenson gana oro en torneo de Berlín.

11   Invita Perú a Cuba a integrar Grupo de los 77. Llega El Sadat a la URSS en visita oficial.

12   Ataque pirata al poblado de Boca de Samá deja dos muertos y varios heridos.

15   Regresa a la Tierra, tras seis meses en órbita, plataforma espacial Saliut.

17   Llega Kosiguin a Canadá correspondiendo a la visita que el Primer Ministro Pierre Trudeau realizara a la URSS en mayo.

19   Visita Fidel obras en Alamar y se reúne con jóvenes komsomoles y cubanos que trabajan allí. La UNESCO decide proclamar 1972 como Año Internacional del Libro.

20 *Granma* da a conocer con grandes titulares que el 26 de octubre visitará Cuba el Primer Ministro de la URSS Alexei Kosiguin. Llega Kissinger a Pekín para arreglar anunciado viaje de Nixon. Regresa a Ecuador avión desviado de su ruta con veintitrés pasajeros y cuatro tripulantes que había arribado a La Habana en la tarde del mismo día. Abre exposición de tapices de Violeta Parra en la Casa de las Américas.

21 Concesión del Premio Nobel a Neruda. Ofrece conversatorio en la UNEAC sobre literatura soviética contemporánea, delegación de tres escritores soviéticos. *Granma* anuncia creación de la Comisión Nacional Preparatoria del Bojeo a Cuba la cual cuenta con ocho embarcaciones e iniciará sus trabajos el 2 de febrero.

25 Restituidos derechos de la República Popular China en la ONU, y expulsada Taiwán. Llega Brezhnev a París. Desviado por un joven puertorriqueño —alegando razones políticas— Boeing 747 con doscientos veintinueve pasajeros y dieciséis tripulantes que rendía vuelo entre Nueva York y Puerto Pico. *Granma* anuncia que a partir del primero de noviembre se elevarán los precios de las bebidas alcohólicas.

26 Llega Kosiguin a La Habana, donde permanecerá hasta el día 30. Delegación cubana viaja a Nueva Orleáns para participar durante once días en el XIV Congreso de la Asociación Internacional de Tecnólogos de la Caña de Azúcar. Gana Fischer 6.5-2.5 el match a Petrosián en Buenos Aires y será el retador de Spasski.

27 Fidel y Kosiguin visitan Alamar. Llega Roa a Lima al frente de delegación cubana a la Reunión del Grupo de los 77. Llega Tito a Washington invitado por Nixon. Dos aviones (un B-707 y un B-727) se llevan de regreso a pasajeros secuestrados el día 25; el B-747 regresa con los tripulantes.

29 Admitida China en la UNESCO.

31 Arriba a La Habana destacamento naval soviético compuesto por dos antisubmarinos, dos submarinos y un buque tanque. Llega Brezhnev a la RDA. Aparecen ballenas en el litoral habanero; una de ellas será sometida a proceso de taxidermia.

Noviembre

1 *Granma* publica en primera plana comunicado conjunto soviético-cubano. Se inicia VI Congreso del Partido del Trabajo de Albania.

2   Deciden los Estados Unidos reiniciar relaciones comerciales con Rhodesia, pese a embargo de la ONU.

3   Inauguradas cinco nuevas salas del Museo Histórico de la Ciudad.

4   Firman convenio cultural el ICL y la Editora Quimantú, de Chile.

5   Fidel recibe en el aeropuerto a delegación que viajó a Congreso en Nueva Orleáns y forzó su presencia allí.

7   Dialoga Fidel con canciller argelino Abdelaziz Bouteflika, quien el día 9 recorrerá Alamar. Comienza oficialmente la zafra del 72 al echar a andar el central Jesús Menéndez.

8   El MINREX anuncia que el día 10 viajará Fidel a Chile. Se entrevista con Miklos Ajtai, vicepremier húngaro.

10 A las 5 pm llega Fidel a Chile, que le ofrece multitudinario recibimiento.

11 Se reúne con Allende en el Palacio de la Moneda. Comienza en La Habana V Campeonato Mundial de Gimnasia Moderna. Anuncia la radio argelina visita de Fidel a ese país el próximo año.

12 En el primer aniversario del restablecimiento de relaciones entre Chile y Cuba, Fidel inicia recorrido que incluye Antofagasta, las salitreras Pedro de Valdivia y María Elena, Chuquicamata, Iquique, Concepción, Playa Blanca, Lota, Puerto Montt, Punta Arenas, Tierra del Fuego, Rancagua y finalmente Valparaíso, a donde llegará el día 30 acompañado de Allende.

15 Se inaugura en el Museo Nacional de Bellas Artes de La Habana, I Salón Nacional Juvenil de Artes Plásticas.

22 Se inicia en La Habana XIX Campeonato Mundial de Béisbol en el «nuevo» Estadio Latinoamericano.

23 En Santiago, Fidel visita al cardenal Raúl Silva Henríquez, el más alto jerarca de la iglesia chilena; habla en la Central Única de Trabajadores.

25 En el Teatro Municipal de Santiago, Fidel recibe medalla de oro de la ciudad.

28 Elecciones en Uruguay; el candidato del Frente Amplio, Líber Seregni, denuncia fraude.

29 Anuncia Nixon que viajará a China el 21 de febrero del próximo año.

Diciembre

2 Discursos de Allende y Fidel en el Estadio Nacional ante ochenta mil personas. Desciende en Marte, por primera vez en la historia, módulo de estación automática soviética «Marte 3».

3 Allende despide a Fidel en el aeropuerto de Pudahuel; en Lima es recibido por Velasco Alvarado; viaja a Guayaquil y es recibido por Velasco Ibarra; regresa a Lima y por la madrugada parte hacia La Habana. Concluye el Mundial de Béisbol con victoria de Cuba.

4 Llega Fidel a La Habana en medio de un gran recibimiento popular. Unidades de la Marina de Guerra Revolucionaria (MGR) capturan al norte de Oriente barco *Layla Express* de bandera panameña, propiedad de los Babum, invasores de Girón, e involucrado en acciones contrarrevolucionarias.

5 *Granma*: «Declaración conjunta cubano-chilena» dada en Santiago de Chile el 4 de diciembre, concluye reiterando invitación a Allende para que visite Cuba. Se inicia VI Congreso del POUP.

6 Reitera Cuba en la ONU derecho de Puerto Rico a la independencia.

9 Según documento confidencial desclasificado en julio de 2009, este día se reunieron en la Casa Blanca el presidente Nixon y su homólogo brasileño Emílio Garrastazú Médici para analizar posible intervención conjunta contra los gobiernos de Chile y Cuba.

10 Expone Cuba política educacional y cultural en la Conferencia de Ministros de Educación y Ministros encargados del Fomento de la Ciencia y la Tecnología en relación con el desarrollo en América Latina y el Caribe, que tiene lugar en Caracas; por Cuba participa el viceministro primero José Ramón Fernández. Producidas por primera vez en Cuba un millón de toneladas métricas de cemento; se considera que tal acontecimiento inaugura una nueva etapa en la economía nacional.

12 Conversaciones de Nixon con Primer Ministro francés Georges Pompidou en las Islas Azores.

13 Alza en los mercados azucareros de Londres y Nueva York, al situarse los precios de la libra de azúcar en 5.07 y 5.20 centavos, respectivamente.

14   Tras reunión con Pompidou, Nixon anuncia que será devaluado el dólar como forma de enfrentar la actual crisis monetaria.

15   Capturado por una unidad de la MGR el barco *Johnny Express* a 120 millas de Maisí, el cual había efectuado actos terroristas contra Cuba. Nueva alza en mercados azucareros ante devaluación del dólar; son las más altas cotizaciones desde junio de 1964.

19   Firman Cuba y España convenio comercial que sustituye el *modus vivendi* vigente desde 1959. Tras reunión del Grupo de los 10 (países más ricos del mundo), los Estados Unidos anuncian que el precio del oro se elevará en un 8.57%, de 35 a 38 USD la onza, lo que implica una devaluación del dólar de 7.89%.

20   Viaja Dorticós a la URSS; recibido por Podgorni y Kosiguin. Clausura Fidel Plenaria Nacional de la Industria de Materiales de la Construcción.

21   Se presentan Alicia Alonso y el Ballet Nacional de Cuba (BNC) a los trabajadores del transporte en la Ciudad Deportiva, con el ballet *Avanzada*. *Granma* da a conocer que *Lucía* obtuvo premio al mejor filme extranjero exhibido en Chile en 1971. Designado Kurt Waldheim Secretario General de la ONU en sustitución de U Thant.

22   Fidel comparece en televisión para denunciar a los Estados Unidos con motivo de la captura de dos barcos piratas, y la política y declaraciones del gobierno de Nixon.

25   Se entrevistan Dorticós y Brezhnev. Comienza IV Congreso de la Asociación Nacional de Agricultores Pequeños. Se inicia venta de juguetes en La Habana.

26   Despide Fidel a delegación cubana a actos por el 50 aniversario del Partido Comunista de Chile.

27   Finalizan conversaciones Dorticós-Kosiguin. Recibe Raúl Castro a Andrei P. Kirilenko, miembro del Buró Político y Secretario del PCUS, quien permanece un día en Cuba en tránsito hacia Chile. China no participará en la Olimpiada de Munich ni en ninguna otra mientras el COI no acepte a la República Popular como única representante de ese país. Regresa a Panamá delegación enviada a Cuba, a sugerencia del gobierno cubano, con motivo de la captura de los dos barcos con bandera panameña; fue recibida por el Teniente Coronel Manuel Antonio Noriega, miembro del Estado Mayor de la Guardia Nacional.

28 Regresa Dorticós a Cuba. Recorre Fidel en compañía de Kirilenko planes agropecuarios de La Habana; y este, con Carlos Rafael Rodríguez, visita Alamar.

29 Califican en Chile de récord editorial el libro *Chile 1971: habla Fidel Castro*, publicado por la Editorial Universitaria, el cual incluye sus principales discursos en ese país. Alicia Alonso (en esta ocasión como directora) y el BNC se presentan una vez más en la Ciudad Deportiva, ante los trabajadores del deporte, la educación física y la recreación, con el ballet *Dinamia*; junto con los bailarines participan destacados atletas; entrega Alicia a Pedro Pérez Dueñas trofeo de atleta más destacado del año.

Bibliografía citada

Alonso, Alejandro G.: «Arte de participación», *El Caimán Barbudo* 45 (1971): 26-28.

Alonso Tejada, Aurelio: «Marxismo y espacio de debate en la Revolución Cubana», *Temas* 3 (1995): 34-43.

Arango, Ángel: *El fin del caos llega quietamente,* La Habana, Ediciones Unión, 1971.

Arango, Arturo: «"Con tantos palos que te dio la vida": Poesía, censura y persistencia», en: *La política cultural del período revolucionario: memoria y reflexión. Ciclo de conferencias organizado por el Centro Teórico-Cultural Criterios. La Habana, 2007, Primera parte*, La Habana, Centro Teórico-Cultural Criterios, 2008, pp. 95-137.

_____: «Pasar por joven (con notas al pie)», en: *La política cultural del período revolucionario: memoria y reflexión. Ciclo de conferencias organizado por el Centro Teórico-Cultural Criterios. La Habana, 2007, Primera parte*, La Habana, Centro Teórico-Cultural Criterios, 2008, pp. 165-174.

Arcocha, Juan: «Le poète et le commisaire», *Le Monde*, 29 de abril 1971, p. 2.

Arguedas, José María: *El zorro de arriba y el zorro de abajo*, edición crítica Ève-Marie Fell, Madrid, ALLCA XX, 1996 (1971).

Arlt, Roberto: *Al margen del cable. Crónicas publicadas en «El Nacional», México, 1937-1941*, recopilación, introducción y notas Rose Corral, Buenos Aires, Editorial Losada, 2003.

«Arquitectura: proyección física de la ciudad», *Arquitectura / Cuba* 338 (1971): 22-23.

«Arte popular latinoamericano. Riqueza de los pobres», *El Caimán Barbudo* 50 (1971): [18-19].

Augier, Ángel: *Do svidanya*, La Habana, Ediciones Unión, 1971.

Bareiro, Rubén: «La verdadera historia de la revista *Libre*» [entrevista a Albina du Boisrouvray], *La Cultura en México*, núm. 502, 22 de septiembre 1971, pp. X-XI.

Barthes, Roland, Lucien Goldmann, Henri Lefebvre *et al.*: *Literatura y sociedad: problemas de metodología en sociología de la literatura*, trad. R. de la Iglesia, La Habana, Instituto Cubano del Libro, 1971.

Benedetti, Mario: *Cuaderno cubano*, Buenos Aires, Schapire Editor, 1974 (1969).

_____: «Las prioridades del escritor», *Marcha*, núm. 1546, 4 de junio 1971, pp. 27-30.

_____: «Una hora con Roque Dalton (entrevista)» (1969), en: *Materiales de la revista «Casa de las Américas» de / sobre Roque Dalton*, selección de Aurelio Alonso y Sandra Valmaña Lastres; prólogo de Aurelio Alonso, La Habana, Fondo Editorial Casa de las Américas, 2010, pp. 256-269.

Bettelheim, Charles: «La révolution cubaine sur la "voie" soviétique», *Le Monde*, 12 de mayo 1971, p. 6.

Bioy Casares, Adolfo: *Borges*, Barcelona, Ediciones Destino, 2006.

Bloom, Harold: *Anatomía de la influencia. La literatura como modo de vida*, Madrid, Taurus, 2011.

Bobes, Marilyn: «Entender el paisaje de una época» [entrevista a Jorge Fornet], *El Tintero*, suplemento de *Juventud Rebelde*, 28 de mayo 2006, p. 3.

Boudet, Rosa Ileana: «Imaginación prefabricada», *Alma Mater* 111 (1970): 18-19.

Bourdieu, Pierre: *Las reglas del arte. Génesis y estructura del campo literario*, trad. Thomas Kauf, Barcelona, Anagrama, 1995 (1992).

_____: «¿Un parlamento de escritores para hacer qué?», *Intervenciones, 1961-2001. Ciencia social y acción política*, selección y presentación Franck Poupeau y Thierry Discepolo, trad. Beatriz Morales Bastos, Hondarribia, Hiru / Editorial de Ciencias Sociales, 2004, pp. 362-367.

Buck-Morss, Susan: «Teorizar hoy día: la condición post-soviética», *Criterios* 37 (2011): 72-82.

Buliés, Arturo: «"El acuatismo" quita la vida a un niño. Una nueva víctima del oscurantismo», *Verde Olivo*, 21 de marzo 1971, pp. 22-24.

Cabrera, Guillermo: «David Viñas y el límite de lo prohibido» [entrevista], *El Caimán Barbudo* 45 (1971): 2-5.

Cabrera Infante, Guillermo: *Infantería*, compilación, selección e introducción Nivia Montenegro y Enrico Mario Santí, México, Fondo de Cultura Económica, 1999.

Cárdenas Acuña, Ignacio: *Enigma para un domingo*, La Habana, Instituto Cubano del Libro, 1971.

«Carta del PEN Club de México a Fidel Castro», en: *El caso Padilla: literatura y revolución en Cuba. Documentos*, introd., selec., notas, guía y bibliografía Lourdes Casal, Miami, New York, Ediciones Universal / Ediciones Nueva Atlántida, s.a., p. 76.

Casal, Lourdes (introducción, selección, notas, guía y bibliografía): *El caso Padilla: Literatura y Revolución en Cuba. Documentos*, Miami / New York: Ediciones Universal / Ediciones Nueva Atlántida, s.a.

Casiraghi, Ugo: Opinión sobre *Los días del agua*, *Cine Cubano* 71-72 (1971): 41.

Castilla Mas, Belarmino: «El maestro es el educador político principal en la sociedad socialista», *Bohemia*, 30 de abril 1971, pp. 66-71.

Castillo, Abelardo: «El "Manifiesto" de París», *El Escarabajo de Oro* 43 (1971): 12.

Castro, Raúl: *Trascendencia de la Revolución Cubana y denuncia del diversionismo ideológico imperialista*, selección y prólogo Winston Orrillo, Lima, Editorial Causachun, 1974.

Castro Ruz, Fidel: *Comparecencia del comandante Fidel Castro Ruz, Primer Ministro del Gobierno Revolucionario y Primer Secretario del Comité Central del Partido Comunista de Cuba, para analizar los acontecimientos de Checoslovaquia. Viernes 23 de agosto de 1968*, [La Habana], Instituto del Libro, s.a.

_____ : Discurso en la clausura del Primer Congreso de los Constructores, 25 de octubre de 1964, http://www.cuba.cu/gobierno/discursos/1964/esp/f251064e.html

_____ : Discurso en el VIII aniversario de los Comités de Defensa de la Revolución, 28 de septiembre de 1968, http://www.cuba.cu/gobierno/discursos/1968/esp/f280968e.html

_____: Discurso del 26 de julio de 1970, http://www.cuba.cu/gobierno/discursos/1970/esp/f260770e.html

_____: Discurso en la clausura del VII Congreso de la Unión Internacional de Arquitectos, 3 de octubre de 1963, http://www.cuba.cu/gobierno/discursos/1963/esp/f031063e.html

_____: Discurso del 26 de julio de 1971, http://www.cuba.cu/gobierno/discursos/1971/esp/f260771e.html

_____: Discurso en el XI aniversario de los Comités de Defensa de la Revolución, 28 de septiembre de 1971, http://www.cuba.cu/gobierno/discursos/1971/esp/f280971e.html

_____: «La fuerza de la Revolución está en la unidad», *Bohemia*, 10 de diciembre 1971, pp. 27-34.

_____: *El futuro es el internacionalismo. Recorrido del comandante Fidel Castro por países de África y Europa socialista, 3 de mayo-5 de julio de 1972*, La Habana, Instituto Cubano del Libro, 1972.

_____: «Somos soldados revolucionarios de América». Discurso en el acto central por el X Aniversario de la Victoria de Playa Girón, 19 de abril de 1971, *Bohemia* (suplemento), 23 de abril 1971, pp. 14-25.

Chessex, Luc: «Esta ciudad llena de niños», *Cuba Internacional* 21 (1971): [32-39].

Coetzee, J. M.: *Contra la censura. Ensayos sobre la pasión por silenciar*, Barcelona, Random House Mondadori, 2008 (1996).

Cofiño López, Manuel: *La última mujer y el próximo combate*, La Habana, Casa de las Américas, 1971.

Collazos, Óscar, Julio Cortázar y Mario Vargas Llosa: *Literatura en la revolución y revolución en la literatura (Polémica)*, México, Siglo XXI Editores, 1970.

Cortázar, Julio: Carta del 10 de mayo de 1967, *Casa de las Américas* 145-146 (1984): 59-66.

_____: Carta del 10 de diciembre de 1969, *Casa de las Américas* 145-146 (1984): 102.

_____: Carta del 16 de agosto de 1970, *Casa de las Américas* 145-146 (1984): 108-110.

_____: Carta del 10 de abril de 1971, *Casa de las Américas* 145-146 (1984): 117.

_____: Carta del 4 de febrero de 1972, *Casa de las Américas* 145-146 (1984): 146-150.

_____: *Cartas 1969-1983*. Edición de Aurora Bernárdez, Buenos Aires, Alfaguara, 2000, t. 3.

_____: «Nuevo itinerario cubano», en: *Papeles inesperados*, Buenos Aires, Alfaguara, 2009, pp. 284-303.

_____: «Policrítica en la hora de los chacales», *Casa de las Américas* 67 (1971): 157-161.

_____: «Reunión», en *Todos los fuegos el fuego*, México, Alfaguara, 2000 (1966), pp. 63-79.

Coyula, Mario: «El Trinquenio Amargo y la ciudad distópica: autopsia de una utopía», en: *La política cultural del período revolucionario: memoria y reflexión. Ciclo de conferencias organizado por el Centro Teórico-Cultural Criterios. La Habana, 2007, Primera parte*, La Habana, Centro Teórico-Cultural Criterios, 2008, pp. 47-68.

Crespi, Roberto: «Diálogo con José Revueltas», *Mundo Nuevo* 57-58 (1971): 55-58.

Croce, Marcela (comp.): *Polémicas intelectuales en América Latina. Del «meridiano intelectual» al caso Padilla (1927-1971)*, Buenos Aires, Ediciones Simurg, 2006.

«Cruce de cables», *Casa de las Américas* 61 (1970): 183.

Cruz, Mary: «Zenea o la traición», *La Gaceta de Cuba* 95 (1971): 24.

«Cuba: nueva política cultural», *Marcha* 1553, 23 de julio 1971, p. 11.

«Cuba: ¿Revolución en la cultura?», *Nuevos Aires* 5 (1971): 3-12.

Cuba '71. I Congreso Nacional de Educación y Cultura, La Habana, Instituto Cubano del Libro / Editorial Ámbito, 1971 (Colección Testimonio Gráfico).

«La cultura como actividad de las masas», *Bohemia*, 19 de noviembre 1971, pp. 12-17.

Daniel, Jean: «Les trente-sept jours d'un poète», *Le Nouvel Observateur*, 3 de mayo 1971, p. 24.

Darnton, Robert: *El beso de Lamourette. Reflexiones sobre historia cultural*, Buenos Aires, Fondo de Cultura Económica, 2010.

«Declaración de los cineastas cubanos», *Cine Cubano* 69-70 [1971]: 1-4.

«Declaración de intelectuales uruguayos», *Casa de las Américas* 67 (1971): 154-156.

«Declaración del Primer Congreso Nacional de Educación y Cultura», *Casa de las Américas* 65-66 (1971): 4-19.

Depardon, Raymond: *1968: Une année autour du monde*, Paris, Éditions Points, 2008.

Desnoes, Edmundo: «El Che y los ojos del mundo», *Cuba Internacional* 21 (1971): 14-25.

«Los despojos de Heberto Padilla», *El Escarabajo de Oro* 43 (1971): 2, 12-13.

Deutscher, Isaac: *Stalin. Biografía política*, México, Ediciones Era, 1965.

«Diálogo con Monseñor Francisco Oves, Arzobispo de La Habana», *Bohemia*, 24 de diciembre 1971, p. 31.

Díaz, Jesús: «El marxismo de Lenin», *Pensamiento Crítico* 38 (1970): 6-59.

_____: «Muerte de Asma», *Casa de las Américas* 60 (1970): 94-99.

Díaz Castañón, María del Pilar (compilación e introducción): *Prensa y Revolución: la magia del cambio*, La Habana, Editorial de Ciencias Sociales, 2010.

Díaz Muñoz, Roberto: *Limpio fuego el que yace*, La Habana, Editorial de Arte y Literatura, 1971.

Diego, José Luis de: *¿Quién de nosotros escribirá el «Facundo»? Intelectuales y escritores en Argentina (1970-1986)*, La Plata, Ediciones Al Margen, 2001.

Documentos de política internacional de la revolución cubana 5, La Habana, Editorial de Ciencias Sociales, 1972.

Donoso, José: *Historia personal del «boom». Nueva edición con Apéndice del autor seguido de «El "boom" doméstico» por María Pilar Serrano*, Barcelona, Seix Barral, 1983 (1972).

Droguett, Carlos: Entrevista de Julio Huasi para Prensa Latina, *Casa de las Américas* 67 (1971): 189-190.

Dumont, René: *Cuba ¿es socialista?*, trad. Mariela Álvarez, Caracas, Editorial Tiempo Nuevo, 1970.

Edwards, Jorge: *Persona non grata*, Barcelona, Tusquets Editores, 2000 (1973).

Engels, Federico: «Sobre la Comuna», *Pensamiento Crítico* 49-50 (1971): 286-290.

«Entrevista a Jean-Paul Sartre», *Libre* 4 (1972): 3-10.

«Entrevista con Manuel Octavio Gómez», *Cine Cubano* 71-72 (1971): 32-36.

Enzensberger, Hans Magnus: «Desde el punto de vista político y social los europeos somos los subdesarrollados» [entrevista], *Juventud Rebelde*, 15 de enero 1968 [recorte].

_____: *El interrogatorio de La Habana. Autorretrato de la contrarrevolución y otros ensayos políticos*, Barcelona, Anagrama, 1973.

Félix Beltrán desde el diseño, introd. Manuel López Oliva, La Habana [s. e.], 1970.

Fernández, Pablo Armando: *La mano del tiempo*, Buenos Aires, Editorial Losada, 2010.

Fernández Retamar, Roberto: «Ángel Rama y la Casa de las Américas», *Casa de las Américas* 192 (1993): 48-63.

_____: «Caliban» (1971), en *Todo Caliban*, La Habana, Editorial Letras Cubanas, 2000, pp. 11-86.

_____: «Explico al lector por qué al cabo no escribí aquel poema sobre la Comuna» (1972), en *Poesía nuevamente reunida*, La Habana, Editorial Letras Cubanas / Ediciones Unión, 2009, pp. 263-267.

_____: «Prólogo a esta edición», en: *Pasajes de la guerra revolucionaria*, de Ernesto Che Guevara, La Habana, Casa de las Américas, 1997.

Fornet, Ambrosio (selección, prólogo y notas): *Alea: una retrospectiva crítica*, edición definitiva, La Habana, Editorial Letras Cubanas, 1998 (1987).

Franco, Jean: *Decadencia y caída de la ciudad letrada. La literatura latinoamericana durante la guerra fría*, Barcelona, Debate, 2003.

Fuentes, Carlos: «La disyuntiva mexicana», *Libre* 2 (1971-1972): 21-32.

_____: *La nueva novela hispanoamericana*, México, Editorial Joaquín Mortiz, 1969.

_____: «La verdadera solidaridad con Cuba», *La Cultura en México*, núm. 484, 19 de mayo 1971, p. V.

Fuentes, Norberto: *Hemingway en Cuba*, pról. de Gabriel García Márquez, La Habana, Editorial Letras Cubanas, 1984.

Galardy, Anubis y José A. de la Osa: «Introducción al enigma», *Granma*, 30 de septiembre 1971, p. 4.

_____: «La novela Cenicienta», *Granma*, 23 de septiembre 1971, p. 4.

Galeano, Eduardo: «Una entrevista al Che Guevara», *Casa de las Américas* 266 (2012): 129-132.

_____: *Las venas abiertas de América Latina*, La Habana, Casa de las Américas, 1971.

García, Irineu: «Asturias, ¿historia de una venganza?», *La Cultura en México*, núm. 498, 25 de agosto 1971, p. X.

García Borrero, Juan Antonio: «Cine cubano post-68: Los presagios del gris», en *Otras maneras de pensar el cine cubano*, Santiago de Cuba, Editorial Oriente, 2009, pp. 68-114.

García Espinosa, Julio: «En busca del cine perdido», *Cine Cubano* 69-70 [1971]: 24-27.

_____: «Por un cine imperfecto», *Cine Cubano* 66-67 [1971]: 46-53.

Gilman, Claudia: *Entre la pluma y el fusil. Debates y dilemas del escritor revolucionario en América Latina*, Buenos Aires, Siglo Veintiuno Editores Argentina, 2003.

Gleijeses, Piero: *Misiones en conflicto. La Habana, Washington y África. 1959-1976*, trad. María Teresa Ortega, La Habana, Editorial de Ciencias Sociales, 2004.

González Bermejo, Ernesto: «García Márquez: ahora doscientos años de soledad», *Bohemia*, 19 de febrero 1971, pp. 4-13.

González Echevarría, Roberto: «Manuel Cofiño López: *La última mujer y el próximo combate*», *Revista Iberoamericana* 92-93 (1975): 669-670.

Goytisolo, Juan: «El gato negro de la Rue de Bièvre», en: *En los reinos de taifa*, Barcelona, Seix Barral, 1986, pp. 155-197.

Granados, Manuel: «De *Testimonio 70*», *Casa de las Américas* 62 (1970): 60-75.

Guanche, Julio César: «El camino de las definiciones. Los intelectuales y la política en Cuba 1959-1971», en: *El continente de lo posible. Un examen sobre la condición revolucionaria*, La Habana, Instituto Cubano de Investigación Cultural / Ruth Casa Editorial, 2008, pp. 7-72.

_____: *El poder y el proyecto. Un debate sobre el presente y el futuro de la revolución en Cuba*, Santiago de Cuba, Editorial Oriente, 2009.

Guevara, Alfredo: *Revolución es lucidez*, La Habana, Ediciones ICAIC, 1998.

_____: *Tiempo de fundación*, Madrid, Iberautor Promociones Culturales, 2003.

Guevara, Ernesto: *Pasajes de la guerra revolucionaria*, edición anotada, La Habana, Editora Política, 2008 (1963).

Guido, Davide: «Mediterráneos en la obra de Vittorio Garatti», *Arquitectura / Cuba* 380 (2008): 42-45.

Guillén, Nicolás: «Palabras de Nicolás Guillén en el acto de conmemoración del X aniversario de la UNEAC», *La Gaceta de Cuba* 95 (1971): 2-3.

_____: «Palabras pronunciadas en el V Congreso de Escritores de la URSS», *Unión* 3 (1971): 160-164.

_____: «Sobre el Congreso y algo más», *Verde Olivo*, 30 de mayo 1971, pp. 8-9.

Günter, Leypoldt: *Casual Silences*, Trier, Wissenschaftlicher Verlag, 2001.

Gutiérrez Alea, Tomás: «Notas sobre una discusión de un documento sobre una discusión (de otros documentos)» [*La Gaceta de Cuba*, núm. 29, 5 nov. 1963], en *Polémicas culturales de los 60*, selección y prólogo Graziella Pogolotti, La Habana, Editorial Letras Cubanas, 2006, pp. 95-101.

_____: *Volver sobre mis pasos*, selección Mirtha Ibarra, Madrid, Ediciones Autor, 2007.

Hernández, Doris: «Identifíquese, por favor», *Moncada* 4 (1971): 51-54.

Horowitz, Irving Louis: *Cuba: diez años después*, Buenos Aires, Editorial Tiempo Contemporáneo, 1970.

Huberman, Leo y Paul M. Sweezy: *El socialismo en Cuba*, trad. Horacio Zalce, México, Editorial Nuestro Tiempo, 1970.

«Informaron en programa de TV y Radio sobre los acuerdos del Congreso de Educación y Cultura referentes a la influencia de los medios de comunicación masivos», *Granma*, 9 de junio 1971, p. 3.

Ingenieros, José: *El hombre mediocre*, La Habana, Editorial Ciencias Sociales, 2001.

Karol, K. S.: *Les guérrilleros au pouvoir. L'itinéraire politique de la révolution cubaine*, París, Robert Laffont, 1970.

Kiejman, Claude y Daniel Waksman Schinca: «Conversación con un militante llamado Jean-Paul Sartre», *Marcha*, núm. 1532, 12 de febrero 1971, pp. 15-16, 18-19, 24.

Kohan, Néstor: «*Pensamiento Crítico* y el debate por las ciencias sociales en el seno de la revolución cubana», http://bibliotecavirtual.clacso.org.ar/ar/libros/becas/critica/C07NKohan.pdf

Laabi, Abdellatif: «La poesía palestina de combate», *Unión* 3 (1971): 25-43.

«Los Libros y los ruegos», *Casa de las Américas* 61 (1970): 188.

Lidsky, Paul: *Los escritores contra la Comuna*, México, Siglo Veintiuno, 1971.

Lihn, Enrique: «Carta abierta de Enrique Lihn», en: *Cuba: nueva política cultural. El caso Padilla*, Montevideo, Cuadernos de Marcha 49, 1971, pp. 5-9.

_____: «Política y cultura en una etapa de transición al socialismo», en: Enrique Lihn *et al.*: *La cultura en la vía chilena al socialismo*, Santiago de Chile, Editorial Universitaria, 1971, pp. 13-72.

London, Jack: «Encender una hoguera», http://www.ciudadseva.com/textos/cuentos/ing/london/encender.htm

Magris, Claudio: *El Danubio*, Barcelona, Anagrama, 2001 (1986).

Marinello, Juan: «La Comuna desde ahora», *La Gaceta de Cuba* 92-93 (1971): 3-4.

_____: «Después del Congreso», *Granma*, 6 de mayo 1971, p. 2.

_____: «Las salas cubanas del Museo Nacional», *Bohemia*, 20 de agosto 1971, pp. 22-27.

Martínez Heredia, Fernando: «Introducción», en: *Antonio Gramsci*, de Ruggero Giacomini, La Habana, Centro de Investigación y Desarrollo de la Cultura Cubana Juan Marinello, 2001, pp. 5-12.

_____: «Pensamiento social y política de la revolución», en: *La política cultural del período revolucionario: memoria y reflexión. Ciclo de conferencias organizado por el Centro Teórico-Cultural Criterios. La Habana, 2007, Primera parte*, La Habana, Centro Teórico-Cultural Criterios, 2008, pp. 139-161.

Mathewson, Rufus W.: «In response to The Case of Heberto Padilla», *The New York Review of Books* 17:1, 22 de julio 1971.

Mendoza, Plinio Apuleyo: «Entrevista con Gabriel García Márquez», *Libre* 3 (1972): 4-15.

_____: «Introducción», *Libre. Revista de Crítica Literaria (1971-1972)*. Edición facsimilar, Madrid, Turner Libros / Ediciones El Equilibrista / Sociedad Estatal Quinto Centenario, 1990, pp. IX-XI.

Mesa-Lago, Carmelo: *Dialéctica de la Revolución Cubana: del idealismo carismático al pragmatismo institucionalista*, Madrid, Editorial Playor, 1979 (1974).

Mirabal, Elizabeth y Carlos Velazco: *Sobre los pasos del cronista. (El quehacer intelectual de Guillermo Cabrera Infante en Cuba hasta 1965)*, La Habana, Ediciones Unión, c. 2010.

«Modelos para armar», *Semana*, 27 de febrero-6 de marzo 1969, p. 35.

Moniz Bandeira, Luis Alberto: *La formación del imperio americano. De la guerra contra España a la guerra en Irak*, trad. Miguel Grinberg, La Habana, Casa de las Américas, 2010.

Monsiváis, Carlos: *Aires de familia. Cultura y sociedad en América Latina*, Barcelona, Editorial Anagrama, 2000.

Montero, Hortensia: *Los 70: puente para las rupturas*, La Habana, Centro de Investigación y Desarrollo de la Cultura Cubana Juan Marinello, 2006.

Moreno Fraginals, Manuel: «El duro oficio de jurado», *Verde Olivo*, 15 de agosto 1971, pp. 14-15.

_____: «En torno a este libro», introducción a *Mudos testigos. Crónica del ex cafetal Jesús Nazareno*, de Ramiro Guerra, La Habana, Ciencias Sociales, 1974 (1948), pp. 7-12.

Mudrovcic, María Eugenia: *«Mundo Nuevo». Cultura y guerra fría en la década del 60*, Rosario, Beatriz Viterbo Editora, 1997.

Navarro, Desiderio: *Las causas de las cosas*, La Habana, Letras Cubanas, 2006.

_____: «¿Cuántos años de qué color? Para una introducción al ciclo», en: *La política cultural del período revolucionario: memoria y reflexión. Ciclo de conferencias organizado por el Centro Teórico-Cultural Criterios. La Habana, 2007, Primera parte*, La Habana, Centro Teórico-Cultural Criterios, 2008, pp. 15-24.

Neruda, Pablo: *Confieso que he vivido. Memorias*, Buenos Aires, Editorial Losada, 1974.

Niedergang, Marcel: «Le poète Heberto Padilla été libéré à La Havane», *Le Monde*, 29 de abril 1971, p. 2.

«Nixon analizó con Brasil intervención en Chile y Cuba», http://www.elnuevoherald.com/ultimas.noticias/story/520916.html

Nogueras, Luis Rogelio: «Literatura policial cubana en el extranjero», en: *Por la novela policial*, La Habana, Ediciones Unión, 1982, pp. 41-42.

Nogueras, Luis Rogelio y Guillermo Rodríguez Rivera: «¿La verdadera novela policial?», en: *Por la novela policial*, La Habana, Ediciones Unión, 1982, pp. 21-29.

North, Michael: *Reading 1922: A Return to the Scene of the Modern*, New York, Oxford University Press, 1999.

«Nota al lector», *Facetas* 4: 4 (1971): 2.

Novás, Benito: «Lezama: invitación al viaje», *Bohemia*, 1 de enero 1971, pp. 9-11.

«Nuevos documentos sobre el caso Padilla», *Marcha*, núm. 1545, 28 de mayo 1971, pp. 14-15.

«Ofuscaciones, equívocos, fantasías, vergüenza y cólera», *Casa de las Américas* 67 (1971): 191-193.

Oliver, María Rosa: «La literatura de testimonio», *Casa de las Américas* 27 (1964): 3-11.

Orejuela Martínez, Adriana: *El son no se fue de Cuba: Claves para una historia 1959-1973*, La Habana, Letras Cubanas, 2006.

Orfila Reynal, Arnaldo: «Por qué "Siglo XXI" no publicó el libro de Karol», *Siempre!*, núm. 937, 9 de junio 1971, pp. 8, 69-70.

Ortega, Julio: «La historicidad de *La muerte de Artemio Cruz*», en *Trabajo crítico*, La Habana, Fondo Editorial Casa de las Américas, 2012, pp. 157-165.

Otero, Lisandro: *Disidencias y coincidencias en Cuba*, La Habana, Editorial José Martí, 1984.

«Pablo Neruda, el poeta y el embajador» (entrevista), *Marcha* 1561, 17 de septiembre 1971, pp. 1-5.

Pacheco, José Emilio: «Cuando salí de La Habana válgame Dios», *La Cultura en México*, núm. 500, 8 de septiembre de 1971, pp. XXII-XXIV.

_____: [Encuesta] *La Cultura en México*, núm. 484, 19 de mayo 1971, p. X.

Padilla, Heberto: Carta 10 de noviembre de 1968, *Índice* 288-289 (1971): 28.

_____: «Intervención en la Unión de Escritores y Artistas de Cuba», *Casa de las Américas* 65-66 (1971): 191-203.

_____: «Respuesta a Guillermo Cabrera Infante», *Primera Plana* 313, 24 de diciembre 1968, pp. 88-89.

Padilla, Heberto y Carlos Verdecia: *La mala memoria (edición condensada) & Conversación con Heberto Padilla*, Buenos Aires, Editorial InterMundo, 1992.

Padura Fuentes, Leonardo: *Modernidad, posmodernidad y novela policial*, La Habana, Ediciones Unión, 2000.

«Panorama para ver», *Casa de las Américas* 67 (1971): 187-189.

«Para conocernos mejor», *Alma Mater* 108 (1970): 10-23.

Paz, Octavio: «La autohumillación de los incrédulos», *La Cultura en México*, núm. 484, 19 de mayo 1971, p. IV.

_____: «Las "confesiones" de Heberto Padilla», en: *Sueños en libertad. Escritos políticos*, selección y prólogo de Yvon Grenier, Barcelona, Editorial Seix Barral, 2001, pp. 353-355.

_____: «Los campos de concentración soviéticos» (1950), en: *El ogro filantrópico. Historia y política 1971-1978*, Barcelona, Seix Barral, 1990 (1979), pp. 235-238.

_____: «Posdata», en *El laberinto de la soledad. Posdata. Vuelta a El laberinto de la soledad*, Madrid, Fondo de Cultura Económica, 1998 (1981).

Paz, Octavio y Arnaldo Orfila: *Cartas cruzadas*, México, Siglo Veintiuno Editores, 2005.

Perdomo, Ramón E.: «La respuesta nacional y popular en Chile frente a la reanudación de relaciones con Cuba ha sido muy entusiasta y unánime» (entrevista a Jorge Edwards), *Granma*, 11 de diciembre 1970, p. 5.

Pérez, Fernando: «Los días del agua», *Cine Cubano* 69-70 [1971]: 156-163.

Pham Van Dong: «Nuestra patria, nuestro pueblo, nuestra casa y los artistas», *Unión* 3 (1971): 9-15.

Piazza, Luis Guillermo: *La mafia*, México, Editorial Joaquín Mortiz, 1967.

Piglia, Ricardo: *El último lector*, Barcelona, Anagrama, 2005.

Pizarro López, Ciro: «El caso de Heberto Padilla: el poeta es vaca sagrada?», *Siempre!*, núm. 930, 21 de abril 1971, pp. 4-5.

Pogolotti, Graziella (selección y prólogo): *Polémicas culturales de los 60*, La Habana, Editorial Letras Cubanas, 2006.

«Polémica», *Casa de las Américas* 57 (1969): 136-138.

Portuondo, José Antonio: «La novela policial revolucionaria», en: *Astrolabio*, La Habana, Editorial Arte y Literatura, 1973, pp. 125-133.

_____: «Sobre la novela policíaca (Respuesta al cuestionario de *Moncada*)», *Astrolabio*, La Habana, Editorial Arte y Literatura, 1973, pp. 117-124.

«Puntos de partida para una discusión», *Los Libros* 20 (1971): 4-5.

«¿Qué hacemos con los cigarros y los tabacos?», *Bohemia*, 1 de enero 1971, pp. 64-66.

«¿Qué opina usted del Congreso?», *Verde Olivo*, 16 de mayo 1971, pp. 12-18.

Rama, Ángel: *Diario 1974-1983*. Prólogo, edición y notas Rosario Peyrou, Caracas, Ediciones Trilce / Fondo Editorial La Nave Va, 2001.

_____: «Nueva política cultural cubana (III). Una campaña de reeducación», *Marcha*, núm. 1548, 18 de junio 1971, pp. 30-31.

_____: «Nueva política cultural cubana (IV). Una autocrítica colectiva», *Marcha*, núm. 1549, 25 de junio 1971, pp. 12-13.

_____: «Los productivos años setenta de Alejo Carpentier (1904-1980)», *Latin American Research Review* 16: 2 (1981): 224-245.

_____: «Revueltas y el caso Padilla», *Marcha*, núm. 1550, 2 de julio 1971, segunda sección, p. 2.

_____: «Una nueva política cultural en Cuba», *Marcha*, núm. 1546, 4 de junio 1971, pp. 30-31.

_____: «Una nueva política cultural (II). Cuba 1968», *Marcha*, núm. 1547, 11 de junio 1971, pp. 30-31.

Ramos, Julio: «Cine, cuerpo y trabajo: los montajes de Guillén Landrián», *La Gaceta de Cuba* 3 (2011): 45-47.

Rancière, Jacques: *Momentos políticos*, trad. Gabriela Villalba, Buenos Aires, Capital Intelectual, 2010.

Rego, Oscar F.: «Congreso Nacional de Educación y Cultura», *Bohemia*, 30 de abril 1971, pp. 56-sup. 4.

«La revolución en la educación», *Arquitectura / Cuba* 339 (1971): 21-30.

Revueltas, José: «La carta de Padilla y las palabras de Fidel», *La Cultura en México*, núm. 484, 19 de mayo 1971, p. IV.

_____: *Cuestionamientos e intenciones*, presentación, recopilación y notas Andrea Revueltas y Philippe Cheron, México, Ediciones Era, 1978.

_____: *Las evocaciones requeridas. (Memorias, diarios, correspondencias),* t. II, recopilación y notas de Andrea Revueltas y Philippe Cheron, México, Ediciones Era, 1987.

Ripoll, Carlos: *Julián Pérez por Benjamín Castillo,* Nueva York, Las Américas Publishing Company, 1970.

Rodríguez Coronel, Rogelio: *La novela de la Revolución Cubana 1959-1979,* La Habana, Letras Cubanas, 1986.

Rojas, Manuel: «La última mujer y el próximo combate», *Casa de las Américas* 67 (1971): 172-173.

Román, Enrique: «Carnaval» 71. Un saldo a favor del orden», *Moncada* 2 (1971): 6-10.

«Romance del emplazado», *Casa de las Américas* 48 (1968): 150-151.

Rossanda, Rossana: *La muchacha del siglo pasado,* trad. Raúl Sánchez Cedillo, Madrid, Foca, 2008.

_____: «Origen de una disidencia», *La Cultura en México,* núm. 513, 8 de diciembre 1971, p. VI.

Roth, Joseph: *El juicio de la historia. Escritos 1920-1939,* trad., prólogo y notas Eduardo Gil Bera, Madrid, Siglo Veintiuno de España Editores, 2004.

Ruffinelli, Jorge: «El escritor en el proceso americano. Entrevista con Eduardo Galeano», *Marcha,* núm. 1555, 6 de agosto 1971, pp. 30-31.

Said, Edward: *Cultura e imperialismo,* trad. Nora Catelli, Barcelona, Anagrama, 2004 (1993).

Saítta, Sylvia (sel. y pról.): *Hacia la revolución. Viajeros argentinos de izquierda,* Buenos Aires, Fondo de Cultura Económica, 2007.

Santamaría, Haydée: Carta del 14 de mayo de 1971 a Mario Vargas Llosa, *Casa de las Américas* 67 (1971): 140-142.

Sartre, Jean-Paul: «Huracán sobre el azúcar» (1960), en: *La náusea y ensayos,* La Habana, Editorial Arte y Literatura, 2005, pp. 219-328.

Saunders, Frances Stonor: *La CIA y la guerra fría cultural,* pról. Ricardo Alarcón de Quesada, trad. Rafael Fonte, La Habana, Editorial de Ciencias Sociales, 2003 (1999).

Scherbina, V.: «Lenin y la literatura», http://www.radio36.com.uy/entrevistas/2004/12/291204_biblioteca.htm

Schmucler, Héctor: «Carta a *Libre*», *Los Libros* 20 (1971): 29-30.

Sebald, W. G.: *Sobre la historia natural de la destrucción*, trad. Miguel Sáenz, Barcelona, Anagrama, 2010.

«Se puede ser poeta en Cuba, pero se puede ser contrarrevolucionario?», *Siempre!*, núm. 937, 9 de junio 1971, pp. 9, 70

Segre, Roberto: *Diez años de arquitectura en Cuba revolucionaria*, La Habana, Ediciones Unión, 1970.

Sigal, Silvia: *Intelectuales y poder en la década del sesenta*, Buenos Aires, Puntosur, 1991.

Simpson, Amelia S.: *Detective Fiction from Latin America*, Cranbury N. J. / London / Toronto, Associated University Presses, 1990.

«Sobre la Comuna, para los niños», *Casa de las Américas* 69 (1971): 230.

Sontag, Susan: «Posters: advertisement, art, political artifact, commodity», en *The Art of Revolution*, ed. Dugald Stermer, New York, McGraw-Hill Book Company, 1970, pp. VII-XXIII.

_____: *Sobre la fotografía*, trad. Carlos Gardini, revisada por Aurelio Major, Buenos Aires, Alfaguara, 2006 (1977).

Sotto D., Arturo: *Conversaciones al lado de Cinecittá*, La Habana, Ediciones ICAIC, 2009.

Steiner, George: «Texto y contexto» (1976), en *Sobre la dificultad y otros ensayos*, trad. Adriana Margarita Díaz Enciso, México, Fondo de Cultura Económica, 2001, pp. 13-36.

Suárez, Luis: «Cuba, 71. Un año difícil en puerta», *Siempre!*, núm. 919, 3 de febrero 1971, pp. 33-34.

Todorov, Tzvetan, Vasili Grossman y Efim Etkind: *Sobre «Vida y destino»*, Barcelona, Galaxia Gutenberg / Círculo de Lectores, 2008.

«Tomás Gutiérrez Alea y su combate contra los demonios», *La Gaceta de Cuba* 97 (1971): 32.

Torres Fierro, Danubio: «Historia de una sedición permanente» (entrevista a Mario Vargas Llosa), *Plural* 47 (1975): 24-31.

Torriente, Loló de la: «El compromiso y los escritores cubanos», *Cuadernos Americanos* 5 (1971): 7-17.

Trotsky, León: *Literatura y revolución*, Buenos Aires, Jorge Álvarez Editor, 1964.

«Una carta ejemplar», *Casa de las Américas* 72 (1972): 170.

«Unión de libros», *Casa de las Américas* 53 (1969): 165.

«La Universidad para los revolucionarios», *Alma Mater*, número especial (1971): [20-21].

Vargas Llosa, Mario: Carta del 5 de mayo de 1971 a Haydée Santamaría, *Casa de las Américas* 67 (1971): 140.

____: *Contra viento y marea I (1962-1972)*, Barcelona, Editorial Seix Barral, 1986 (1983).

____: *García Márquez: historia de un deicidio*, Barcelona / Caracas, Barral Editores / Monte Ávila, 1971.

____: «El novelista y sus demonios», *Libre* 1 (1971): 38-45.

Vida, obra y herencia de Miguel Ángel Asturias, 1899/1999. Catálogo de la exposición organizada por la UNESCO y la Colección Archivos en el marco de la XXX Conferencia General de la UNESCO, 1999.

Villares, Ricardo: «En la calle de San Rafael», *Bohemia*, 27 de agosto 1971, pp. 34-35.

____: «Experiencias y emociones de un encuentro en Moscú (Con el jefe de la representación cubana al VIII Encuentro de Uniones de Escritores de Países Socialistas)», *Bohemia*, 19 de marzo 1971, pp. 94-97.

Viñas, David: «David Viñas o la otra alternativa en el debate acerca del caso Padilla», *La Opinión. Diario Independiente de la Mañana*, 11 de junio 1971, p. 23.

Vitier, Cintio: «El Primer Congreso Nacional de Educación y Cultura» [nota inicial], *Revista Biblioteca Nacional* 62 (2), 1971: 5-7.

Volpi, Jorge: *La imaginación y el poder. Una historia intelectual de 1968*, México, Ediciones Era, 1998.

Wilkinson, Stephen: *Detective Fiction in Cuban Society and Culture*, Berna, Peter Lang, 2006.

Yurkievich, Saúl: «Cuba: Política cultural. Reseña de una conferencia de prensa», *Libre* 4 (1971): 140-142.

Zabludovsky, Jacobo: «Con un Asturias es suficiente, dice García Márquez», *Siempre!*, núm. 956, 20 de octubre 1971, p. 39.

Zaid, Gabriel: «Prefiere la cargada la borregada izquierdista», *Siempre!*, núm. 933, 12 de mayo 1971, pp. 4-5.

Žižek, Slavoj: *La suspensión política de la ética*, trad. Marcos Mayer, Buenos Aires, Fondo de Cultura Económica, 2005.

_____: *Visión de paralaje*, trad. Marcos Mayer, Buenos Aires, Fondo de Cultura Económica, 2006.

Agradecimientos

Durante los años que me tomó la investigación y redacción de este libro conté con la ayuda de amigos que me hicieron llegar, muchas veces sin tener certeza de su destino, datos, fotocopias o recortes indispensables. Otras veces me proveyeron ideas o pistas útiles para llegar hasta aquí. Quiero agradecer a Myrna García Calderón, Nelly Le Naour, Françoise Moulin-Civil, Ann Marie Stock y Vicky Unruh, su generosa colaboración. A ellas debería sumar los nombres de todos aquellos que en intercambios del más diverso tipo pusieron a mi disposición sus conocimientos, si no fuera porque en la mayor parte de los casos ni siquiera yo mismo soy consciente de cuánto les debo.

Aunque en ese largo proceso me auxilié de los fondos de varias bibliotecas, ningunos me fueron tan útiles como los del Instituto de Literatura y Lingüística (donde consulté los periódicos y algunas de las revistas cubanas de la época) y, sobre todo, los de la Casa de las Américas, en cuya biblioteca encontré lo esperado y lo inimaginable. Sin el tesoro existente allí, este trabajo hubiera sido imposible. Y sin la colaboración de su directora, Arien González, y de Ángel González Abreu —quienes me hicieron más fácil y grata una tarea que en ocasiones se torna extenuante—, todo hubiera sido mucho más difícil. A mis compañeros del Centro de Investigaciones Literarias, en especial a Caridad Tamayo, debo también un apoyo invaluable.

Desde que este libro no era más que un vago proyecto, las conversaciones que sostuve con mi familia y el sostén que ella me brindó fueron alentadores y decisivos. Todos renunciaron a diálogos seguramente más provechosos y, sin duda, más entretenidos, para mantenerse al tanto del proceso y ayudar a enrumbarlo por el mejor camino posible. Buscaron informaciones, aportaron detalles y contribuyeron a redondear ideas que no he dudado en asumir como propias. Por si fuera poco, una vez concluida la versión preliminar, las lecturas de mis padres, de mi hermano Pablo y de Zaida Capote (tolerante, además, con el tiempo que le robé), mejoraron y enriquecieron el resultado. Por si fuera poco, hicieron todo lo que estuvo a su alcance para facilitar mis condiciones de trabajo.*

Si comencé este libro por el Epílogo, no es de extrañar entonces que lo cierre con la dedicatoria. Quiero concluir este volumen, por tanto, dedicándolo a mi hijo Adrián, quien durante años me ha visto rodeado de papeles y hablando de algo que —sin entender a ciencia cierta de qué trataba— vio crecer al tiempo que lo hacía él mismo. Aunque nunca se lo dijera hasta hoy, fue en gran medida por él, por el futuro que merece, que decidí sumergirme en esta parte de la historia de su país.

---

*Debo añadir a esta lista de gratitudes el interés mostrado por la Editorial A Contracorriente, y en particular al colega y amigo Carlos Aguirre, principal promotor de esta edición.

Índice analítico

A

Abrasiov, Pyotir, 34
Adami, Valerio, 181
Adamov, Arthur, 246, 247; *La Commune de Paris*, 246
Adorno, Theodor, 255
affaire Dreyfus, 190
África, 29, 32, 69, 255, 261
Africasia, 50
Agencia Central de Inteligencia (CIA), 25, 47, 52, 54, 57, 70, 71, 112, 121, 152, 157, 162, 172, 230, 232
Aguirre, Mirta, 168, 177
Ajtai, Miklos, 282
Al Khatib, Yusuf, 184
Alamar, reparto, 81, 86-91, 279-282, 285
Albania, 281
Alegría, Ciro, 76
Alekhine, Alexander, 6
Alemania, 46; República Democrática de, 34, 93, 268; República Federal de, 25, 34
Alfaro Siqueiros, David, 223, 275
Aliger, Margarita, 148
Allende, Salvador, 35, 36, 38, 52, 119, 276, 278, 279, 282, 283
Alma Mater, 21, 90, 166, 167
Almeida, Clodomiro, 277
Almeida, Juan, 21
Alonso, Alicia, 175, 284, 285
Alonso Olivé, Raúl, 120
Alonso Tejada, Aurelio, 32, 255
Althusser, Louis, 255
Álvarez, Georgette, 275
Álvarez, Santiago, 132, 175, 271, 276; *¿Cómo, por qué y para qué se asesina a un general?*, 132, 271, 272, 278; *El sueño del pongo*, 276
Álvarez Bravo, Armando, 107
Amaru, 62, 72
Amat, Francisco *Pancho*, 180
Amín Dada, Idi, 266
Andreu, Jean L., 203
Angola, 261
Annales, 192
Anreus, Idalia, 277
antintelectualismo, 65, 69, 70, 139; *véase también* intelectuales

Aparcoa, grupo, 181
Aportes, 242
Arango, Ángel, 185
Arango, Arturo, 7, 253
Árbenz, Jacobo, 59, 266
Arciniegas, Germán, 223
Arcocha, Juan, 191
Arenas, Reinaldo, 159, 260
Argentina, 34, 90
Arguedas, Antonio, 113
Arguedas, José María, 62, 63, 64; *El zorro de arriba y el zorro de abajo*, 62
Arlt, Roberto, 108, 109, 112
Armstrong, Louis, 276
arquitectura, 80, 82, 83, 85, 89, 90, 269
Arquitectura / Cuba, 85, 89
Arroyo, Eduardo, 181
Arrufat, Antón, 42, 44, 118, 215; atacado por Leopoldo Ávila, 44, 115; *Los siete contra Tebas*, 42, 71, 115, 153
arte popular, 79, 268, 277
Asia, 68, 255
Asturias, Miguel Ángel, 59, 60, 61
Asturias, Rodrigo, 60
Atlas Nacional de Cuba, 17, 266
Augier, Ángel, 38, 154, 265
autocrítica, 40; de Aliger, 148; de Axiónov, 148; de Einsenstein, 139, 259; de Evtushenko, 148, 259; de Lukács, 259; de Padilla, 47, 118, 147, 152-156, 158, 159, 160, 169, 189, 191, 195, 207, 209, 210, 211, 259, 271; de Voznesenski, 148; *véase también* samokritika
Ávila, Leopoldo, *véase* Leopoldo Ávila
Axiónov, Vasili, 148
Azancot, Leopoldo, 60, 194
azúcar, 136, 267-270, 272, 276; precios en el mercado mundial, 86, 265, 266, 283; *véase también* Zafra de los Diez Millones

B

Baibakov, Nikolai, 173, 270
Balcells, Carmen, 229
Bandín Carnero, Damián, *Ciudad del futuro*, 90
Bangla Desh, 269
Bañuelos, Juan, 221
Bánzer, Hugo, 278
Bardot, Brigitte, 5
Bareiro Saguier, Rubén, 228, 231
Barreiro González, Jesús, 277
Barnet, Miguel, 141
Barral, Carlos, 125, 207
Barrientos, René, 112
Beatles, The, 22
Beatty, Warren, 5
Beauvoir, Simone de, 125, 193, 196
Behar, Yair, 265
Bell Lara, José, 255
Beltrán, Félix, 77
Benedetti, Mario, 19, 61, 68, 76, 77, 116, 121, 149, 188, 196, 209, 224, 265; *Cuaderno cubano*, 68, 76, 116, 122, 287
Benítez, Fernando, 49, 216, 220
Benjamin, Walter, 129
Benvenuto, Sergio, 26
Berni, Antonio, 265
Bettelheim, Charles, 73, 134, 135, 161
Bianco, José, 72, 119

Bioy Casares, Adolfo, 93, 237
Blackburn, Paul, 202, 203
Bloom, Harold, 252, 253
Boal, Augusto, 197, 239
Bobes, Marilyn, 7
Boisrouvray, Albina du, 228, 233, 237
Bola de Nieve, seud. de Ignacio Villa, 280
Bolivia, 24, 37, 38, 113, 125, 277, 278, 279
Bonaparte, Napoleón, 78
Bonnie and Clyde, 5
Borges, Jorge Luis, 56, 60, 61, 93, 223, 237, 249; *El Aleph*, 237
Bourdieu, Pierre, 12, 190
Bouteflika, Abdelaziz, 88, 282
Bradbury, Ray, 92
Branly, Roberto, 71, 72, 143; *Poesía inmediata*, 71
Brasil, 34, 38, 197, 238, 239, 278
Bravo, Douglas, 55
Brecht, Bertolt, 161
Breton Woods, conferencia de, 278
Brezhnev, Leonid, 275, 281, 284
Brightman, Carol, 53
Buck-Morss, Susan, 32
Bujarin, Nikolai, 218
buque escuela *Esmeralda*, 267
Buzzi, David, 158

C

Cabrera Infante, Guillermo, 44, 114, 119, 120, 151, 163, 194, 236, 237, 260; *Tres tristes tigres*, 114, 236
Caimán Barbudo, El, 79, 114, 119, 182, 183, 187, 242, 286, 287, 288
Cain, James M., 92

Calígula, 218
Calvino, Italo, 196
Calvo, César, 119
CAME. *Véase* Consejo de Ayuda Mutua Económica
Camp, Máximo du, 247
Camus, Albert, 10, 71, 205
Capablanca, José Raúl, 6
Čapek, Karel, 93
Carballo, Emmanuel, 265
Cardenal, Ernesto, 57, 163, 204; *En Cuba*, 163; *Salmos*, 204
Cárdenas Acuña, Ignacio, 92, 93, 95, 102, 103; *Enigma para un domingo*, 92, 93, 96, 97, 99
Cardi, Juan Ángel, *El American Way of Death*, 96
Caretas, 208
carné de identidad, 17, 20, 274
Carpentier, Alejo, 62, 74, 103, 127, 154, 175, 193, 260; *El arpa y la sombra*, 261; *Concierto barroco*, 261; *El recurso del método*, 261; *El siglo de las luces*, 193
Carr, E. H., 255
Carver, Raymond, 92
Casa de las Américas, institución, 41, 64, 72, 73, 78, 79, 108, 141, 152, 153, 193, 199, 205, 207, 208, 217, 224, 233, 240, 265, 268, 277, 281; Premio Literario, 41, 47, 57, 58, 59, 71, 99, 182, 215, 233, 237
Casa de las Américas, revista, 43, 44, 49, 50, 58, 62, 68, 69, 71, 73, 107, 115, 141, 193, 194, 203, 218, 219, 232, 233, 240, 248; Comité de colaboración, 187, 202, 207, 209, 229, 230, 265
Casiraghi, Ugo, 138

Castañeda, Guillermo, 242
Castellet, José María, 207
Castilla, Belarmino, 168
Castillo, Abelardo, 196
Castro, Fidel, 7, 13, 14, 17, 19, 24-27, 29, 31, 35, 36, 37, 47, 48, 49, 51, 53, 66, 67, 73, 82-87, 113, 115, 121-124, 126, 127, 128, 142, 151, 152, 158, 168, 171, 180, 182, 191, 192, 195, 198, 200, 201, 203, 206, 208, 210, 217, 218, 220, 221, 237, 264, 267, 270, 273-280, 282, 283, 285
Castro, Raúl, 119, 242, 267, 275, 276, 284
Ceilán, 268
censo, 17, 18, 20
CEPAL. *Véase* Comisión Económica para América Latina
Cervantes, Miguel de, 176
Cesáire, Aimé, 249
Cetina, Gutierre de, 176
Chadad, Martín, 196
Chandler, Raymond, 93, 94, 98
Chaplin, Charles, *Tiempos modernos*, 134
Charriere, Henri, *Papillón*, 93
Chávez Rodríguez, Isaías, 135
Checoslovaquia, 30, 41, 210, 274, 277; invasión a, 29, 34, 49, 54, 67, 115, 208, 229; *véase también* Praga, Primavera de
Chéjov, Antón, 177
Chessex, Luc, 18
China, 29, 34, 49, 78, 192, 264, 265, 274, 276, 277, 278, 281, 283, 284
Chibás, Eduardo, 278
Chile, 31, 34, 38, 56, 88, 117, 123, 124, 125, 152, 181, 195, 199, 208, 223, 240, 264, 266-269, 271, 272, 273, 275-278, 280, 282-285; gobierno de la Unidad Popular, 36, 152, 240, 269; visita de Fidel Castro, 36, 171, 240, 276, 282, 283
Chou En-lai, 276, 277
Christie, Agatha, 93
CIA. *Véase* Agencia Central de Inteligencia
Cine Cubano, 129, 130, 138, 139
Coetzee, J. M., *Contra la censura*, 148
coexistencia pacífica, 26, 30, 51, 56, 256, 261
Cofiño López, Manuel, 92, 100, 102, 103, 135, 136, 176; *La última mujer y el próximo combate*, 92, 99, 100, 104, 135
colectivización, 12, 28
Collazos, Óscar, 64, 65, 66, 67, 106, 202
colonialismo, 32, 40, 46, 69, 179, 249, 253, 254; anti, 11, 251-254; neo, 30, 40, 69; *véase también* descolonización
Comisión Económica para América Latina (CEPAL), 271
Comité Estatal de Planificación [de la URSS] (GOSPLAN), 173, 270
Comuna de París, 244, 245
Conan Doyle, Arthur, 93
Conferencia Episcopal de Cuba, 171, 270
congreso, de la Asociación Internacional de Tecnólogos de la Caña de Azúcar, 281; de la Asociación Nacional de Agricultores Pequeños, 284; de los Constructores, 82, 86; Cultural de La Habana, 25, 40, 41, 46, 68, 112, 118, 185,

188, 219, 257; de Génova (*Colombianum*), 59; por la Libertad de la Cultura, 52, 57, 60; de la Organización Internacional de Periodistas (OIP), 84, 264; del Partido Comunista de Bulgaria (PCB), 270; del Partido Comunista de la Unión Soviética (PCUS), 269; del Partido Obrero Unificado Polaco (POUP), 283; del Partido Revolucionario Popular de Mongolia, 274; del Partido Socialista Unificado de Alemania (PSUA), 274; del Partido del Trabajo de Albania, 281; de la Unión Internacional de Arquitectos (UIA), 82, 86; *véase también* Primer Congreso Nacional de Educación y Cultura
Consejo de Ayuda Mutua Económica (CAME), 32
Consejo Nacional de Cultura, 43, 117, 174, 180, 272
Conti, Haroldo, 72, 243
Corea, guerra de, 45
Correa, Arnaldo, *El terror*, 96
Corrieri, Sergio, 175
Cortázar, Julio, 62-67, 74, 76, 89, 90, 100, 106, 117, 124, 125, 126, 187, 193, 194, 202-205, 209, 212, 221, 223, 228-231, 233, 236, 237, 238, 240, 241, 265; autor de carta a Fidel Castro, 124, 125, 201; polémica con Arguedas, 62, 63, 64; polémica con Collazos, 64, 106, 202; «Policrítica en la hora de los chacales», 193, 202, 204, 221, 241; *Rayuela*, 62, 66, 107; *62, modelo para armar*, 64-65; *Todos los fuegos el fuego*, 106; y Lezama, 203, 204
Corvalán, Luis, 24
cosmonáutica, Apolo 14, 266; Apolo 15, 277, 278; estación orbital Saliut, 274, 275, 280; Luna 18, 279; Lunajod, 268; Mariner 8, 272; Marte 3, 283; Soyuz 10, 271; Soyuz 11, 273, 274, 275; vuelo de Yuri Gagarin, 270
Coyula, Mario, 83
Crespo, Mireya, 255
Crisis de Octubre, 26
Cristóbal Pérez, Armando, *La ronda de los rubíes*, 96
Croce, Marcela, 204
Cruz, Mary, 184
Cuadernos, 248
Cuadernos Americanos, 185
Cuba Internacional, 18, 74, 77
Cuba Socialista, 255
Cuevas, José Luis, 216, 222
Cultura en México, La, 49, 213, 218, 219, 221, 222, 225, 226, 237, 272
Cunha, Euclides da, 138
Cuza Malé, Belkis, 114, 158, 159, 268

D

dadaístas, 11, 68
Dalton, Roque, 57, 61, 68, 255, 287
Daniel, Jean, 55, 125, 191
Daniel, Yuli, 121, 172, 215
Darío, Rubén, *Cantos de vida y esperanza*, 218; Encuentro con, 218, 219; revista dedicada a, 43
Darnton, Robert, 192
Debray, Régis, 52, 112, 119, 267
De Gaulle, Charles, 123
Delgado, Washington, 57

DeMille, Cecil B., 231
demografía, explosión demográfica, 19, 167; *véase también* censo
Depardon, Raymond, 5
Depestre, René, 50, 68, 265
derechización, 10, 11
descolonización, 11, 178, 179, 251, 253, 256, 257
Desnoes, Edmundo, 68, 77, 78, 117, 265
Deutscher, Isaac, 28, 177, 255; *El profeta desterrado*, 28
Diálogos, 226
Díaz, Jesús, 44, 45, 110, 111, 170, 255
Díaz Martínez, Manuel, 158, 159
Díaz Muñoz, Roberto, 182, 183
Díaz Ordaz, Gustavo, 220, 225
Diego, Eliseo, 107, 111, 175, 183
Diego, José Luis de, 67
Dihigo, Martín, 272
Dinamarca, princesa de, 6
dinero, 17, 27, 28, 207, 208, 232, 233
dirty realism, 92
diversionismo ideológico, 178, 242, 288
Donoso, José, 163, 222, 223, 228, 229, 238; *Historia personal del «boom»*, 222
Dorticós, Osvaldo, 19, 48, 264, 265, 267, 269, 275, 284, 285
Dovstoievski, Fiódor, 238
Droguett, Carlos, 66, 208
Dumont, René, 25, 31, 44, 45, 47, 48, 50, 52, 55, 120, 156, 191, 242, 267; *Cuba ¿es socialista?*, 44, 120
Dunaway, Faye, 5
Duras, Marguerite, 125, 196
Duvalier, François, 270
Duvalier, Jean Claude, 270

E

Echeverría, Luis, 226
Ecuador, 34, 35, 277, 279, 281
Edwards, Jorge, 13, 45, 72, 73, 87, 121-124, 152, 162, 163, 164, 223, 259, 267, 268, 269; *Persona non grata*, 13, 72, 87, 162, 163, 223, 259; *Temas y variaciones*, 73
Egipto, 280
Einsenstein, Serguei M., 33; autocrítica, 139, 259; *El acorazado Potemkin*, 33; *La línea general*, 33
El Sadat, Anwar, 264, 265
Eliot, T. S., *La tierra baldía*, 5
Elizondo, Salvador, 217
Encounter, 230, 231
Engels, Federico, 245
Enzensberger, Hans Magnus, 46, 47, 72, 125, 156, 196, 207; *El interrogatorio de La Habana*, 46; *Poesías para los que no leen poesías*, 46-47
Escalante, Aníbal, 25
Escarabajo de Oro, El, 190, 205
Escarpit, Robert, 94
Escuela Secundaria Básica en el Campo (ESBEC), 81, 83, 84, 85, 264, 271, 275, 280
Escuelas Nacionales de Arte, 80, 85
Espín, Vilma, 280
Estados Unidos, 14, 30, 33, 34, 35, 37, 46, 51, 52, 54, 55, 56, 58, 72, 78, 87, 97, 101, 192, 208, 225, 233, 260, 264, 265, 266, 270, 272, 273, 274, 279, 282, 284, 285

estalinismo, 26, 137, 197, 215, 219, 259
Evtushenko, Evgueni, 148
Excélsior, 217, 220, 226, 269

F

Facetas, 87, 88
Fadéiev, Alexander, *La joven guardia*, 117
familia intelectual, 128, 202; *véase también* Frente Único
Fanon, Frantz, 71
Fawkes, Guy, 260
Federación Estudiantil Universitaria (FEU), 166, 177, 270, 272
Federación Mundial de Juventudes Democráticas, 37, 279
Fernández, José Ramón, 169, 271, 283
Fernández, Pablo Armando, 158
Fernández Figueroa, J., 119, 194
Fernández Retamar, Roberto, 62, 63, 65, 68, 99, 108, 117, 125, 126, 127, 187, 194, 209, 224, 229, 246, 248-252, 254, 265; «Caliban», 194, 224, 248-252, 258; *Ensayos de otro mundo*, 248
Ferrer, Pedro Luis, 21
firmas, disputa por las, 124, 125, 126, 191, 192, 194, 255
Fischer, Robert, 276, 280, 281
Flaubert, Gustave, 247
Flo, Juan J., 139
Flores Mola, José, 90
folclor, 107, 170, 180
Ford, Fundación, 232, 242
Formell, Juan, 21
Fornet, Ambrosio, 12, 68, 265
Foucault, Michel, 10

Fraga, Jorge, 85, 130; *Escuela en el campo*, 85; *La nueva escuela*, 85
Franco, Francisco, 164
Franco, Jean, 69
Franqui, Carlos, 125, 208, 228, 238
Frazier, Joe, 268
Frente Único, 198, 199, 202; *véase también* familia intelectual
Freud, Sigmund, 255
Freyre, Paulo, 255
Fuentes, Carlos, 49, 62, 63, 64, 76, 125, 158, 159, 161, 196, 216, 217, 219-226, 228, 238, 260; *Aura*, 225; *Cambio de piel*, 64, 219; *La muerte de Artemio Cruz*, 224, 262; *La nueva novela hispanoamericana*, 76, 225; *La región más transparente*, 63; *Terra nostra*, 224; *El tuerto es rey*, 228; *Zona sagrada*, 64; y la mafia mexicana, 222, 223, 224
Fuentes, Norberto, 73, 158, 260; *Hemingway en Cuba*, 159
Furet, François, 192

G

Gaceta de Cuba, La, 74, 107, 139, 140, 159, 245
Gagarin, Yuri, 270
Galeano, Eduardo, 47, 57, 69, 160, 233; *Las venas abiertas de América Latina*, 47, 57, 233
Galich, Manuel, 265
Gallegos, Rómulo, 223
Gandhi, Mahatma, 78
Garaudy, Roger, 100
García Borrero, Juan Antonio, 143
García Cantú, Gastón, 49
García Espinosa, Julio, 16, 129, 130,

133, 146, 264; *Tercer mundo, tercera guerra mundial*, 16, 264
García Márquez, Gabriel, 60, 61, 63, 70, 125, 141, 159, 188, 194, 224, 228, 229, 238, 292; contra Asturias, 60, 61; *Cien años de soledad*, 66, 106; *Vivir para contarla*, 238
García Ponce, Juan, 217, 218, 224
Garcilaso de la Vega, 176
Garrastazú Médici, Emílio, 38, 283
Gautier, Teófilo, 247
Gelman, Juan, 57
Getino, Octavio, 187, 197; *La hora de los hornos*, 197
Gide, André, 180, 236
Gierek, Edward, 266
Gilman, Claudia, 10, 69, 128, 187, 238, 243
Gimferrer, Pere, 159
Gleijeses, Piero, 27, 31
Gógol, Nikolai, 177
Golding, William, 93
Golendorf, Pierre, 120, 121, 267; *Siete años en Cuba*, 121
golpe de Estado, en Bolivia, 38; en Cuba, 98; en Uganda, 266
Gómez, Manuel Octavio, 21, 44, 45, 55, 136, 223; *Los días del agua*, 101, 135, 136, 138, 142, 264, 277
Gómez, Máximo, 44, 45, 55
Gómez, Raúl, 21
Gómez de Avellaneda, Gertrudis, 183
Gómez-Sicre, José, 223
Gomulka, Wladislaw, 266, 272
Goncourt, Edmundo de, 247
González, Manuel Pedro, 18
González Bermejo, Ernesto, 61
González Casanova, Henrique, 49, 311
González Casanova, Pablo, 255
González León, Adriano, 235
Gorki, Máximo, 177
GOSPLAN. *Véase* Comité Estatal de Planificación [de la URSS]
Goytisolo, José Agustín, 159
Goytisolo, Juan, 124, 125, 161, 196, 207, 230, 231, 234, 235, 243
Goytisolo, Luis, 125, 188, 207, 224, 225, 228
Gramsci, Antonio, 255
Granados, Manuel, 69, 70
Granma, 16, 23, 29, 35, 38, 56, 58, 72, 85, 100, 104, 124, 153, 168, 170, 174, 266, 267, 268, 269, 271, 274, 275, 276, 279, 281, 283, 284, 292, 294, 295, 298
Greene, Felix, 45
Gromiko, Andrei, 274
Grossman, Vasili, 148; *Vida y destino*, 148, 149
Guerra, Ramiro, 86; *Azúcar y población en las Antillas*, 269; *Mudos testigos*, 86
guerra fría, 34, 52, 57, 230, 231
Guerrero, Roberto, 77
Guevara, Alfredo, 42, 43, 48, 49, 52, 55, 110, 124, 129, 131, 143, 144, 174, 192, 196, 267, 268, 273
Guevara, Ernesto, 24, 25, 31, 37, 40, 66, 67, 69, 71, 78, 104-108, 110-113, 125, 142, 207, 238, 240, 256; *Pasajes de la guerra revolucionaria*, 104, 106, 108
Guggenheim, Fundación, 72
Guillén, Nicolás, 154, 175, 179, 180
Guillén Landrián, Nicolás, 132; *Coffea arábiga*, 132; *Taller de Línea y 18*, 132-135, 145

Guillotin, Joseph Ignace, 193
Guimarães Rosa, João, 62, 63
Gutiérrez, Carlos María, 57, 68, 197
Gutiérrez Alea, Tomás, 26, 133, 139, 140, 141, 143-146; *Una pelea cubana contra los demonios*, 136, 139, 143

H

Hammett, Dashiell, 94, 98; *El halcón maltés*, 96
Hart, Armando, 260
Hemingway, Ernest, 260
Heras León, Eduardo, 183; *Los pasos en la hierba*, 182
Ho Chi Minh, 78
Hoffmann, Heinz, 270
homosexualismo, 141, 170, 171, 178; homofobia, 170
Honecker, Erich, 272
Horkheimer, Max, 255
Horowitz, Irving Louis, 24
Huasi, Julio, 208
Huberman, Leo, 47, 51, 55, 117, 118; *El socialismo en Cuba*, 48, 51
Huerta, Efraín, 221
Hugo, Victor, 244

I

Ibáñez, José Luis, 224
imperialismo, 26, 31, 40, 41, 44, 54, 59, 72, 116, 130, 172, 175, 253
Impronta, programa, 7
Índice, 60, 119, 194
Ingenieros, José, *El hombre mediocre*, 6
Instituto Cubano del Arte e Industria Cinematográficos (ICAIC), 42, 49, 54, 129, 131, 132, 143, 144, 147, 167, 174, 192, 215, 271, 273
Instituto Latinoamericano de Relaciones Internacionales (ILARI), 242
Intelectual y la sociedad, El, 68
intelectuales, despolitización de los, 74, 130; libertad de los, 29, 67, 69, 116, 117, 118, 130, 147, 188, 198, 199, 208, 215, 220, 235, 242, 256; responsabilidad de los, 68, 69, 175; y su papel en la sociedad socialista, 67, 70, 259; *véase también* antintelectualismo
Inti Illimani, grupo, 181
Irak, 280
Israel, 34, 265
Iván el Terrible, 218
Ivens, Joris, 18

J

Jabran, Salim, 185
Jackson, C. D., 231
Jackson, Geoffrey, 264
Jameson, Fredric, 80
Jara, Víctor, 181
Jordania, 34
Jorge Cardoso, Onelio, 175
Josselson, Michael, 230
Joyce, James, 180; *Ulises*, 5, 63
Jrushchov, Nikita, 148, 279
Juan Carlos, príncipe, 274
Juegos Panamericanos, 20, 277, 278
Jueves de Corpus, matanza de, 226, 274
juventud, jóvenes, 18, 19, 22, 46, 71, 81, 118, 166, 167, 177, 181, 182, 210-211, 215, 216, 220, 277, 280; posible deformación de la, 115,

116, 166, 170
Juventud Rebelde, 46, 287

K

Kafka, Franz, 112, 195, 238
Karol, K. S., 44, 45, 47, 48, 49, 50, 55, 242; acusado por Padilla, 156; *China: el otro comunismo*, 49; *Los guerrilleros en el poder*, 44, 49; rechazado por Editorial Siglo XXI, 50
Karvelis, Ugné, 229
Kasji, Nadia, 50
Kennedy, John F., 192
KGB, 148
King Kong, 237
Kirilenko, Andrei P., 88, 284, 285
Kissinger, Henry, 260, 281
Kohan, Néstor, 255, 256
Konchalovski, Andrei, *El primer maestro*, 167
Korchnoi, Víctor, 277
Kosiguin, Alexei N., 23, 25, 88, 275, 280, 281, 284
Kristol, Irving, 230
Krúpskaya, Nadiezhda, 110
Kugelmann, Ludwig, 244

L

Labastida, Jaime, 221
Labriola, Antonio, 255
Lamadrid, José, *La justicia por su mano*, 94
Lamming, George, 249
Laos, 58, 266
Larsen, Bent, 277
Lavreniev, Boris, 9
Lecturas de filosofía, 256
Lecturas de pensamiento marxista, 256
Lefebvre, Henri, 100
Léger, Fernand, 181
Leñero, Vicente, 217
Lenin, Vladimir Ilich, 11, 24, 28, 59, 68, 78, 109-113, 216, 244, 246, 247, 291; centenario de, 35, 49, 53, 155; lector de Jack London, 110, 111
Lennon, John, 21, 279
Le Parc, Julio, 78, 79
Leopoldo Ávila (seudónimo), 42, 44, 74, 114, 115, 117, 130, 141, 153, 174, 210
Lévi-Strauss, Claude, 255, 262
Lewis, Oscar, 47, 242
ley contra la vagancia, 17, 264, 267, 268, 271
Lezama Lima, José, 62, 74-75, 103, 158, 159, 203, 204; *Paradiso*, 74
Libia, 280
Libre, 208, 228-243; similitudes con *Mundo Nuevo*, 229-232, 240; financiamiento, 208, 232, 233, 242
Libros, Los, 126, 189, 191, 231, 232, 234
Lidsky, Paul, *Los escritores contra la Comuna*, 244
Lihn, Enrique, 73, 194, 195, 198, 199, 205
Literatura en la revolución y revolución en la literatura, 64
literatura para niños, 107
Literatura y sociedad: problemas de metodología en sociología de la literatura, 77, 100
Littín, Miguel, 268
Lizalde, Eduardo, 216
Lombardo, Verónica, 188, 209
London, Jack, 105, 107-111, 113; *El*

talón de hierro, 109
Londres, 67, 114, 172, 218, 236, 284
López, César, 158, 159
López, Vicente F., 108
López Morales, Eduardo, 176
Losert, Karin, *Ciudad del futuro*, 90
Löwy, Michael, 255
lucha armada, 24, 37, 48, 60, 69, 255, 256, 279
Luis, Raúl 183
Lukács, Georg, 255, 259, 273
Lunes de Revolución, 50
Luxemburgo, Rosa, 109, 255
Lyotard, Jean-François, 10

M

Macedo, Rita, 223
Maceo, Antonio, 113
Machado Ventura, José Ramón, 274
Madrid, 119, 194, 250, 279
Madrid, periódico, 195
mafia literaria, la, 222, 223, 224, 225
Magris, Claudio, 91
Malraux, André, 225
Mandelstam, Nadiezhda, 150, 151
Mandelstam, Osip, 150
Manifesto, Il, 49
Manrique, Jorge, 176
Mansilla, Lucio V., 108
Mao Zedong, 34, 78
Marcha, 58, 64, 116, 117, 122, 161, 190, 195, 197, 209, 211, 214, 246, 277
Marcuse, Herbert, 255
Marechal, Leopoldo, 18
Mariátegui, José Carlos, 194
Marinello, Juan, 174, 181, 182, 242, 245, 246, 277, 295, 296
Marini, Rui Mauro, 255

Marker, Chris, *La bataille des dix millions*, 146; *¡Cuba sí!*, 146; *Le train en marche*, 146
Marré, Luis, 154, 265
Martí, José, 75, 107, 113, 142, 152, 158, 176, 194, 242, 250, 258, 297
Martínez, Raúl, 77
Martínez, Tomás Eloy, 77, 114, 183, 224, 255, 256
Martínez Heredia, Fernando, 255, 256
Martínez Moreno, Carlos, 224
Martínez Villena, Rubén, 183
Marx, Carlos, 28, 218, 235, 244, 246, 247; *Dieciocho brumario*, 218; *La guerra civil en Francia*, 244
Matamoros, Miguel, 270
Mathewson, Rufus W., 151
Mayakovski, Vladimir, 215
McGovern, George, 265
Medviedkin, Alexander, 145, 146
Méndez Montenegro, Julio César, 59
Mendoza, Miguel, 136
Mendoza, Plinio Apuleyo, 125, 136, 228, 241, 243
Mercurio, El, 195
Mesa-Lago, Carmelo, 17, 47
México, 5, 46, 49, 68, 124, 213, 214, 215, 217-227, 237, 266, 268, 269, 272, 274, 280, 286-295, 297, 298, 300, 301, 302
microbrigadas, 87, 88, 89, 270
microfracción, 25, 27
Milanés, Pablo, 22
Miller, Arthur, 60
Ministerio del Interior (MININT), 20, 93, 94, 95, 170, 175, 242, 273, 275, 276, 280
Miró, Joan, 181

Miyar Barruecos, José, 273
Moncada, 20, 93, 94
Monde, Le, 121, 124, 126, 134, 135, 161, 165, 191, 270, 271
Mongolia, 274, 276, 277
Monsiváis, Carlos, 49, 161, 199, 222, 223
Montes de Oca, Marco Antonio, 220
Morales, Armando, 223
Moravia, Alberto, 125, 196
Moreno Fraginals, Manuel, 86, 175, 176
Morrison, Jim, 275
Mudrovcic, María Eugenia, 10, 47
Mundo Nuevo, 47, 59, 71, 74, 206, 209, 216, 224, 225, 230, 231, 232, 240, 242, 248
museo, de Artes Decorativas, 79, 149; del Che, 113; Histórico de la Ciudad, 282; lucha contra el, 77; Nacional, 181, 182, 282

N

Nava, Telma, 221
Navarro, Desiderio, 8, 173, 174, 176
Neruda, Pablo, 56, 57, 58, 60, 206, 225, 281; carta de los escritores cubanos a, 25
New York Times, The, 274; *New York Review of Books, The*, 151, 295
Newsweek, 222
Nicola, Noel, 22
Niedergang, Marcel, 191
Nixon, Patricia, 58
Nixon, Richard, 29, 34, 38, 276, 277, 281, 283, 284
Nogueras, Luis Rogelio, 93, 95
Nono, Luigi, 194
Noriega, Manuel Antonio, 284

North, Michael, 5
Nouvel Observateur, Le, 121, 191
Novás Calvo, Lino, 93
Novi Mir, 148, 150
Nuez, René de la, 29
Núñez Rodríguez, Enrique, 99

O

Obregón, Alejandro, 223
Ocampo, Victoria, 222
ofensiva revolucionaria, 25, 28, 210
Oliver, María Rosa, 108
Onetti, Jorge, 116
Onetti, Juan Carlos, 108, 112
Orfila Reynal, Arnaldo, 50, 194, 225, 298
Organización de Estados Americanos (OEA), 35, 36, 37, 278, 279
Organización Internacional del Azúcar, 266
Organización Latinoamericana de Solidaridad (OLAS), 24
Orquesta Aragón, 21
Ortega, Julio, 262
Ortiz, Fernando, 139; *Historia de una pelea cubana contra los demonios*, 139
Orwell, George, *1984*, 9
Otero, Alejandro, 223
Otero, Lisandro, 100, 114, 117, 121, 175, 195, 198; *Pasión de Urbino*, 114
Oves, Francisco, monseñor, 171
Oviedo, José Miguel, 194

P

Pacheco, José Emilio, 49, 217, 218, 219, 220, 226, 227
Pacto de Varsovia, 29, 54

Padilla, Heberto, 14, 33, 42, 44, 46, 47, 50, 54, 68, 99, 114-124, 127, 128, 136, 149-165, 169, 173, 189, 191, 193, 194, 195, 197, 199, 201-205, 207-210, 213-221, 224, 225, 226, 231, 239, 241, 246, 248, 254, 259, 260, 265, 268-273, 295, 297, 299; autocrítica, 147, 153, 207, 209, 210; caso, 8, 42, 58, 66, 69, 99, 119, 134, 146, 149, 165, 188, 190, 192, 193, 194, 199, 202, 204, 205, 206, 211, 214, 233, 239, 241, 243, 270, 272, 273, 277, 295, 299; como el Pasternak cubano, 116, 151; *Fuera del juego*, 42, 43, 71, 114-118, 150, 151, 153, 156, 208; *El justo tiempo humano*, 153, 158, 162
Padura, Leonardo, 95
paisaje, 63, 66, 76, 77, 78, 80, 86, 89
Pakistán, 192
Palabras a los intelectuales, 210, 259
Pantín, Estrella, 130
París, 5, 45, 46, 49, 54, 59, 61, 63, 67, 72, 172, 191, 193, 195, 201, 225, 228, 230, 231, 234, 241, 242, 245, 246, 247, 250, 267, 273, 275, 281
París, Rogelio, *No tenemos derecho a esperar*, 85
Parra, Nicanor, 58
Parra, Violeta, 281
partidos comunistas, Boliviano, 25, 37; de Bulgaria, 270; conferencia de, 24, 31; Chileno, 24, 25, 284; de Cuba, 47, 288; encuentro de, 277; Italiano, 48; Mexicano, 275; de la Unión Soviética, 148, 216; de Venezuela, 25, 238; tensiones de Cuba con, 24-25, 27, 30
Pasolini, Pier Paolo, 196
Pasternak, Borís, 116, 140, 149, 151, 190, 215; *El doctor Zhivago*, 149, 151
Patiño, Simón, 208, 232, 233, 242
Pavón, Luis, 7, 8, 42, 159, 174, 180, 183, 210, 272
Paz, Octavio, 125, 194, 213, 214, 217, 218, 219, 221, 225, 226, 238; *El ogro filantrópico*, 218
Pellicer, Carlos, 217
PEN Club, 60, 225; de México, 124, 217, 220, 269
Pensamiento Crítico, 110, 198, 244, 254, 255, 256, 257
Pentágono, papeles del, 274, 275
Pérez, Fernando, 138
Pérez, Manuel, 130
Pérez Dueñas, Pedro, 20, 278, 285
Perón, Eva, 279
Perón, Juan Domingo, 237, 279
Perú, 34, 64, 72, 125, 209, 271, 272, 275, 280
Petkoff, Teodoro, 235, 238
Petrosián, Tigrán, 280, 281
Pham Van Dong, 184
Piazza, Luis Guillermo, 222, 223, 224, 225; *La mafia*, 222
Picasso, Pablo, 181
Piglia, Ricardo, *El último lector*, 105
Pinochet, Augusto, 278
Pita Rodríguez, Félix, 42
Pizarro López, Ciro, 220, 221
Playa Girón: derrota del imperialismo, 46
Plural, 206, 226
plustrabajo, 86, 89, 280
PM, 129

Podgorni, Nikolai, 265, 275, 284
Poe, Edgar Allan, 63, 93
Pogolotti, Graziella, 265
polémicas, 8, 26, 42, 61, 71, 129, 153, 154, 167, 191, 202
policial, literatura, 92, 94; apoyo institucional a la, 94, 95; escuela cubana de, 93, 94, 95, 96, 98, 103
Pomares, Raúl, 136, 142
Pompidou, Georges, 283, 284
Ponce, Aníbal, 251
Portuondo, José Antonio, 42, 83, 94, 101, 154, 242; *Itinerario estético de la revolución cubana*, 257
posmodernismo, 80
Pound, Ezra, 5, 6
Prado, Néstor del, 166
Praga, Primavera de, 41, 49, 174; *véase también* Checoslovaquia
Premio, Festival de cine de Moscú, 135; Festival de cine de San Sebastián, 276; Rómulo Gallegos, 53, 206, 207, 224
Preobrazhenski, Evgueni, 255
Primer Congreso Nacional de Educación y Cultura, 8, 84, 85, 107, 152, 165, 168, 198, 201, 250, 254, 259, 271, 280; cambio de nombre, 85, 168, 271; temario, 167, 168, 266, 267
procesos de Moscú, 137, 147, 160, 218
Proust, Marcel, 180
Puerto Rico, 124, 283
Pushkin, Alexander, 177

Q

Quevedo, Francisco de, 63
Quijano, Aníbal, 255

Quino, 199
quinquenio gris, 12

R

Radek, Karl, 218
Rama, Ángel, 41, 124, 127, 141, 149, 160, 198, 209-212, 214, 224, 260, 292
Ramos, Julio, 132, 133
Rancière, Jacques, 251
Randall, Margaret, 57
realismo socialista, 92, 95, 100, 102, 103, 116, 117
Recavarren, Jorge Luis, 206
religión, sentimientos antirreligiosos, 136, 138, 170, 171
Renan, Ernest, 249
República Árabe Unida, 264
Resnais, Alain, 196
Revista Biblioteca Nacional, 179
revolución, continental, 28, 69; francesa, 53; mexicana, 262; rusa o de Octubre, 28, 109, 211
Revolución, periódico, 125
Revuelta, Vicente, 141
Revueltas, Andrea, 213, 216
Revueltas, José, 72, 213, 214, 215, 216, 217, 220, 221, 271, 272, 290, 300; *Los días terrenales*, 214; *Los errores*, 217
Ribeiro, Darcy, 255
Riboud, Marc, 45
Rimbaud, Arthur, 63, 235, 244, 247
Ripoll, Carlos, *Julián Pérez por Benjamín Castillo*, 152, 153
Roa, Raúl, 73, 123, 264, 274, 278, 281; *Aventuras, venturas y desventuras de un mambí*, 269
Roca, Blas, 42, 129

Rodó, José Enrique, 249
Rodríguez, Carlos Rafael, 264, 285
Rodríguez, Marcos, 166
Rodríguez, Mariano, 175, 211
Rodríguez, Nelson, 131
Rodríguez, Osvaldo, 21
Rodríguez, Silvio, 22, 85
Rodríguez Alemán, Mario, 142, 176
Rodríguez Monegal, Emir, 206, 224, 225, 230
Rodríguez Rivera, Guillermo, 95
Rojas, Manuel, 99
Roldán, Amadeo, 133
Rossanda, Rossana, 48, 49, 125
Rossi, Francesco, 47, 125
Roth, Joseph, 33
Rulfo, Juan, 62, 63, 196, 217
Rumanía, 25, 93

S

Said, Edward, 10, 11, 253; *Cultura e imperialismo*, 10
Salinas, Fernando, 85
Salón de Mayo, 120, 181, 257
samokritika, 148
Sánchez, Celia, 48
Sánchez, Manuel, 268
Sanguineti, Edoardo, 77
Santamaría, Aldo, 267
Santamaría, Haydée, 65, 73, 127, 161, 193, 194, 202, 207, 221, 233, 240, 241; carta a Vargas Llosa, 207, 208, 221
Santana, Carlos, 21
Santana, Joaquín G., 74
Sarduy, Severo, 74, 228
Sarraute, Nathalie, 196
Sartre, Jean-Paul, 18, 19, 37, 48, 57, 60, 61, 69, 71, 122, 123, 125, 159, 185, 193, 196, 216, 255, 291, 295; *Huracán sobre el azúcar*, 18
Sastre, Alfonso, 194
Sato, Eisaku, 277
Saunders, Frances Stonor, 52, 53, 57, 230; *La CIA y la guerra fría cultural*, 52, 230
Scherer, Julio, 226
Schmucler, Héctor, 126, 231, 232
secuestros aéreos, 14, 264, 267, 276, 281
Sebald, W. G., *Sobre la historia natural de la destrucción*, 13
Segala, Amos, 59, 61
Segre, Roberto, 80, 82, 83; *Diez años de arquitectura en Cuba revolucionaria*, 80
Semprún, Jorge, 196, 228, 235
Seregni, Líber, 38, 282
Serrano, María Pilar, 163, 188, 208, 228
Shakespeare, William, 63, 250, 252, 253; *La tempestad*, 252, 253, 257
Shelley, Jaime Augusto, 221
Siempre!, 50, 119, 165, 213, 220, 221, 270, 272
Siete Días, 199
Sigal, Silvia, 10, 234
Siglo XXI, Editorial, 50, 64, 68
Silva Henríquez, Raúl, cardenal, 36, 171, 282
Silva Herzog, Jesús, 217
Simpson, Amelia S., *Detective Fiction from Latin America*, 96
Siniavski, Andrei, 121, 149, 172, 215
Siqueiros. *Véase* Alfaro Siqueiros,

David
Siria, 34, 280
Solana, Fernando, *La hora de los hornos*, 197
Solás, Humberto, 131; *Lucía*, 284; *Un día de noviembre*, 131
Soldevilla, Loló, 276
Soler Puig, José, *El pan dormido*, 261
Solzhenitsin, Alexander, 67,150; *Un día en la vida de Iván Denisovich*, 150
Somavilla, Rafael, 175
Sontag, Susan, 45, 78, 80, 196; *Sobre la fotografía*, 45
Spasski, Boris, 277, 281
Stalin, Iósif V., 147, 150, 151, 184, 195
Stalsky, Suleimán, 177
Stevenson, Teófilo, 280
Stravinsky, Igor, 270
Stuart Mill, John, 51
Suardíaz, Luis, 154, 265
Suárez, Luis, 119
Suñol, Eddy, 275
Superman, 78
Sur, 219, 275
Súslov, Mijaíl, 149
Sweezy, Paul M., 47, 51, 55, 117, 118; *El socialismo en Cuba*, 51
Swift, Jonathan, 161
Szyszlo, Fernando de, 223

T

Taiwán, 34, 264, 281
Taracena, Arturo, 60
Teitelboim, Volodia, 152
Tercer Mundo, 40, 129, 165, 254, 256
Timerman, Jacobo, 33
Tito, Josip Broz, 281
Tlatelolco, masacre de, 214, 220, 225, 226
Tocqueville, Alexis de, 244
Tolstoi, León, 177
Torres, Juan José, 278
Torriente, Loló de la, 185
Traba, Marta, 199, 223
Transitvertrag, 34, 279
Triana, José, 141; *La noche de los asesinos*, 141
Trotski, León, 28, 109, 112
Trudeau, Pierre, 280
Turgueniev, Iván, 177
turismo revolucionario, 72
Tuttino, Saverio, 116
Twiggy (Leslie Lawson, conocida como), 6

U

Ucrania, 93
Ulbricht, Walter, 34, 272
Unión de Escritores y Artistas de Cuba (UNEAC), 42, 43, 44, 50, 66, 71, 73, 78, 92, 114, 118, 130, 147, 151-156, 158, 159, 161, 162, 169, 175, 180, 191, 195, 196, 215, 216, 265, 271, 281, 294; Premio, 92, 175
Unión Internacional de Estudiantes, 37, 90, 279
Unión Soviética (URSS), 23, 25, 27-31, 33, 34, 38, 49, 78, 86, 101, 109, 122, 145, 147, 149, 173, 177, 219, 259, 261
Urrutia, Manuel, 19
Uslar Pietri, Arturo, 223
U Thant, 284

V

Valdés, Oscar, *Muerte y vida en el Morrillo*, 132
Valente, José Ángel, 194
Valladares, José, 21
Vallejo, César, *Poemas humanos*, 66, 106; *Trilce*, 5
vanguardia, 26, 46, 76, 77, 117, 190, 253, 258; relaciones entre la artística y la política, 11, 12, 68, 112, 118
Vargas Llosa, Mario, 13, 41, 53, 63-67, 71, 73, 74, 100, 102, 116, 117, 125, 138, 141, 149, 161, 163, 187, 193, 194, 196, 202, 205-209, 212, 221, 223, 228, 229, 230, 234, 235, 238, 241, 243, 259, 260, 265; carta a Haydée Santamaría, 161, 207; *García Márquez: historia de un deicidio*, 102, 141, 238; *La guerra del fin del mundo*, 138; y Camus, 71, 205; y Checoslovaquia, 41, 67, 208, 229; Premio Rómulo Gallegos, 53, 206, 207
Vautier, Ben, 77
Vázquez Montalbán, Manuel, 159
Vega, Garcilaso de la, 176
Vega, Juan Enrique, 124, 269, 272
Velasco Alvarado, Juan, 36, 283
Velasco Ibarra, José María, 35, 36, 279, 283
Vera, Maité, 89
Verde Olivo, 42, 43, 44, 71, 114, 115, 116, 119, 130, 135, 153, 156, 162, 174, 175, 176, 210
Verlaine, Paul, 244
Vida Cristiana, 171, 270
Vietnam, 30, 37, 45, 58, 78, 131, 184, 192, 274; guerra de, 46
Viñas, David, 187, 202, 209, 265
Vishinsky, Andrei, 137
Vitier, Cintio, 57, 179, 184, 242
Vives, Camilo, 136
vivienda, 17, 81, 82, 83, 86, 87, 88, 90, 91, 259, 270
Volpi, Jorge, 222, 224, 226
voluntarismo, 17, 106
Voznesenski, Andréi, 148

W

Wácquez, Mauricio, 194
Wajda, Andrzej, 141
Waldheim, Kurt, 284
Walsh, Rodolfo, 193, 197, 209, 250
Washington Post, The, 274, 275
Weber, Max, 255
Wilkinson, Stephen, *Detective Fiction in Cuban Society and Culture*, 97

X

Xirau, Ramón, 217, 226

Y

Yabaiev, Yambul, 177
Yanes, José, 158
Yevtushenko, Evgueni, 259
Yglesias, Jose, 151
Yurkievich, Saúl, 242

Z

Zabludovsky, Jacobo, 61
zafra de los Diez Millones, 31, 35, 160
Zaid, Gabriel, 221
Zeitlin, Maurice, 47

Zenea, Juan Clemente, 184
Zequeira y Arango, Manuel de, 176
Zhdánov, Andréi, 140, 148

Žižek, Slavoj, 11, 28
Znamia, 148
Zola, Émile, 247

Índice general

Epílogo	5
Aquí se enciende la candela	16
Да здравствует Великая Октябрьская Революция!	23
Los grandes claros	40
Un modelo intelectual	56
Como en los cuentos árabes, como en los espejismos	76
Dos novelas	92
Un viejo cuento de Jack London	104
Un suceso policiaco	114
Hacer la revolución en el cine	129
Un poema a la primavera	147
El arte ha de ser tarea de todo el pueblo	165
Por fin explotó la bomba	187
Los senderos se bifurcan	201
La batalla en el frente mexicano	213
Libre ¿de qué?, ¿de quién?	228
¿Existen ustedes?	244
Final	259
Cronología	264
Bibliografía citada	286
Agradecimientos	304
Índice analítico	307

www.ingramcontent.com/pod-product-compliance
Lightning Source LLC
Chambersburg PA
CBHW021833220426
43663CB00005B/224